KB078188

진순신 이야기 중국사 6

제 6 권

진순신 이야기 중국사

명·청 ▶ 제국으로 가는 길

• 진순신 지음 | 박현석 옮김 •

살림

차례

1부 _ 명에서 청으로

2부 _ 청조(淸朝) 2백여 년

명예서청으로

자금성 시대

빗나간 권력 승계 프로그램

천안문은 북경에서 제일가는 명소다. 북경뿐만이 아니다. 현대 중국에서는 천안문을 디자인한 것이 '국장(國章)'으로 공식 사용되고 있다. 중국의 얼굴이라 해도 좋을 것이다.

1919년에 있었던 5·4운동은 이 천안문 앞에서 시작되었으며, 30년 후인 1949년 10월 1일에는 천안문 누각에서 중화인민공화국의 성립이 선포되었다. 1976년 4월과 1989년 6월에는 천안문 사건이 일어났다. 이처럼 천안문은 중국 근대사와 깊은 관계가 있는 장소라고 할 수 있다.

중국의 도시는 어디나 마찬가지지만, 북경도 도시 전체가 성벽에 둘러싸여 있었다. 북경성(北京城)이라고 하면, 넓은 의미로는 북경 도시 전체를 가리킨다. 일본에서는 오사카(大阪) 성이라고 하면, 해자에 둘러싸인, 천수각(天守閣, 성의 중심 건물에 세운 가장 높은 망대-옮긴이)이 있는 성만을 의미하지만, 중국어 용법으로는 오사카 시 전체를 가리킨다. 그 넓은 북경성 안에 황성(皇城)이라는 한 구역이 있다. 이곳도 성벽에 둘러싸여 있으니 말하자면 성 안의 성인 셈이다.

황성 안에는 제사를 지내는 태묘(太廟)와 사직단(社稷壇)이라는 제사 장소, 중요한 관청 외에도 천자가 사는 자금성이 있다. 자금성이 성벽으로 둘러싸여 있다는 것은 말할 나위도 없다. 따라서 자금성은 성 안의 성, 다시 그 안의 성이었던 셈이다.

황성의 정문이 천안문이고, 그 안에 있는 자금성의 정문은 오문(午門)이라고 불린다.

이와 같은 자금성을 중심으로 한, 현재 북경의 기본적인 계획이 세워진 것은 명나라의 성조(成祖) 영락제(永樂帝) 때였다. 명나라가 남경에서 북경으로 천도한 것은 영락 19년(1421)의 일이었다.

요나라와 금나라 때에도 북경은 당시 정치의 중심이었지만, 이 두 나라 모두 전국적인 정권은 아니었다. 북경이 처음으로 전국 정권의 중심이 되어 명실상부한 중국의 수도가 된 것은 원나라의 세조(世祖) 쿠빌라이 때였다. 쿠빌라이는 한족(漢族)의 땅이었던 곳의 총독이 되었는데, 금 왕조 시대의 연경(燕京), 즉 중도(中都)를 거점으로 삼았다. 국호를 원으로 고치고 황제가 된 뒤부터는 중도의 동북쪽에 거대한 국도를 건설하기 시작했다. 지원(至元) 4년(1267)에 성을 짓고 천도하여 대도(大都)라 불렀다.

중국 전토의 주인임을 자처한 쿠빌라이는 북방 정권에 지나지 않았던 금나라의 국도를 그대로 물려받는 데 만족하지 않았다. 바로 근처에 따로 대도성(大都城)을 건설했다. 그리고 중도에 있던 부호, 유력자들에게 대도로 이주할 것을 명령했다. 마르코 폴로의 『동방견문록』에 따르면, 쿠빌라이의 국도는 나성(羅城, 연결된 성)을 가지고 있다고 했지만, 대도는 그런 식으로 지어진 것이 아니라, 가까이에 있기는 했지만 금나라의 중도와는 별도로 건설된 것이다.

명의 태조(太祖) 주원장(朱元璋)은 몽골의 원 왕조를 추방한 뒤, 대도의 이름을 북평부(北平府)라 고쳤다. 명은 건국과 동시에 남경을 국도로 삼았기 때문에, 원의 대도를 격하하여 '도(都)'라는 글자를 떼어냈다. 그리고는 대도의 북쪽을 약 3킬로미터 정도 깎아 도시를 축소했다. 원나라 때는 토성이었기 때문에 성벽을 허물어 도시의 규모를 늘리거나 줄이는 것은 그다지 어려운 일이 아니었을 것이다. 전(甎)이라는 일종의 벽돌을 쌓아서 성벽을 쌓게 된 것은 명나라 때부터라고 한다. 성조 영락제가 남경에서 북경으로 국도를 옮겼는데, 이것은 단순한 천도가 아니라, 그에게는 새로운 왕조를 창건하겠다는 마음가짐이 있었던 것으로 보인다. 북경으로 천도하기는 했지만, 원나라의 수도였던 대도를 그대로 쓰는 데 만족하지 않았다는 것은 말할 나위도 없을 것이다. 그에게는 자존심이 있었다. 당연히 새로운 국도 건설 사업을 일으켰다. 그는 3대째 황제의 자리를 물려받은 것이 아니라 힘으로 빼앗았다.

홍무제(洪武帝) 주원장에게는 26명의 황자(皇子)가 있었는데, 그 가운데서 정실인 마(馬) 씨가 낳은 황자는 5명이었다. 장남인 주표(朱標)가 황태자가 되고, 그대로 황위를 계승했다면 특별히 혼란은 없었을 것이다. 그런데 홍무 25년(1392)에 황태자인 주표가 먼저 죽고 말았다. 고아였던 만큼 홍무제의 육친에 대한 애정은 매우 극진했다. 황자들에게 각각 수천에서 수만 명의 병사를 주고 각지의 왕으로 봉해 명제국의 울타리, 즉 번병(藩屛)으로 삼으려 했다. 마 황후가 낳은 아들을 특히 사랑했는데, 그 가운데서도 눈에 띄게 뛰어난 황자가 넷째 아들인 주체(朱棣)였다.

인물이나 재능에서 보자면 장남인 황태자보다 넷째인 주체가 뛰어나다고 홍무제도 높이 평가했던 모양이다. 황태자도 생전에 아버지의 그런 마음을 민감하게 느끼고 고민을 많이 했다고 한다. 홍무제가 황태자에게 불만을 품은 것은 성격이 너무나도 관대하고 인자했기 때문이었다. 제국의 기초를 다지기 위해 용서 없이 숙청을 단행했던 홍무제의 눈에는 황태자의 여린 성격이 위험하게만 보였을 것이다. 그에 비해서 넷째인 주체는 과감했는데, 무장으로서 종종 북벌에 나서 혁혁한 전공을 세웠다. 홍무제는 주체를 연왕(燕王)에 봉했다. 이 일만 봐도 홍무제가 주체를 얼마나 신뢰하고 있었는지 알 수 있다. 북쪽으로 도망갔다고는 하지만, 몽골 정권은 아직 막북(漠北)에 건재했고, 기회만 있으면 남하하려 했다. 그것을 막는 것이 연(燕)의 땅이었다. 주체가 연왕으로서 북경을 지키고 있었기 때문에 홍무제가 "내게 북쪽을 돌아보며 근심할 일은 없다"고 만족했다는 이야기가 전해진다.

황태자가 죽어서 홍무제는 주체를 황태자로 삼으려고 여러 신하들에게 의견을 구했으나, 학사(學士)인 유삼오(劉三吾)가 반대하여 뜻을 굽혔다고 한다.

아들이 죽으면 손자가 적통(嫡統)을 잇는 것이 예(禮)다.

라며 유교 윤리를 들어 반대했다.

연왕을 세운다면 진(秦), 진(晉) 두 왕을 어느 땅에 둘 것인가.

라는 반대 이유도 있었다. 넷째가 후계자가 되면 차남이자 진왕(秦王)인 주상(朱樉)과 셋째 아들이자 진왕(晉王)인 주강(朱棡)은 설 자리가 없어지지 않겠냐는 말이었다.

> 제(帝, 홍무제)는 크게 통곡하고 그만두었다.

이와 같은 반대로 홍무제는 주체를 황태자로 삼는 것을 포기했지만, 그때 크게 울었다고 하니 매우 안타까웠던 모양이다.

주체는 후에 황제가 되어 사료를 남기는 입장에 서다 보니, 위와 같은 이야기를 만들어 낸 게 아닐까 하는 의심도 받고 있다. 또한 주체가 마황후의 아들이라는 것도 만들어 낸 일이고, 실제로는 측실의 아들이었다는 이야기도 은밀하게 전해졌다고 한다.

그러나 주체가 지혜와 용기가 있고 커다란 뜻을 품었던 인물이었다는 사실은 분명하다. 나라에서도 가장 중요한 지방인 연(燕)에 봉해졌다는 점과 그 사적을 검토해 보면 그 사실을 알 수 있다.

조카 황제에게 반기 든 연왕 삼촌

홍무제가 죽자 예정대로 황태자인 주윤문(朱允炆)이 즉위했다. 그 연호에 따라 건문제(建文帝)라고 불리는 인물이다. 학문을 좋아하는 청년으로, 건문이라는 연호를 고를 때도 그의 의견이 존중되었는지도 모른다. 건국 30년간에 걸친 무(武)의 시대가 끝나고, 이제부터는 문(文)의 시대라는 선언이기도 했을 것이다. 즉위한 당시 22세였다.

병부시랑(兵部侍郎, 국방부 차관)인 제태(齊泰)가 상서(尙書, 장관)로 승격되고 한림원 수찬(修撰)인 황자징(黃子澄)이 태상경(太常卿)이 되었는데, 주로 이 두 사람이 국정을 담당했다. 또한 유학자로 이름이 높았던 한중부(漢中府)의 교수 방효유(方孝孺)를 불러 한림원 시강(侍講)으로 삼았다. 제태와 황자징은 정치가라기보다는 건문제와 함께 학문을 닦은 친구라고도 할 수 있는 인물들이었다.

　이와 같은 학자들이 명나라의 정치를 주도했다. 엄격했던 정치를 완화했으며, 무거웠던 세금을 줄이고, 각 지방의 군영의 장병 중에서 외아들은 제대를 시키고, 은사령을 내려 사람들에게 새로운 시대가 왔다는 기대감을 품게 했다.

　학자들은 정치 현상을 분석하여 전한 초기와 비슷하다는 판단을 내렸다. 전한 경제(景帝) 시절에 오초칠국(吳楚七國)의 난이 일어났다. 각지에 봉해졌던 황족들이 연합하여 반란을 일으킨 것이다. 명도 각지에 황족, 즉 건문제에게는 숙부에 해당하는 사람들이 왕으로 봉해져 각각 군대를 거느리고 있었다.

　여러 왕들[제왕(諸王)]의 세력 약화, 이것이 건문제 정부의 기본방침이 되었다.

　우선 주왕(周王) 주숙(朱橚)을 폐하고 서민으로 만들어 버렸다. 주숙은 마 황후가 낳은 황자 중 막내였다. 건문제 정부로서는 가장 두려운 연왕 주체를 제거하고 싶었지만, 그럴 만한 구실을 찾을 수가 없었다. 그러나 주왕은 홍무제가 세상에 있을 때부터 상당히 많은 불법행위를 해온 인물이었기 때문에 제거 대상으로 삼아도 그다지 문제는 없을 것이라 생각했을 것이다.

홍무 31년(1398) 5월에 홍무제가 세상을 떠나고, 6월에 제태와 황자징이 승진, 등용되었으며, 8월에 주왕을 폐했으니 일은 참으로 일사천리로 진행되었다. 아마도 학자들은 홍무제 재위 때부터 예정표라도 만들어 두었던 모양이다. 국경 경비라는 명목으로 조국공(曹國公) 이경륭(李景隆)이 병사를 이끌고 갑자기 개봉부(開封府)에 나타나, 왕궁을 포위하더니 불문곡직하고 주왕을 체포했다.

아버지를 닮아서 마음이 여린 건문제는 아버지의 동복(同腹) 동생인 주왕을 풀어 주려 했으나, 제태와 황자징이 반대하여 결국에는 운남(雲南)으로 귀양을 보냈다. 그들은 건문제의 자비심을,

아녀자의 어진 마음뿐.

이라고 평했다고 한다.

이듬해에 정식으로 건문(建文)이라 개원하고, 4월에 제왕(齊王) 주부(朱榑), 대왕(代王) 주계(朱桂)를 폐하고 서민으로 강등시켰다. 상왕(湘王) 주백(朱栢)은 절망하여 분신자살을 했다. 6월에 민왕(岷王) 주편(朱楩)이 장주(漳州, 복건)로 유배되었다.

연왕 주체가 군사를 일으킨 것은 7월의 일이다. 이것은 궁지에 몰렸다고 봐도 좋을 것이다. 자신이 최종 목표라는 사실을 연왕은 틀림없이 알고 있었을 것이다.

홍무제는 유언을 통해서 여러 왕들 중 임지에 있는 자는 경사(京師)에 와서는 안 된다고 명령했다. 그 때문에 연왕도 북경에 그대로 머물러 있었다. 단지 복상(服喪)을 위해 고치(高熾), 고후(高煦), 고수(高燧) 세 아들

을 남경을 보내 놓은 상태였다. 주고치는 후에 인종(仁宗) 홍희제(洪熙帝)
가 된 인물이다. 고후는 사납고 난폭한 무뢰한이었기에, 아버지 연왕은
남경에서 그가 문제를 일으키지나 않을까 걱정이 되어 병에 걸렸으니, 아
들들을 돌려보내 주기 바란다고 조정에 청했다.

제태는 세 사람을 인질로 붙잡아 두라고 권했지만, 황자징이 연왕의
청원을 들어주어야 한다고 주장했다. 왜냐하면 언젠가는 연왕을 숙청해
야 하는데, 인질을 잡아 두면 경계를 해서 준비를 갖추므로 어려움을 겪
게 되기 때문이다. 주왕을 숙청했을 때처럼 전광석화와 같이 처리하기
위해서는 상대방을 방심하게 할 필요가 있다. 이에 연왕의 세 아들을 북
경으로 돌려보내기로 결정했다. 그런데 돌아가는 도중에 문제아인 주고
후가 숙소의 관리를 죽이는 등 난폭하기 짝이 없는 행동을 했기 때문에
조정에서는 여러 신하들이 연왕을 비난하는 목소리가 높아졌다.

연왕은 아들의 폭행으로 궁지에 몰렸다. 그를 방심케 하려던 황자징의
작전은 실패로 돌아가 버렸다.

북경(당시는 북평(北平))에는 조정에서 파견된 관료가 있었다. 포정사(布
政使)인 장병(張昺), 도사(都司)인 사귀(謝貴), 장사(長史)인 갈성(葛誠)과 같
은 인물들이다. 7월 계유일(癸酉日)에 연왕은 그들을 죽이고, 황제 옆의
간신인 제태와 황자징을 제거한다는 이유로 군사를 일으켰다. 도연(道衍)
이라는 중이 이 모반의 계획을 세웠다고 한다.

연왕의 군대는 '정난군(靖難軍)'으로 불렸다. 난(亂, 황제 옆의 간악)을 다
스린다(靖)는 의미다. 조정에 올리는 상서라는 형식의 격문을 발표했는데,
그 안에는 홍무제가 남긴 '조훈(祖訓)'이 인용되어 있다.

조정에 정신(正臣)이 없고 안에 간악한 자가 있다면, 친왕은 곧 병
사를 훈련하며 명을 기다려라. 천자는 제왕(諸王)에게 밀조(密詔)하여
진병(鎭兵)을 통솔해 쳐서 이를 평정하라.

연왕의 정난군은 곧 거용관(居庸關)을 지나 회래(懷來), 밀운(密雲), 준화
(遵化), 영평(永平) 등을 차례로 함락시켰다. 1개월도 지나지 않아서 수만
명의 병사가 모였다.

건문제는 경병문(耿炳文)을 대장군으로 임명하여 연왕의 반란군을 토
벌하라고 보냈다. 이렇게 해서 만 4년에 걸친 내란이 시작되었다.

경병문은 패해 이경륭과 교체되었지만, 이경륭도 정촌패(鄭村壩)에서
패해 덕주(德州)를 잃었다. 그 뒤에 등장한 성용(盛庸)은 동창(東昌)이라는
곳에서 연군을 대파했지만, 뒤이은 전투에서 패하고 말았다.

연왕은 건문제의 우유부단함 때문에 덕을 본 셈이다. 연왕 군이 우세
할 때는 건문제는 제태와 황자징을 파면하고 연왕에게 정전을 청했다. 동
창에서 이기자 파면했던 두 사람을 복귀시키는 등 일관성이 전혀 없었
다. 성용의 군대가 연왕 군을 막 제압하려 할 때, 건문제는,

짐으로 하여금 숙부를 죽인 악명을 지게 하지 말라.

는 기묘한 조칙을 내렸다. 이런 말을 들은 군대가 힘껏 싸울 리가 없다.
적당히 싸우라는 명령이다. 학문을 좋아했던 건문제는 숙부를 죽인 자
라는 악명을 매우 두려워했던 모양이다. 전력을 다해 싸워서는 안 된다
는 명령을 받은 군대가 싸움에서 이길 리가 없다.

연왕 군은 누가 뭐래도 조정에 맞선 것이기 때문에 제아무리 정난군이라 하더라도 대의명분이 없었다. 사기도 그다지 높지 않았다.

　　홍무제 주원장이 자신의 사후에 대비해서 놓은 포석은 모두 실패로 돌아가 버렸다. 자신이 죽은 뒤에 왕조를 찬탈할 우려가 있는 역전의 장군들을 거의 대부분 숙청해 버렸다. 당연히 왕조를 찬탈하려는 장군은 나오지 않았으나, 왕조를 위기에서 구해 낼 장군도 나타나지 않았다. 숙청에서 제외된 무장들은 장군으로서는 이류나 삼류에 불과했기 때문에 대의명분이 없는 정난군에게도 고전을 면치 못한 것은 당연한 일이다.

　　왕조의 번병으로 황자(皇子)들을 각지의 왕으로 봉했지만, 연왕 주체처럼 오히려 황제에게 군대를 돌린 자가 나타난 것이다.

　　문관 중에서도 유능한 정치가들은 모두 숙청당했기 때문에 황제를 보좌하는 것도 제태와 황자징처럼 이류 서생 정객밖에 없었다. 연왕이 올린 상서 형식의 격문에도 있듯이, 모반을 부른 데는 측근들에게도 책임이 있다. 그들은 간신이라기보다는 우신(愚臣, 어리석은 신하)이라고 하는 편이 옳을 것이다.

　　홍무제는 역대 왕조의 역사를 깊이 살펴, 후한이나 당이 멸망한 원인의 적지 않은 부분이 환관의 발호였다는 사실을 알고 그것을 예방하려 했다. 환관은 '내신(內臣)'이라 하지만 황제 가정의 노예였다. 그들이 표면적 정치무대에 나서게 되면 나라가 어지러워진다. 이에 홍무제는 환관의 숫자를 제한하고 궁전의 문에 철패(鐵牌)를 내걸어 내신의 정치 관여를 엄금하고, 위반하는 자는 목을 벤다는 명령을 내렸다. 철패란 언제까지고 변하지 않는 규칙, 즉 철칙을 적은 철제 패를 말한다. 문을 지날 때마다 환관은 그것을 읽고 몸을 삼갈 것을 요구받았다. 홍무제의 궁정에서 환관들은 늘 벌벌 떨었다. 학문을 좋아하는 건문제는 유교 윤리에 입각하여 환관에 대한 규율을 한층 더 강화했으므로, 환관은 거의 인간 취급도 받지 못했다. 그들이 건문제 정부에 원한을 품고 있었던 것은 말할 나위도 없다.

건문제 정부가 연왕의 군대와 내전에 돌입하자, 남경 궁정의 환관들은 은밀하게 반란군과 내통했다. 버러지 같은 취급을 받았다 할지라도 환관들은 정부의 기밀을 알고 있다. 중요한 회의에도 시중을 드느라 출입하므로 자연스럽게 알게 되는 것이다. 정부 안의 의견 대립, 각 파벌 세력의 동향 등 당국자들조차 알지 못하는 것을 환관은 국외자로서 관찰하여 알고 있다. 연왕은 남경의 환관들을 통해서 건문제 정부의 최고 기밀을 손에 넣었다.

환관의 정치 관여를 엄금한 홍무제의 정책은 결코 잘못된 것이 아니다. 올바른 정책이라 할지라도 그것이 역효과를 가져다주는 경우도 있는 법이다. 환관이 연왕과 내통한 것도 그 일례라 할 수 있다.

심어 놓은 환관의 도움으로 뒤엎어진 전세

병력을 놓고 보자면 건문제 쪽이 훨씬 더 우세했다. 하나의 작전에 50만이라는 대군을 동원했으나, 그들을 지휘하는 사령관은 무능했다. 역전의 장군들은 홍무제에 의해서 대부분 제거된 뒤였다. 조국공 이경륭이 총사령관으로 임명되었는데, 그의 아버지 이문충(李文忠)은 홍무제의 누나의 아들이니, 그 자신은 건문제와 재종형제 사이였다. 황제와는 혈연관계가 있었지만 군사적인 능력은 없었다. 대패를 했으니 당연히 그 책임을 물어 주살해야 했다. 황자징과 어사대부(御史大夫) 연자녕(練子寧) 등이 주살을 주장했지만, 건문제는 받아들이지 않았다. 황자징은 이경륭을 사면하기로 결정한 순간, 가슴을 두드리며 "대사(大事)는 끝났구나"라고 한탄했다고 한다. 마음이 여린 것이야 상관없지만, 전쟁의 최고 지도자로서 건문제는 낙제였다.

연왕 주체는 병력도 적었고 대의명분도 없었으므로 종종 고전했지만, 사령관으로서는 발군의 능력을 지니고 있었다. 그 핵심이 되는 부대는 그가 북벌 당시 인솔했던 정예부대로 몽골군과 싸우면서 경험을 쌓았다. 뛰어난 장교들이 모여 있었기 때문에 실전에서 비할 데 없는 강인함을 발휘했다.

전국(戰局)은 역시 병력이 많은 남경 측에 유리하게 전개되는 듯했지만, 연왕 군은 실전에서 단련한 기동력을 발휘하여 단번에 본진인 남경을 공격하는 전법을 써서 성공을 거뒀다. 연왕 군이 접근해 오자 남경의 조정은 동요했다. 심리적으로도 패했다고 볼 수 있다.

건문 4년(1402), 남경 군은 4월에 연왕 군을 연파했다. 남경 군의 도독(都督)인 하복(何福)은 소하(小河, 안휘성 영벽현)에 진을 친 연왕 군을 격파하고 부장인 진문(陳文)을 베었다. 이때 연왕 주체도 하마터면 포로가 될 뻔했지만 간신히 탈출했다. 연왕을 구출한 것은 몽골 병사였다고 한다. 북방 국경을 지키고 있던 연왕의 지배지역에는 명나라에 복종하던 몽골 군단이 있었다. 연왕은 그들을 내전에 끌어들였다. 그만큼 병력이 부족했던 것이다.

음력 4월이면 벌써 더울 때다. 특히 북방 사람들은 남방의 습기가 견디기 어려웠고, 각 장군들이 북쪽으로 물러나 한동안 동정을 살피자고 청했지만 연왕은 이를 받아들이지 않았다. 건문제와는 달리 주체는 의연한 전쟁 지도자였다. 연왕 군 내부의 이와 같은 분위기가 남경에 잘못 전달되어, 반란군은 이미 북쪽으로 물러갔다고 여겼다. 정보가 잘못 전달되었는지, 아니면 환관들이 고의적으로 거짓 정보를 흘렸는지, 그 점은 잘 알 수 없다. 건문제는 안도의 한숨을 내쉬며 총사령관인 위국공(魏國公) 서휘조(徐輝祖)를 소환했다. 서휘조는 건국공신 서달(徐達)의 적자였다. 서휘조가 군을 이끌고 남경으로 돌아갔기 때문에 연왕 군은 한숨을 돌릴 수 있었다. 한편 남경 군에서는 최전선에 있던 도독 하복(何福)의 부대가 고립되어 버렸다. 건문제 측은 정보전에서도 패했다고 할 수 있다.

되살아난 연왕 군은 기회를 놓치지 않고 회하(淮河)를 건너 양주(揚州)를 함락시킨 뒤, 숨 돌릴 틈도 없이 남경을 향했다. 앞에서 이야기했듯이 남경 쪽은 심리적으로 동요했다. 연왕 군은 4월에 연패를 했고 5월에 양주를 함락시켰으며, 6월에 장강(長江)을 건너 남경을 무너뜨렸다. 그야말로 막판 대역전이라고 할 수 있을 것이다.

건문제는 천하에 근황(勤皇)의 의군을 모집했고, 또한 '나를 벌하는 조(詔)'라는 자기 비판문을 발표했다. 연왕 군은 장강 연안을 왕래했으며 각지의 군현 대부분이 항복했다. 이때 방효유는 연왕에게 토지 할양을 제안하여 시간을 벌고, 그동안 의군이 모이기를 기다렸다가 장강을 무대로 결전을 펼치자고 진언했다. 토지 할양을 제안하러 갈 사자로 뽑힌 것은 연왕의 사촌누나인 경성군주(慶成郡主)였다.

적에게 숨 쉴 틈도 주지 않는 것이 연왕의 작전이었다. 토지할양이 시간을 벌기 위한 수단에 지나지 않는다는 사실을 경험이 많은 연왕은 이미 꿰뚫어 보고 있었다. "누님, 제가 온 것은 간신을 잡으러 온 것이지,

땅 때문이 아닙니다"라며 그대로 돌려보냈다.

6월 계축일(癸丑日), 정부군의 성용은 포자강(浦子江)이라는 곳에서 연왕 군과 싸워 이겼다. 그러나 서전에서는 승리를 거두면서도 다시 싸움이 벌어지면 지는 것이 이 내전에서 정부군의 패턴이었던 모양이다. 성용의 부대가 승리를 거둔 바로 뒤, 정부군의 도독첨사(都督僉事)인 진선(陳瑄)이 휘하의 수군들과 함께 연왕 군에게 항복을 했기 때문에 연왕 군은 쉽게 강을 건널 수 있었다. 장강 남쪽 기슭에 위치한 진강(鎭江)의 수장(守將)인 동준(童俊)도 항복하여 연왕 군은 용담(龍潭)까지 진격했다. 을축일(乙丑日), 연왕 군은 남경의 금천문(金川門)을 공격했다. 이때 좌도독(左都督) 서증수(徐增壽)가 내응하려던 것이 발각되어 주살되었다. 수도방위사령관까지 적과 내통하려 했으니, 건문제는 이미 버림받은 몸이나 같았다. 이렇게 지도력이 없는 주군을 모시고 있어서는 장래성이 없다고 여겼을 것이다. 결국에는 곡왕(谷王) 주혜(朱橞)와 조국공 이경륭까지 배반하여 문을 열고 연왕 군을 맞아들였다. 이렇게 해서 남경은 함락되었다. 건문제는 연왕 군이 밀려들어 오는 것을 보고 궁전에 불을 질렀다.

궁중에 불이 나서 제(건문제)의 종적을 알지 못한다.

라고 『명사(明史)』「공민제본기(恭閔帝本紀)」에 실려 있다. 연왕이 궁전의 불탄 자리를 자세히 살펴보았는데, 황후의 불에 탄 사체는 확인되었지만 건문제의 그것은 발견되지 않았다. 항간에서는 건문제가 스님으로 변장하여 탈출했다는 이야기가 오래도록 믿어졌다.

일반적으로 믿어졌던 이야기의 줄거리 중에는, 홍무제가 위급할 때 열어보라고 유언한 상자가 있었는데, 그것을 열어보니 가사와 면도칼, 은 전, 탈출로를 그린 종이가 있어, 건문제는 승려의 모습을 하고 지하의 길로 도망쳤다는 것이 대표적인 것이다.

연왕 주체는 남경으로 들어가 황제 쪽의 간신으로 제태, 황자징, 방효유 등 학자들을 숙청했다. 그것은 '그 족(族)을 모두 없애는' 가혹한 것이었으며, 일족의 여자들까지 노예의 아내나 관기(官妓)로 삼아 죽음 이상의 굴욕을 맛보게 했다.

연왕 주체는 뭇 신하들의 추대를 받는 형식으로 제위에 올랐다. 그가 바로 영락제다. 영락제 모반의 참모장은 승려인 도연이었는데, 건문제의 측근 중에서도 방효유는 명성이 높으니 그를 죽여서는 안 된다고 조언했다고 한다. 영락제도 방효유를 등용하려고 즉위 조서의 초고를 작성하라고 명했다. 그런데 그는 붓을 쥐더니,

연적(燕賊)이 제위를 찬탈했다(燕賊簒位).

라고 썼으므로, 영락제가 격노했고 그 때문에 방효유 관계자들에 대한 처벌이 가장 엄격했다. 방가(方家) 일족은 물론 아내와 어머니의 친정 일족뿐만 아니라 문하생에게까지 불똥이 튀었다. 목숨을 잃은 자가 873명이었는데, 그 처형이 방효유의 눈앞에서 집행되었다. 마지막으로 방효유가 취보문(聚寶門) 밖 광장에서 책형(磔刑)에 처해졌다.

거미줄처럼 깔린 비밀 특무조직

영락제는 역사 개찬(改竄)을 시도했다. 그가 즉위한 것은 건문 4년 (1402)이었는데, 이해를 홍무 35년으로 고쳤다. 건문이라는 연호를 모든 기록에서 들어냈다. 건문제가 황제였다는 사실을 지우려 한 것이다.

개찬된 역사에서는 태조 홍무제 주원장으로부터 넷째 아들인 영락제 주체에게 황위가 이어진 것으로 되어 있다. 주체가 즉위하기까지 4년여 동안은 황제 자리가 공석인 셈이다. 즉위한 이듬해에 개원되어, 홍무에서 영락으로 바뀐 것으로 되어 있다.

돈황의 석굴 벽화를 보면, 다른 곳은 분명하게 보이는데 한 군데만 하얗게 된 부분이 있다. 미국의 워너(Warner)가 떼어내 가져간 흔적이다. 역사에서의 건문제 시대가 그랬다. 그곳만이 뻥 뚫려 공백이 되어 있다. 떼어낸 범인이 영락제였음은 말할 나위도 없다.

영락제에 의한 건문제 말살은 과연 성공했을까? 건문제가 정통이냐 아니냐 하는 논의는 그 후 240여 년이나 계속된 명나라에서도 그 불씨가 꺼지지 않았다. 역대 황제는 모두 영락제의 혈통을 이어받은 사람들이었지만, 건문제와 그 시대를 완전히 말소하는 데는 망설임을 느꼈던 모양이다. 만력(萬曆) 23년(1595)이 되어서야 드디어 건문이라는 연호가 존재했다는 사실이 인정을 받았다. 이른바 '정난(靖難)의 변(變)'이 일어난 지 193년이나 지난 뒤였다. 그때도 연호가 복권된 것일 뿐, 건문제의 황위 계승이 완전히 인정받은 것은 아니었다. 그것이 인정을 받게 된 것은 사실 명나라가 멸망한 지 92년이나 지난 청나라의 건륭(乾隆) 원년(1736)의 일이었다.

대청건륭원년(大淸乾隆元年), 황제의 명령으로 조정의 신하들이 모
여 논의하고, 추시(追諡)하여 공민혜(恭閔惠)를 황제라 일컬었다.

라고 『명사』「공민제본기(恭閔帝本紀)」에 실려 있다. 사후 330여 년이나 지
나서, 그것도 다음 왕조로부터 시호를 받았다.

　　대단한 집착이라는 생각이 들지만, 바로 이 건문제 문제에 중국인들의
역사관이 잘 드러나 있다는 생각이 든다. 중국사에 등장하는 사람들은
이와 같은 역사관을 의식하며 자신의 행동을 결정했다.

　　영락제와 싸운 건문제 쪽의 장군 중에 두 공신의 아들이 있었다는 사
실은 앞에서 이야기했다. 한 사람은 이문충의 아들인 이경륭이고, 또 다
른 한 사람은 서달의 아들 서휘조다.

　　이경륭은 남경의 성문을 열어 영락제를 맞아들이고 그를 추대했다. 배
신을 한 그에 대한 세평은 그다지 좋지 않다. 영락제 시대에 들어서도 종
종 탄핵을 받았으며, 만년에는 자택에 유폐되었다. 사가들의 붓도 그에
대해서는 엄격했다. 서휘조는 영락제에 대해서 굴복의 뜻을 내보이지 않
았다. 영락제가 친히 그를 찾아가도 그는 한 마디도 입을 열지 않았다.
영락제는 화가 나 그를 투옥시켰다. 옥중에서 공술서를 쓸 때 그는 단지,

　　　아버지에게 개국의 공이 있으니, 자손은 죽음을 면한다.

라고 썼을 뿐이다.

　　명나라 말기의 사상가 이탁오(李卓吾)는 이 문장에는 동정을 구하겠다
는 의사는 전혀 없고, 영락제를 추대하는 말도 없으며, 죽음을 두려워하

지 않았다고 평했다.

영락제는 전장에서 적으로 만난 이 두 장군의 목숨은 빼앗지 않고, 건문제의 측근이었던 학자들에게는 가차 없이 탄압했다. 영락제는 어디까지나 무인이었다. 무인은 무인의 마음을 알고 있다. 명령을 받으면 싸울 수밖에 없는 것이 무인의 숙명이다. 서휘조가 군대를 이끌고 귀환한 것이 건문제에게는 치명타였다. 건문제 정부의 붕괴에는 서휘조의 책임이 있는 것처럼 보이지만, 그는 제멋대로 병사를 물린 것이 아니었다. 건문제의 명령에 따랐으니까 무인으로서 그에게 책임은 없다고 할 수 있다.

학자들이 학살당하고 무인들이 목숨을 보존할 수 있었던 것은 영락제가 무인에게 친근감을 가진 탓만은 아닐 것이다. 영락제에게 있어서 이경륭은 고모(홍무제의 누나)의 손자로 혈연관계에 있었다. 그리고 서휘조는 영락제의 아내인 서 씨의 동생이었다. 말하자면 두 사람 모두 가족이었던 셈이다. 그에 비해서 학자들은 아무런 관계도 없는 타인이었다. 영락제의 마음속에는 진사(進士) 출신인 그들에 대해서 '벼락출세를 한 녀석들'이라는 생각이 있었는지도 모른다.

영락제도 역시 중국적 역사관을 의식하여 행동하지 않으면 안 될 인물이었다. 방효유에게 그토록 잔혹했던 것도 '연적찬위(燕賊簒位)'라고 적었기 때문이다. 역사상에 찬탈자라는 오명을 남기고 싶지는 않았다. 방효유에 대한 처벌이 전무후무할 정도로 엄격했던 것은 두 번 다시 그를 찬탈자라고 부르는 사람이 나오지 않도록 하기 위한 조치였다.

영락제는 참으로 어려운 문제를 끌어안게 되었다. 그것은 사람들의 입을 막는 작업이다. 그것도 현존하는 사람들만이 아니었다. 후세 사람들의 입까지도 막아야만 했다. 무인이었던 그는 전장에서의 지휘 경험으로 보아 철저한 공포정책을 쓰면 그것이 가능할 것이라 생각한 모양이다. "도망치는 자는 목을 베겠다"는 명령으로 그는 군대를 움직여 몽골군과 싸웠고, 조카인 건문제와도 싸웠다.

그랬기에 특무정책을 취할 수밖에 없었다. 사람들을 엄격하게 감시하고, 특히 정통론에 입각하여 영락제를 비난하는 사람들을 찾아내어 철퇴를 가해야만 했다. 비밀경찰 조직은 사실 아버지인 홍무제가 이미 만들어 놓았다. 물론 그 목적은 같지 않았다. 백련교, 홍건군과 같은 비밀결사로 원 왕조를 쓰러뜨린 홍무제는 자신의 경험으로 보아 반체제 비밀결사가 얼마나 무서운지를 잘 알고 있었다. 쫓기던 자가 쫓는 자가 되어 도망치던 시절의 경험을 역이용했기에 매우 효율이 좋은 비밀경찰이 탄생했다.

홍무제가 대비한 것은 반체제 운동이었지만, 영락제는 위험한 사상에 대해서도 준비했다. 이렇게 해서 명나라는 황제 독재의 경찰국가가 되었다. 홍무제는 황제 직속의 금의위(錦衣衛)라는 특무기관을 만들고, 영락제는 그것을 확대했다. 명의 병제는 오군도독부(五軍都督府)인데, 그 밖에도 상십이위(上十二衛)라는 것이 있고, 금의위는 상십이위 안의 한 위(衛)였다. 도독부는 일반적인 군대였으며, 상십위는 황제 개인의 군대이다. 황제는 특히 신임하는 사람들을 금의위에 배속했다. 말하자면 심복 부대인 셈이다. 장관은 지휘사(指揮使), 대원은 제기(緹騎)라 불렀다. 제(緹)는 검붉은 색을 의미한다. 『후한서』의 「백관지」에 이미 근위기병을 나타내는 말로 등장하는데, 아마도 그런 색의 제복을 입었을 것이다.

태조 홍무제 시절, 금의위의 제기는 500명이었다. 건국 153년 후에 즉위한 세종(世宗) 가정제(嘉靖帝)가 금의위의 기교(旗校, 대원) 3만 1천 8백여 명을 해임했다는 기록이 있다. 그런데 이 인원 정리는 전체의 반수였다고 하니, 비밀경찰은 6만 명 이상이나 되는 대원들을 거느린 셈이다. 게다가 정식 대원은 아니지만 그 앞잡이로 있던 사람은 15, 6만 명이나 되었다. 그들 대부분이 건달과 같은 무리들로 일반 서민들이 얼마나 심한 고통을 당했는지 쉽게 짐작이 간다.

영락제는 영락 18년(1420)에 금의위와는 별도로 북경의 동안문(東安門) 북쪽에 '동창(東廠)'을 설치했다. 북경으로 천도한 해다. 이 특무기관의 특징은 그 장관이 환관이었다는 점이다. 건문제로부터 정권을 빼앗을 때, 환관의 지원을 받았기 때문에 영락제는 그에 대한 보수로 그들을 신임하고 요직에 앉히기로 했다. 궁전의 문에 철패를 걸어 엄금했던 환관의 정치 관여를 영락제가 해금한 셈이다.

동창은 비대해졌고 온갖 정보를 쥐었다. 대신이나 장군들까지도 동창을 두려워했다. 환관은 첩보활동을 통해 절대 권력을 장악했다. 그야말로 홍무제가 걱정하던 상황이 벌어진 것이다.

동안문에 있었다고 해서 동창이라 불렸는데, 동창이 있으니 서창(西廠)이 있어도 좋지 않을까 해서 헌종(憲宗) 성화제(成化帝) 시절과 무종(武宗) 정덕제(正德帝) 시절에 만들어졌지만, 모두 얼마 안 가서 폐지되었다. 정덕제 시절에는 따로 내행창(內行廠)이라는 것도 설치되었지만, 이것도 곧 없어졌다. 이 모든 게 환관이 주역이었다. 동창은 영락제가 설치한 이후, 숭정제(崇禎帝)가 나라를 잃을 때까지 220여 년 동안 한 번도 폐지되지 않고 명맥을 유지했다.

세계 제국을 꿈꾸려면 아무래도 북경으로

환관의 정치관여 건으로 영락제는 아버지가 남긴 '조훈'을 어겼다. 이것은 홍무제가 홍건군을 이끌고 군웅을 무찌르고, 몽골 정권을 막북으로 추방하여 창건한 명 왕조의 성격을 크게 바꾼 결과를 낳았다. 따라서 영락제가 새로운 왕조를 만들었다고 생각하는 사람들도 있다.

중국 왕조에서 황제의 묘호(廟號)는 창건자가 '조(祖)'라 불리고, 후계자에게는 '종(宗)'이라는 자를 붙이는 것이 전통이었다. 당나라는 창건자인 이연(李淵)이 고조(高祖)였고 2대 때부터 태종(太宗), 고종(高宗)이라 불렸다. 송나라도 창건자인 조광윤(趙匡胤)이 태조(太祖), 그 뒤를 이은 동생이 태종(太宗)이고, 그 뒤로 진종(眞宗), 인종(仁宗), 영종(英宗)이 이어진다. 그런데 명에서는 주원장이 태조이지만, 건문제를 타도하고 제위에 오른 주체도 성조(成祖)라 불렸다. 이는 왕조의 창건자와 거의 같다고 봤기 때문일 것이다.

원나라는 쿠빌라이가 창건했으므로 그를 세조(世祖)라 했으며, 그의 할아버지인 칭기즈 칸을 태조(太祖)라 불렀다. 청나라는 만주족을 통일한 누르하치를 태조로 삼고, 북경을 점령하여 중국의 주인이 된 순치제(順治帝)를 세조(世祖)라 했으며, 그의 아들이자 60년 동안에 걸친 황금시대를 구축한 강희제(康熙帝)를 성조(成祖)로 삼았다. 일본으로 말하자면, 메이지 일왕과 같은 특별한 군주가 조(祖)라는 묘호를 받게 되는 것이다.

성조 영락제는 도읍을 남경에서 북경으로 옮겼으니, 특별한 군주라 불릴 자격이 있다. 그러나 북경 천도는 조훈을 위반하는 것은 아니었다. 태조 홍무제는 남경을 거점으로 천하를 취했기 때문에 일단 그곳을 국도로 삼았지만, 좀 더 적당한 땅이 있으면 천도해야겠다는 생각에 황태자인 주표로 하여금 섬서를 답사시켰다. 주표는 경쟁자인 넷째 주체를 의식하여 황태자에게 어울리는 재능을 가지고 있다는 사실을 증명하려고 새로운 국도의 후보지 조사에 열성적으로 매달렸다. 그가 목숨을 앞당긴 것도 이 일에 너무 지나치게 매달렸기 때문이라는 설도 있다. 섬서 지방을 후보로 고른 홍무제는 틀림없이 한나라와 당나라의 장안을 머릿속에 그리고 있었을 것이다.

천도 자체는 홍무제도 염두에 두고 있었다. 그런데 그것이 예전의 장안이 아닌 북경으로 천도한 것이다. 영락제 주체라는 인간의 성격과 북경이라는 지방의 성격이 명 왕조의 국가로서의 성격을 바꿨다고 생각한다.

홍무제는 중국을 지배하던 몽골 정권을 타도하고 한족의 문명을 부흥하는 것을 목표로 삼았다. 홍무제라는 고유명사를 사용했지만, 그 목표는 중국 주민의 대부분을 차지하고 있는 한족의 소망이자 몽골의 지배에서 벗어난 시대의 주된 흐름이기도 했다. 또한 남경을 국도로 삼았다는 것도 한족 문명의 부흥이라는 국가적 성격을 강화한 요인이 되었다. 왜냐하면 원나라 시절의 강남(江南)은 간접통치 지역이었기에 몽골족 주민은 거의 없었다. 몽골족이 만자(蠻子)라 불렀던 한족만의 지방이었기 때문이다. 원나라의 뒤를 이은 명나라에는 몽골적 요소가 포함되어 있다는 사실은 앞에서 이야기했다. 홍무제의 무단정치도 그런 요소 중 하나의 표출일 것이다. 그러나 그것은 시대의 흐름이었으며, 몽골적 요소는 무의식중에 남아 있었을 것이다. 의식적으로는, 홍무제는 몽골적 요소의 불식에 힘썼다. 몽골 정권이 강요했던 몽골적인 풍습, 정치구조, 명칭 등은 이른 시기에 폐기되었다. 남경은 그런 작업에 적당한 지역이었다.

영락제가 천도한 북경은 바로 얼마 전까지 세계 제국이었던 원나라의 수도였다. 외국 사절의 왕래도 있었고 마르코 폴로와 같이 장기 체재한 외국인도 있었다. 몽골족 전에는 여진족의 금나라, 거란족의 요나라 등의 정치 중심이었다. 이들 민족 사람들도 적잖이 살고 있었다. 몽골의 궁정에서는 라마승들이 세력을 얻었기 때문에 티베트 사람들도 상당수 북경에 있었다. 말하자면 북경은 국제도시였다. 이것이 남경과의 커다란 차이였다. 국도 북경의 성격이 당연히 국가 성격에도 반영되었을 것이다.

북경의 성격뿐만 아니라 영락제 주체의 성격도 아버지 홍무제에 비하면 훨씬 농후한 국제성을 띠고 있었다. 북경 지방을 거점으로 끊임없이 몽골족과 싸웠고, 그 지배하에 각 민족이 있었다. 연왕 시절부터 그의 밑에는 몽골 군단이 있었다. 아버지 홍무제는 극빈의 고아였지만 영락제가 철들 무렵, 아버지는 이미 반란군의 우두머리였다. 아버지가 황제가 된 것은 그가 10세 때의 일이었다.

홍무제는 황제가 된 뒤에도 가난했던 부랑아 시절 몸에 밴 것들을 마음 어딘가에 담고 있었다. 영락제에게는 그것이 없었다. 고생을 모른다는 마이너스적인 면이 있었는지도 모르겠지만, 스케일이 크다는 일면도 있었다. 홍무제는 중화민족 국가를 목표로 삼았지만, 영락제가 가슴에 품고 있던 것은 세계 제국이었던 듯하다.

명나라 전의 원나라는 중국 본토와 몽골 지방을 함께 다스리던, 이른바 세계 제국형 정권이었다. 원나라의 다음인 명나라가 앞선 시대보다 축소된다는 것은 영락제에게는 참을 수 없었을 것이다. 적어도 원나라와 같은 판도를 갖고 싶다고 희망했다. 어린아이가 장난감을 갖고 싶어 하듯 그렇게 생각한 것은 아니다. 북경을 국도로 삼으면 북방 국경문제는 극히 심각해진다. 남경이 국도라면 만리장성에서 멀리 떨어져 있기 때문에 심리적으로도 긴장감이 늦춰지기 쉽다. 지금도 북경에서 만리장성의 팔달령(八達嶺)까지는 하루에 다녀올 수 있는 관광코스다. 북경으로 천도한 영락제가 자주 막북으로 군대를 움직여 북원(北元, 몽골족의 원 왕조가 북으로 달아나 만든 정권)의 후계자와 싸운 것은 말하자면 국가의 생명선과 관계된 문제라고 해석했기 때문일 것이다. 막북으로의 초기 출병은 북경 천도 이전의 일이었는데, 영락제는 국도인 남경보다 북경에 있는 시간이 더 길었으며, 국책도 북경을 중심으로 생각했을 것이다.

북원 몽골 정권의 후계자는 당시 타타르 부족과 오이라트 부족으로 갈려 서로 다투고 있었다. 타타르 부족 내부에서도 내분이 있었는데, 사마르칸트의 티무르에게 몸을 의지하고 있던 벤야시리(올제이 테무르)가 몽골로 돌아와 타타르 부족을 통일했다. 그 힘에 위협을 느낀 오이라트 부족은 명에 조공을 바치고는 명의 힘을 빌어 타타르 부족에 대항하려 했다. 북방의 정세도 복잡했다.

타타르 부족의 벤야시리는 부족을 통일하고, 서방 티무르의 힘을 빌릴 수 있게 되자 고자세를 취했다. 그리고 명나라에서 보낸 사자를 죽이는 사건이 일어났다. 영락제는 구복(丘福)을 대장군으로 하는 10만여 원정군을 파견했지만, 그들이 전멸하는 참패를 맛보았다. 영락 7년(1409)의 일이다. 본질적으로는 무인이었던 영락제는 이듬해에 스스로 대군을 이끌고 막북으로 향했다.

황제의 친정은 매우 보기 드문 일이다. 한나라의 무제나 당나라의 현종 때도 자주 원정은 있었지만, 위청(衛靑), 곽거병(霍去病), 고선지(高仙芝) 등과 같은 장군을 파견했을 뿐, 황제는 궁중에서 나가지 않았다. 당나라의 태종이 고구려 원정에 스스로 나서기는 했으나, 요동 부근까지만 갔을 뿐 한반도로는 들어가지 않았다. 그런데 영락제는 친히 군대의 선두에 서서 실제로 작전을 지휘했다. 그리고 타타르 부족의 군대를 악낙하(鄂諾河)에서 격파했다. 벤야시리는 간신히 탈출하기는 했지만, 후에 오이라트 부족에게 살해당하고 말았다.

이 전쟁은 5월에 있었고, 영락제는 7월에 북경으로 개선했다가 11월에 국도인 남경으로 돌아왔다. 그는 연왕 시절부터 익숙해져 있던 북경을 이 무렵부터 사실상의 국도로 생각하고 있었을 것이다.

영락제의 타타르 부족 토벌로 뜻밖의 득을 본 것은 오이라트 부족이었다. 원수였던 타타르 부족이 궤멸한 이상, 더는 명나라의 비위를 맞출 필요가 없었다. 명나라에 쫓기던 타타르 부족의 일파인 아로타이를 토벌한다는 명목으로 국경을 자주 침범했다. 영락제는 제2차 친정을 단행했다. 영락제는 50만 대군이 동원된 이 원정에 자신의 장손(長孫)인 주첨기(朱瞻基)를 데리고 갔다. 그는 측근에게,

> 짐의 장손은 총명하고 영민하니, 마땅히 전쟁을 경험해야 한다. 병법을 알고, 또한 장사(將士)의 노고를 파악해, 정벌이 쉽지 않음을 알게 하도록 하라.

고 말했다고 한다. 영락 12년(1414)의 일이었는데, 후에 선종(宣宗) 선덕제(宣德帝)가 된 황장손(皇長孫)의 나이는 21세였다. 이 원정에서 명군은 대승을 거두어 오이라트 부족의 마흐무드를 도랍하(圖拉河)까지 추격했다. 영락제는 더욱 몰아붙일 생각이었지만, 황장손이 귀환 시기를 놓쳐서는

안 된다고 청하여 그에 따랐다고 한다. 수많은 전쟁을 경험한 영락제가 이번 전쟁에서만은 이제 갓 스무 살을 넘긴 손자 말에 따랐다고는 생각되지 않는다. 실제로는 명군도 손해가 컸기 때문에 추격할 여력이 남아 있지 않았다. 아마도 장래의 황제에게 어울리는 카리스마를 손자에게 갖게 하려고, 영락제가 그와 같은 전설을 지어낸 게 아닐까 여겨진다.

이 전쟁을 통해서 오이라트 부족도 명군의 무서움을 알게 되어 이듬해에 마흐무드는 사자를 보내 사죄했다. 그런데 오이라트 부족이 명나라의 원정으로 타격을 입자, 이번에는 타타르 부족이 수장 아로타이의 통솔 하에 세력이 커져서 명나라 국경을 침범하기 시작했다. 이렇게 해서 세 번째 친정이 단행되었다.

제3차 친정은 아로타이가 도망을 치는 바람에 헛수고로 끝나고 말았다. 영락 20년(1422)의 일로 이미 북경으로 천도한 뒤다.

이듬해인 21년, 22년에도 연달아 제4차, 제5차 친정이 있었다. 명나라가 원정군을 내보내면 아로타이는 도망을 다녔기에 명군은 적을 포착할 수가 없었다.

3년 연속으로 친정에 나섰으나, 아로타이를 잡지 못했으니 전과는 없었다고 할 수밖에 없다. 그러나 국경을 침범하면 명나라는 반드시 대군을 일으켜, 황제 친정의 원정군을 보낸다는 사실을 막북의 몽골계 집단에게 분명하게 보여 줬다는 효과는 분명하게 있었다. 영락제가 죽은 뒤에도 북방의 국경은 한동안 안정되었다.

영락제는 친정을 할 때마다 황태자를 '감국(監國)'으로 명했다. 황제 대행으로 모든 정무를 보는 것이 감국의 역할이다. 영락제의 거듭되는 원정은 황태자에게 정무를 익히게 하는 효과도 거뒀다.

영락제가 다섯 번에 걸친 친정이라는 거창한 일을 했기 때문에 이 시기의 막북 전투가 지나치게 역사의 각광을 받는 것 같다. 영락제는 오늘날 베트남에 있는 안남(安南)에도 출병했다.

안남에서는 진(陳) 씨 왕조가 호(胡) 씨에게 나라를 빼앗겨 진천평(陳天平)이 명나라에 망명해 있었다. 영락제는 진천평을 안남국왕으로 세우려 했지만, 안남으로 돌아간 진천평이 호 씨에게 살해되고 말았다.

영락 4년(1406), 주능(朱能)을 정이장군(征夷將軍)으로 삼아 안남으로 원정군을 보냈다. 7월에 출발했는데, 10월에 주능이 군중에서 세상을 떠났으므로 장보(張輔)가 대신 지휘를 했고, 안남군을 가림강(嘉林江)에서 크게 무찌르고 호 씨 왕을 포로로 잡았으며, 포정사 등 명나라의 관리들을 파견했다. 진 씨의 후예를 찾아보았지만, 찾아낼 수가 없어서 안남을 명의 직할령으로 삼아 버렸다.

서양 취보선

연왕에게 바쳐진 이슬람 소년

막북 친정이나 안남 원정은 영락제의 세계 제국 지향을 여실히 반영하고 있다. 그와 같은 대규모 외정(外征)을 감행할 수 있었던 것은 민족국가를 지향했던 홍무제가 30년 동안 지출을 억제하여 국가 경제력을 충실하게 키웠기 때문이다. 영락제의 세계 제국 정책은 아이러니하게 홍무제의 민족국가 정책에 의한 축적을 바탕으로 비로소 가능했다.

세계 제국을 지향했던 영락제의 사업으로서 잊어서는 안 될 것이 정화(鄭和)에 의한 일곱 번의 대항해이다. 물론 이 중에서 마지막 일곱 번째 항해는 영락제가 죽은 후 손자인 선덕제 시대에 있었다.

명나라 대함대의 사령관으로서 일곱 번에 걸쳐 대항해를 지휘한 정화는 환관이었다. 영락제는 조훈을 어기고 환관을 요직에 등용했는데, 동창을 환관에게 맡긴 것은 실패였으나 정화에게 대항해의 지휘를 맡긴 것은 성공이었다고 할 수 있다.

정화는 홍무 4년(1371)에 운남의 곤양(昆陽)에서 태어났다. 원래 성은 마(馬)다. 아버지는 마하지(馬哈只), 그리고 할아버지도 마하지였다. 이것은 정화의 아버지의 무덤이 청나라 말기에 발견되어, 그 묘지(墓誌)로 확인된 사실이다. 아버지와 할아버지의 이름이 같다는 것은 이상하지만, 사실 하지는 일반적인 고유명사가 아니다. 아라비아어인 Hadjdj(하지)를 한자어로 표기한 것인데, 메카를 순례한 사람에게 주어지는 일종의 칭호다. 이것으로 정화의 집안이 이슬람교도였다는 사실을 알 수 있다. 마라는 성도 마호메트의 첫 글자에서 따온 것으로 이슬람교도에게서 흔히 볼 수 있는 성이다.

마 씨인데도 정이라는 성을 쓴 것은 영락제가 명령했기 때문이라고 한다. 마하지의 묘비 외에도 정화의 12대손의 부인의 비도 발견되었다. 환관에게 자손이 있다는 것은 이상한 일이지만, 양자를 들여 뒤를 잇게 하는 것은 허용이 되었다. 정화는 친형인 마문명(馬文銘)의 아들을 양자로 삼았다. 정화의 12대손 부인의 묘비에 따르면, 그의 집안의 원조(遠祖)는 원나라의 함양왕(咸陽王) 새전적첨사정(賽典赤瞻思丁, 사이미드 에제르 샤무스 우딘)이라고 한다. 이 인물의 전기는 『원사』에 등장하는데, 이름은 우마르(烏馬兒)이고 별암백이(別菴伯爾)의 후예라고 했다. 이것은 Peigambar(예언자)의 음을 한자로 옮긴 것으로, 이슬람교에서 예언자는 바로 마호메트를 가리킨다.

묘지의 내용을 그대로 믿는다면, 정화는 마호메트의 자손인 셈이다. 그러나 이 시기의 중앙아시아 부근에서는 예언자의 후예라 칭하는 자가 상당히 많았던 듯하다. 정화의 원조가 함양왕에 봉해진 것은 칭기즈 칸의 서역 원정 때, 1천 기를 이끌고 달려온 공로 때문이었다. 언제, 어디서 칭기즈 칸의 서역 원정에 참가했는지는 분명하지 않지만, 서역 원정 중이었으니 중앙아시아의 어디일 것이다. 세조 쿠빌라이의 중통(中統) 2년(1261)에 그는 재상직인 중서평장정사(中書平章政事, 종1품관)에 임명되고, 지원(至元) 11년(1274)에는 재상 신분을 가진 채 운남의 장관으로 옮겼다. 새전적첨사정은 6년 후에 임지에서 세상을 떠났지만, 자손은 그 지역에 그대로 머물렀다.

새전적은 귀족을 의미하며, 본명은 첨사정이었다. 그에게는 나스라틴(納速剌丁), 하산(哈散), 후신(忽辛), 샨스틴물리(苫速兀默里), 마스후(馬速忽) 등 다섯 아들이 있었다. 막내인 마스후가 처음으로 한족처럼 마 씨를 사용한 듯하다. 마스후의 손자인 마배안(馬拜顔)이 정화의 증조할아버지다.

위의 가계를 통해서도 알 수 있듯이, 정화는 원나라 시대에 커다란 세력을 가졌던 색목인의 자손이었다. 운남에 머물면서 이 일족은 지역의 명문으로 평가받았을 것이다. 첨사정은 운남에 공자묘(孔子廟)를 세워 명륜당(明倫堂)을 설치하고, 유학 교육을 하는 학교의 경비 유지를 위한 전지(田地), 이른바 '학전(學田)'을 두었다. 유일신인 알라만을 섬기는 이슬람교는 신앙에 대해서 배타성이 매우 엄격하지만, 유교에 대해서는 이것을 종교라 생각하지 않았다. 앞에서도 이야기했지만 이슬람교도 출신의 유학자도 적지 않았다.

교육에 열성적인 명문의 자제이니 정화는 어렸을 때부터 사서오경을 배우고 이슬람교도로서 코란도 배웠다. 코란은 번역되어서는 안 될 성전이기 때문에 물론 아라비아어로 읽었다. 한어와 아라비아어 외에 이 집안에서는 페르시아어를 썼을지도 모른다.

정화의 집이 이란계의 색목인인지 투르크계의 색목인인지는 잘 모르겠지만, 설령 투르크계라 할지라도 상층 가정에서는 페르시아어가 일상적으로 사용되었다. 신강의 카슈가르에서 화탁분(和卓墳, 일반적으로 향비묘 〔香妃墓〕)이라 불리는 투르크계 위구르족 명문가의 묘를 본 적이 있는데, 거기에 새겨진 장식문자 등은 모두 페르시아어였다. 위구르족 왕가에서도 공용어는 페르시아어였다. 이것은 19세기의 러시아 왕실에서 프랑스어가 일상적으로 사용되었던 것과 비슷하다.

정화는 이와 같은 환경 속에서 자랐다. 바다가 없는 운남이지만, 국제색이 물씬나는 환경이었다. 아버지와 할아버지 모두 아라비아의 메카를 순례한 여행가였다. 어린 정화는 중앙아시아의 초원이나 아라비아의 사막 이야기를 들으며 자랐다.

그렇다면 운남의 색목계 명문족인 정화가 왜 환관이 되어 영락제를 섬기게 되었을까? 정화가 태어난 해는 홍무제 주원장이 명 왕조를 세운 지 4년째 되는 해다. 하지만 새로운 왕조의 지배력은 아직 운남에 미치지 못했다. 운남이 명나라의 판도에 들어간 것은 홍무 15년(1382)의 일이었다. 정남장군(征南將軍) 부우덕(傅友德)의 휘하인 남옥(藍玉)과 목영(沐英)이 각각 좌우 부장군으로 운남 원정에 나선 것은 그보다 앞선 해 9월의 일이었다. 그때까지 운남은 원나라의 잔존 세력이 지배하고 있었다.

앞에서 이야기한 정화의 아버지 마하지의 묘지명에 따르면, 그는 홍무 15년에 세상을 떠났다. 어떻게 세상을 떠났는지에 대해서는 기록이 없다. 하지만 이해에 운남이 평정되고 원나라의 잔존 세력들이 멸망했다. 마하지의 가계는 원의 함양왕으로 원의 잔존세력과 강한 유대관계가 있었다고 여겨진다. 이와 같은 정황으로 미루어볼 때, 마하지는 병사한 것이 아니라 전란으로 숨을 거두었을지도 모른다는 추측도 가능해진다.

원나라의 은혜를 입었던 마하지가 명군에 저항했으리라는 점을 충분히 생각해볼 수 있다. 명나라의 입장에서 보자면, 마 씨 일족은 반항분자였을 것이다. 정화는 말하자면 적(賊)의 가문의 일원인 셈이다. 당시 정화는 12세였다. 적과 관계가 있는 소년으로서 그는 거세를 당하지 않았을까?

오함(吳晗, 희곡『해서파관(海瑞罷官)』을 써서 문혁파(文革派)의 박해를 받았던 북경시 부시장)의 〈16세기 전의 중국과 남양〉이라는 논문에는 다음과 같은 추측이 실려 있다.

> 명나라 초기, 각지에 파견된 각 장군들은 포로가 된 소년들을 거세하여 잡역(雜役)으로 부린 풍습이 있었다고 한다. 남경으로 개선한 장군들은 전리품을 황제와 황족에게 헌상했다. 포로도 일종의 전리품이었다. 거세당한 소년들도 이런 식으로 헌상되었을 것이다. 황족에게 헌상을 하려면, 아름답고 영리한 소년을 골라야 했다. 미목수려(眉目秀麗)한 정화 소년을 개선장군이 넷째 아들인 주체에게 헌상한 것이라 여겨진다.

아마도 위의 추측은 사실에 가까운 것이다. 명문가의 자제인 정화가 어째서 거세당했는지, 어째서 영락제를 섬기게 되었는지, 오함의 추측은 설득력을 지니고 있다.

아버지의 유훈을 어긴 환관 등용이지만, 영락제는 뛰어난 감식안으로 인물을 정확히 평가했다. 그는 정화의 인물과 재능을 높이 사서 측근으로 부렸을 것이다. 소년 시절, 정화는 연왕 주체의 일상생활을 시중들었다. 주체가 조카인 건문제와 싸운 4년 동안에 일어난 '정난의 변'은 정화가 29세에서 32세에 걸친 일이었다. 이때 정화가 전공을 세웠다고 기록되어 있다. 어떤 전공이었는지 사서에는 구체적인 내용은 기록되어 있지 않다.

국영 무역선의 극비 임무

정난의 변에서 승리를 거둔 영락제가 즉위하자, 정화는 그 공을 인정받아 태감(太監)에 발탁되었다. 후에 태감은 환관 전체를 가리키는 명칭이 되었지만, 원래는 최고위의 환관을 가리키는 말이었다.

영락제는 대항해를 계획했을 때, 처음부터 그 일의 총지휘관으로 정화를 등용하겠다고 생각했을 것이다.

제1차 대항해는 영락 3년(1405)에 시작되었다. 커다란 배 62척에 2만 7천 8백여 명의 장병이 올라탔다. 남경의 보선창(寶船廠)에서 만든 커다란 배는 길이 44장(丈, 150미터), 폭 18장(62미터)이었다고 기록되어 있다. 전문가의 계산에 따르면, 지금의 8천 톤급 배에 해당한다고 한다. 이 정화의 대항해보다 93년 늦게 바스코 다가마가 희망봉을 돌아 역사에 그 이름을 남겼는데, 그때의 기함은 겨우 120톤이었다. 이에 비하면, 정화 함대의 배가 얼마나 거대했는지를 짐작할 수 있다.

믿기 어려울 만큼 거대했기 때문에 오랜 세월 『명사』에 실린 위 숫자는 과장됐다고 여겨 왔다. 그런데 1957년에 남경 교외의 보선창 흔적에서 거대한 키가 출토되어, 『명사』에 기록된 숫자가 과장이 아님이 밝혀졌다.

함대는 소주(蘇州)의 유가하(劉家河)에서 출발했다. 이곳은 육국마두(六國碼頭)라 불렸는데, 오래전부터 대외무역 기지였던 듯하다. 장강에서 바다로 나가 남하하여 복건의 오호문(五虎門)에 이르렀고, 거기서 참파(占城)로 향했다. 복건의 천주(泉州)는 남송에서 원에 걸쳐서 대외무역의 중심이었다. 아라비아계의 호상 포수경(蒲壽庚)이 이곳에 있었다는 사실은 잘 알려져 있다.

점성에서 말라카, 실론을 거쳐 인도 서해안의 캘리컷(古里)까지 갔다가 영락 5년(1407)에 귀국했다. 귀국한 해에 다시 제2차 항해를 명령받았는데, 틀림없이 제1차 항해 중에 나라에서는 이미 준비를 하고 있었을 것이다. 60여 척이나 되는 거선을 건조하는 것만으로도 대규모 사업이었다. 실제로 이 대함대를 멀리 인도양까지 항해시키는 일은 쉬운 일이 아니었을 것이다. 마치 귀항을 기다리고 있기라도 했다는 듯 제2차 항해에 나서게 했는데, 이 대항해에서 보인 영락제의 집념은 대체 어디서 왔을까?

명목상으로 정화는 각지를 찾아가 명나라 황제의 조칙을 전달하고 복속을 요구했다고 한다. 세계 제국을 지향했던 영락제가 했을 법한 일이다. 그러나 영락제라 할지라도 이들 동남아시아 여러 지방을 직할령으로 삼으려는 생각은 없었다. 직할령은 베트남 북부의 교지(交阯) 부근이 한계였다. 명 왕조가 지원하던 진 씨 왕조의 후예가 없었기에 포정사를 파견한 것이다.

대항해의 목적은 명나라의 국위를 여러 외국에 보여, 명을 종주국으로 인정하게 하는 데 있었다고 생각된다. 종주국이라고 해도 내정에 간섭하는 것은 아니다. 명의 황제에 대해서 신하를 칭하기만 하면 된다. 이처럼 명목상으로 신종(臣從)관계를 맺은 나라에 대해서만 교역을 허락하는 것이 명의 원칙이었다.

일본의 무로마치(室町) 막부도 아시카가 요시미쓰(足利義滿)가 '신(臣) 요시미쓰'라고 서명한 국서를 보내 문서상으로는 명에 신종하는 관계를 맺었다. 그 국서를 근거로 하여 견명선(遣明船)에 의한 무역을 공인받았다. 하지만 명이 실제로 일본에 대해 내정간섭을 한 경우는 전혀 없었다.

정화는 그런 사실을 기항한 여러 나라에 설명했을 것이다. 대부분의 나라는 정화에게 설득당해 아시카가 요시미쓰처럼 신 모(某)라고 서명한 국서를 제출하지 않았을까 생각된다. 신이라 칭하는 데 저항감을 느꼈던 나라도 정화의 함대가 싣고 온 도자기나 비단에 눈이 팔려 틀림없이 서명했을 것이다. 또한 이 명나라 함대에게 후추, 용연향(龍涎香), 진주, 산호, 보석 등을 팔면 커다란 이익을 얻을 수 있다는 유혹을 뿌리치기도 쉽지는 않았을 것이다.

기록에 따르면, 정화 함대가 구입한 것에는 그 밖에도 사자, 기린, 표범, 얼룩말, 타조, 서마(西馬) 등 진기한 동물들도 포함되어 있었다. 서마라는 것은 아마도 아랍의 명마를 가리킬 것이다.

양적으로 가장 많았던 것은 후추였다고 생각된다. 마르코 폴로가 견문록에서 도시의 번영을 설명할 때, 후추의 사용량을 들었다는 사실로도 당시 후추의 수요가 얼마나 많았는지를 짐작할 수 있다. 어쨌든 정화의 함대를 당시 사람들은 '서양 취보선'이라 불렀는데, 그 이름대로 사치품 수입이 많았다.

국위를 떨치고 교역하는 것이 정화 함대의 목적이었던 듯한데, 예로부터 건문제의 행방을 찾는 것이 진짜 목적이었다는 설이 있었다. 불에 타고 남은 남경의 궁전에서 건문제의 유체가 발견되지 않은 탓에 탈출했다

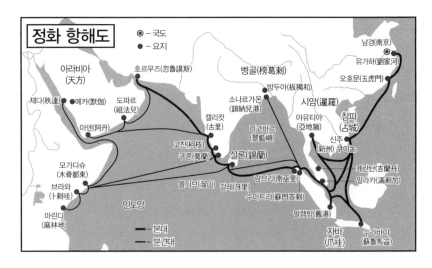

정화 항해도

● - 국도
● - 요지

남경(南京)
유가하(劉家河)
오호문(五虎門)
아라비아(天方)
호르무즈(忽魯謨斯)
벵골(榜葛剌)
제다(秩達)
메카(默伽)
도파르(祖法兒)
방두아(板獨和)
시암(暹羅)
참파(占城)
아덴(阿丹)
캘리컷(古里)
소나르가온(鎮納兒港)
아유티아(亞地猶)
신주(新州) 쿠이눈
코친(柯枝)
쿠론(葛蘭)
니코바르(翠藍嶼)
실론(錫蘭)
케란탄(吉蘭丹)
말라카(滿剌加)
모가디슈(木骨都束)
몰디브(溜山)
람브리(南巫里)
갈레(牙里)
브라와(卜剌哇)
수마트라(蘇門答剌)
팔렘방(舊港)
인도양
마린디(麻林地)
자바(爪哇)
수라바야(蘇魯馬益)

── 본대
── 분견대

는 의혹이 매우 짙었다.

　동남아시아의 각지에는 이미 수많은 화교들이 살고 있었다. 외국으로 탈출한 건문제가 그들에게 옹립되어 영락제 정부에 위협을 가할지도 모른다는 우려는 결코 있을 수 없는 일이 아니었다. 국내에서는 비밀경찰 기구가 착실하게 강화되어, 건문제의 행방 등은 가장 중요한 사항으로 철저한 수색이 이루어지고 있었다. 국내에서의 압박이 이렇게 커지면 국외로 망명하는 도리밖에 없다. 정화의 함대가 2만 7천여 명을 거느린 것은 건문제 옹립 세력과 싸우기 위해서였다고 보는 것도 마냥 억지만은 아닌 듯하다. 찬탈자인 영락제는 살아 있을지도 모를 건문제의 그림자에 언제나 두려움을 느끼지 않을 수 없었다.

　국위선양, 교역, 건문제 수색, 정화의 함대는 이 세 가지 목적을 가지고 있었다.

　명은 건국 초기부터 대외적으로는 해금책(海禁策)을 취했다. 뒤에 다시 이야기하겠지만, 당시 일본의 해적인 왜구의 움직임이 점차로 활발해졌기에, 홍무제의 해금책은 나라 사람들이 왜구와 결탁해 반정부 운동을 일으키는 것을 경계하기 위한 대책이었을 것이다. 또한 민족국가를 지향했던 홍무제는 안을 굳건히 다지기 위해 외국과의 번거로운 접촉을 피하고 싶었다고 생각된다.

홍무제의 생각과는 달리 세계 제국을 지향했던 영락제 시절에도 해금책은 계속되었다. 그러나 목적은 같지 않았다. 해금이란 개인이 해외로 도항하는 것이나 대외교역을 금하는 것을 말한다. 일종의 쇄국정책이었다. 홍무제는 그렇게 함으로써 국내를 안정시켜 중화 부흥 사업에 전념하고자 했다. 영락제는 해금책을 유지함으로 해서 대외교역을 국가가 독점하려고 했다. 정화의 함대가 어마어마하게 컸던 것도 바로 독점무역이었기 때문이다. 해금책이 유지되고 있었기 때문에 개인 무역상의 존재는 허용되지 않았다. 법망을 피해서 대외무역을 하는 개인이 틀림없이 있었겠지만, 밀수이니 그 거래량은 그다지 많지 않았을 것이다. 교역의 이익은 국가가 독점했다.

정화의 함대는 순회교역선이라고 할 수 있다. 단지 교역을 하기 위해서는 명나라의 정삭(定朔)을 받드는 수속이 필요했다. 명나라의 연호를 사용하고, 명나라의 신하가 되어야만 했다. 명에서는 그 증거로 '그대를 모국(某國)의 왕에 봉하겠다'는 국서를 내렸다. 조금 뒤의 일이지만, 도요토미 히데요시(豊臣秀吉)의 조선 출병 강화(講和) 때, 명의 사절이 히데요시를 일본 국왕으로 봉하는 국서를 지참한 적이 있었다. 히데요시가 화를 내며 그것을 찢어 버리는 대목이 『일본외사(日本外史)』에 있는데, 역사적으로도 유명한 장면으로 기록되고 있다. 실제로 그 국서는 찢어진 흔적도 없이 현존하고 있으니, 라이산 요(賴山陽, 1780~1832, 에도 후기의 유학자·시인-옮긴이)가 붓을 잘못 놀린 것이 분명하다. 그런데 당시의 명나라는 일본이 조선에서 소란을 피우고 있는 것은 명과 교역을 하고 싶어서일 것이다, 그렇다면 교역 자격인 책봉 국서를 주자, 고 생각했던 듯하다. 이것으로도 알 수 있듯이, 교역은 신종한 여러 나라에게 은혜로써 허락되는 것이라는 관념이 있었다.

정화의 일곱 번에 걸친 대항해에서 무력을 사용한 예가 몇 번 있었지만, 본격적인 전쟁은 제3차 항해 때 실론(錫蘭) 왕과의 전쟁이 유일했다. 당시 실론국의 왕이 명나라의 책봉을 받아들이지 않았기 때문에 전투가 벌어졌다고 한다. 정화는 기습작전으로 왕궁을 공격해서 국왕을 포로로 잡았다. 작은 나라이기는 하지만, 한 나라가 정화의 함대와 싸운 것은 이것이 유일하며, 제1차 항해 때에는 충돌이 두 번 있었다. 팔렘방(舊港)의 진조의(陳祖義) 사건과 자바(爪哇)의 내란사건이다.

구항에는 이미 수많은 화교들이 있었다. 건문제 수색을 위해서는 이와 같은 장소는 한층 더 철저하게 조사해야만 했다. 건문제가 구항으로 들어온 흔적은 없는 것 같지만, 화교들은 두 파로 나뉘어 있었다. 그중에서도 진조의를 우두머리로 하는 일파는 해적단 같은 존재여서 양민을 괴롭히고 있었다. 정화는 진조의 일당 5천 명을 공격하여 우두머리를 포로로 잡았다.

자바의 내란사건은 동왕(東王)과 서왕(西王)의 무력투쟁에 정화의 부하가 휘말려든 것이다. 마침 정화의 부하가 동왕 쪽에 있었는데, 서왕이 공격을 해 왔고 그 결과 서왕이 승리를 거두었다. 그런데 정화의 부하가 휘말려 사망자가 나와서, 정화가 엄중하게 항의했다. 서왕이 사죄를 위한 사자를 보내 황금 6만 냥의 배상금을 지불하겠다는 약속을 하여 문제는 해결되었다.

제3차 항해 때 포로가 된 실론왕은 명나라로 연행되었지만 곧 석방되었다. 그러나 제1차 항해 때 포로가 되었던 진조의는 명나라에서 참수를 당했다. 한편 자바 서왕의 배상금은 후에 1만 냥으로 감액되었다. 벌해야 할 자는 벌하고 용서해야 할 자는 용서하고, 배상금 문제에 있어서도 정치 절충의 여지를 남겨 두었다. 명나라의 조정이 결정한 일일 테지만, 틀림없이 정화의 의견이 그 결정을 좌우했을 것이다.

제1차에서 제3차까지의 항해는 귀국한 해에 곧바로 출발을 했다.

제1차 영락 3년(1405)에 출발하여, 영락 5년에 귀국.

제2차 영락 5년(1407)에 출발하여, 영락 7년에 귀국.

제3차 영락 7년(1409)에 출발하여, 영락 9년에 귀국.

위와 같이 잇따른 항해였다. 그런데 제4차 항해는 귀국 후 2년 뒤인 영락 11년(1413)에 출발했다.

제3차까지는 같은 항로를 항해했다. 인도 서해안의 캘리컷(古里)이 종착항이었고, 거기서 뱃머리를 돌렸다. 같은 항로를 다시 가는 것이니 준비도 그렇게 어렵지 않았을 것이다.

제4차에서는 고리에서 더욱 서쪽으로 항해하여, 페르시아 만의 호르무즈(忽魯謨斯)까지 진출했다. 그리고 수마트라에서 분견선단(分遣船團)이 몰디브(溜山) 제도를 경유하여 아프리카의 동해안에 달했고, 거기서 다시 북상하여 아라비아 반도의 아덴(阿丹)과 그 외 여러 곳을 기항했다. 전례 없는 대항해였으므로 준비를 위한 시간이 필요했을 것이다. 호르무즈까지 갔던 본대의 정화는 영락 13년에 귀국했지만, 분견선단은 그 이듬해에 귀국했다.

제5차 항해는 영락 15년(1417)에 출발하여 영락 17년에 정화는 귀국했고, 동아프리카까지 갔던 분견대는 그보다 1년 늦게 귀국했다.

제6차 항해는 영락 19년(1421)에 출발하여 정화는 이듬해에 귀국했으며, 제5차 때와 마찬가지로 분견대는 1년 늦게 귀국했다. 북경 천도 후의 일이었다.

제7차 항해는 정화가 귀국한 지 9년이나 지나서 이뤄졌다. 이처럼 간격이 벌어진 것은 정화가 제6차 항해에서 돌아온 2년 뒤에 영락제가 죽고, 뒤이어 즉위한 홍희제(洪熙帝)도 바로 죽어 선덕제가 즉위하는 등, 조정에서 중대한 사건이 연달아 일어났기 때문이라고 생각된다. 선덕 6년(1431)에 제7차 항해를 시작했을 때, 정화는 이미 61세였다. 이것이 정화에게도, 그리고 명나라에게도 마지막 대항해가 되었다. 2년 뒤인 선덕(宣德) 8년(1433)에 정화는 귀국했으나 얼마 후 세상을 떠났다. 사망 연도는 분명하지 않지만, 아마도 제7차 항해에서 돌아온 이듬해쯤이 아닐까 추측된다.

국위 선양보다는 국가적 낭비가 아닌가

1911년에 실론 섬의 갈레(牙里)에서 도랑의 덮개로 쓰이던 돌이 석비라는 사실이 판명되어 콜롬보 박물관에 수장되었다. 그것은 한문, 타밀어, 페르시아어 등 세 종류의 문자가 새겨져 있었다. 마모가 심해서 한문부분만을 간신히 판독할 수 있는 상태였다. 거기에 영락 7년(1409) 2월이라는 연대가 남아 있어 제2차 항해 때 세운 것이라는 사실을 알 수 있었다. 비문의 내용은 항해의 평안을 감사하고, 또 앞으로의 안전을 빌기 위해 절에 공양을 드렸다는 것과 그때 올린 물품 목록이 적혀 있었다.

판독 불가능한 타밀어와 페르시아어 비문은 어차피 한문 내용의 번역일 것이라 짐작했다. 그런데 과학적 방법이 진보하여 마모가 심한 부분도 이제는 판독이 가능해졌다. 그를 통해서 두 언어의 비문 모두가 한문과는 내용이 각각 다르다는 사실이 밝혀졌다. 타밀어 비문은 중국의 천자가 테나바라이 나야냐르(실론에서 믿는 힌두교계 신의 이름)를 칭송하기 위해 비를 세웠다는 내용이고, 페르시아어 비문은 알라신과 이슬람교 성자를 위한 비라고 적혀 있었다.

하나의 석비에 내용이 서로 다른 세 종류의 문자로 비문이 새겨진 것은 무엇을 의미할까? 종교적으로 보자면, 이 비석은 각각 불교, 힌두교, 이슬람교를 위해서 세워진 셈이 된다. 거기서 종교에 대한 관용을 엿볼 수 있다고 생각할 수 있다. 이 비석의 건립이 영락제의 명령인지 아니면 정화의 의견인지는 분명하지 않다. 그러나 일곱 번에 걸친 대항해를 별다른 문제없이 무사히 마친 사실은 총사령관이 인간적으로 뛰어나고 마음이 관용적이었기 때문이라고 봐도 될 것이다. 풍속, 습관이 다른 땅에 가면 여러 가지 문제가 일어나는 법이지만, 정화는 그것을 그럭저럭 훌륭하게 헤쳐 나갔다. 바로 그랬기 때문에 연속으로 대항해가 가능했을 것이다. 중대한 문제를 일으켜 두 번 다시 그곳에 들를 수 없었다면, 일곱 번에 걸친 대항해는 실행이 불가능했을 것이다.

정화의 집안은 앞에서 이야기했듯이 이슬람 교도였다. 그런데 그는 연왕 주체 밑에 있을 때, 명승 도연으로부터 보살계(菩薩戒)를 받았다는 기록이 있다. 그게 사실이라면 그는 이슬람 교도인 동시에 불교도였던 셈이다. 이런 일은 특히 이슬람교 쪽에서는 용납되지 않는다. 원래 정화는 운남 전쟁의 전리품인 노예여서 주인의 명령을 거스를 수가 없었다. 비록 강제적이었다 하더라도, 이중 신자였던 그는 종교에 대한 편견이 거의 없었을 것이다. 그리고 종교에 부속되는 풍속이나 습관에 대해서도 그랬을 것이다. 여러 외국을 순회하는 함대 총사령관으로서 정화보다 더 적당한 인물도 없었던 셈이다.

동남아시아 각지에 삼보태감(三保太監) 전설이 남아 있고, 묘(廟)가 세워진 곳도 있다. 삼보태감이란 정화의 별명이었던 듯하다. 신으로 모셔지고, 신과 같은 인간으로서의 전설이 태어났을 정도이니, 정화라는 사람 자체도 인간적인 매력을 많이 가졌으리라 생각된다. 신의가 두터운 인물이고, 약속은 틀림없이 지켰을 것이다. 만약 불신행위가 있었다면, 상대 측의 반발로 일곱 번이나 항해할 수는 없었을 것이다. 갈 때마다 환영을 받았는데, 이는 교역에 있어서도 정화가 상대방에게 유리하도록 일을 진행시켰기 때문일 것이다. 국영 무역이었고, 더욱이 국위 선양이라는 또 다른 사명도 있었기 때문에, 어느 정도까지는 채산을 무시하는 것도 허용되었다.

영락제 시절에는 외국의 수장이 종종 명나라에 입조했다. 『명사』 「외국전」에는 영락 3년에 보르네오(渤泥)의 국왕 마나야나(麻那惹那)가 자신의 비와 동생, 자녀들을 데리고 내조(來朝)한 것을 시작으로 수많은 수장들의 입조가 기록되어 있다. 영락 9년에 입조한 말라카(滿剌加)의 국왕 배리미소라(拜里迷蘇喇)는 처자와 배신(陪臣) 등 500여 명을 이끌고 왔다. 이에 대해서 청나라의 조익은,

필시 모두 해외의 소국일 테지만, 이(利)를 탐해서 온 것이다. 이때

내감 정화가 명을 받고 바다로 나가 건문의 종적을 묻고, 많은 이득으로 여러 번들을 회유했다. 이에 서로 찾아왔다. 선덕 이후, 마침내 다시 찾는 자가 없었다. 당시 삼보태감이 서양으로 간 것을 칭송하여 영락조(永樂朝)의 성사(盛事)를 이루었다고 했다.

라고 평했다. 정화는 대항해를 하면서 여러 외국에 커다란 이익을 주었으며, 명나라에 오면 더욱 좋은 일이 있을 것이라고 권했던 모양이다. 그랬기에 소국의 수장들이 차례차례 내조했다. 만국(萬國, 세계의 모든 나라)이 공사(貢使)를 파견하여 입조하는 것은 성천자(聖天子) 시절의 현상이라는 생각에서 보자면, 수장이 입조하는 것은 명나라의 국위가 가장 선양된 증거라고 할 수 있다. 그리고 정화의 함대가 진기한 동물을 인도와 아프리카에서 싣고 온 것도 성천자의 치세에는 서조(瑞兆)로서 진귀한 동물이 출현한다는 전설을 의식했기 때문이다.

그렇지만 조익의 평을 읽어 보면, 반드시 정화에게 호의적인 것만은 아니라는 느낌이 든다. 영락조의 성사였다고 분명하게 기록하지 않고, 그런 말을 들었다는 식으로 기술했다. 건문제의 행방을 수색한 일이나 국위 선양을 이유로 막대한 낭비를 했다는 사실을 비난하는 기분을 행간에서 읽어 낼 수 있다.

대항해 시대를 이어가지 못한 아쉬움

명의 건국 기본방침은 농본주의였다. 빈농의 고아였던 홍무제의 출신을 생각해 봐도 그 점은 이해가 간다. 농본주의를 뒤집어 보면, 상인이나 상업을 경시했다는 것과 같다. 예를 들어서 홍무제는 농민은 비단을 입어도 괜찮지만 상인은 안 된다고 차별대우를 했다.

농본주의는 홍무제가 목표로 삼았던 민족국가와도 통하는 부분이 있었다. 그 토지에 정착하여 자손 대대로 같은 토지를 경작하고, 촌락 공동체를 형성하여 유교의 윤리에 따른 행동을 하는 것이 인간의 도리라 생각하고 있었다. 부모가 살아 있는 동안에는 멀리 가지 않는다는 것이 공자의 가르침이었다. 따라서 이주를 하거나 외국으로 나가는 것은 이상에서 벗어난 행동으로 보았다.

국영이라 할지라도 교역은 상업 활동이니 농본주의 입장에서 보자면 사도(邪道)인 셈이다. 외국에 나가는 것은 유교의 효도에서 벗어나는 행위였다. 영락제는 대항해를 계획함으로써 홍무제의 건국정신을 무시했다고 말할 수 있을 것이다.

영락제가 세상을 떠난 뒤, 다시 궤도 수정이 행해졌다. 명 왕조의 기본 정책은 그 후에도 민족국가와 세계 제국 사이를 끊임없이 오갔다. 그러나 명나라의 2백수십 년 동안, 태조 홍무제 때와 같은 강력한 민족국가와 성조 영락제 때와 같은 빛나는 세계 제국의 시기는 두 번 다시 출현하지 않았다.

앞에서 바스코 다가마의 빈약한 함대와 비교했는데, 유럽 사람이 주역이 된 대항해 시대에 앞서 정화의 서양 취보선의 대항해가 존재했다는 사실을 잊어서는 안 될 것이다.

정화는 일곱 번의 대항해에 관한 상세한 보고서를 당연히 황제에게 제출했다. 만약 그것이 오늘까지 남아 있었다면, 15세기 동남아시아, 인도, 아라비아, 아프리카 등에 관한 귀중한 자료가 되었을 것이다. 아쉽게도 그것은 인위적으로 유실되고 말았다.

성화제 시절(1465~1487), 서양 취보선을 다시 파견하려는 움직임이 있었다. 삼보태감 정화는 국가의 영웅으로서 영광에 둘러싸인 채 그 생애를 마감했다. 궁정의 환관들에게 있어서 정화야말로 자신들의 빛나는 별과도 같은 존재였다. 제2의 삼보태감이 되려고 했던 환관이 대항해 계획을 진언하려 했다.

성화제도 사치스러운 것을 좋아해서 외국의 진기한 물품에 관심을 가지고 있었다. 그와 같은 황제의 취향에 영합하기 위해 환관들이 그와 같은 계획을 생각해 낸 것이었다.

궁정의 신하들은 이에 대해서 위기감을 가졌던 모양이다. 다시 거함을 건조하고, 수만에 이르는 승무원을 동원하고, 그리고 해외 각국에 유리한 교역을 한다면, 국가 재정이 위태로워질 가능성도 있었다. 궁정의 사대부들은 대부분 민족국가를 지향했다. 조익의 앞의 글에서도 볼 수 있듯이, 영락제의 '장거'를 그다지 높게 평가하기보다는 오히려 부정하는 사람이 더 많았다.

정화의 보고서는 병부(국방부)에 보존되어 있었다. 성화제가 대항해를 재개한다면, 그 방대한 보고서가 참고가 될 터였다. 정화 시대에서 40년이나 지났으니, 그때의 경험자를 다시 기용한다는 것은 거의 불가능했을 것이다. 아무래도 보고서에 의존할 수밖에 없다.

그 보고서만 없애면 대항해를 다시 계획하지 못할 것이다.

대항해 반대파가 이렇게 생각한 것도 무리는 아니다. 병부에 근무하며, 후에 병부상서(국방부 장관)가 된 유대하(劉大夏)라는 인물이 계획을 저지할 목적으로 정화의 보고서를 죄다 처분해 버렸다. 그 때문에 정화의 대항해에 대해서는 알 수 없는 부분이 많다.

영락제가 이 대항해를 생각해 낸 이유에 대해서 그 밖에도 몇 가지 설이 있지만, 그다지 설득력은 없다고 본다. 여기서는 두 가지 설을 들고, 그것을 비판하는 형식으로 당시 상황을 보충 설명하도록 하겠다.

첫째로, 명 왕조 성립에 대해서 마지막까지 저항한 소주의 장사성(張士誠) 정권이 강력한 수군을 가지고 있었으므로, 그 힘을 밖으로 돌리기 위해 대항해를 계획했다는 설이다. 이런 생각은 원나라의 두 번에 걸친 일본 원정을 남송의 잔존 군사력을 밖으로 돌리려는 목적에 있다고 보는 것과 비슷하다. 두 번에 걸친 일본 원정의 경우는 남송 멸망 직후였기 때문에 충분히 생각해 볼 수 있는 일이다. 그러나 정화에 의한 대항해는 첫 번째 출발이 영락 3년으로, 소주의 장사성이 자살하여 그의 정권이 무너진 지정(至正) 27년(1367)으로부터 만 38년이나 지난 뒤다. 장사성 수군 시절에 22세였던 젊은 병사도 이미 환갑을 맞이했을 나이였다. 영락제가 장사성의 잔존 수군 세력을 두려워할 필요는 거의 없었다고 말할 수 있다.

국내에 두면 반체제 운동으로 치우칠 우려가 있는 힘을 안전한 곳으로 방출한다는 생각이 조금은 있었는지도 모른다. 그러나 그것은 주요한 목적 중 하나는 아니었을 것이다. 영락 초년에 장사성의 망령은 사람들을 떨게 할 힘을 이미 잃었다.

다음으로, 중앙아시아의 패자였던 티무르가 제2의 칭기즈 칸이 되기 위해 군대를 동쪽으로 보낼 계획을 세우고 있었기에 영락제는 그 배후에 있는 제국과 동맹을 맺으려 했다는 설이 있다.

명나라에게 있어서 티무르는 틀림없이 위험한 존재였다. 티무르도 실제로 동정(東征)을 준비하고 있었다. 그러나 티무르는 나이가 들어 1405

년 2월에 세상을 떠났다. 게다가 티무르의 후계자는 상속 싸움 때문에 동정을 단행할 여유 따위는 없었다. 동정은커녕 명과 우호 관계가 유지되기를 바라고 있었다. 티무르의 죽음은 정화의 제1차 대항해 출발과 같은 해의 일이었다.

티무르의 위협은 이미 사라진 뒤였다. 물론 중앙아시아의 초원에서 언제 다시 제2의 칭기즈 칸과 같은 세력이 출현하게 될지는 알 수 없었기에 예방책으로 배후의 여러 나라와 우호 관계를 맺어야겠다는 생각이 영락제의 머리 한쪽 구석에 있었는지도 모른다. 서방 제국과의 동맹은 그렇게 긴박한 문제는 아니었으니, 대항해의 주요한 목적은 아니었을 것이다.

홍무제가 국내 안정을 꾀했기에 생산력이 회복하고 견직물이나 도자기의 생산량이 비약적으로 늘어났다. 내수를 충족시키고도 남았다. 대항해의 배경으로는 이와 같은 생산력 팽창을 고려하는 편이 더 자연스러워 보인다.

중국의 대항해 시대는 거의 영락제 시절에 막을 내렸다. 선덕 6년(1431)에 제7차 항해가 있었으니, 중국의 대항해 시대는 정화의 등장으로 시작되어 그의 퇴장으로 끝을 맺었다고 해야 할지도 모른다.

건국 30년간의 축적이 영락제 시절에 외부로 향하는 에너지로 작용했다. 다섯 번에 걸친 영락제의 막북 친정과 일곱 번에 걸친 정화의 대항해가 그 사실을 상징한다. 그런데 그 뒤에 반성기, 또는 수렴기라고 해야 할 시기가 찾아왔다. 파도처럼 에너지를 더욱 바깥으로 내보내려 했던 시대도 있었으나, 영락제 시절처럼 커다란 파도는 다시 일지 않았다. 천순제(天順帝)와 성화제 때 대항해 이야기가 있었지만, 결국에는 실행으로 옮기지 못했다. 그리고 명나라는 점차로 쇠퇴해서 다시 대항해기를 맞을 정신적 고조는 끝내 볼 수 없었다.

정화의 대항해 시대는 마땅한 후계자를 얻지 못했다. 그가 세상을 떠난 지 반세기나 지나 유럽의 대항해 시대가 시작되었는데, 중국은 거기에 참가하지 못했다. 세계사에서 말하는 대항해 시대는 그보다 앞서 행해졌던 정화를 생략한 채 이야기하는 것이 상식처럼 되었다.

서쪽으로 서쪽으로 대서양을 향해 갔던 콜럼버스의 그 유명한 항해는 정화의 첫 번째 항해로부터 약 60년 뒤의 일이다. 콜럼버스의 선단은 겨우 세 척에 지나지 않았다. 인원은 모두 88명이었다. 콜럼버스가 탄 산타마리아호는 250톤이었다고 한다. 『명사』「정화전」에 기록된 그의 함대의 위용에 거의 과장이 없었다는 사실은 보선창의 출토품으로도 증명되었다. 항해에 대한 공식 기록은 없어지고 말았다. 다만 마지막인 일곱 번째 항해에 관해서는 민간의 기록이 남아 있어, 상당히 자세한 내용까지 알 수 있다. 소주의 문인 축윤명(祝允明, 1460~1526)이 나이 많은 노인으로부터 들은 것을 기록한 『전문기(前聞記)』가 바로 그것이다.

인도양과 아라비아 해를 항해하던 8천 톤급 대형 선단은 환상처럼 사라져 버렸다. 정화 퇴장 이후, 유럽과 이슬람의 상선이 그 공백을 메우듯 활약했다. 정화 함대가 너무 거대해서 그 뒤에 등장한 모험가들의 배가 참으로 왜소하고 초라하게까지 보인다.

정화의 대항해 시대가 뒤를 잇지 못한 것은 명이라는 나라의 활력의 문제였다. 그러나 그 가운데서도 일본의 해적, 즉 왜구의 활동이 작지 않은 요인이었다는 점은 주목할 만한 사실인데, 그에 대해서는 뒤에 다시 이야기하기로 한다.

티무르의 서역

유목민과 농경민의 대립

뒤를 잇는 사람은 조상 세대를 뛰어넘기를 원한다. 그것이 후계자의
숙명이라고 할 수 있을 것이다. 학문이나 예술 세계에서도, 기업계에서도
마찬가지다. 앞 세대가 크면 클수록 후계자의 부담은 무거워진다.

막북 친정을 되풀이한 영락제의 가슴속에는 적어도 원나라의 판도는
회복하고 싶다는 소망이 있었다. 그러나 그 원 왕조조차 칭기즈 칸의 유
산 중 일부에 지나지 않는다.

명 왕조는 원의 후계자라는 성격 외에도 중화 제국의 부흥자라는 성
격도 지니고 있었다. 판도의 넓이로 보자면, 이전까지의 중화 제국 중에
서는 당나라의 전성기가 가장 넓었는데, 그것은 원나라를 뛰어넘는 넓이
였다. 당나라 시절 안서도호부가 관할했던 서역은 원나라에게 있어서는
형제국인 차가타이 한국(汗國)에 속했다. 중화 제국의 부흥자로서 명은
당의 전성기를 목표로 삼지 않을 수 없다. 그러나 명나라 때에는 그 비원

을 이루지 못했다. 아이러니하게도 비한족(非漢族) 왕조인 청나라 시대에
그 목표를 달성할 수 있었다.

칭기즈 칸의 둘째 아들인 차가타이가 받은 것은 야율대석(耶律大石)이
구축한 서요(西遼)라 불리는 카라 키타이 국(國)이었다. 지금의 중국 신강
에서 소련의 중앙아시아까지를 포함한 광대한 판도였다. 칭기즈 칸의 적
손(嫡孫)인 쿠빌라이가 세운 원은 주원장에게 쫓겨 한토(漢土)에서 막북
으로 물러났다. 이처럼 약해진 것은 주원장 때문만은 아니었다. 첫째는
착취를 기본으로 한 정치에 원인이 있었다. 그리고 둘째는 정권 내부에
서 벌어진 치열한 내홍을 들 수 있다.

여기서 눈길을 잠시 서쪽으로 돌려 원의 형제국이었던 차가타이 한국
이 어떻게 되었는지를 살펴보기로 하자. 거기에서도 내분이 일어나 원이
한토에서 추방되기 전에 이미 동서로 분열되어 있었다.

광대한 영토 안에 몽골, 투르크, 이란 등 다양한 종족을 거느리고 있
던 차가타이 한국은 처음부터 정치적 통일이 매우 어려웠다고 할 수 있
다. 서쪽으로 갈수록 혼혈도가 높아졌으며, 이 나라는 기질적으로도 동
쪽과 서쪽의 차이가 점점 더 심해졌다. 기질만 달랐다면 그나마 나았을
테지만, 생활양식에서까지 차이를 보였다.

차가타이 한국 상층부의 생활양식은 기본적으로는 당연히 유목이었
다. 칭기즈 칸 시절부터 유목은 존경할 만한 가치가 있는 생활이라 여겨
지고 있었다. 유목민들은 한토(漢土)에서 토지에 터전을 잡고 경작하는
농경생활을 경멸했다. 그런데 유목민이 국가를 만들고 그 판도를 넓히게
되자, 여러 가지 생활양식을 가진 민족을 지배하에 두게 되어, 마침내는
그것만 가지고는 유지할 수 없는 지경에 이르렀다. 예를 들어, 천재지변이

나 전염병으로 가축들이 하나둘 죽어 가면 유목민은 곧 굶주리게 된다. 굶어 죽는 것을 면하려면 약탈하는 수밖에 없다. 그런데 농경민을 지배하에 두면 먹을 수 있는 곡식을 알고, 그것을 저장해 아사에 대한 공포에서 벗어날 수 있다. 농경을 경멸하면서도 농경을 필요로 한 것이다.

차가타이 한국에는 농경민족뿐만 아니라 상업 민족도 있었다. 오늘날 우즈베크 영토에 있는 아무 다리야 강과 시르 다리야 강 사이의 지방은 예로부터 소그디아나라고 불리며, 상업 민족이 사는 지역으로 널리 알려졌다. 실크로드의 상업은 주로 소그디아나 상인이 담당했다.

지배자가 된 유목민이 사치라는 맛을 알게 된 것은 당연한 일이다. 각지에서 여러 가지 사치품이 운반되어 왔다. 예전에는 그런 것을 본 적조차 없었던 유목민도 곧 금단의 열매를 먹은 것처럼 그것 없이는 살 수 없었다. 상업 민족은 물자를 운반할 때 이동하지만, 생활양식은 유목민족과 전혀 다르다. 대상으로서 각지에 나가지만, 소그디아나 지방을 거점으로 해서 마지막으로는 그곳으로 되돌아오므로 정주한다고 할 수 있다.

정주도(定住度)라는 면에서 보자면, 차가타이 한국은 서고동저(西高東低)였다. 국토의 동쪽에는 옛날처럼 유목생활을 하는 사람들이 많았으며, 서쪽은 농업이나 상업적 요소가 보다 짙었다. 차가타이 한국이 동서로 분열된 것은 권력을 둘러싼 내분 때문이기도 했지만, 생활양식의 차이가 더욱 심해진 것이 그 바탕에 있었다고 생각된다. 동쪽 사람들은 자신을 무갈(몽골)이라고 부르며, 서쪽 사람들을 카라나우스(혼혈아)라고 멸시했다. 그리고 서쪽 사람들은 스스로를 차가타이 인이라고 하면서 동쪽 사람들을 제테(도적)라고 불렀다. 서로를 멸시하는 이름으로 부르는 민족을 통일하기란 매우 어려운 일이다.

동서 분열에는 종교적인 요소도 있었다. 서쪽에서는 이슬람교가 성행했다. 차가타이 한국의 타르마시린 칸은 이슬람으로 개종하고, 이름도 알라 우딘이라고 이슬람식으로 바꿨다. 이 인물은 1326년에 즉위했는데, 지나치게 이슬람 일변도여서 서쪽에만 관심을 두었기 때문에 동쪽 사람들로부터 불만을 샀다. 타르마시린 칸의 이런 자세가 나라를 분열시켰다고도 볼 수 있다. 군주의 보살핌을 받지 못한 동쪽 사람들은 따로 자신들의 칸을 옹립했다.

이렇게 해서 차가타이 한국은 동서로 분열했지만, 양쪽의 칸 모두가 점차 권위를 잃고 말았다. 실권은 귀족들에게로 넘어갔다. 이러한 하극상 풍조 속에서 새로운 영웅이 태어나 동서로 분열되었던 차가타이 한국을 다시 통일했다. 그러나 그것은 더 이상 차가타이 한국이 아니었다. 창설자의 이름을 따서 티무르 왕조라 불리는 새로운 정권이 탄생했다.

패배를 모르는 승리의 화신

티무르(Timur)는 1336년에 태어났다. 원나라 순제(順帝) 지원(至元) 2년에 해당한다. 나이로 보자면, 티무르는 명나라의 홍무제 주원장보다 여덟 살이 어리다. 주원장은 극빈의 고아였지만, 티무르는 귀족이라는 설도 있고 무명의 유목인이라는 설도 있다. 귀족이라는 설도 몇 명의 가신을 거느린 정도의 가난한 귀족이었다고 한다. 처음부터 커다란 세력을 가진 가계가 아니었다. 후에 대제국의 주인이 되어 기록을 남기는 입장이었는데도 이 정도이니, 이름도 없는 유목민의 집안에서 태어났다고 보는 편이 타당할 듯 생각된다.

1360년이라고 하니, 티무르가 25세가 되던 해에 동서 통일이 동쪽의 힘에 의해서 일시적으로 이루어졌다. 유력 귀족들의 조종을 받던 칸이 많았었지만, 동차가타이 국에서 투글루크 티무르(Tughlugh Timur)라는 걸물이 나타났다.

한자로는 '첩목아(帖木兒)'라고 쓰는 티무르는 '철(鐵)'을 의미하는데, 인명으로 많이 사용되어 원나라 역사에도 몇 명인가의 티무르가 중요 인물로 등장한다. 왕조의 창설자가 된 티무르는 이 투글루크 티무르와는 다른 사람이다. 그런데 이 두 티무르는 깊은 관계를 가지고 있다.

투글루크 티무르가 동서 통일을 위해 서쪽으로 군대를 움직였을 때, 25세였던 티무르는 재빨리 귀순을 했다. 빨리 귀순한 자에게는 은상이 내려진다. 티무르도 사마르칸트의 고향 부근에 작지만 영토를 받았다.

투글루크 티무르는 아들인 일리아스 호자를 그 지방의 총독으로 임명했다. 일단 귀순한 티무르는 마침내 일리아스 호자에 대해 반기를 들었다. 앞에서 이야기했듯이 동서의 기질에 차이가 있었고 서로를 멸시하는 이름으로 불렀을 정도이니, 서쪽 사람들은 말할 나위도 없이 동쪽의 군주와 군대에 반감을 가지고 있었다. 티무르의 모반은 이와 같은 서쪽 차가타이 사람들의 지지를 등에 업고 있었다.

격렬한 항전이 계속되었다. 이때 티무르의 동지는 발크(Balkh, 아프가니스탄 북부)의 아미르 후사인(Amir Husayn)이었다. 맹우를 얻었으나 전황이 반드시 유리하게만 전개되지는 않았다. 오히려 불리했고 패전이 계속되었다. 이 시기의 저항운동으로 투르크만족의 포로가 되기도 하고, 다리에 중상을 입기도 했다. 그 때문에 그는 평생 다리를 절었으며 페르시아어로 그런 상태를 의미하는 lang을 이름에 붙여 티무르 에 랑(Timūr-e Lang)

이라 불렸다. 유럽에서 그를 타메를란(Tamerlane)이라 부르는 것도 여기에서 유래한다.

동쪽의 일리아스 호자에게 승리를 거둘 수 있었던 것은 사실 티무르의 힘 때문이 아니라 사마르칸트 민중의 폭동에 의해서였다. 서쪽 사람들이 제테(도적)라고 불렀을 정도이니, 동쪽의 총독과 군대는 난폭했으며 착취가 심했기에 불만이 널리 그리고 깊게 쌓여만 갔다. 유목생활에서 착취와 약탈은 결코 악덕이 아니다. 그것은 강자의 권리라 여겨졌으므로, 강하면 선이고 약하면 악이었다. 그 이론에 따르자면, 착취를 당하거나 약탈을 당하는 쪽이 나쁜 것이다. 정주민들의 눈으로 보자면, 일리아스 호자의 통치는 악정이었지만, 유목민인 그들은 그렇게 생각하지 않았다. 조금도 반성을 하지 않아서 주민들에 대한 악정은 끊이질 않았으며, 오히려 더욱 심해질 뿐이었다. 마침내 민중은 일어나 일리아스 호자와 그의 군대를 격파했다.

봉기한 것은 일반 민중이다. 전문 모반가라고 해야 할 티무르나 그의 맹우인 후사인의 힘이 아니다. 하지만 민중은 비전문가이고, 티무르들은 전문가였다. 전문가들은 비전문가들이 이룬 일을 자신들의 것으로 만들어 버렸다. 그들은 민중 봉기의 리더들을 속여 목숨을 빼앗고 봉기의 열매를 자신들의 것으로 삼았다.

다음으로 일어난 것은 예전의 맹우가 대립하고 서로 싸운 일이다. 티무르와 후사인이 싸워 결국에는 티무르의 승리로 끝났다. 후사인이 사로잡혀 목숨을 잃고 티무르의 패권이 사마르칸트에 확립된 것은 1370년의 일로, 원 왕조는 이미 한토(漢土)에서 쫓겨난 뒤였다. 이해는 명의 홍무 3년에 해당한다. 주원장이 동쪽에 새로운 제국을 건설했을 무렵, 티무르가 서쪽에 왕조를 세우기 시작했다.

티무르와 후사인의 전쟁은 5년 동안 계속되었다. 이 전쟁에서 승리한 뒤, 티무르는 세상을 떠날 때까지 35년 동안 거의 전쟁만 치렀다. 티무르 왕조 시대의 역사가 샤라프 알딘(Sharaf al-Din, ?~1454)이 티무르의 전기를 썼는데, 그 제목은 『자파르 나메(Zafar Nameh, 승리의 서)』이다. 승리에 이은 승리였다. 압도적인 승리도 있었는가 하면 고전 끝에 거둔 승리도 있었는데, 티무르는 패배를 모르는 인간이었다.

수많은 승리를 거두면서도 티무르는 중국의 찬탈자들과 마찬가지로 처음부터 칸이라 부르도록 하지 않았다. 삼국 시대의 조조가 마지막까지 위왕(魏王)에 머물며, 끝내 황제 자리에 오르지 않은 것과 비슷하다. 후한의 헌제(獻帝)에게는 아무런 힘도 없었지만, 조조는 죽을 때까지 그의 권위를 인정했다. 속마음은 어땠는지 모르겠으나, 적어도 겉으로는 인정하지 않을 수 없었다. 그 정도로 '한' 왕조의 피는 무게감을 가지고 있었다. 서역에서 칭기즈 칸의 혈통은 어떤 의미에서는 그 이상이었을지도 모른다. 칭기즈 칸의 혈통을 이어받지 않은 자는 칸의 지위에 오를 수 없다는 규율이 아직도 강한 구속력을 갖고 있었다.

그랬기에 티무르는 칭기즈 칸의 피를 이어받은 수우르가트미시라는 인물을 칸의 자리에 앉혔다. 물론 이것은 꼭두각시이다. 티무르 자신은 회교 군주를 의미하는 술탄이라 불리기도 하고, 귀족을 의미하는 아미르라 불리기도 하고, 또는 칸의 사위를 의미하는 크레겐이라 칭하기도 했다. 마지막 칭호는 후사인의 하렘에서 카잔 칸의 딸인 사라이 물크 하눔(Sarai Mulk Khanym)을 얻어 그녀를 아내로 삼았기 때문이다.

예전의 맹우였던 후사인을 타도한 뒤, 티무르는 호르무즈를 제압하고 동차가타이로 군대를 진군케 했다.

제2의 칭기즈 칸을 꿈꾼 전쟁 천재

이제 티무르는 동서로 분열한 차카다이 한국을 통일하는 것만으로는
만족할 수 없었다. 그의 마음속에서도 앞에서 이야기한 후계자의 심리가
소용돌이치고 있었을 것이다. 차가타이 한국 너머로 세계 정복자 칭기즈
칸의 대제국이 떠올라 있었다. 티무르는 뚜렷하게 제2의 칭기즈 칸이 되
려고 마음먹었다.

칭기즈 칸의 장남인 조치의 자손이 부여받은 킵차크한국은 티무르의
'나라'의 배후에 있었다. 배후로부터 공격을 받지 않기 위해서는 티무르
는 킵차크의 땅을 정복하거나, 아니면 우호적인 정권이 지배하도록 해야
만 했다. 사방으로 원정을 다니기에 바빴던 티무르는 후자의 방법을 선택
했다.

킵차크한국은 남러시아의 킵차크 초원을 중심으로 한 광대한 지역을
지배하고 있었다. 이 지역의 주민은 대부분 투르크계였기 때문에 이 한
국은 급속하게 투르크화되었다. 조치의 둘째 아들인 바투는 금장한가(金
帳汗家)라고 불렸는데, 그는 킵차크한국의 종가로 추앙을 받았다. 바투의
형인 오르다는 백장한가(白帳汗家), 동생인 샤이반은 청장한가(靑帳汗家)를
이루고 있었다. 바투에서부터 헤아려서 9대째인 우즈베크 칸 시절에 이
슬람으로 개종하고, 중국의 원 왕조, 이란의 일한국과도 우호관계를 유지
했으며, 국세(國勢)도 꽤나 번창했다. 그런데 여기에도 하극상 풍조가 밀
려와 일족인 마마이라는 자가 실권을 장악했다.

마마이는 20년 동안 14명의 칸을 폐립(廢立)했다. 이 정도면 킹메이커 이상의 존재라고 하지 않을 수 없다. 종가인 금장한가가 이런 상태에 있었기에 다른 한가들은 위기감을 느꼈다. 이전까지 공순한 태도를 보이던 러시아 제후(諸侯)들도 조공을 바치지 않았다. 이때 백장한가, 즉 오르다의 후예인 토흐타미시(Tokhtamysh)라는 청년이 티무르를 찾아왔다. 토흐타미시의 아버지가 동족인 우르스에게 살해당했기에 백장한가에서의 지위를 회복하기 위해서는 티무르의 원조를 얻는 것이 최선이라고 생각했을 것이다.

티무르는 토흐타미시를 이용하여 배후의 안전을 꾀하려 했다. 토흐타미시는 티무르의 기대에 부응하여, 사마르칸트의 지원을 얻어 우선 백장한가를 제압하고, 뒤이어 금장한가에서 마음대로 횡포을 일삼던 마마이를 격파했다. 이렇게 해서 분열되었던 킵차크한국도 토흐타미시에 의해 다시 통일될 수 있었다.

토흐타미시가 킵차크한국을 통일한 것은 명나라 홍무 13년(1380)의 일이다. 마마이의 전횡 이후부터 조공을 바치지 않았던 러시아 제후들에 대해서 토흐타미시는 조공을 바치라고 요구했다. 젊은 토흐타미시는 킵차크한국의 권위를 회복하기 위해서 이 같은 요구를 강요했다. 그것은 칸으로서의 자신의 지위를 확립하기 위해서이기도 했다.

러시아 제후들은 토흐타미시의 요구를 거부했다. 아마 업신여기고 있었을 것이다. 그런데 기세가 오른 토흐타미시는 러시아로 출병하여, 1382년에 모스크바를 함락시켰다. 토흐타미시가 몰락한 후에도 여전히 러시아는 몽골로부터 1세기 동안이나 직접적인 지배를 받았다. 이로 인해서 러시아 속에 몽골적인 성격이 짙게 투영되었다. 지금도 어딘가에 그것이 남아 있을지도 모른다.

러시아까지 정복한 토흐타미시는 이제 티무르의 지원을 필요로 하지 않았다. 티무르는 그 무렵 배후를 걱정하지 않고 각지로 병사를 진격시켰으며, 칸의 권위가 실추된 일한국인 이란까지도 원정을 갔다. 이란도 칭기즈 칸의 유산 가운데 일부에 지나지 않는다. 제2의 칭기즈 칸을 목표로 삼은 이상 이란 원정은 당연했다. 티무르의 판도는 나날이 확대되어 갔다. 러시아 원정 성공으로 자신감을 얻는 토흐타미시는 이 티무르 제국을 노렸다.

제2의 칭기즈 칸을 목표로 삼은 인물이 또 한 사람 나타났다. 토흐타미시는 티무르가 서쪽으로 원정을 간 틈을 이용해 종종 그 영내로 공격해 들어갔다. 배은망덕한 행위였다. 그러나 유목민의 가치관으로는 은의(恩義)보다 힘이 먼저였다. 몽골 세계에서는 이미 신격화되어 있던 칭기즈 칸에게도 망은의 예는 있었지만, 그 때문에 그의 영광이 조금이라도 줄어드는 일은 없었다.

티무르와 토흐타미시의 처절한 전쟁이 몇 년 동안 계속되었다. 아무래도 티무르 쪽이 전쟁 경험이 풍부했다. 패해 달아난 토흐타미시는 이집트의 맘루크 왕조로 사절을 보내 티무르를 협공하자는 책략을 제안했다. 이집트에게도 티무르는 커다란 위협이었다.

두 영웅의 마지막 결전은 1395년(홍무 28)에 테레크 강 부근을 전장으로 벌어졌는데 티무르의 대승으로 끝났다. 티무르는 과감한 결단을 내렸는데, 그것은 정밀한 상황 조사와 의표를 찌르는 지모를 바탕으로 한 것이었다.

카스피 강의 서쪽에 있는 테레크 강은 두 사람 모두 잘 알고 있는 지역이었다. 남쪽 기슭으로 공격해 들어간 티무르 군이 강을 건널 수 있는 얕은 곳은 딱 한 군데뿐이었다. 토흐타미시는 그것을 알고 있었기 때문에 그 북쪽 기슭에 요새를 지어 지키고 있었다. 티무르는 그 지점을 지나서 군대를 이동시켰다. 토흐타미시도 티무르 군과 대치한 채 마찬가지로 북쪽 기슭으로 이동했다. 서로를 마주보며 이동한 셈이다. 당시의 원정에는 여성까지 데리고 갔었는데 어느 날 밤, 여자들에게 갑옷과 투구를 입혀 변장을 시켜 적의 눈을 속이고 본대는 은밀하게 도하 가능한 지점으로 되돌아와 단번에 강을 건넜다. 토흐타미시는 티무르 군의 이 위장전술에 당황하여 궤멸당하고 말았다. 토흐타미시는 간신히 탈출하여 리투아니아로 망명해야 했다. 예전에는 러시아로 진군하여 모스크바를 함락시켰던 그도 다시 티무르에게 도전할 만한 힘을 회복하지는 못했다.

이교도 국가 명나라를 정복하자

1398년은 홍무제가 죽은 해이다. 티무르는 이해 3월, 9만의 대군을 동원하여 인도 원정에 나섰다. 인도도 칭기즈 칸이 발자국을 남긴 지역이었다. 티무르는 칭기즈 칸의 발자취를 따라가듯 인도로 진격했다.

티무르의 인도 원정은 당시의 북인도가 정치적으로 혼란에 빠져 있어서, 그 틈을 이용해 이뤄졌다. 그는 인도를 직접 지배할 생각이 없었던 모양이다. 델리에는 막대한 재보가 있었다. 그리고 유목민에게는 보배와 같은 향료도 풍부하게 비축되어 있었다. 티무르는 그것을 약탈할 목적으로 군대를 움직였다.

목적을 달성하기 위해서 수단을 가리지 않았다. 티무르는 공포 정책을 취했다. 장기 통치 같은 것엔 애초부터 없었기에 민심 따위를 얻을 필요도 없었다. 북인도의 투글루크 왕조는 영명한 군주 피로즈 샤가 38년 동안 군림하다 80여 세의 고령으로 죽자 혼란 양상을 보였지만, 정권은 아직 붕괴되지 않았다. 군대도 건재했다. 티무르는 진군 중에 잡은 인도인 포로 5만(일설에는 10만)을 델리 앞에서 모두 죽여 버렸다. 그렇게 해서 델리 군대의 전의를 잃게 할 생각이었는데, 그래도 전투는 벌어졌다. 투글루크 왕조는 원래 인도로 이주한 투르크인 장군이 세운 정권이었다. 군대도 용맹했지만, 수많은 전쟁 경험이 있는 티무르 군을 막아낼 수는 없었다.

델리에 입성한 티무르 군은 생각할 수 있는 모든 살인, 폭행, 약탈을 자행했다. 장려함을 자랑하던 피로자바드의 궁전도 삽시간에 폐허로 변해 버렸다. 재보, 물자는 철저하게 약탈해 갔다. 티무르는 수도인 사마르칸트를 지상에서 가장 아름다운 도시로 만들기에 열중하고 있었기 때문에, 델리의 석공을 비롯하여 뛰어난 기술자를 모두 데리고 돌아왔다. 피에 취한 티무르 군은 돌아오는 길에 온갖 만행을 저지르며 사마르칸트로 개선했다.

사마르칸트는 지상낙원이었다. 사절로 사마르칸트를 방문해 티무르와도 만났던 에스파냐의 기사 클라비호(Ruy Gonzáles de Clavijo, ?~1412, 여행가·작가-옮긴이)가 당시의 사마르칸트에 대한 기록을 남겼다. 그것은 참으로 장려했는데, 특히 이슬람 양식의 건조물은 말로는 표현하기 어려울 정도로 아름다웠고, 정원도 멋지게 꾸며져 있었다.

궁정에서는 문인들이 서아시아의 문화어였던 페르시아어로 아름다운 시를 지었으며, 최고의 음악가들이 귀족들 앞에서 연주를 했다. 뛰어난 화가와 서예가들도 사마르칸트로 모여들었다. 전문적인 서예가들은 한자만큼은 아니지만, 페르시아 문자도 가지고 있었다. 공예에 뛰어난 장인들도 제1급 장인은 궁정에 소속되었으며, 그 이하의 사람들도 귀족이나 부호들의 후원을 받아 주어진 일에 최선을 다했다.

그렇지만 티무르는 자신이 만든 지상낙원을 즐길 여유가 그다지 없었다. 원정에 원정이 거듭되는 인생이었다. 사마르칸트에서 쉬는 시간은 보기 딱하다 싶을 만큼 한정되어 있었다. 이란 원정, 인도 원정에 이어 시리아 원정이 진행되었다.

티무르는 살육자, 약탈자였으면서도, 한편으로는 경건한 이슬람교도였다고 한다. 칭기즈 칸과 티무르와의 차이점이 사가들에 의해서 논의되었다. 가차 없는 살육과 약탈을 되풀이한 정복자라는 점은 닮았다. 다른 점은 티무르가 구축하려 했던 것이 이슬람 제국이었다는 점일 것이다. 칭기즈 칸은 종교에 관용적이었기에 종교적 국가 따위는 전혀 생각도 하지 않았다. 각 종교에 관용적이었다는 것은 종교를 정치에 개입시키는 것을 거부하는 자세와 같다.

그 밖에도 사마르칸트를 꾸미는 데에 보였던 티무르의 열의도 칭기즈 칸에게는 없었던 점이다. 칭기즈 칸은 어디까지나 유목민의 수장이었다. 그에 비해서 티무르는 동서로 분열된 차가타이 한국 가운데서도 유목을 생활의 기본으로 하는 동부가 아니라 정주자가 많은 서부 출신이었다. 정주하는 사람은 자신의 주거에 깊은 관심을 갖고, 쾌적하게 만들기 위해 노력하는 법이다. 사마르칸트 건설에 보인 티무르의 열의는 칭기즈 칸의 카라코룸 건설에서는 볼 수 없었다.

제2의 칭기즈 칸을 목표로 삼은 티무르에게는 아직 이루어야만 할 사업이 남아 있었다. 중국으로의 원정이다. 티무르에게 중국 원정은 칭기즈 칸의 발자취를 따라간다는 의미 말고도, 이슬람교도로서 이교도 국가를 징벌한다는 의미도 있었다. 중국을 원정하지 않으면, 티무르는 칭기즈 칸에 비견될 수가 없다. 이것이야말로 가장 중요한 점이라 할 수 있을 것이다. 티무르는 일찍부터 중국 원정을 생각했다. 그가 서역의 패자를 목표로 싸우고 있을 동안에, 공교롭게도 한토의 이교도가 칭기즈 칸의 후예인 원 왕조를 사막 너머로 추방하는 일이 벌어졌던 것이다.

이교도일 뿐만 아니라 몽골 정권을 추방한 죄까지도 중국에 물어야만 했다. 티무르는 중국 원정에다 생애의 꿈을 걸었다.

『명사』「태조본기(太祖本紀)」의 홍무 27년(1394) 항에,

> 이해에 오사장(烏斯藏), 유구(琉球), 버마(緬), 타감(朶甘), 자바(爪
> 哇), 사마르칸트(撒馬兒罕), 조선 등이 입공(入貢)했다. 안남(安南)도 내
> 공했지만, 이를 물리쳤다.

라는 기사가 보인다. 이해, 티무르는 남경에 사절을 파견했다. 토흐타미시와 싸우기 위해 사마르칸트에서 대군이 출발한 바로 그해였다. 테레크 강에서의 승리는 이듬해의 일이었다. 『명사』「서역전(西域傳)」에 따르면, 티무르는 이때 말 200필을 헌상하고 매우 공손한 표(表)를 올렸다. 그 표는,

> 삼가 생각건대, 대명(大明)의 대황제, 하늘의 밝은 명을 받아 사해
> 를 통일하고 인덕(仁德)을 널리 펼쳐 서류(庶類)를 은혜로 다스리니

만국이 흠앙(欣仰)합니다.

라고 시작하여,

　　이에 신은 은혜에 보답할 길 없어, 그저 하늘을 우러러 성수복록(聖
　壽福祿)하고, 천지처럼 영원하여 끝이 없기를 축송(祝頌)합니다.

라며 끝맺고 있다. 이보다 더 공순한 표는 없다고 여겨질 정도다.

　이 표를 읽고 이 시점에서 티무르는 중국 원정의 뜻이 없었다고 생각
하는 것은 너무나도 당연한 해석이다. 상대는 목적을 위해서는 수단을
가리지 않는 인물이라는 사실을 잊어서는 안 된다. 토흐타미시와 싸우기
위해서는 다른 어떤 적도 만들어서는 안 된다. 테레크 강은 명나라에서
아주 멀어 영향력이 미치지 않을 것이라는 견해도 있을 수 있다. 그러나
외교 상황에 따라서 어떤 움직임이 일어날지는 예상할 수 없다. 손을 쓸
수 있는 일은 모두 손을 써 두어야 한다. 다시 말해 치밀한 티무르의 타
산을 생각한다면, 명나라로 사절을 보낸 것도 토흐타미시와의 싸움을 위
한 준비였을지도 모른다. 말 200필은 오히려 싼 편이다.

사라진 명나라 정복의 꿈

　서역의 사마르칸트 수장의 공순한 표를 받은 명나라는 그에 대한 예
의로 답례 사절을 파견했다.

　이때 서역 봉사(奉使)로 뽑힌 이가 부안(傅安)이라는 인물이다. 하남 사

람인데 사이관(四夷館)의 통사(通事)라는 경력을 보면, 서역 말에 능통했던 듯하다. 사절에 임명되었을 때의 지위는 병과급사중(兵科給事中)이었다. 급사중이란 시종으로 황제 측근에 있는 요직이다. 같은 급사중인 곽기(郭驥)와 태감(환관) 유유(劉惟), 어사(御使) 요신(姚臣) 등과 함께 1천 5백 명의 장병을 이끌고 사마르칸트로 떠났다. 감숙(甘肅)의 가욕관(嘉峪關)에서 합밀(哈密), 고창(高昌, 투루판)을 지나서 티무르 국에 이르렀다.

사절단 가운데 진성(陳盛), 자를 자로(子魯)라 하는 인물이 있었다. 서역에는 두 번 다녀왔는데, 처음은 부안의 사절단 중 한 명이었을 것이다. 투루판 분지의 화염산(火焰山)을 지날 때, 그는 다음과 같은 칠언절구를 지었다.

한 조각 푸른 연기, 한 조각 붉은 빛,
활활 타오르는 기염(氣焰)은 하늘을 태우려 한다.
춘광(春光), 아직 반도 오지 않았는데 혼란하여 여름 같구나.
누가 말했는가, 서방에 축융(祝融, 신화 속의 화신) 있다고.

一片靑煙一片紅 炎炎氣焰欲燒空 春光未半渾如夏 誰道西方有祝融

길이 얼마나 험난했는지를 짐작할 수 있다. 그렇게 고생을 해서 사마르칸트에 도착했는데, 거기에 억류되고 말았다.

부안은 1395년에 사마르칸트에 도착하자 그대로 억류되었는데, 티무르의 인도 원정은 그 뒤의 일이다. 중국을 원정할 마음은 사절을 억류한 시점에 이미 있었다고 생각되지만, 실제로 동정군을 일으키기까지는 9년이나 걸렸다.

인도 북부의 정치적 혼란은 원정을 위한 좋은 기회라 여겨졌을 것이다. 델리 왕조가 질서를 회복하면, 원정이 어려워지기 때문에 중국 원정을 뒤로 미뤘다고 생각된다.

티무르는 중국 원정을 필생의 대사업으로 생각했던지 매우 신중했다. 인도 원정에서 돌아온 뒤, 배후의 근심을 끊기 위해서 시리아로 진군하여 알레포와 다마스쿠스를 점령했다. 거기서도 대대적인 약탈을 자행했는데, 어쩌면 중국 원정을 대비해 군자금으로 쓰려고 했는지도 모른다. 사가들은 이때 티무르가 어째서 이집트 카이로로 진군하지 않았는지 궁금하게 여긴다. 티무르의 군대가 연전연승을 거두긴 했지만, 역시 휴식이 필요했을 것이다.

중국 원정 전에 티무르는 한 가지 문제를 더 해결해야만 했다. 예전의 숙적이었던 카라 유수프가 오스만튀르크로 망명했는데, 티무르는 그의 신병을 인도해 달라고 요구했다. 그러나 오스만튀르크의 군주 바예지드가 이를 거부했다.

티무르는 바예지드를 공격하여 그를 포로로 잡았다. 그런데 바예지드는 사마르칸트로 호송되는 도중에 병으로 죽고 말았다. 이 자부심 강한 오스만튀르크 황제의 죽음에 대해서는 자살설도 있다.

이렇게 해서 마침내 염원하던 중국 원정에 나섰는데, 여기저기 주위 정리를 하며 거쳐 왔기 때문에 티무르는 나이가 들었다. 게다가 1403년에 그는 가장 사랑하던 손자 무함마드 술탄을 잃었다. 홍무제와 마찬가지로 그는 황태자인 자한기르를 저 세상에 먼저 보냈다. 그리고 홍무제와 똑같이 황태자의 장남인 무함마드 술탄을 후계자로 지목했다. 그 손자도 죽은 것이다.

천하의 티무르도 실망하지 않을 수 없었을 것이나, 그래도 중국 원정은 실행해야만 했다. 준비는 완벽하게 갖추어져 있었다. 동정군이 진군할 예정 코스에는 막사와 식량을 준비해 놓았다.

명에서는 정난의 변이 끝나고 영락제가 즉위했다. 정난의 변 때문에 서역 사행의 일은 잊은 듯 보였으나, 부안이 돌아오지 않아 당연히 이상하게 여겼다. 북방과 서방에 민감했던 영락제 주체는 이미 티무르의 의중을 간파했는지도 모른다.

30만 동정군을 이끌고 티무르가 사마르칸트를 출발한 것은 1404년 말의 일이었다. 이는 명나라의 영락 2년에 해당한다. 티무르는 벌써 70세에 가까운 나이였다.

티무르의 동정은 허무하게 끝나 버리고 말았다. 영락제와 마찬가지로 그는 으레 친정하고, 군 선두에 서지 않으면 속이 풀리질 않았다. 정복자로서의 마무리 작업인 중국 원정을 그가 친정하지 않을 리가 없다. 그러나 노쇠한 그는 가혹한 행군을 견딜 수 있는 몸이 아니었다. 클라비호의 보고에도 나이 든 티무르는 눈꺼풀이 언제나 처져 있었다고 한다. 어쩌면 근무력증(筋無力症)에 걸렸는지도 모른다. 도중에 열이 나기 시작한 그는 오한이 들었기에 몸을 덥히기 위해 계속해서 술을 마셨고, 오트라르라는 곳에서 심한 기침에 호흡이 멎어 최후를 맞이했다. 임종의 순간, 그는 손자인 피르 무함마드(Pir Muhamad)를 후계자로 지명했지만, 티무르 제국이 후계자 자리를 놓고 혼란에 빠질 것은 너무나도 뻔한 일이었다.

동정군을 계속 진군시킨다는 것은 이제 불가능했다. 제2의 칭기즈 칸이 되려 했던 티무르의 꿈은 사라져 버렸다. 설령 나이 든 이 황제가 이끄는 군대가 명나라와 전쟁을 벌였다 해도 필시 승리는 얻지 못했을 것이다. 즉위한 지 얼마 안 된 영락제는 기력이 충만한 장년의 장군 황제였다. 그 후 다섯 번에 걸친 친정을 통해서도 알 수 있듯이 매우 적극적이었다. 먼 원정길에 지친 티무르 군은 막북 땅에서 여지없이 패전했을 것이다.

티무르의 군대는 막북 땅에서 궤멸당할 위기를 모면했다. 그러나 티무르가 그토록 열정을 기울여 만들어 냈던 사마르칸트 문화도 그의 죽음과 함께 사라지고 말았다. 그것은 어디까지나 약탈해온 문화였으므로, 아직 그 땅에 뿌리를 깊이 내리지 못했다. 화려한 궁전도, 문자와 예술과 공예도 모두 억지로 사마르칸트에 이식된 것에 지나지 않았다. 티무르가 죽고 그의 일족은 권력 투쟁에 여념이 없는 동안, 돌아보지 않게 된 문화는 사라질 수밖에 없었다.

티무르의 죽음은 명나라 영락제 3년의 일이다. 동정을 포기한 티무르의 후계자는 오랜 세월 억류하고 있던 사절을 명으로 돌려보냈고, 그들을 수행한 티무르 왕조의 가신은 명나라로 보내는 공물을 가지고 갔다. 『명사』에는,

(영락) 5년, 부안(傅安) 등이 돌아왔다.

라고 기록되어 있다.

영락 이후

아들 덕에 황제가 된 뚱보 홍희제

동서에서 같은 시대를 산 영락제와 티무르라는 두 인물은 생애를 전쟁터에서 보냈다는 점에서 서로 닮았다. 티무르는 동정 길에 오르던 순간 죽었고, 영락제는 다섯 번째 막북 친정에서 돌아오는 길에 북경 근처에서 세상을 떠났다.

영락 22년(1424) 7월, 영락제는 유목천(楡木川, 내몽골 자치구)이라는 곳에서 죽었는데, 한동안은 그 사실을 숨겼다. 황태손이 조악곡(鵰鶚谷, 하북성)까지 관을 맞으러 왔을 때, 비로소 천하에 죽음을 발표했다.

황태자인 주고치는 병약했고, 그의 동생인 한왕(漢王) 주고후는 용맹했다. 장남인 주고치가 일단 황태자의 자리에 오르기는 했지만, 무장들은 오히려 한왕의 즉위를 바랐던 것 같다. 문신들은 거친 한왕에게는 호의를 품고 있지 않았다. 하지만 황태자는 너무나도 병약했다. 그런데 병약한 황태자에게도 한 가지 강점은 있었다. 황태자의 장남인 주첨기의 자질이 뛰어났다는 점이다. 영락제가 친정 때 이 황태손을 데리고 갔다는 사실은 앞에서도 이야기했다.

황태자에게는 문제가 있지만, 그 아들이 뛰어나니 괜찮을 것이다. 이리하여 무장파와 문신파 사이에 후계자에 대해 의견 대립이 생기자 이를 조정했는데, 황태자와 그의 아들을 하나로 묶는 형태로 간신히 제위에 오른다는 양해가 성립되었다.

황태자 주고치는 즉위하여 인종이라 불리는 황제가 되었다. 병약하다기보다는 이상체질이었다. 극단적인 비만아로 걷기조차 어려웠다. 영락제가 그에게 먹는 양을 줄이라고 엄명했다고 한다. 즉위한 이듬해에 홍희(洪熙)라 개원하여, 인종은 연호에 따라서 홍희제라 불린다. 그러나 이 연호는 1년밖에 쓰이지 않았다. 홍희 원년(1425) 5월에 홍희제가 세상을 떠났기 때문이다.

홍희제의 재위는 채 1년에도 미치지 못했다. 이상 비만에 허약하다는 육체적 결함은 있었지만 결코 어리석지는 않았다. 묘호에 '인(仁)'이라는 글자를 붙였을 정도로 인자한 마음을 가진 명군이었다. 정식 재위는 1년도 안 되었으나, 아버지인 영락제가 자주 원정을 떠났기 때문에 황태자였던 그는 그동안 감국이라는 신분으로 사실상 황제를 대행했다.

감국으로서 내정에 관여하는 동안, 홍희제는 아버지의 정치 자세에 비판적인 의견을 가진 듯하다. 다만, 아버지의 재위 기간 중에는 아버지의 노선에서 벗어나지 않도록 주의를 기울였다.

아버지의 죽음을 알고 홍희제가 정식으로 즉위하기 전에 우선 시행한 것은 4년에 걸쳐서 투옥되어 있던 전 호부상서(戶部尙書) 하원길(夏原吉) 등을 석방한 일이다. 하원길은 영락제 시절의 뛰어난 정치가였다. 수

리사업으로 업적을 쌓았으며, 호부상서로서 국가 재정을 담당하여 북경 천도, 외정(外征), 대항해 등 어쨌든 화려한 것을 좋아하는 영락제의 대사업 자금을 조달했다. 그러나 그는 자신의 수완에도 한계가 있다는 사실을 알았다. 영락제의 수많은 사업을 가능케 할 자금은 결국 백성들에게서 거두어들이는 세금에 의존할 수밖에 없다. 영락 19년(1421), 북정에 대한 안건이 나왔을 때, 하원길은 이에 반대하여 황제의 노여움을 사는 바람에 투옥되었다. 같은 의견을 가지고 있던 형부상서(刑部尚書, 법무부 장관) 오중(吳中)도 투옥되었다. 여러 신하들에게 자문을 구한다고 하면서도, 영락제는 본질적으로 독재자였다.

홍희제가 즉위할 때까지 참지 못하고 무엇보다도 먼저 하원길과 오중을 출옥시켰다는 사실은 그도 이 대신들과 의견이 같았다는 증거다. 대신은 자신의 주장을 펼치다 투옥되어도 억울할 게 없겠지만, 감국인 황태자는 그럴 수도 없다. 어쩔 수 없이 아버지의 정치노선에 따랐지만, 속으로는 반대했다.

홍희제는 즉위하자마자 대사령(大赦令)을 내리고, 뒤이어 그때까지 여섯 번이나 있었던 '서양 취보선', 즉 정화의 대항해를 중지하기로 결정했다. 하원길과 오중은 예전의 지위를 되찾았으며 폐지되었던 삼공(三公)도 부활했다. 이것은 황제의 독재를 제어하기 위한 조처였다. 제어장치가 없었던 아버지의 적잖은 폭주에 홍희제도 생각이 있었을 것이다.

뒤이어 정난의 변 때 건문제 쪽에 섰던 사람들의 관계자가 사면되었다. 건문제 신하의 가속으로 교방사(敎坊司, 가무, 기예 등의 여성을 관할)에 보내졌거나 노비가 되었던 자들을 민(民, 자유민)으로 풀어 주고, 원래 소유하고 있던 전지(田地)도 돌려주었다. 태조 홍무제가 후계자로 지명했던 건문제를 영락제가 공격해 제거하는 바람에 윤리관에도 혼란이 일어났다. 이제 홍희제는 아버지로부터 후계자로 지명을 받았지만, 무용으로 이름을 떨치고 있던 동생 한왕의 존재가 마음에 걸렸을 것이다. 건문제 신하들의 가속에 대한 사면은 이런 현상까지도 의식했을지도 모른다.

그리고 나아가 '법에 따라 죄를 다스린다'는 대원칙이 강조되었다. 법치주의 선언이나 마찬가지였다. 이 원칙이 강조되었다는 것은 이전까지의 형벌이 자의적으로 행해졌다는 사실을 의미한다. 수인(囚人)을 채찍으로 때리는 것이 금지되었으며, 궁형(宮刑, 거세하는 형벌)도 금지되었다. 스스로 궁(宮)하는 자(궁정 안에서 환관의 지위를 얻을 수 있었으므로 스스로 거세 수술을 받은 자)는 불효죄를 물어 논하기로 했다. 이 시절에 불효죄는 모반 다음가는 큰 범죄였다. 연좌제에 대해서는 모반죄 이외에는 적용하지 않기로 했다.

아버지의 친정 중에 국정을 맡았던 홍희제는 외정(外征)이 국가의 힘을 얼마나 쇠하게 하는지, 백성들을 얼마나 괴롭히는지를 잘 알고 있었다. 하원길 등이 반대했을 때의 친정에는 23만 5천 명이라는 민간 인부가 징용되어 37만 석이라는 식량이 막북으로 옮겨졌다. 아버지가 때때로 외정을 단행한 것은 북경을 국도로 삼았던 탓이 아닐까, 홍희제는 그렇게 생각했던 모양이다. 닭과 계란 중 어느 쪽이 먼저인가와 같은 문제일지는 모르겠지만, 북경은 막북의 움직임에 극도로 민감한 지역이었다. 할아버지가 정했던 남경을 국도로 삼으면 막북 각 민족의 움직임에 그토록 민감하게 반응하지 않아도 되지 않을까, 그러면 외정에 나설 필요도 없지 않을까? 홍희제는 황태자 시절부터 이렇게 생각했던 듯, 즉위하자마자 국도를 다시 남경으로 옮기는 것을 검토하기 시작했다.

대항해가 폐지되었으므로, 정화라는 유능한 인물을 다른 요직에 기용할 수 있었다. 홍희제는 정화를 남경의 '수비(守備)'에 임명했다. 남경의 총독인데, 이는 물론 남경 천도를 전제로 한 조치였다. 또한 홍희제는 황태자를 효릉(孝陵, 남경 교외에 있는 홍무제의 능묘) 참배를 위해 남경으로 파견하여 한동안 그곳에 머물 것을 명령했다.

홍무제의 수축형 민족국가 지향을 그 아들인 영락제가 팽창형 세계제국 지향으로 바꾸고, 영락제의 아들인 홍무제가 다시 할아버지의 방침으로 돌아가려 했다. 남경으로 다시 천도하겠다는 계획은 국책을 팽창에서 수축으로 수정하겠다는 의사의 표출이었다. 그러나 홍희제의 이 계획은 그의 죽음으로 무산되고 말았다. 홍희 원년 5월, 그는 병에 걸렸고, 남경에 있는 황태자를 소환하기 위해 급사가 파견된 다음날인 신사(辛巳, 12일) 날에 흠안전(欽安殿)에서 숨을 거두었다. 향년 48세였다.

『명사』는 홍희제를 높이 평가하여, 재위는 불과 1년밖에 안되었으나, 인사나 행정에서 뛰어났던 점은 모두 기록할 수 없을 정도라고 말하고,

> 하늘이 그에게 몇 해를 더 주었다면, 함유(涵濡, 백성을 윤택하게 함),
> 휴양(休養)하여 덕화(德化)의 성함이 어찌 문·경(전한의 문제와 경제의
> 치세)에 비해 뒤졌다고 하겠는가.

라고 최대의 찬사를 보냈다.

역사를 믿고 반기를 든 숙부

홍희제가 체중 감량에 성공하여 좀 더 건강해져서 오래 살았다면 명왕조의 성격도 변했을 것이다. 적어도 남경으로 다시 천도하는 일만은 틀림없이 실현되었을 것이다. 그러나 『명사』의 집필자가 안타까워하듯이, 그의 통치가 길어졌다 해도 명나라의 상태가 과연 좋아졌을지는 약간 의문이 든다.

영락제가 아버지의 정책을 변경한 데는 그 나름대로의 이유가 있었다. 원 왕조의 오랜 통치로 동아시아에는 막북의 유목민과 한토의 농경민을 포함한 하나의 공동체가 형성되어 있었다. 경제도 이 공동체의 사이클에 맞춰서 움직이고 있었다. 홍무제가 수축책을 취함으로 해서 여러 가지 차질이 생겨났던 셈이다. 가장 영향을 많이 받은 것은 새외(塞外)의 유목민이다. 원 왕조 시절에는 막북에서 한토까지 국경이 없었기에 자유로이 왕래할 수 있었다. 몽골 초원에서 기른 말떼를 몰고 한토로 가서 그것을 팔아 그 돈으로 일상의 필수품을 구입하는 것이 원나라 시절 유목민의 생활이었다. 그러나 원 왕조의 패퇴로 국경선이 생겨나 그들의 생활은 타격을 받았다. 지금까지의 생활을 유지하려면 그들은 국경을 침범할 수밖에 없었다. 그것은 약탈로 이어졌을 것이다. 영락제는 그와 같은 문제를 없애기 위해서는 원나라 때와 같은 사이즈의 공동체를 만드는 것이 최상의 방법이라는 결론에 도달했다. 사가(史家)는 그를 원나라 쿠빌라이의 후계자를 목표로 삼았던 자라고 지적했다.

홍희제가 장수하여 수축책을 계속 썼다면, 북방 국경은 틀림없이 불안정해졌을 것이다. 외정과 대항해를 그만두었지만, 국경 분쟁으로 인해 오히려 전쟁이 잦았을지도 모른다.

홍희제의 아들인 선덕제는 할아버지와 아버지 정책의 중간을 택했다고 할 수 있다. 그는 아버지가 계획한 남경 재천도를 중단했다. 그렇다고 해서 할아버지의 팽창책을 계승한 것도 아니다. 선덕 3년(1428)에 그는 할아버지처럼 스스로 정예부대 3천을 이끌고 우량하(兀良哈) 부족을 공격하여 그 수장의 목을 베었다. 이는 우량하 부족이 변경을 침입했기 때문이다. 영락제였다면 더 진격했겠지만, 선덕제는 그 이상 깊이 들어가지 않았다. 그로부터 2년 뒤에 개평위(開平衛, 내몽골 자치구)의 국경수비대를 독석성(獨石城, 하북성)까지 후퇴시켰다. 후세의 사가들은 이를 두고,

땅을 버리기를 300리. 용강란하(龍岡灤河)의 험한 땅을 모두 잃었다. 변비(邊備, 국경수비)가 점점 공허해졌다.

라고 비난했지만, 영락제 시절에 개평위 동쪽의 대녕(大寧)을 방치해 두었기에 그곳은 고립되어 있었다. 고립되어 있는 개평위를 유지하기란 상당히 어려운 일이었다. 만리장성까지 내려와서 굳건히 지키는 편이 현명한 정책이었다고 생각된다.

교지(베트남)에서도 여리(黎利)의 난이 일어났는데, 명의 장군 왕통(王通)은 고전을 면치 못했다. 선덕 2년, 왕통은 여리와 강화를 맺고 그 땅을 포기했다. 여리는 국호를 대월(大越)이라 정하고 명나라에서 독립했다. 이것이 베트남의 여 씨 왕조이며, 여리는 태조라 불린다.

개평위도 그렇고, 교지도 그렇고, 그것을 유지하는 데 커다란 희생을 치러야만 하는 토지는 포기하고, 국력에 걸맞은 판도를 굳건히 했다. 게

다가 국도는 여전히 북경에 두고, 후퇴시킨 국경선이 침범을 당하면 결연히 친정까지도 마다하지 않는 자세를 보였다. 선덕제는 평형감각이 뛰어난 인물이었던 듯하다.

영락제도 당시의 중신들도 다음의 선덕제(주첨기)를 높이 평가했다. 아버지인 홍희제가 즉위할 수 있었던 것도 그의 장남인 주첨기가 뛰어났기 때문이다. 영락제는 견실했지만, 그 반면 너무나도 소극적인 아들 주고치(홍희제)에 대해 불만을 품었다고 한다. 손자를 봐서 황태자를 폐하지 않았다는 것은 유명한 이야기다.

선덕제는 즉위하자마자, 숙부인 한왕 주고후의 반란이라는 중대한 문제에 직면했다. 영락제가 장남에게 불만을 품었다는 사실도 영락제의 동생인 한왕에게 희망을 안겼을 것이다. 한왕은 용맹했기 때문에 무장에게는 어느 정도 인기가 있었다. 또한 영락제가 정난의 변으로 조카인 건문제를 쫓아내고 제위에 오른 과거의 사실도, 한왕뿐만 아니라 명 왕조의 수뇌부 사람들에게 역사는 반복된다는 암시를 주었다.

당시와 똑같은 상황이 재현되었다. 그때와 다른 점은, 홍희제는 미처 1년도 안됐지만, 실제로 즉위했다는 사실이다. 건문제의 아버지는 제위에 오르기 전에 세상을 떠났다. 이제는 영락제의 손자인 선덕제가 제위에 올랐고, 차남인 한왕이 황제의 숙부로서 제위를 노리고 있는 상황이 되었다. 홍무제의 손자인 건문제와 그의 숙부인 연왕(영락제)의 관계와 기분 나쁠 정도로 비슷했다. 정난의 변 때는 숙부가 이겼다. 이번에도 숙부가 이길지도 몰랐다. 전례가 있었기에 한왕은 마음 든든했을 것이다.

한왕의 영토는 운남이었는데, 그는 그곳으로 가지 않고 언제나 아버지 영락제의 친정에 종군했다. 영락 13년(1415)에 한왕은 청주(靑州, 산동성)에 영지를 받았지만 그는 역시 부임을 지연시켰으며, 또한 불법 행위가 많았기에 영락제도 한때는 그를 서화문(西華門) 안에 유폐시킨 적이 있었다. 이듬해 낙안주(樂安州, 산동성)에 봉해졌는데, 제아무리 한왕이라도 그때만은 부임하지 않을 수 없었다.

홍희제가 죽자 남경에 있던 황태자가 서둘러 북경으로 향했는데, 한왕은 그를 도중에서 암살하려 했지만 실패하고 말았다. 그리고 이듬해인 선덕 원년(1426) 8월에 한왕은 마침내 모반을 일으켰다.

역사는 되풀이되지 않았다. 선덕제는 건문제처럼 우유부단한 인물이 아니었다. 또한 정난의 변에서 교훈을 얻었을 것이다. 숙부가 모반을 일으켰다는 소식을 접하자마자, 양영(楊榮)의 진언에 따라 바로 친정에 나섰다. 남경의 궁전에 들어앉은 채 출진한 장병들에게 숙부를 죽여서는 안 된다는 등의 말을 건넨 건문제와는 사뭇 달랐다. 선덕제는 낙안을 공격했고 한왕도 결국에는 항복하고 말았다. 모반에 가담했던 자들 640여 명이 주살되었고, 국경 수비군으로 유배된 자도 1천 5백여 명이었다고 한다. 자금성 서안문 안에 '소요성(逍遙城)'이라 불리는 건물이 지어져 한왕과 그 가족은 그곳에 유폐되었다.

몇 년 뒤, 선덕제가 소요성으로 모습을 살피러 갔을 때, 유폐되어 있던 주고후는 발로 조카인 황제를 차서 쓰러뜨렸다. 화가 난 선덕제는 동으로 만든 300근짜리 항아리에 숙부를 가두어 버렸다. 괴력의 소유자인 주고후는 항아리 안에서 뚜껑을 열려고 했다. 300근짜리 항아리가 덜그럭거렸다. 선덕제는 항아리 위에 숯을 쌓아 불을 붙였다. 동이 녹아 그 안의 주고후는 비참한 최후를 맞이했다.

선덕제는 뛰어난 평형감각을 가졌으며, 낙안의 친정에서 보았듯이 과감한 결단력도 갖춘 인물이었다. 그러나 숙부를 살해한 이 장면에서도 알 수 있듯이 적잖은 잔인성도 아울러 가지고 있었다. 각지에 봉해진 황족들에게 엄격한 규제를 가한 것도 그 잔인성과 관계가 있을지도 모른다. 각 왕들은 거의 행동의 자유를 잃었다. 조정에서 파견된 감시관이 끊임없이 각 왕들을 감시했으며, 잠깐 외출을 하는 데도 허가가 필요했다. 이래서는 홍무제가 생각했던 황실의 번병이라는 이상적인 모습은 사라졌다고 하지 않을 수 없다. 실제로는 분산 유폐에 가까웠을 것이다.

불신이 부른 내각 측근 정치

공신을 거의 대부분 숙청한 홍무제는 황실 독재를 목표로 삼았다. 하지만 국정 운영은 그렇게 만만한 일이 아니었기 때문에 혈육의 끈을 필요로 했다. 홍무제는 고아였던 만큼 더욱 골육의 정에 의지했을 것이다. 그런데 그가 세상을 떠난 후, 아들과 손자가 피비린내 나는 유혈 전쟁을 펼쳤다. 승리자가 된 영락제의 일가에서도 조카가 숙부를 동 항아리에 태워 죽인 처참한 사건이 있었다. 혈육만큼 믿을 수 없는 사람도 없다는 사실을 안 황제는 어떻게 하면 좋을까? 홍무제는 독재체제 강화를 위해 승상제(丞相制)마저 폐지했다.

관료를 황제에 대립할지도 모를 존재라고 생각한다면, 관료제도에 의한 국정 운영은 위험하다고 해야 한다. 중요한 사실은, 관료를 믿고 맡길 수 없으면, 아무래도 황제가 개인적으로 신뢰하는 측근을 이용할 수밖에 없다. 국정은 복잡하기 때문에 완전 독재로는 운용할 수가 없다. 측근 정치는 마침내 환관의 대두를 불러왔다. 뛰어난 황제 때는 상관이 없지만, 어리석은 군주(무능한 군주)가 등장하면 차마 눈 뜨고 볼 수 없는 일이 벌어진다.

명나라의 역대 황제들 중에서도 선덕제는 뛰어난 군주 중 한 명이다. 그는 양(楊)이라는 성을 가진 세 측근을 정치 비서로 삼았다. 영락제 이후 명나라의 정치는 이 삼양(三楊)을 중심으로 운영되었다. 그리고 삼양 시대 뒤로 환관의 시대가 이어진다. 삼양은 모두 학자로서 뛰어난 인물들이었다. 한왕 주고후의 반란 때, 신속한 친정을 진언한 양영도 삼양 중 한 사람이다.

삼양 가운데서 가장 나이가 많은 사람은 양사기(楊士奇, 1365~1444)였다. 양영은 양사기보다 여섯 살 어렸으며, 최연소인 양부(楊溥)는 양영보다 불과 한 살 어렸다. 삼양은 모두 영락제 때부터 황실을 섬겼는데, 세 사람 모두 황태자 교육에 관계했다. 황태자(홍희제)를 보좌하고 교육하는 일은 그의 아들(선덕제)과도 친해지고 신임 받을 기회가 있음을 의미한다. 삼양이 본래의 능력을 발휘한 것은 영락제 이후의 일이었는데, 황제와 개인적인 신뢰관계가 있었기 때문이었다.

영락제는 홍무제의 독재체제를 이어받았다. 다만 소소한 잡무 때문에 한림학사를 몇 명 뽑아서 문서를 처리하는 조수로 썼다. 한림학사는 위계도 낮아 5품관(品官)에 지나지 않았다. 영락제 입장에서 보자면, 막 부리는 하인 정도에 불과했을 것이다. 환관을 써도 상관은 없었지만, 이 시대에 학문이 가능한 환관은 정화처럼 소수의 예외를 제외하면 거의 없었다. 왜냐하면 홍무제가 환관이 학문을 하는 것을 금했기 때문이었다. 학문을 할 수 있는 잡무담당이 바로 한림학사였다.

삼양 가운데 양사기와 양영은 영락제 시절에 이미 한림학사였다. 특히

양영은 영락제가 친정에 나설 때마다 종군하여 군중에서도 서기 역할을
수행했던 모양이다.

영락 12년(1414), 양부와 양사기가 투옥되었다. 친정에서 개선한 영락
제를 늦게 마중 나왔다는 이유 때문이었다. 마중의 최고 책임자는 감국
으로서 황제를 대행하던 황태자였다. 마중에 실수가 있다는 말을 꺼낸
것은 황태자의 동생인 한왕 주고후였다. 황태자가 과실로 지위를 잃으면,
자신이 그를 대신할 수 있다. 게다가 한왕은 아버지의 친정에 자주 종군
했기에 참언을 할 기회가 많았다. 아무래도 마중이 늦었다는 것은 황태
자를 폐할 정도의 중대한 과실이라고는 할 수 없었다. 그 대신 황태자의
보좌를 맡은 사람들이 투옥되었다.

양사기는 바로 석방되었지만, 양부는 그 후 어쩔 수 없이 10년 동안이
나 옥중 생활을 했다. 홍희제가 즉위하여 양부는 간신히 석방되었고 뒤
이어 한림학사에 임명되었다.

황제의 정무 비서인 한림학사는 궁중의 문연각(文淵閣)에 속해 있었기
에 각신(閣臣)이라 불렸다. 그리고 각신 그룹을 총칭하여 '내각(內閣)'이라
부르게 되었다. 내각이란 말은 제도로서는 오늘날 중국엔 없지만, 한국
이나 일본에는 남아 있다. 영락제가 각신들을 만들었을 때의 인원은 7명
이었다. 그중에서도 양부의 나이가 가장 어렸다. 그 후, 따로 정원은 두지
않고 몇 명의 각신이 황제의 정무 비서를 맡았다. 영락제 때의 각신은 위
계도 권위도 낮았으나 홍희제 때부터는 높아졌다.

영락제로서는, 각신은 신분이 낮은 수재를 발탁하여, 황제의 심복으
로 삼은 것이다. 고관을 심복으로 삼아 국정 기밀에 관한 것까지 그들에
게 노출시키면 황제 자리가 위험하다고 생각했는지도 모른다. 5품관 정

도의, 학문은 있어도 정계에 영향력이 없는 인물이 안전하다고 보았을 것이다. 그런데 홍희제 시대가 되자 각신 중의 삼양은 황제의 스승이었던 사람들이다. 아버지처럼 그들을 마구 부릴 수는 없었다. 또한 성격적으로도 홍희제는 아버지와 달리 폭군적인 요소가 적은 인물이었다. 각신의 지위는 필연적으로 높아질 수밖에 없었다. 영락제 때, 각신은 황제의 자문에 답할 뿐, 정책의 결정에 참여하는 일은 없었다. 홍희제 이후, 각신의 지위 향상과 함께 그 권한도 강해져 주문(奏文)에 '표의(票擬)'할 수 있게 되었다. 대신이나 지방 장관이 황제에게 제출하는 보고서나 의견 등을 '장주(章奏)'라고 하는데, 황제는 거기에 '비답(批答)'을 덧붙인다. 국정은 장주로 보고한 것에 대한 평가, 제출된 의견의 가부, 적합성 등 장주에 대한 '비답'으로 진행된다. 예를 들어서 어떤 관청은 일이 없으니 폐지해야 한다는 장주가 올라왔을 때, 그에 대해서 '속히 폐지해야 한다'는 비답이 내리면 그 관청은 폐지된다. 만약 '시기상조'라는 비답이 내리면, 그 관청은 아직 유지할 수 있다. 그러나 장주는 워낙 건수가 많아서 황제 혼자서 그 모두를 읽을 수 없다. 그래서 각신이 서로 나눠 읽고는, 황제에게 개략을 설명했다. 물론 중요한 문제에 대해서는 황제가 전문을 읽었겠지만, 대부분의 장주는 각신이 읽고 자신의 생각을 덧붙여 썼다. 그것이 '표의'다. 표면적으로는 황제가 다시 한 번 음미하여 '비답'을 추가하기 때문에 각신의 '표의'는 참고 의견에 지나지 않는다. 그러나 실제로는 '표의'가 그대로 '비답'이 되는 경우가 많았다. 따라서 각신의 '표의'에 따라 정치를 하는 것이나 마찬가지여서, 내각의 권위는 매우 높아졌다.

홍무제가 승상을 폐지했으므로 6부의 상서(장관), 즉 각 부의 장관은 있지만 국무총리가 없는 셈이다. 황제가 국무총리를 겸하여 바빴기 때문

에 비서 그룹인 각신의 일이 늘고 그들의 권한이 강해졌다. 한림학사는 5
품이니, 6부의 낭중(郎中)과 같은 지위였다. 낭중은 6부에 속한 사(司)의
책임자이다. '사(司)'는 오늘날 각 부처 밑에 있는 '국(局)'에 해당한다. 요
즘 중국에서는 사장(司長)이라는 명칭이 쓰이는데 국장과 같다. 낭중 위
에 시랑(侍郎, 차관)이 있고, 그 위가 상서(각 부 장관)다. 이것으로도 알 수
있지만, 명나라 초기의 정치는 국장급들에 의해서 운영되었다.

각신이 '표의'를 담당한 것은 선덕제 시대부터였다. 그보다 앞선 홍희
제는 재위 기간이 1년도 미치지 못했지만, 각신에게 각 부 시랑을 겸직
시켰다. 이전까지는 국장에 지나지 않았던 사람이 차관으로 승격한 것이
다. 그런데도 차관급이 국정의 중추에 있었기에 장관급은 기분이 좋지
않았다. 당연히 반발이 생기고 불협화음이 들려왔다. 홍희, 선덕제 시절
에는 의식적으로 상서(각 부 대신)를 무시하는 정치가 시행된 모양이다. 상
서의 대부분은 영락제 시기의 대신이었고, 각신이 홍희와 선덕제 시기의
측근이었다. 어느 사회에서나 권력을 이어받은 사람은 전임자의 숨결이
남아 있는 간부를 경원한다는 비슷한 사정이 있는 법이다. 시랑을 겸임
하던 각신이 결국에는 상서를 겸임하게 되었다.

승상제는 폐지되었지만, 내각의 강화로 각신 중의 우두머리가 그것과
거의 같은 권위를 가졌다. 일반 세상도 각신의 우두머리를 재상이라 불
렀다.

정치는 좋았으나 문화는 불모지대

이를 '인(仁)·선(宣)의 치'라고 후세의 역사가들은 부른다. 왕조 창시에

는 혼란이 동반되지만, 그 시기를 지나면 안정기를 맞게 된다. 강력한 왕조에는 반드시 그런 게 있다. 전한의 '문(文)·경(景)의 치'가 그랬으며, 당에는 '정관(貞觀)의 치'가 있었다. 명나라에서는 인종(仁宗, 홍희제)과 선종(宣宗, 선덕제)의 치세가 거기에 해당된다고 볼 수 있다.

선덕제는 앞에서 이야기했듯이 북쪽 국경을 만리장성으로까지 물렸으며, 남쪽의 교지를 포기했지만 결코 소극적인 자세로 일관했던 것은 아니다. 북방으로의 친정도 했으며, 아버지 홍희제가 일단 폐지했던 정화의 대항해도 재개했다.

선덕제는 회화에도 능했다고 하는데, 그가 그린 것이라 알려진 작품도 전해진다. 이렇게 말하면 북송의 휘종이 연상되지만, 선덕제는 그 정도로 섬세한 인물은 아니다. 숙부인 한왕 주고후를 동 항아리에 가두어 넣고 태워 죽였다는 일화에서도 알 수 있듯이, 그는 원래 거친 성격이었다. 좋게 말하자면 감정을 솔직하게 행동으로 드러내는 인물이고, 나쁘게 말하면 섬세한 면이 부족한 인물이었다.

소박함은 명나라의 홍무제 주원장이 정치 이상으로 내건 것이다. 선덕제는 증조할아버지인 주원장이 이상으로 삼았던 노선을 충실하게 밟았다고 할 수 있을 것이다. 쓸데없는 관리를 정리한 것도 소박주의의 표출이라 할 수 있다. 복잡한 정치 기구는 명 왕조에는 정착되지 못했다. 이런 의미에서도 명은 원의 후계자이지, 반드시 송으로의 복고주의자라고는 볼 수 없다.

'인·선의 치'라고 불리지만, 문화사라는 입장에서 보자면, 그것은 문화의 불모 시대라고 할 수 있다. 내각의 삼양은 문인으로서 각각 작품을 남겼다. 세상에서는 그들의 시문의 형식을 '대각체(臺閣體)'라고 불렀다.

장황하고 형식주의적이며, 그리고 모방과 아유(阿諛)로 가득 차 있어, 지금은 문학으로서 대각체를 연구하는 사람조차 없다. 사람들에게 감동을 주며, 애송되어 지금까지 전해진 시는 한 편도 없다. 산문으로는 괴담집인 『전등신화(剪燈新話)』와 『전등여화(剪燈餘話)』가 겨우 이 시대의 작품으로 기억되고 있다.

『전등신화』 속에 수록되어 있는 〈모란등기(牧丹燈記)〉라는 제목의 단편은 산유테이 엔초(三遊亭圓朝, 1849~1907, 메이지 시대의 만담가-옮긴이)의 괴담인 〈모란등롱(牧丹燈籠)〉의 대본(臺本)이 되었기에 일본인에게도 잘 알려져 있다. 그러나 이 시기에는 속유(俗儒)의 날조라는 비방을 받아 그런 종류의 소설을 판금해야 한다는 상소도 올라오곤 했다. 『전등여화』의 저자인 이창기(李昌祺, 1376~1452)는 강서의 여릉(廬陵) 출신으로 관직은 광서와 하남의 포정사(지방의 민정장관)에까지 오른 인물이었다. 그가 죽은 뒤, 강서의 장관인 한옹(韓雍)이 여릉의 향현(鄕賢, 지역 출신의 현인)을 학궁(學宮)에 모실 때, 당연히 모셔야 할 이창기를 넣지 않았다. 그것은 『전등여화』 따위를 지었기 때문이라고 알려져 있다.

이 시대에 환영받은 대각체의 시문은 후세에 전혀 평가를 받지 못했으나, 무시당한 괴담집은 계속 읽혀지고 이웃나라에까지 영향을 주었다.

이 시대의 대표작이라 해보았자 겨우 몇 편의 괴담집뿐이니 참으로 한심하기 짝이 없다. 과연 삼양 등의 대각체파 이외에는 시문의 지도자가 없었던 것일까? 몽골 정권인 원나라는 제외하고, 그 전인 송나라도 그리고 당나라도 풍부한 교양을 지닌 관료가 문화계를 주도했다. 어찌된 일인지 명나라의 관료들에게는 그 같은 힘이 없었다.

명나라의 관료들은 당송 시절에 비해서 질이 상당히 떨어진다는 느낌이다. 그 원인 중 하나는 시험제도에도 있었던 듯하다. 명 말기의 고염무(顧炎武)는 자신의 『일지록(日知錄)』에서 명나라 과거의 폐해를 남김없이 논했다. 팔고문(八股文)이라는 형식적인 문장을 잘 쓰는 사람이 합격하고, 내용 따위는 아무래도 상관없다는 경향이 있었다. 형식적이라는 점에서는 대각파의 시문도 마찬가지라고 할 수 있다.

관리등용 시험의 답안은 형식이 정해져 있었는데, '파제(破題, 한 편의 글의 취지를 설명함)', '승제(承題, 파제의 뜻을 새겨 이야기함)', '기강(起講, 제목의 뜻을 설명함)', '기고(起股, 제목과의 연결)', '허고(虛股, 제목의 뜻을 제시함)', '중고(中股, 제목의 뜻을 바르게 서술함)', '후고(後股, 함축된 뜻을 부연함)', '대결(한 편의 총괄)' 순이었다. 이 중에서 기고, 허고, 중고, 후고의 4고는 각각 대를 이루고 있기에 '팔고'라고 불렸다. 구(句)의 마지막도 평측(平仄, 평성과 평성이 아닌 것)이 서로 대를 이루고 있어야 한다. 이렇게 형식에 얽매이다 보니 내용 따윈 신경조차 쓸 틈이 없었다.

한자는 평성(平聲) 아니면 측성(仄聲)으로 이루어져 있다. 만약 그 자리에 평성을 넣어야 논지에 가장 적당하다고 여겨져도, 규칙에 따라 측성을 넣어야 하는 경우가 종종 있다. 모범답안을 많이 암기하여, 그것을 퍼즐처럼 끼워 맞추는 재능이 있으면 합격을 할 수 있다. 모범답안 문집은 '시문(時文)'이라 불렸다. 책방에서는 『방고(房稿)』를 간행했다. 회시(會試, 최고 수준의 시험)는 18군데의 시험장에서 행해졌기 때문에 18방(만력 이전에는 8방)이라 불렸다. 그 합격자의 답안을 모은 것이 『방고』다. 수험생은 그런 답안집만을 읽을 뿐, 사서오경 따위는 돌아보지도 않게 되었다. 고염무는,

아, 팔고가 성하여 육경이 쇠하고, 18방이 흥하여 21사(史)가 기울
었구나.

라고 한탄했다.

　대유(大儒) 고염무는 크게 한탄했지만, 팔고문에 따른 시험에도 나름
대로의 장점은 있었다. 송대의 과거라면 사서오경을 자세히 읽지 않고서
는 급제할 수 없었다. 따라서 오랜 세월에 걸쳐서 공부할 필요가 있었는
데, 그럴 정도로 여유가 있는 집안의 자제가 아니면 과거를 치를 수가 없
었다. 팔고문 작성을 외우는 데는 대개 3년 정도면 마스터할 수 있었던
모양이다. 안일하다면 안일하다고도 할 수 있겠으나, 이전까지 과거와는
인연이 없었던 계층에서도 관료가 나오게 되었다.

　명나라의 정부는 그저 글을 쓸 관료가 필요했을 뿐이지, 그 관료의 사
상의 깊이 따위에는 관심이 없었다. 관료는 국정을 운영하기 위한 도구에
지나지 않는다고 치부되었다. 도구가 철학을 가질 필요는 없었다. 이런
생각으로 뽑은 명나라의 관료가 시대의 문화를 주도할 수 없었던 것은
당연했다. 황제 입장에서 보자면, 도구에 지나지 않는 관료라면 환관을
써도 상관없다고 생각했으므로 드디어 '환관에게 학문을 시키지 말라'는
홍무제의 유훈을 거스르게 됐다.

　황제의 신변에서 시중을 드는 환관은 최고 기밀문서에 접할 기회가
적지 않았다. 글을 알면, 그것을 몰래 읽고 외부로 흘릴 수가 있다. 그것
을 막기 위해서 환관은 문맹이어야 한다는 원칙이 세워졌다.

　영락제가 정난의 변에서 승리를 거둔 데는 환관의 협력이 있었기 때
문에 홍무제가 만든 철칙도 무너지고 말았다. 궁중에 환관학교인 '내서

당(內書堂)'이 세워진 것은 선덕 원년(1426) 7월의 일이었다. 열 살 전후의 소년 환관을 300명 뽑았으며, 한림관이 그들에게 독서를 가르쳤다. 원래 홍무제의 유훈에 따르면, 금중(禁中)에서 부리는 환관은 100명을 넘어서는 안 되었다. 홍무제가 죽은 지 30년도 지나지 않아서 열 살 전후의 환관만 수백 명에 이르렀으니, 유훈이 깨졌기보다는 무시되었다고 해야 할 것이다.

환관이 본격적으로 정치에 관여하기 시작한 것은 선덕제가 죽은 후였다. 하지만 그 길을 연 것은 내서당을 설치한 바로 선덕제였다. 환관이 정치 무대에 쏟아져 들어온 것에 대해서는 나중에 이야기하겠지만, 그것을 용납한 데는 내서당의 설립뿐만 아니라 일반 관료들의 정신적 이완, 부패도 커다란 요소가 되었다. '인·선의 치'라고 칭송을 받은 시대에도 어두운 그림자가 드리워져 있었다.

홍희제가 일찍 세상을 떠났기에 사람들이 아쉬워했지만, 그의 아들인 선덕제는 더욱 일찍 세상을 떠났다. 선덕 10년(1435) 정월, 그는 자금성 안의 건청궁(乾淸宮)에서 38세의 나이로 생을 마감했다. 『명사』 「본기」에서는 선덕제를,

즉위 이후 관리는 그 직무를 다했으며, 정치는 평안함을 얻었고, 기강은 수명(修明)하고, 창유(倉庾, 식량창고)는 충선(充羨, 가득 참)했다. 여염(閭閻, 촌리)에선 일을 즐기고, 세월도 재앙을 내리지 못했다. 생각건대, 명이 흥하여 오늘에 이르기까지 해를 헤아리면 60, 민기(民氣)가 점차 펴지고, 아름답게 치평(治平)의 상(象)이 있다.

라고 칭송했다. 틀림없이 명나라의 황금기였지만, 이미 퇴폐는 소리도 없이 다가오고 있었다.

토목과 탈문

황제의 씨가 아닌 황태자

명나라 관료의 퇴폐는 과거제도 탓만이 아니라 정난의 변에 그 원인이 있다는 견해도 있다. 영락제는 분명히 정통인 건문제로부터 제위를 빼앗았다. 영락제의 즉위를 인정하지 않았던 방효유 등 정의파는 일족까지 모두 참살되었다. 이런 영락제 계열의 정권에 도의 따위를 기대하는 것은 애초부터 잘못된 생각이라고 말하는 사가도 있다.

'인·선의 치'의 중추였던 삼양은 황제의 스승이자 비서이기도 한 고관이었는데, 과연 인간적으로도 그렇게 뛰어났을까? 삼양 이후에 등장한 인물들이 너무나도 형편없었기에 그들이 조금은 나은 것처럼 보일 뿐이라는 생각도 든다.

선덕제는 손귀비(孫貴妃)를 총애하여 아들을 낳지 못한 것 빼고는 과실이 없는 황후 호(胡) 씨를 폐하려 했다. 그것도 자기 입으로는 말할 수 없었기에 신하들이 상주(上奏)하는 형식을 취했다. 이때 삼양 가운데 한 사람인 양영이 황후의 죄 스무 가지를 들었다. 여기에는 선덕제조차도 화를 내며, 그 날조를 꾸짖었다. 자신이 부탁했으면서도 너무 지나치다고 비난을 하다니 어처구니가 없을 정도다.

이 문제는 역시 삼양 가운데 한 사람인 양사기가 병에 걸린 황후 호 씨가 스스로 나서서 황후의 자리에서 물러나겠다고 했다는 시나리오를 만들어 간신히 해결되었다.

지나칠 정도로 권력에 영합하고 있어서 그 속이 훤히 들여다보일 정 도다. 삼양조차도 이런 형편이었으니, 나머지는 미루어 짐작할 수 있을 것이다. 『명사』는 선덕제 시절에 대해서 '기강수명(紀綱修明)'이라고 평했 지만, 위의 폐후 사건에서처럼 그럴 듯하게 꾸며낸 일들이 많아서, 기강 의 어지러움이 표면에 드러나지 않았을 뿐이다.

선덕 3년(1418), 호 씨를 대신하여 황후가 된 손 씨에게는 황자가 있었 던 것으로 되어 있다. 『춘추(春秋)』에 '어머니는 아들로 인해 귀해진다'는 말이 있는데, 그것이 황후로 삼은 이유였다. 그런데 사실은 그 황자, 즉 뒤에 영종(英宗)이라 불리는 주기진(朱祁鎭)은 손 씨가 낳은 자식이 아니 었다. 신분이 낮은 궁녀가 낳은 아들을 몰래 자신의 아들로 삼은 것이다. 정사인 『명사』에도 분명하게,

영종의 생모를 사람들은 끝내 알지 못했다.

라고 기록되어 있다.

명의 궁정에도 규칙이 있었다. 여자들의 세계인 후궁에는 특히 엄격한 규칙이 정해져 있었다. 황제의 침소로 부름을 받은 여성에 대해서는 정

확하게 기록을 남겼다. 그리고 그때마다 증거와 같은 것을 주어야 했다. 다른 사람의 아들을 자신의 아들이라고 하기 위해서는 많은 사람들과 짜지 않으면 안 되었다. 귀비였던 손 씨가 아들을 낳았다고 그럴 듯하게 꾸미기 위해서는 기강이 문란해야만 했다.

선덕제가 38세로 죽었을 때, 손 황후가 낳았다는 황태자는 겨우 아홉 살이었다. 선덕제의 아들은 이 황태자와 오(吳) 씨가 낳은 주기옥(朱祁鈺) 둘뿐이었다. 선덕 10년(1435)에 즉위한 황태자 주기진을 이 책에서는 영종이라는 묘호로 부르기로 한다.

명나라에 들어서면서부터 1제 1연호제(一帝一年號制)가 되어, 황제의 이름은 역사상 같은 이름이 많은 묘호보다는 연호로 부르는 편이 알기 쉬우므로, 이 책에서도 홍무제, 건문제, 영락제, 홍희제, 선덕제라 불러왔다. 여기서 갑자기 영종이라는 묘호로 부르는 것은, 17명의 황제와 284년의 명나라 기간 동안 영종만이 유일하게 예외적으로 두 개의 연호-정통(正統)과 천순(天順)-를 썼기 때문이다. 그 경위에 대해서는 나중에 이야기하겠지만, 정통제라 부르기도 적당하지 않고 천순제라 부르기도 적당하지 않으니, 그냥 영종이라고 부르기로 한다.

홍무제가 건국한 지 68년 만에 명나라는 처음으로 어린 황제를 두었다. 황태손으로 있다가 황위에 오른 건문제조차도 즉위 때에는 22세였다. 당연히 아홉 살인 영종은 자신이 정무를 처리할 수가 없었다. 유조에 따라서 소년 황제의 할머니인 태황태후(홍희제의 황후) 장(張) 씨가 후견을 맡았다. 그러나 장 씨는 조종(祖宗)의 법이라며 정무를 직접 보는 것을 피하고, 소년 황제가 고굉지신(股肱之臣)의 보좌를 받아 국정이 운영되기를 바랐다. 그녀는 삼양을 신뢰하고 있었다. 그러나 삼양도 이미 나이가 들었다. 영종이 즉위했을 때, 최고 연장자인 양사기는 이미 71세였다.

영종에게는 좀 더 젊은 측근이 필요했다. 삼양이 예전에 황태자의 스승에서 측근이 되었듯이, 영종도 그 스승을 측근으로 앉히는 게 자연스러웠다. 그리고 그대로 되었지만, 곤란하게도 선덕제가 자신의 아들에게 붙여 준 교사가 환관이었다.

환관이라 해도 정화처럼 뛰어난 인물도 있었다. 황태자의 교사도 정화에 필적할 만큼의 걸물이라면 상관없겠지만, 아무래도 적지 않은 결함을 가진 환관이었던 모양이다. 그의 이름을 왕진(王振)이라 했는데, 황태자 교사로서 그런 자를 뽑은 것은 선덕제의 커다란 실수라 할 것이다.

『명사』「환관전」에 왕진에 대해서,

> 울주(蔚州) 사람. 어려서 뽑혀 내서당에 들어갔으며, 영종의 동궁에
> 서 시중을 들다가 국랑(局郎)이 되었다.

라는 기록이 있어, 환관학교인 내서당 출신인 것처럼 보인다. 그런데, 그는 아무래도 스스로 지원해서 거세를 당한 인물인 듯하다. 내서당에서 배운 것이 아니라 내서당에서 가르치던 평범한 학관이었다고 한다. 환관학교가 만들어졌고, 궁녀를 위한 교육기관도 필요해졌기 때문에 그 교사로는 정신(淨身, 성적 능력이 없는 남자)만을 기용하기로 했다. 이때 왕진이 지원하여 정신(즉, 거세되는 것)이 되었다는 설이 있다. 성의 기쁨을 희생하면서까지 환관 지망생이 많았던 것은 환관이 되는 것이 부귀를 얻는 가장 빠른 길이었기 때문이다.

궁중에서 사용하는 물품은 환관이 구입을 했다. 이것은 '채판(採辦)'이

라고 해서, 칙허에 따른 구입이기 때문에 무엇이든 안 되는 일이 없을 정도였다. 선덕 6년(1431)에 원기(袁琦)라는 환관이 채판이라는 이름을 빌려, 관민의 재물을 마음껏 착취한 사실이 발각되어 책형에 처해졌다. 그때 원기의 재산이 몰수되었는데, 쌓아 둔 금보(金寶)가 천만 단위였다는 기록이 있다.

원기는 선덕제가 어렸을 무렵부터 시중을 들던 시동(侍童)이었는데, 그걸 믿고 너무 대담하게 착취했기 때문에 도가 지나쳐 걸려들었던 것이다. 그다지 눈에 띄지 않을 만큼 적당히만 해도 상당한 재산을 모을 수 있었다고 한다. 일족이 부귀영화를 누리기 위해서 소년 한 명을 거세하여 환관으로 만드는 일이 당시에는 흔했던 모양이다. 그리고 때로는 왕진과 같은 성인이 자신의 의사로 수술을 받는 경우도 있었다.

정화처럼 어렸을 적에 강제적으로 거세를 당한 환관에게는 동정할 만한 점이 있다. 그러나 왕진처럼 어른이 스스로 지원하여 환관이 된 사람은 틀림없이 돈을 벌겠다는 것이 목적일 테니 우선 쓰레기 같은 인간이라고 생각해도 좋을 것이다. 그런 인물이 황태자의 교육을 담당하다 즉위 후에 측근이 되었으니 얌전히 있었을 리가 없다. 영종이 두 개의 연호를 사용할 수밖에 없었던 것은 왕진 때문이었다고 해도 좋을 것이다.

국립대 총장을 벌준 환관

관례에 따라 영종은 즉위한 이듬해에 정통(正統)이라고 개원했다. 원래대로 하자면 그는 정통제라고 불려야 할 황제가 된 셈이다. 어린 나이에 즉위했지만, 후견인인 태황태후 장 씨가 건재한 동안에는 왕진도 그 야심을 드러낼 수가 없었다. 장 씨는 삼양을 전폭적으로 신임했다. 그러나 조종의 법에 충실했던 그녀는 직접 각신을 만나는 그런 조심성 없는 행동은 하지 않았다. 그녀 곁에 다가갈 수 있는 이성은 더 이상 남자가 아닌 환관들뿐이다. 삼양을 신임했다고는 하나, 그 의견을 듣거나 그녀의 의견을 각신들에게 전달하기 위해서는 역시 환관이 중간고리 역할을 할 필요가 있었다. 왕진은 그런 중간고리 역할을 교묘하게 수행하면서 야망을 실현할 날이 오기를 기다렸다.

삼양 가운데서 양영이 정통 5년(1440)에 성묘를 지내기 위해 귀향하던 중에 70세로 세상을 떠났다. 정통 7년에 태황태후가 세상을 떠나자 왕진은 드디어 행동에 자유를 얻었다. 그 무렵, 양사기는 아들의 잘못 때문에 근신 중이었다. 정통 9년에 80세로 세상을 떠났는데, 만년에는 정치 무대에 나오지 않았다. 양부 혼자 정계에 고립되어 왕진의 전횡을 막기에는 무리였다. 그런 양부도 정통 11년에 75세로 생을 마감했다. 당시 내각에는 마유(馬愉), 고곡(高穀), 조정(曹鼐) 등과 같은 각신이 있었지만, 삼양 정도의 경력도 인망도 없었다.

내각의 권한은 점차 사례감(司禮監)으로 옮겨갔다. 사례감은 말하자면 환관의 내각으로 그 장관이 장인태감(掌印太監)이었다. 그 자리에 있던 왕진은 국정의 최상위에 있었던 셈이 된다. 그는 자신의 권위를 모든 사람들이 알아볼 수 있도록 내보이려 했다. 영종은 어렸을 때부터 그의 학생이었고, 즉위 후에도 그를 '왕 선생'이라고 불렀다. 왕 선생의 말이라면 절대 반대하지 않았다. 왕진은 영종을 잘 길들였다.

왕진은 황성의 동쪽에 대저택을 짓고 지화사(智化寺)를 조영했으며, 녹천만(麓川蠻, 버마계 민족) 토벌군을 일으키기도 했다. 태황태후가 세상을 떠난 이듬해의 일이었다. 왕진의 의사는 무엇 하나 통하지 않는 게 없었다.

한림원 시강인 유구(劉球)가 황제의 뜻에 따라서 '소(疏, 항목 별로 적은 주문)'를 제출했는데, 그 안에 왕진을 비방하는 내용으로도 읽힐 수 있는 표현이 있었다. 왕진은 지휘(指揮, 장교)인 마순(馬順)이라는 자에게 명하여 유구를 죽여 버리고 말았다. 그것도 '지해(支解)'라고 해서 팔다리를 따로 찢어 내는 잔인한 방법이었다.

좨주(祭酒, 국립대학 총장)인 이시면(李時勉)은 『전등신화』 등과 같은 책의 판매 금지를 주장한 강경파 학자였는데, 평소 왕진에게 인사도 하지 않았다. 사대부가 환관에게 먼저 머리를 숙이는 것은 가당치 않은 일이라 여겼던 것이다. 국자감 증축 문제로 왕진이 이시면을 찾아간 적이 있었는데, 그때도 차갑게 대했기에 뭔가 과실을 찾아내서 뜨거운 맛을 보여 줘야겠다고 벼르고 있었다. 마침 이륜당(彝倫堂) 곁에 있는 나무가 너무 무성해서, 이시면이 그 가지를 치게 했다. 별것 아닌 일인데도 왕진은 '제 마음대로 관(官樹)를 베었다'는 죄목으로 '하교(荷校, 목에 칼을 씌우는 것)'하여 국자감 문 앞에서 수치를 당하게 했다. 사대부로서는 가장 커다란 굴욕을 받은 것이다. 국자감 학생 3천 명이 석방을 진정했지만 받아들여지지 않았다. 마침 회창후(會昌侯)인 손충(孫忠, 손 황태후의 아버지. 영종의 외할아버지)의 생일잔치가 있었는데, 그 자리에서 교수들이 중재를 해 달라고 부탁해서, 황태후를 통해 3일 뒤에야 간신히 이시면은 풀려날 수 있었다. 표면상으로는 관청의 나무를 무단으로 벌채한 것이었지만, 모든 사람들이 그 처벌의 진상을 알고 있었다.

어사인 이탁(李鐸)은 왕진에게 무릎을 꿇지 않았다는 이유로 철령위(鐵嶺衛)로 좌천되었다. 왕진의 죄악을 파헤쳐 벽신문을 붙인 왕영(王永),

장환(張環), 고충(顧忠) 등은 책형에 처해졌다. 이러한 일들은 왕진의 권위가 얼마나 무서운 것인지를 모든 사람의 눈에 확실히 보여 주었다.

사실 이것은 장사를 위한 수단이기도 했다. 권세를 보이면 보일수록 그것을 이용하려는 무리들이 찾아오는 법이다. 물론 빈손으로는 오지 않는다. 왕진을 만나기 위해서는 은 100냥이 필요했다. 이것은 단지 만나기 위해서 필요한 것이다. 구체적으로 부탁할 일이 있으면, 그에 상응하는 사례를 내야만 했다. 왕진뿐만 아니라 그의 사당(私黨)에 속해 있는 마순, 곽경(郭敬), 진관(陳官), 당동(唐童) 등과 같은 사람들도 뇌물로 재물을 모으기에 여념이 없었다.

이념이라고는 털끝만큼도 찾아볼 수 없는 세상이 되었다. 목에 칼을 차고 국자감 문 앞에 3일 동안 있었던 이시면은 모든 것이 싫어져 사임을 청했지만 받아들여지지 않았다. 4년이 지난 정통 12년(1447)에 드디어 사임을 허락받았다. 국자감 학생들과 궁정의 신하들이 도문(都門) 밖까지 배웅을 나갔다. 악대가 선도했는데 그 배웅하는 모습을 구경하기 위해 모여든 사람으로 길이 막힐 지경이었다. 배에 오르는 곳까지 배웅을 나간 사람도 있었다.

　　눈물 흘리지 않는 자가 없었다.

라고 사서에 기록되어 있는데, 정의와 이념의 장송(葬送)이었다고 말할 수 있다.

왕진의 발호는 조정과 그 주변만이 소용돌이에 휘말렸지, 서민은 거의 영향을 받지 않았다는 견해도 있다. 조정에서 자신의 지위를 유지하고 싶은 사람, 좀 더 승진하고 싶은 사람, 권익을 얻어 재산을 모으려는 사람들이 왕진을 찾아갔다. 그 권역에서 벗어나면, 예전과 같은 생활이 있었다. 왕진이 일으킨 것은 잔속의 폭풍에 지나지 않았는지도 모른다. 그 상태 그대로였다면 세상은 태평했을 테지만, 대외문제가 얽히면 양상은 달라진다. 왕진은 국정의 정점에 있었기 때문에 대외문제가 발생하면, 그가 정책을 결정할 수밖에 없었다. 이렇다 할 경험도 없었고, 정치에 대한 철학도 없었기에 왕진에게는 버거운 짐이었을 것이다. 그런데도 왕진은 대외문제까지 자신의 권위를 높이는 재료로 삼으려 욕심을 부렸다.

재정 부담이 컸던 조공 외교

여기서 당시 명나라의 대외관계에 대해서 살펴보기로 하자. 영락제의 거듭된 친정 뒤, 선덕제 시기에 명나라가 국경선을 후퇴시켰다는 사실은 앞에서 이야기했다.

영락제의 사업 중에서는 거듭된 친정이 눈에 띄지만, 사실은 요동 땅을 평정한 것이 훨씬 중요했다. 여진족이 길림(吉林)이라 부르는 땅에 건주위(建州衛)를 설치했다. 금의위(錦衣衛)를 설명할 때도 이야기했지만, 위(衛)란 군대 단위의 명칭이다. 규칙상으로 1위의 병사는 5천 6백명이다. 여진족의 땅에 건주위를 설치했다는 것은 그들을 복속시켜 그들의 군사력을 명군 안에 편입한 것과 같다. 영락제의 막북 친정에도 여진족 부대의 일부가 종군했다.

영락제는 여진족을 무력을 사용해 일방적으로 복종시킨 것은 아니다. 그들에게 이익을 주었다. 각 부족의 수장에게 칙서를 보내 그것을 가져오면 조공 형식으로 무역을 할 수 있게 했다. 여진족은 모피와 조선 인삼을 바쳤고, 직물과 그 밖의 일상용품을 손에 넣어 돌아갔다.

이익뿐만 아니라 여진족 수장의 딸을 궁정에 받아들이기도 하고, 백두산사(白頭山寺)를 조영하여 여진족의 신앙의 중심을 만들어 주는 배려도 했다. 여진족은 문수보살(文殊菩薩)의 신자가 되고, 그 일파는 자신들을 '문수의 무리'라고 불렀다. 문수가 만주로 발음되어 '만주(滿洲)'라는 다른 한자를 사용하게 되었다. 보살의 이름을 그대로 종족 이름으로 쓰는 것을 꺼려 발음이 비슷한 한자를 빌려 썼을 것이다. 따라서 만주는 종족 이름이지 지명이 아니었다.

영락제는 여진족을 회유하여 몽골의 측면에 위협을 가해 북방 국경을 안정시키고자 했다.

북방의 주요한 적인 몽골족은 자신들을 한토에서 몰아낸 명 왕조에 대한 복수를 맹세했다. 그런데 그들은 오이라트와 타타르로 분열되어 있었다. 이 두 개의 집단 외에 우량하이라 불리는 또 다른 몽골 집단이 있었는데, 그들은 홍무제 때부터 명에 복속되어 태녕(太寧), 타안(朶顔), 복여(福餘) 등 삼위(三衛)가 설치되었다. 이것이 우량하이 삼위(三衛)다. 우량하이 몽골족은 머리를 모두 밀었으며, 다른 몽골족처럼 변발을 하는 습관은 없었다. 또 농경에도 종사했으니 별종이라고 할 수 있다. 명에 복속되어 있었다고는 하지만, 결코 충실한 번속(藩屬)은 아니었다.

당시 막북의 몽골족은 타타르가 힘을 잃어 토곤이라는 수장이 지도하는 오이라트가 거의 통일을 이루어 가고 있었다. 우량하이 삼위는 어느 틈엔가 토곤의 세력권 안으로 들어가 그 힘을 배경으로 명나라 국경을 자주 침범했다. 번속의 배신에 화가 난 명은 우량하이 삼위에 징벌적인 공격을 가했지만, 이는 그들을 오이라트에 더욱 의지하는 결과를 낳았다.

토곤이 죽은 후, 그의 아들인 에센이 통일 사업을 물려받았는데, 아버지 이상으로 뛰어난 지도력을 발휘했다. 칭기즈 칸이나 티무르의 경우에서 볼 수 있듯이, 초원의 영웅은 작은 부족의 수장에서 시작해서 삽시간에 대군을 지배하에 두고, 그것으로 패업을 이룩했다. 그 세력 확대는 믿을 수 없을 만큼 빨랐다. 거기에는 분명한 이유가 있다. 유목민의 관습으로는 이익이 되는 쪽에 붙는 것이 당연한 일이었다. 그 리더 밑에 들어가면 이익을 얻을 수 있겠다고 판단되면, 각지의 소집단들이 자발적으로 모여들었다.

토곤과 그의 후계자인 에센이 꼭 해야 했던 일은 이익을 기대하고 모여든 부하들을 실망시켜서는 안 되는 것이었다. 실망을 시키면 모여들었을 때처럼 믿을 수 없이 빠른 속도로 부하들은 사방으로 흩어져 버리고 말 것이다. 오이라트는 이익의 적지 않은 부분을 명과의 조공이라는 형식의 교역을 통해 얻고 있었다.

명나라에게 조공의 의미는 이익으로 외이(外夷)를 회유하여 그들이 문제를 일으키지 않도록 하는 정책이다. 송나라 때의 세폐(歲幣)와 마찬가지로, 조공에 대한 은상은 처음부터 커다란 적자를 각오했다. 평화를 얻기 위한 대금이었지만, 적자 폭이 너무 크면 곤란하므로 가능한 한 억제하려 했다. 처음 오이라트부의 사절은 50명으로 정해져 있었는데 그것이 일방적으로 늘어났다. 사절 한 사람 한 사람에게 은상이 주어져서 명나라로서는 당연히 늘지 않는 편이 좋았다. 한편 오이라트에게는 토곤 이후부터 해마다 팽창했기 때문에 사절단이 확대되는 것은 당연한 일이라는 변명거리가 있었다.

조공은 말이었는데, 말의 숫자도 점점 늘어났다. 수만 마리에서 10만 마리가 되고, 그중에는 쓸모도 없는 짐 싣는 말도 섞여 있었는데, 명나라는 그런 말도 사들이지 않을 수 없었다.

오이라트의 사절단은 해마다 11월에 북경으로 왔다. 정통 13년(1448)에 2천 5백 명의 사절단이 왔는데, 1천 명을 더해서 거짓으로 보고했다. 이에 대해서 왕진은 실제 인원수만큼만 은상을 내리기로 했으며, 말값도 오이라트 쪽이 제시한 금액의 5분의 1로 깎았다.

에센은 격노했고, 이듬해 7월에 오이라트 군은 일제히 명나라의 국경을 향해 쳐들어왔다. 동쪽의 요동에서부터 서쪽의 감숙까지 각지의 국경에 오이라트 군이 공격을 가했다. 에센이 이끄는 주력군은 산서(山西)의 대동(大同)을 공격했다. 오이라트부에게 조공은 소중한 재원이었다. 인원을 불려서 보고하는 것은 관습인데, 그것을 갑자기 인정하지 않겠다니 뜻밖의 일이 아닐 수 없었다. 말값도 형편없이 깎았다고 생각했다. 평화의 대가에 인색하면 어떤 일이 벌어지는지 앞으로를 위해서도 명나라에게 똑똑하게 보여 줘야 한다는, 일종의 위협을 위한 군사행동이었다고 생각된다. 묘아장(猫兒莊, 산서성의 북단인 양고(陽高)현의 북쪽)에서는 명나라의 참장(參將) 오호(吳浩)가 전사했고, 양화(陽和, 양고현)에서는 서녕후(西寧侯)인 송영(宋瑛), 무진백(武進伯)인 주면(朱冕)이 전사했다. 양화의 싸움에서는 감군(監軍)인 환관 곽경이 작전 판단을 그르쳤다. 곽경 자신은 수풀에 숨어서 죽음을 면할 수 있었다.

각 변방의 수장들은 모두 도망쳐 숨었다.

라고 사서에 실려 있는데, 명나라의 국경수비군은 그다지 믿음직스럽
지 못한 존재였던 모양이다.

역사상 가장 어리석었던 원정

왕진은 영종에게 친정을 권했다. 병부상서(국방부 장관)인 광야(鄺埜), 시
랑(차관)인 우겸(于謙)을 비롯하여 조정의 신하들은 가볍게 친정에 나서
서는 안 된다고 반대했지만, 왕진은 친정을 강행했다. 절대 독재체제였던
명에서는 황제의 의사로 최종 결정이 이루어졌다. 왕진은 스승으로서 영
종으로부터 무조건적인 신임을 받고 있었다. 왕진이 친정을 결정한 이상,
누구도 그것을 막을 수는 없었다. 여러 신하들의 반대가 심한 것이 오히
려 왕진을 더욱 고집스럽게 만들었을 것이다.

영종의 동생인 성왕(郕王) 주기옥을 유수(留守)로 삼아 북경에 남겨 두
고, 영종은 50만 대군을 이끌고 북경을 출발했다. 수많은 공후백(公侯伯)
과 상서, 시랑도 종군했다. 50만이라고는 하지만, 고관, 장군들의 하인들
도 다수 포함되어 있었다. 전쟁도 여럿이서 함께 가면 무서울 게 없다라
는 작정이었을까? 황족과 각료 차관까지 종군했으니, 조정이 송두리째
이사 가는 느낌이었다.

거용관(居庸關, 북경에서 북서쪽으로 60킬로미터)을 넘은 곳에서 신하들은
황제에게 여기에 머물러 달라고 청했다. 거용관을 나서면 이미 친정한 셈
이 되니, 이제부터 앞은 야전부대에게 맡기는 것이 어떻겠냐는 의견이었
다. 그러나 왕진은 받아들이지 않았다. 그의 뜻을 거스르는 자는 어떤 고
관이라도 벌을 받는다. 병부상서인 광야와 호부상서(재무부 장관)인 왕좌

(王佐)는 초원 가운데서 저녁까지 무릎을 꿇는 벌을 받았다.

왕진은 일개 교관 출신으로 군사 지식은 전혀 없었다. 50만이라는 숫자에 의지하고 있을 뿐이었다. 8월 기유(己酉, 2일), 영종은 대동(大同)에 도착했다. 왕진은 계속 북쪽을 향해서 군대를 전진시킬 생각이었다. 영락제 친정 때, 몽골군은 몇 번인가 모습을 감춘 적이 있었다. 50만 대군을 보면 오이라트도 모습을 감출 것이고, 명군은 근방에 위세를 과시한 뒤, 개선할 수 있을 것이라는 생각이 왕진의 머릿속에 있었는지도 모른다. 그러나 대동 진수(鎭守)의 태감으로 양화에서 패한 경험이 있는 곽경이 오이라트 군의 공격이 얼마나 매서운지를 이야기했기에 왕진도 결국 군을 돌릴 생각이 들었다. 각료들의 의견은 무시했지만, 같은 환관의 말에는 귀를 기울인 모양이다.

자원해서 거세 수술을 받은 왕진이라는 인물은 보통사람으로서는 상상도 못할 정도의 편집증을 갖고 있었다. 극단적인 자기중심주의자였다. 모든 일을 자기중심으로 판단했다. 귀환할 때, 처음에는 대동에서 동남쪽으로 향해 울주(하북성 울현)를 거쳐 자형관(紫荊關, 하북성)을 지나 북경으로 올 예정이었다. 울주는 왕진의 고향이다. 그의 생가는 필시 개축하여 대저택이 되어 있었을 것이다. 그곳으로 황제를 모셔 자신의 위광을 내보이는 것도 나쁘지는 않았다. 이 길을 선택했을 때, 왕진은 그렇게 생각하고 있었다. 그런데 그 후에 왕진은 '애향심'이 발동하여 예정을 변경했다. 울주 지역은 머지않아 수수를 수확할 시기였다. 50만 대군이 그곳을 지나면, 고향 농작물에 피해를 주게 되리라는 사실에 생각이 미쳤다. 대동까지의 행군에서 농작물이 피해를 입는 모습을 왕진 자신의 눈으로 직접 보았다. 다른 지방은 피해를 입어도 상관없지만, 자기 고향만은 피해를 입어서는 안 된다는 생각이었다. 갑자기 귀환하는 길을 변경하여 선부(宣府, 하북성 선화(宣化)현)를 경유하기로 했다.

군대는 예정대로 일단 동남쪽을 향해 출발했다가, 왕진의 진로 변경 명령으로 우회하여 북쪽으로 향했다. 이것이 군대를 지치게 한 것은 말할 나위도 없다. 이때 병부상서인 광야는 정예의 후미군을 편성하여 후방을 지키게 하고, 황제 집단은 "급히 달려가 자형관에 들어가는 것"이 좋겠다고 말했다. 이에 대해서 왕진은,

　　　썩은 선비가 어찌 병사(兵事)를 알겠는가. 다시 말하는 자는 죽이겠다.

라고 호통을 쳤다. 광야는,

　　　나는 사직(社稷, 국가)과 생령(生靈, 백성)을 위해서 한 말이다. 무엇 하나 두려울 것 없다.

고 말했는데, 왕진은 좌우의 무리들을 꾸짖고 광야를 퇴출시켰다.

도중에서 예정을 변경했으므로 당연히 행군 속도가 느려졌다. 거리적인 부담뿐만 아니라 군사의 피로, 군량과 마초, 군수품의 손실도 적지 않았다. 게다가 자형관을 지나는 길은 남쪽에 있었기 때문에 오이라트부의 군대가 출몰할 가능성이 보다 낮은 지방이었다. 북쪽에 있는 선부를 지나는 코스는 대략 현재의 철도(경포선(京包線))가 지나는 길인데, 만리장성을 스치듯 지나는 곳도 있고 오이라트의 세력권에서 매우 가까웠다. 왕

진은 고향의 농작물에 신경을 쓰느라 50만 대군에게 위험한 길을 가게한 셈이다.

유목 군단의 장점은 그 기민한 기동성과 뛰어난 정보수집 능력에 있다. 정찰 능력에 있어서 명군은 그 발밑에도 미치지 못했다. 아니나 다를까, 명나라 50만 대군의 움직임은 에센의 정보망에 걸려들었다. 에센이 길게 늘어선 명군의 최후방 부대를 공격하기 시작했다. 후미를 지휘하던 공순후(恭順侯) 오극충(吳克忠)과 그의 동생이자 도독인 오극근(吳克勤)은 전사하고 말았다. 이 형제는 오 씨를 성으로 쓰고 있었지만, 사실은 몽골족으로 아버지인 파토테무르(把都帖木兒)가 영락제에게 귀순하여 오윤성(吳允誠)이라는 이름을 받았다. 형제는 명나라의 장군으로서 같은 몽골족인 오이라트에 의해 목숨을 잃었다. 후방군을 구원하기 위해 성국공(成國公) 주용(朱勇)과 영순백(永順伯) 설수(薛授)가 4만의 병사를 이끌고 되돌아왔지만, 이들도 요아령(鷂兒嶺)이라는 곳에서 궤멸당하고 말았다. 주용은 정난의 변 때의 공신 주능(朱能)의 아들인데, 기사(騎射)에 능했으며 글도 잘 썼던, 문무를 겸비한 뛰어난 인물이다. 설수는 한인(漢人)과 같은 이름을 가지고 있지만, 오 형제와 마찬가지로 몽골족 출신이었다. 두 장군 모두 오아령에서 전사했다.

오아령의 싸움은 8월 경신(庚申, 13일)에 일어났다. 후미를 잃은 명군(明軍)은 이튿날 토목(土木)이라는 곳에 도착했다. 당나라 때 통막진(統漠鎭, 사막을 통치함)이 있었는데, 그 이름이 잘못 전해져 토목이 되었다고 한다. 영락제 때, 이곳에 요새가 지어졌다. 북경의 서쪽에 지금 '관청(官廳, 지명) 수고(水庫)'라는 커다란 댐이 만들어져 있는데 바로 그 부근에 있다. 10킬로미터 떨어진 곳에 회래성(懷來城, 하북성 회래현)이 있었는데, 군사들은 그곳으로 들어갈 생각이었다. 그런데 왕진이 보급부대가 아직 오지 않았다며 토목의 요새에서 기다리기로 결정했다.

초보적인 군사 지식만 있었어도, 수십만 대군을 토목 같은 요새에 주둔시키지는 않았을 것이다. 무엇보다도 그곳은 물이 나오지 않는 곳이다. 명군의 전문가들은 그런 사실을 알고 있었을 테지만, 왕진의 뜻을 거스를 수가 없었다. 보급부대가 뭔가 왕진의 중요한 물건이라도 옮기고 있었을 것이다.

이튿날, 오이라트 군이 그 요새를 포위했다. 두 길 넘게 땅을 팠지만 어디서도 물은 나오지 않았다. 그것은 포위당하면 끝장이라는 사실을 의미했다. 사람과 말 모두 굶주림과 목마름에 시달렸다. 그때 포위하고 있던 오이라트 군이 한쪽의 포위를 풀고 후퇴하기 시작했다. 병법을 아는 사람이라면, 이것이 덫이라는 사실을 눈치 챘을 것이다. 하지만 덫이라는 사실을 알고 있다 할지라도 토목 요새 안의 명군은 나갈 수 있는 곳이라면 어디든 나갈 수밖에 없었다. 물이 없는 요새에 가만히 머문다는 것은 앉아서 죽음을 기다리는 것과 같았다. 명군은 출격했지만, 기다리고 있던 오이라트 군에게 단번에 섬멸당하고 말았다.

사상자가 수십만이었다고 하니, 더 이상의 참패는 없다고 해도 좋을 정도로 크게 패배했다. 이 한심하기 짝이 없는 원정을 강행한 왕진은 난전 중에 목숨을 잃었다.

> 에센이 침범한다 해도, 변장(邊將) 하나면 그것을 막을 수 있다. 폐하는 종묘사직의 주인이다. 어찌 자중하지 않는가.

라고 이 친정에 반대했던 광야는 총사령관이었던 영국공(英國公) 장보(張輔), 각신인 조정(曹鼎), 왕좌 등과 마찬가지로 옥쇄(玉碎)하고 말았다.

망연자실하여 초원 위에 앉아 있던 영종은 오이라트 군에게 붙들리고 말았다. 송나라의 휘종처럼 국도를 포위당해 포로가 된 황제는 있지만, 야전에서 포로가 된 황제는 아마도 영종밖에 없을 것이다.

이 '토목보(土木堡)의 변'의 패전 소식이 북경에 전해지자, 조야가 크게 동요한 것은 말할 나위도 없다. 시강인 서정(徐珵) 등은 천문력수(天文曆數)로 보아, 천명이 이미 떠났으니 남경으로 천도해야 한다고 주장했다. 병부시랑 우겸은 이에 대해서 단호하게 반대 의사를 표명했다.

> 남경 천도를 말하는 자는 베어야 한다. 경사(京師)는 천하의 근본이
> 다. 한 번 움직이면 곧 대사는 끝이다. 잘 생각하기 바란다, 송의 남도
> (南渡) 때 일을!

만약 이때, 남경으로 천도했다면 명은 멸망했을 것이다. 적어도 황하(黃河) 이북을 오이라트에게 빼앗겨, 틀림없이 에센이 다시 한토에 몽골 정권을 수립했을 것이다.

황태후 손 씨의 명에 따라서 영종의 이복동생인 성왕 주기옥이 우선 감국이 되고, 뒤이어 즉위했다. 오이라트에 포로로 잡혀 있는 영종은 상황(上皇)이라 부르게 되었다. 이는 이상한 황위계승이었다. 이듬해 경태(景泰)라 개원되었으므로 성왕은 경태제라고 불린다. 원래대로 하자면 영종의 아들인 주견심(朱見深)이 즉위해야 했지만, 국가적 어려움이 많은 때에 겨우 세 살배기 어린 황제를 세우는 게 영 마음이 놓이질 않았으리라

생각된다. 그 대신 비정상적인 즉위를 한 경태제는 자신에게도 아들이 있었지만, 영종의 아들인 주견심을 황태자로 삼았다.

경태제 정권은 이번에 친정이라는 어리석음을 범한 책임자인 왕진 일당을 우선 숙청했다. 왕진 일족은 모두 주살되고 재산은 몰수되었다. 금은 60여 고(庫), 옥반(玉盤) 100, 높이 6, 7척이 되는 산호 20여 개가 있었다고 기록되어 있다.

에센은 포로인 영종을 인질로 잡고, 명나라와 유리한 조약을 맺으려 했다. 그런데 명나라에서는 이미 새로운 황제가 즉위했기 때문에 영종의 인질로서의 가치는 에센이 기대했던 만큼 귀중하지가 않았다. 에센은 오이라트 군을 이끌고 가서 북경을 포위했지만, 병부상서로 승격한 우겸이 잘 지켰기 때문에 에센도 포위를 풀고 퇴각하고 말았다.

에센으로서도 언제까지고 명과 절교 상태를 계속 유지할 수는 없었다. 수천 명의 사절에게 금품을 주고, 10만 마리나 되는 말을 사 주는 상대는 명나라밖에 없었다. 에센에게도 약점은 있었다. 몽골의 우두머리이면서도 칸이라는 이름을 쓸 수 없었던 것이다. 황금 씨족인 칭기즈 칸의 가계가 아니면 칸이라는 칭호를 쓸 수가 없었다. 에센의 아버지는 황금 씨족 출신인 토크토부카라는 자를 칸으로 세우고, 자신의 딸을 아내로 주었으며 자신은 대사(大師)라는 칭호에 만족했다. 에센도 아버지와 마찬가지로 매형인 토크토부카 칸을 허수아비로 세워 놓았다. 명은 이 토크토부카 칸에게 조공을 바치라고 권했다. 에센도 말로 얻는 이익을 허수아비인 토크토부카 칸에게 빼앗기고 싶지 않아서 결국에는 영종을 송환하기로 했다.

경태 원년(1450) 8월, 영종은 오이라트에서 돌아왔다. 강화를 위해서 오

이라트에 파견된 명나라의 사절 이실(李實)은 그곳에서 영종을 만나 귀환한 뒤에는,

인구자책(引咎自責, 허물을 들어 스스로 꾸짖음)

해야 한다고 잘 타일렀다. 국가를 멸망의 수렁으로까지 내몬 책임은 중대했다. 귀환하여 복위하겠다고 말한다면, 그것은 너무나도 염치없는 생각이다.

귀환 후, 상황이 된 영종은 자금성의 남궁(南宮)에 연금되어 괴로운 나날을 보냈었다.

한편 경태제는 영종의 아들인 견심을 황태자로 삼기는 했지만, 역시 자신의 아들로 바꾸고 싶다는 생각을 가졌다. 이에 대신들을 매수하여 황태자 폐립을 실현시키려 했다. 경태 3년 5월, 황태자가 폐립되고, 경태제는 드디어 바라던 대로 자신의 아들인 주견제(朱見濟)를 황태자로 세울 수 있었다. 그런데 이듬해 11월에 황태자 견제가 죽어 버렸다. 이 어린아이가 황태자의 자리에 머문 것은 겨우 1년 반에 지나지 않았다.

경태제에게는 즉위 전에 왕(汪) 씨라는 본처가 있었다. 즉위하여 황후로 세웠지만, 낳은 아이는 둘 다 여자아이였다. 측실인 항(杭) 씨가 낳은 아들이 견제였다. 황후 왕 씨는 황태자 폐립에 반대한 것으로 알려져 있다. 경태제는 왕 황후를 폐하고 황태자의 어머니인 항 씨를 황후로 세웠다.

경태 8년(1457) 정월, 경태제가 병에 걸리고 말았다. 상당히 무거운 병으로 신하들이 황태자를 세워야 한다고 청했지만, 경태제는 허락하지 않

았다. 외아들인 견제가 세상을 떠난 뒤, 그는 후계자를 지명하지 않았다.

궁정에 요상한 기운이 감돌기 시작했다. 황자(皇子)가 없는 황제. 그 황제의 형은 예전에 제위에 오른 적이 있었으며, 지금은 연금 중. 지금의 황제는 중병으로 병상에. 이렇게 모든 조건이 갖춰져 있으니, 야심가가 준동(蠢動)하지 않을 리가 없다. 어느 시대에나 황제를 옹립한 자가 크게 출세하는 법이다. 정난의 변도 영락제 옹립 운동에 공적이 있었던 자가 부귀를 손에 넣었다.

누구를 내세워야 하는지도 자명했다. 남궁에 유폐되어 있는 영종밖에는 없었다. 이 상황이 기회만 있으면 복귀하기를 바라고 있다는 사실도 다 아는 사실이었다.

경태제가 죽고 난 뒤에는 자동적으로 즉위하게 될 테니 옹립자의 공적은 그다지 평가를 받지 못할 것이다. 야심가들은 경태제가 병상에 누워 있는 동안에 일을 꾀하기로 했다. 무청후(武淸侯) 석형(石亨), 우부도어사(右副都御史) 서유정(徐有貞), 그리고 환관 조길상(曹吉祥) 등이 그런 사람들이다.

'탈문(奪門)의 변'이라 불리는 쿠데타는 경태 8년 정월 임오(壬午, 17일)에 결행되었다. 그처럼 싱거운 쿠데타도 드물 것이다. 2천의 병사가 동원되었지만, 유혈사태는 일어나지 않았다. 남궁의 돌담을 허물고 문을 부수어 연금되어 있던 상황을 가마에 태워 봉천문(奉天門)까지 갔다. 단지 그것뿐이었다. 때는 이른 아침, 조정의 신하들이 입궐할 시간이었다. 봉천문에서 상황이 신하들에게,

경 등은 경태제에게 질환이 있어, 짐을 맞아 위에 복귀시켰다. 이제

각자의 일에 예전처럼 임하기 바란다.

라고 말하자, 신하들은 "만세!"라고 외쳤다고 한다.

영종은 복위하여 천순(天順)이라고 개원했다. 아버지의 죽음으로 즉위한 게 아니어서 연호는 이듬해를 기다리지 않고 바로 고쳐졌다. 이렇게 해서 영종은 명나라 역사 중에서 두 개의 연호를 사용한 황제가 되었다.

병상에 있던 경태제는 폐위되어 원래대로 성왕이 되었으며, 2월 을미(乙未, 1일)에 죽었다. 중병이었다고는 하지만, 시기가 시기였던 만큼 자연사였는지 아닌지는 의심스러운 점이 있다. 그건 그렇고, '탈문의 변'은 한편의 속이 빤히 들여다보이는 어처구니없는 행동과 같다는 느낌이 든다. 영종은 복위하여 경태제 옹립의 책임자라는 명목으로 우겸을 주살했다. 토목의 변이라는 사상 최대의 어리석은 행동으로 거의 망할 뻔했던 나라를 우겸이 간신히 구했다. 그 공로자를 죽여 버렸으니, 그것만으로도 영종이라는 인물에게는 암군(暗君)이라는 낙인을 찍어야 할 것이다.

재추대 주역들의 비참한 말로

후일담이라고도 할 수 있을 만한 일화를 몇 가지 소개해 보자.

속 보이는 야비한 쿠데타 '탈문의 변'을 일으킨 세 명의 주역, 즉 석형, 서유정, 조길상은 그 뒤가 그다지 좋지 않았다.

석형은 충국공(忠國公)에 봉해져 그 권세가 비할 데 없이 높아졌지만, 조카인 석표(石彪)의 불법에 연좌되어 투옥 끝에 옥사했다.

서유정은 문관으로서는 보기 드물게 무공백(武功伯)이 되어 내각에 들어갔지만, 석형 등의 참언으로 투옥되어 금치위(金齒衛, 운남의 미개지)로 유배되었다. 사형에 처해질 뻔했지만, 저지른 죄가 은사 전의 것이었기에 간신히 목숨만은 구할 수 있었다. 탈문의 변의 주역들은 결속력이 강한 듯 보이면서도 서로가 서로의 발목을 잡았다. 석형이 죄를 지어 투옥된 뒤, 그의 참언으로 금치에 유배되어 있던 서유정은 단지 함정에 빠졌을 뿐이라는 이유로 3년 만에 풀려나 고향인 소주로 돌아갈 수 있었다. 유정이라는 이름은 후에 개명한 것이고, 처음에는 정(珵)이라는 이름이었다. 토목의 변 이후, 남경 천도론을 주장하다 우겸에게 호통을 맞은 시강 서정이 바로 후일의 서유정이다. 탈문의 변 이후 우겸은 목숨을 잃었으니, 서유정은 그때 받았던 일갈에 음습한 보복을 한 셈이 되었다.

환관인 조길상은 석형이 죽은 이듬해인 천순 5년(1461)에 양자인 조흠(曹欽)과 반란을 일으켰다가 죽었다.

탈문의 변에 참가했던 자들이 모두 질이 좋지 않은 무리들뿐이었을까? 어쩌면 영종은 그 쿠데타의 공신들을 의식적으로 숙청하려 했을지도 모른다. 토목의 변으로 오이라트에 사로잡혔고, 귀환해서도 유폐되었던 영종은 그 책임자인 왕진을 원망했을 법도 한데, 그렇지 않다. 왕진의 상(像)을 만들게 하여 지화사에서 공양까지 올렸다.

암군인 영종에게도 우리를 안심하게 하는 업적이 몇 가지 있었다. 그 가운데 하나는 건문제의 유복자인 주문규(朱文圭)를 석방한 일이다. 정난의 변 때 문규는 겨우 두 살이었다. 영락제도 차마 조카의 아들인 이 아기를 죽이지는 못하고 유폐를 시키는 데 그쳤다. 영종이 두 번째로 즉위한 천순 원년, 주문규는 57세가 되었다. 영종은 봉양(鳳陽, 안휘성)에 가옥과 노비를 하사하고, 아내를 맞아들이는 일도 포함해서 행동의 자유를 허락했다. 두 살이라고 하면 당연히 철이 들기도 전이다. 가엾은 주문규는 57세가 되어서야 처음으로 바깥 공기를 쐬었는데, 소나 말도 그때 처음 보았다고 한다.

영종은 천순 8년(1464)에 38세의 나이로 세상을 떠났는데, 유조(遺詔)에 의해 궁비(宮妃)의 순장을 하지 못하도록 명했다. 명나라에는 홍무제 이후부터 황제가 죽으면 후궁들이 순사(殉死)하는 풍습이 있었다. 순사한 궁녀의 유족들은 우대를 받도록 했다. 홍무제가 세상을 떠났을 때 순사한 장봉(張鳳), 이형(李衡), 조복(趙福), 장벽(張璧), 왕빈(汪賓) 등의 집에는 금의위 1천 1백 호의 봉록이라는 지위를 세습할 수 있는 특전이 주어졌다. 세상 사람들은 이러한 집들을 '태조조천녀호(太祖朝天女戶)'라 불렀다.

경태제는 황제가 아닌 성왕으로 돌아가 죽었지만, 그래도 궁녀의 순사가 있었다. 항(杭) 황후는 경태제가 죽기 1년 전에 죽었지만, 폐한 왕(汪) 황후를 어떻게 처리하느냐가 문제로 떠올랐다.

경태제가 황태자를 폐립할 때, 왕 황후가 그것을 반대하여 황후의 자리를 잃었다는 사실은 앞에서 이야기했다. 이 일 때문에 영종은 이 동생의 아내에게 호의를 가졌던 모양이다. 그녀를 순사시켜야 할지 자문을 받은 이현(李賢)이,

> 비(왕 폐후)는 이미 유폐되었다. 하물며 두 딸은 어리다. 마땅히 가엾이 보아야 한다.

라고 대답했기에 순사는 면했다. 이를 통해서도 순사는 자발적이지 않았

다는 사실을 알 수 있다. 너무나도 비인간적인 풍습이었다.

　폐후 왕 씨는 영종의 증손자에 해당하는 정덕제 시대까지 살았다. 영종의 아들인 성화제는 경태제에 의해서 일단 황태자의 자리를 잃었는데, 왕 씨가 그것에 반대했다는 사실을 알고 있었기 때문에 그녀를 후대했다고 한다. 왕 씨가 죽었을 때, 그 장례의 예를 어떻게 할 것인가가 문제가 되었는데, 지혜 있는 대학사(大學士)가,

　　장례는 비(妃)로 하되, 제사는 후(后)로 해야 한다.

는 묘안을 낸 것은 유명한 일이다.

　문제가 많았던 영종이었지만, 순사를 금한 다음의 유조는 높이 평가해야 할 것이다.

　　사람을 순장하는 일을 나는 견딜 수가 없다. 이 일은 마땅히 나부터 그만두어야 한다. 후세에 다시 행하는 일이 없도록 하라.

북로(北虜)

명의 막북정책

막북에서 점차 대제국을 건설해 가고 있던 오이라트부의 그 후의 운명에 대해 여기서 잠깐 언급해보자.

같은 몽골족인 타타르부와의 패권 다툼에서 승리자가 된 오이라트부는 막북의 커다란 세력이 되었는데, 그 주도권은 황금 씨족이 아니라 에센이 아버지 토곤으로부터 물려받았다는 사실은 앞에서 이야기했다. 몽골족에게 있어서 칭기즈 칸은 신으로 그 자손, 즉 황금 씨족이 아니면 참된 군주로 인정받지 못했다. 토곤은 어쩔 수 없이 토크토부카 칸을 허수아비 군주로 삼았다. 에센도 아버지의 방침을 그대로 물려받았다. 그런데 허수아비라고는 하지만, 오랜 세월 칸의 자리에 있었던 토크토부카는 점차로 세력을 키워 나갔다. 오이라트부가 팽창함에 따라서 토크토부카 칸도 실권을 가지고 처리하는 일이 많아졌다.

한 예를 들자면, 토목의 변 때 오이라트의 주력부대는 에센의 통솔을 받아 대동(산서성)을 공격하고, 동시에 별동대가 동쪽과 서쪽에서 명나라의 국경을 침범했다. 이때, 토크토부카 칸은 동쪽 공략을 맡았다. 그리고 영락제가 고심 끝에 만들어 낸 여진족의 건주위에 커다란 타격을 입혔다. 또한 건주위와는 계통이 다른 여진족의 해서위(海西衛)도 토크토부카의 군대에게 유린되었다. 건주, 해서 모두 오이라트의 예봉을 피해 원래의 거주지에서 피난했다. 이것은 후에 상당히 복잡한 문제가 되는데, 여기서는 허수아비 토크토부카 칸이 실력을 키우기 시작했다는 사실에 주목하기로 하자.

아무리 허수아비라는 하나, 실력자 곁에 오래 있다 보면 실력 키우는 법을 자연히 익히게 된다. 부하를 키우기 위한 재물을 어떻게 얻어야 하는지 토크토부카 칸은 잘 알고 있었다. 명나라와의 조공무역, 즉 마시(馬市)가 최대의 재원이었다. 토목의 변 이후, 명나라는 오이라트부를 이간질하기 위해 거듭 토크토부카 칸과 접촉을 하려 했다. 기록에 따르면, 그것은 지극히 고전적인 방법이었던 듯하다. 에센과 토크토부카 칸이 보낸 사절이 오면, 에센의 사절은 차갑게 대하고, 토크토부카 칸의 사절은 우대했다는 것이다.

매우 고전적인 이간책이었지만 효과가 있었다. 명목상의 군주인 토크토부카 칸과 실력자 에센과의 사이에 의심의 틈바구니가 생겼다. 마시의 이익이라는 절실한 이해가 얽혀 있었던 만큼 대립은 심각했다. 게다가 토크토부카 칸은 에센의 누나가 낳은 아들을 태자로 세우지 않았다. 앞에서 이야기했듯이 토곤은 자신의 딸, 즉 에센의 누나를 토크토부카 칸에게 시집보냈다. 토크토부카 칸은 에센의 매형이었고, 두 사람은 그러한 인연으로 맺어져 있었다. 그런데도 토크토부카 칸은 다른 여자가 낳은 아들을 태자로 세웠다. 둘 사이를 간신히 묶어 주던 실이 뚝 끊겨 버리고 만 셈이다. 에센은 더 이상 명목상의 군주는 필요 없다고 생각했다.

칭기즈 칸이 죽은 지도 이미 2백수십 년이 지났다. 이제는 황금 씨족도 아니라고 에센은 생각했다. 티무르조차 칸을 칭하지 않고 술탄이라는 칭호에 만족했다. 그런 티무르 시대로부터도 이미 반세기나 지났다.

마음을 정한 에센이 토크토부카 칸과 그 일족을 죽이고, 스스로 칸의 자리에 오른 것은 토목의 변으로부터 2년 후인 명나라 경태 2년(1451)의 일이었다. 황금 씨족이 아닌 자가 칸의 자리에 오른 것은 이번이 처음이었다. 에센은 대원천성대가한(大元天聖大可汗)이라 칭했다. 몽골족으로서도 칭기즈 칸의 시대는 멀어져 있었다.

에센이 칸의 자리에 오른 것은 단지 시대가 바뀌었기 때문만은 아니다. 몽골의 규율을 일부러 어긴 에센의 오만함도 있다. 토목의 변이 일어난 데에는, 오랜 마시의 관습을 무시한 왕진의 실수도 있었지만, 동쪽으로는 요동에서부터 서쪽으로는 감숙까지 국경을 침범하여 보복을 한 에센도 난폭했다고 말하지 않을 수 없다. 오만하고 난폭한 에센이었기에 200년간 이어온 몽골의 규율을 깨는 행동을 한 것이다. 이에 대해서 오이라트부 안에서도 반발이 있었던 것은 당연할 일이다.

부족 내의 불만에 대해서도 에센은 명나라에게 써먹었던 것과 같은 강경책을 썼다. 강경책이라기보다는 공포정책이라고 하는 편이 맞을지도 모르겠다. '대사(大師)'에서 '칸'으로 승격했으므로 에센은 부하들에게 한층 더 고압적인 자세를 취했다. 무리한 일을 강행하여 칸의 권위를 나타내려 했을 것이다. 마침내 에센은 부하에게 살해되었다. 살해한 쪽에게는 황금 씨족이 아니면서도 칸의 자리에 오른 에센을 주살했다는 구실이 있었다.

토곤과 에센, 2대에 걸친 실력자가 시베리아에서부터 중앙아시아에 걸친 오이라트 대제국을 건설했지만, 에센이 살해당해 허무하게 무너져 버리고 말았다. 앞에서 여러 번 이야기했지만, 유목 제국은 믿기 어려울 만큼 빠른 속도로 팽창하지만, 그 대신 붕괴도 마찬가지로 허망했다.

오이라트부는 내분으로 인해 세력을 잃었으나, 그때까지 숨어 지내던 라이벌, 타타르부가 드디어 세력을 회복하기 시작했다. 명나라로서는 이런 상태는 환영해야 할 일이었다. 북방에 통일된 강력한 정권이 출현하지 않는 것이 한토의 평화에는 바람직한 일이었다.

명나라의 북방정책은 그곳에서 제2의 칭기즈 칸과 같은 세력이 태어나지 않도록 노력하는 일에 있었다. 에센과 토크토부카 칸의 이간을 꾀한 것도 그 일환이었다. 모략은 기밀에 속하기 때문에 그다지 기록하지 않는 법이다. 문헌을 통해서 뚜렷한 증거를 잡을 수는 없지만, 명나라가 북방 세력의 분단을 주요 국책으로 삼고 끊임없이 손을 썼으리라는 점은 쉽게 상상해볼 수 있다.

에센의 죽음은 명나라 경태 5년(1454)의 일이었다. 칸의 자리에 머문 것은 햇수로 겨우 4년에 지나지 않았다.

오이라트부의 쇠퇴는 타타르부에게 재기의 기회를 주었다. 하지만 타타르부에서 다얀 칸이 나타나서 몽골을 통일한 것은 에센이 죽은 지 30년 이상이나 지난 뒤의 일이다.

말 시장을 움직이는 황금 씨족

명의 역사를 논할 때면, 그 쇠망의 원인으로 '북로남왜(北虜南倭)의 화(禍)'를 반드시 든다. 북로란 북쪽의 오랑캐, 즉 초원의 몽골족이 빈번하게 국경을 침범한 것을 말한다. 남왜란 왜구가 중국 동남 해안을 공격, 약탈하는 등의 소란을 일으킨 것을 말한다.

북로와 남왜의 화는 동시에 진행되었지만, 지역적으로도 떨어져 있고 양자 사이에는 연락 같은 것은 없었던 모양이니, 번잡함을 피해 따로 다루는 편이 적당할 것이다.

토목보의 변이라는 충격적인 사건을 앞 장에서 이야기했으니, 거기에 이어서 우선은 북로 쪽을 살펴보기로 하자.

에센이 죽고 다얀 칸이 등장하기까지의 30여 년 동안 북방의 초원에 대통일은 없었다. 만약 명나라에 의욕적인 황제나 정치가가 있었다면, 이 기회에 편승하여 북방 문제를 해결하기 위한 적극적인 행동을 취했을지도 모른다. 그러나 명나라에 그와 같은 활력은 없었다.

통일되지 않은 시대의 북방에서는 각 부족의 군소 수장들이 서로 세력 다툼을 벌였다. 명은 그들을 각개 격파할 수 있었을 텐데도 손을 쓰려 하지 않았다. 오히려 이전까지 명나라의 지배하에 속해 있던 오르도스 지방을 빼앗기고 말았다. 오르도스 지방은 황하가 난주(蘭州, 감숙성) 부근에서 크게 북쪽으로 굽이쳤다가 다시 남하하는 선에 둘러싸인 지방으로 '하투(河套)'라고도 불린다. 농경민에게 그다지 비옥한 땅은 아니지만, 목초가 우거진 지방으로 유목민에게는 매력적인 땅이었다.

오이라트를 대신하여 대두하기 시작한 타타르부도 하극상이 극심해서, 일단 황금 씨족의 군주를 추대하기는 했지만 실권은 중신들이 쥐고 있었다.

영종은 천순 8년(1464)에 죽고, 그 아들인 주견심이 즉위하여 이듬해부터 성화(成化)로 개명되었다. 주견심이 숙부인 경태제에 의해 일단 황태자의 자리에서 물러났던 일은 앞에서 이야기했다. 그 성화제 시절에 타타르부는 종종 명나라의 북쪽 변방을 침범했다. 타타르의 실력자는 타이시, 타이브, 친산이라는 불렸는데, 이는 원나라가 중국을 지배하고 있던 당시의 관직이름이 남긴 흔적으로 각각 '대사(大師)', '대부(大夫)', '승상(丞相)'의 음을 따온 것이다.

명나라의 조공 무역은 책봉하여 왕(몽골의 경우는 '칸')으로 세운 자만을 상대로 거래하는 것이 원칙이었다. 타타르의 실력자들이 황금 씨족을 칸으로 세울 수밖에 없었던 이유는 그렇게 해야만 '마시'가 허용되었기 때문이었다. 생산성이 낮은 유목민에게 있어서 마시는 사활이 걸린 중요한 문제였다. 타타르의 국경 침범은 대체로 마시에서 생긴 분쟁이 그 원인이었다.

『명사』「헌종본기(憲宗本紀)」성화 18년(1482) 6월 항에,

역사마인(亦思馬因)이 연수(延綏)를 침범했다. 왕직(汪直)이 왕월(王越)의 병사를 움직여 막고 이를 격파했다.

라는 기록이 있고, 이듬해인 19년 7월 항에,

소왕자(小王子)가 대동을 침범했다.

라는 기록이 보인다.

역사마인은 중신들이 옹립한 황금 씨족의 칸이고, 이듬해의 소왕자란 그 후계자다. 이해에 있었던 소왕자의 대동 공격은 3만의 병사를 이끌고 왔는데, 군영을 잇는 길이가 50리, 사람과 가축을 살육하고 약탈한 것이 수만이었다고 한다.

성화 23년(1487) 8월에 성화제가 죽고 이듬해에 홍치(弘治)라고 개원되었다. 그 무렵 타타르부의 소왕자가 중신의 손에서 정권을 빼앗았다. 황금 씨족에서 오랜만에 영걸이 나타났다. 소왕자의 원래 이름은 바투 뭉게(伯顏猛可)인데, 스스로 다얀 칸이라 불렀다. 다얀이란 '대원(大元)'을 뜻한다. 홍치 원년 4월, 타타르부가 명나라에 사절을 보냈는데, 그때의 문서에 대원 칸이라는 명칭을 썼다. 그러나 『명사』 본기는 그 후에도 변함없이 소왕자라는 명칭을 사용했다.

홍치 6년(1493) 5월에 소왕자가 영하(寧夏)를 침범해 지휘인 조새(趙璽)를 죽였다. 홍치 10년(1497) 5월, 소왕자는 조하천(潮河川, 하북성)을 침범했고 나아가 대동을 공격했다. 이때 명을 지휘한 유신(劉鈺)이 전사했다. 이듬해에는 명의 장군 왕월이 하란산(賀蘭山)에서 소왕자의 군대를 습격했다.

이렇게 말하면, 타타르부는 명나라와 전쟁만 한 것처럼 보이지만, 군대를 움직인 것은 마시를 둘러싸고 문제가 일어났을 때뿐이었다. 마시를 유리하게 지속하기 위한 시위라는 의미를 가지고 있었다. 아니면 마시가 불리하게 진행되었을 때, 그 불만을 나타내기 위해 군대를 움직인 경우도 있었다. 어쨌든 무력 사용은 예외적인 일이었으며, 전반적으로 명과 타타르부의 관계는 소왕자, 즉 다얀 칸 시대에 커다란 긴장은 없었다고 볼 수 있다.

몽골 중흥의 아버지라 일컬어지는 다얀 칸은 통일된 몽골의 체제 만들기에 바쁜 나날을 보냈다. 거의 초원밖에 없지만 면적은 매우 넓었기 때문에, 다얀 칸은 자신의 제국을 두 개로 분할하여 왼쪽은 황제인 칸이 지배하고, 오른쪽은 부제(副帝)가 지배하기로 했다. 몽골에서 왼쪽은 동, 오른쪽은 서를 가리켰다. 부제에 임명되어 제국의 서부를 지배한 자는 다얀 칸의 셋째 아들인 바르스였다.

다얀 칸이 죽자, 부제인 바르스 볼라트가 칸의 자리에 올랐다. 몽골의 상속법은 칭기즈 칸을 다룰 때도 이야기했지만, 막내에게 상속하는 것이 원칙이었다. 그런데 한토를 지배할 때, 유교적인 윤리를 받아들인 탓인지, 몽골족 사이에서도 장남 상속이 일반화되었다. 따라서 다얀 칸의 장남인 토로를 제쳐놓고 바르스가 즉위한 것은 문제가 있었다고 할 수 있다.

아나나 다를까, 장남 토로의 아들인 보디가 삼촌인 바르스에게 칸의 자리를 반환할 것을 요구했고 거기에 성공했다. 그렇지만 이 일 때문에 다얀 칸이 통일한 타타르·몽골은 동서로 대립하게 되었다. 바르스의 아들인 알탄은 보디의 아들인 다라이슨을 열하(熱河)로 몰아붙이고, 자신이 칸의 자리에 오르는 것을 인정하게 했다. 이것은 다라이슨에게서 칸의 자리를 빼앗은 게 아니다. 다라이슨은 대칸이라 칭했으며, 알탄은 칸이라 칭했다.

타타르에 두 명의 칸이 출현한 셈인데, 왼쪽(동)의 대칸은 실력을 가지고 있지 않았으므로 타타르의 칸은 큰 실력자인 알탄이라고 누구나가 인정했다.

다음 계도의 화살표는 칸위(位)의 계승을 나타내는 것이다.

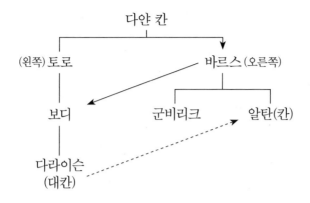

타타르의 황금 씨족이 어째서 칸의 자리에 집착했는가 하면, 그것은 칭기즈 칸의 영예를 계승한다는 의미 외에도 명나라로부터 마시를 인정받을 수 있는 자격이기도 했기 때문이다.

라마교로 구원받아 순해진 몽골족

『명사』에서 말하는 북로의 화는 주로 알탄 칸의 침공을 의미한다. 알탄은 다라이슨을 몰아붙여 칸위(位)를 인정하게 했지만 그것은 내부의 일이었고, 명나라에서는 쉽게 그것을 인정하려 들지 않았다. 조공무역에서는 명나라가 커다란 적자를 보기 때문에 가능한 한, 그것을 억제하고 싶다는 생각이 있었다.

그에 대해서 알탄은 억지로라도 마시를 열게 하기 위해서 자꾸만 군대를 움직였다.

『명사』에서는 알탄을 '엄답(俺答)'이라고 했다. 그 밖에도 '암달(諳達)'이라는 기록도 보인다. 부제(副帝, 지농)는 '길낭(吉囊)' 또는 '제농(濟農)'이라고 쓰는 것이 보통이다.

알탄의 국경 침범은 대동의 병란과도 커다란 관계가 있었다. 대동은 말할 나위도 없이 몽골군에 대한 명나라의 중요한 방위기지였다. 당나라 말기에도 각지에서 군란, 병란이 자주 일어났는데, 무엇보다도 군대에 대한 대우가 나빴던 게 최대의 원인이었다. 명나라에서도 성화제의 손자인 가정제(嘉靖帝, 1521~1566) 초기에 중요 기지인 대동에서 군대의 반란이 자주 일어났다. 군 간부의 지도력 결여 외에도, 병졸에게 주어야 할 급료나 식량을 상층부에서 가로채는 일이 있었을 것이다.

가정 3년(1524) 8월에 대동에서 병변(兵變)이 일어나, 순무도어사(巡撫都御史)인 장문금(張文錦)이 죽었다. 가정 12년(1533)에도 역시 대동에서 병란이 일어나 총병(總兵, 부대장) 이근(李瑾)이 죽었다.

군대의 반란은 가볍게 볼 일이 아니다. 반란을 일으킨 병졸들은 어떤 생각을 가지고 있었을까? 토벌을 위해 대군이 몰려온다면 보통 상태에서는 도저히 살아남을 수 없다. 그러나 대동의 병졸들에게는 도망칠 곳이 있었다. 그랬기 때문에 그들은 지휘관을 살해하는 대담한 병란을 일으킬 수 있었다. 도망칠 곳이란 몽골족, 당시는 타타르부가 지배하고 있던 땅을 가리킨다. 오르도스 지방을 비롯하여 타타르부의 영토에는 유목뿐만 아니라 농경에도 적합한 땅이 있었다. 알탄 칸에게로 도망을 가면 경작지가 주어졌다. 힘든 군무에 복역하기보다는 익숙한 농경으로 생활을 꾸리고 싶다고 생각한 병사가 많았을 것이다.

이처럼 막북의 실력자 알탄 칸 밑에는 몽골족뿐만 아니라 수많은 한족도 모여들었다. 타타르 제국의 백성들 중에는 유목민뿐만 아니라 농민들도 포함되어 있었다. 이 변방 정권은 그 성격이 점차로 변해 가고 있었다.

대동의 반란군은 알탄 칸에게 투항했고, 그들은 타타르부의 한토 침공에 길잡이 역할을 하게 되었다. 투항한 병졸들은 알탄 칸에게 제2의 칭기즈 칸, 제2의 쿠빌라이 칸이 되어 한토 지배를 권했다고 한다. 만약 한토에 제2의 원 왕조가 건설되면, 예전의 반란 군졸들도 건국 공신이 될 수 있다.

이렇게 해서 가정 21년(1542)에 알탄 칸은 삭주(朔州)에서 안문관(雁門關)으로 들어와 태원(太原)을 침범하고, 노안(潞安)을 지나 심주(沁州), 분주(汾州), 양원(襄垣), 장자(長子) 등 산서의 각지에서 오늘날의 하북(河北)까지 깊숙이 침공했다. 원인은 알탄 칸이 사절을 대동에 파견했는데, 그것이 받아들여지지 않았다는 데 있었다. 20여만 명이 살해당하고 가축 200만 마리를 빼앗긴 참상이 벌어졌다.

알탄 칸의 남침은 마치 연례행사처럼 되어 버렸는데, 가정 29년(1550)에는 대동에서 총병인 장달(張達)을 죽이고 고북구(古北口)를 공격했으며, 통주(通州), 백하(白河)로 진격하여, 결국에는 북경성을 포위하기까지에 이르렀다. 각지에서 급거 원군이 파견되었기 때문에 알탄 칸은 북경을 며칠간 포위하다 그대로 물러났다. 이 명 왕조의 간담을 서늘하게 한 사건은 '경술(庚戌)의 변'이라 불린다.

이듬해인 가정 30년, 대동과 선부에서 마시가 열렸으니, 알탄 칸은 자신의 목적을 달성한 셈이다. 봄, 가을로 나눠 1년에 두 번 열자는 당시의 조정 회의에서 양계성(陽繼盛)이라는 병부(국방부)의 관리가,

수치를 아직 갚지 못했는데, 약함을 보여 나라를 욕되게 한다.

라고 반대했지만, 대장군인 구란(仇鸞)이,

　　수자(竪子, 풋내기)의 눈으로는 도적(寇)을 보지 못한다.

라고 일갈하여, 다시 마시를 열기로 결정을 내렸다. 반대했던 양계성은
좌천되었다. 이미 타타르 쪽에 수락의 뜻을 전달해 놓았기 때문에 그것
을 실행하지 않으면 다시 대군이 북쪽에서 밀려들 것이다. 나라를 멸망
시킬 우려가 있는 의견을 말한 자로서 처분을 받은 셈이다. 반대론을 일
갈한 구란은 실은 타타르 쪽과 내통하고 있었다고 한다.

　마시가 열리고 보니, 그것은 공인된 집단적인 약탈 양상을 보여, 변경
의 백성들이 큰 고통을 받았다. 이에 가정제는 구란에게 타타르족을 대
동에서 몰아내라고 명령했다. 구란은 도중에서 복병을 만나 전세가 불리
했는데, 악성 종기 때문에 목숨을 잃고 말았다. 죽은 뒤, 그는 탄핵을 받
았고, 타타르부와 내통한 증거 문서가 발견되자, 그 사체는 부관참시(剖棺
斬屍)되어 그 목을 각지로 돌려 효수하는 처분을 받았다.

　명나라는 바로 마시를 폐지했으며, 알탄 칸은 다시 한바탕 소란을 피
웠다.

　북로의 화가 잠잠해진 것은 가정제의 아들인 융경제(隆慶帝) 시절에 접
어든 이후였다.

　타타르부 내부에서 기묘한 사건이 일어났다. 융경 4년(1570) 10월, 알
탄 칸의 손자인 바한 나기가 갑자기 명나라에 투항해 온 것이다. 바한 나
기는 사촌을 자신의 아내로 삼았는데, 그녀가 절세미인이었기에 알탄 칸
이 빼앗아 자신의 것으로 만들어 버렸다. 그 여성은 알탄 칸의 외손녀가

되는 셈이니 상식적으로는 있을 수 없는 일이다. 바한 나기는 화를 참지 못하고 명나라에 투항했다.

영걸 알탄 칸도 나이 앞에서는 어쩔 수가 없었다. 미녀를 빼앗기는 했으나, 손자도 사랑하고 있었다. 알탄 칸은 나기의 반환과 조공무역을 인정받는 대가로 명나라가 가장 바라는 것을 주기로 했다. 그것은 바로 명나라를 배반하고 타타르에 투항했던 조전(趙全) 등 아홉 명의 한인들이었다. 명나라로 송환된 조전 등은 책형에 처해졌다. 모반을 한 사람이기는 하지만, 늙은 영걸에게 이용당한 그들도 불쌍하기는 하다.

명나라는 알탄 칸을 순의왕(順義王)에 봉했다. 송환된 바한 나기는 소용장군(昭勇將軍)이라는 칭호를 얻었다. 이듬해인 융경 5년부터 마시가 재개되었고, 모든 일이 순조롭게 진행되었다.

명나라의 변경은 안정되었고, 그 후 20여 년 동안 국경에서의 무력충돌은 일어나지 않았다.

사실은 이 무렵부터 타타르부의 방침이 동쪽보다도 서쪽을 더 중시하는 쪽으로 변했기 때문이다. 알탄 칸의 눈은 중앙아시아로 향해 있었다. 또한 청해(青海) 지방으로 세력을 뻗어, 티베트와의 접촉에 성공했다.

칭기즈 칸 시대부터 몽골족은 티베트와 인연이 깊었는데, 몽골의 공식 문자였던 파스파 문자도 티베트의 승려 파스파가 창작한 것이었다. 당시부터 티베트의 라마교는 점차 몽골족 사이에 퍼지고 있었다. 그러나 몽골족이 전면적으로 라마교를 믿은 것은 알탄 칸이 청해를 지배하기 시작한 이후의 일이었다.

알탄 칸 자신이 라마교에 귀의하여 사원 등을 건립했다. 라마의 교의에 따라서 살생을 금했기 때문에 명나라와 화해했다는 설도 있다. 라마교는 몽골족으로부터 야성적인 힘을 빼앗았다는 말을 듣는다. 이전까지 몽골족은 쓸데없는 살생을 지나치게 많이 저질렀다. 칭기즈 칸의 자손이 너무나도 약체화되었기에 라마교가 민족의 근성을 없애 버렸다는 말도 있지만, 그것은 앞뒤가 뒤바뀐 말이다. 사람을 죽이는 일이 보다 적어졌다는 것은 인간의 지성이 진보했다는 것이며, 몽골족은 라마교에 의해서 정신적으로 구원을 얻었다고 해야 할 것이다. 문명의 파괴자인 면을 많이 가진 칭기즈 칸은 결코 몽골족의 자랑이라고 할 수 없다.

명과 일본

왜구 잡는 명장 척계광

복건의 복주시(福州市)는 오래된 도시다. 804년에 일본의 견당사선(遣唐使船) 한 척이 복건 해안에 표착한 적이 있었다. 당시 견당사선은 일반적으로 명주(明州, 오늘날 영파시)로 들어갔지만, 폭풍 때문에 멀리 남쪽까지 표류한 것이다. 견당사선이 온 것은 처음 있는 일이었고, 복건의 관찰사(觀察使, 지방장관)가 경질되었는데 신임 관찰사가 아직 부임하지 않아 일행은 오랜 기간 복주에 억류되었다. 이 견당사 일행 중에는 훗날 홍법대사(弘法大師)로 존경을 받았던 젊은 구카이(空海, 774~835, 헤이안 초기의 명승-옮긴이)도 있었다. 1980년에 나는 복주를 방문하여 구카이가 걸었을지도 모를 교외의 고산(鼓山) 등을 둘러보았다.

오늘날 복주에는 고찰이 많으며, 백탑(白塔)과 오탑〔烏塔, 또는 흑탑(黑塔)〕이라 불리는 사탑(寺塔)이 솟아 있다. 하지만 지금 남아 있는 것은 송나라 이후의 것으로, 구카이 시절의 유적은 거의 남아 있지 않은 듯하다. 백탑은 야트막한 언덕에 있는데 도서관과 공원이 있는, 풍치가 좋은 지역이라는 느낌이 들었다. 오탑은 민가가 늘어서 있는 거리 한가운데 있다. 나는 백탑을 보고 돌아오는 길에 어떤 묘사(廟祠)로 안내를 받았다. 아무래도 뒷문을 통해서 들어간 듯, 경내에 들어서서도 그곳이 어디인지 전혀 알 수가 없었다. 사당의 정당(正堂)에 들어선 뒤에야 비로소 그곳이 척계광(戚繼光)을 모신 곳임을 알았다. 정당 정면에 당당하게 불굴의 표정을 짓고 있는 무장의 소상(塑像)이 놓여 있었다. 그것이 바로 척계광의 상이었다.

알탄 칸이 명나라의 북방에서 거듭 소란을 피우던 무렵, 동남쪽에서는 일본의 해적을 중심으로 한 왜구들이 각지를 침략했다. 무인 가문에서 태어난 척계광은 참장(參將)으로 복건에 부임하여 총병관(總兵官) 유대유(劉大猷) 밑에서 부장으로 왜구와 싸워 그들을 몰아냈다.

왜구의 역사는 상당히 오래 되어, 원나라 말기부터 원나라의 일본 원정에 대한 복수라도 하겠다는 듯 조선 연해를 침범하고 중국 연해에까지 미쳤는데, 일본의 아시카가 요시미쓰(足利義滿)의 단속과 정식 무역관계 성립으로 명나라 초기에 잠잠해지기까지의 왜구를 전기 왜구라고 부른다. 또는 14세기 왜구라고도 불러도 무방할 것이다.

후기 왜구는 정식무역관계의 변질에서 일어난 것으로 16세기 왜구라고 부르기도 한다. 유대유와 척계광이 복건에서 왜구를 격파한 것은 가정 42년(1563)의 일이었다. 그 뒤로도 여파는 얼마간 계속되었지만, 후기 왜구도 그로 인해서 드디어 잠잠해졌다.

그렇다 해도 척계광의 사당은 매우 컸다. 복건에서 있었던 왜구와의 싸움에서는 유대유가 총사령이었고 척계광이 부사령이었는데, 어찌된 영문인지 후자가 더 인기가 많은 것 같다. 복건의 왜구를 격퇴한 뒤, 척계광은 수도 북경에 가까운 계주(薊州)의 사령관을 16년 동안 지내고, 다시 광동으로 파견되었다. 각신들이 척계광은 남방의 작전에 적합하다는 의견을 밝혔기 때문에 만력제(萬曆帝)가 이를 받아들여 전임된 것이다. 이미 고령이었던 척계광은 광동 전근에 불만을 품고 있었는데, 병에 걸려 고향인 정원(定遠, 안휘성)으로 돌아가 3년 후에 죽었다. 말년이 불우했기에 동정을 얻었는지도 모른다. 또 척계광은 때때로 기발한 전법을 동원했기 때문에 그 싸움에는 눈부신 전투가 있었다. 이것도 인기가 많은 원인 중 하나일 것이다. 하지만 복건에서의 훌륭한 전공 때문에 각신들에게도 '남쪽의 장군'이라고 기억되어, 본인에게는 달갑지 않은 광동 전출을 받아들여야 했다.

척계광은 자신의 긴 사령관 생활과 야전 경험을 바탕으로 『기효신서(紀效新書)』라는 책을 저술했다. 연병(練兵)을 중심으로 쓴 것인데, 군인의 필독서가 되었다. 단순한 무장이 아니라 저서도 있다는 사실이 상문(尚文)의 나라 중국에서 그의 평판을 높인 원인이라고 생각된다.

명나라 말기의 사상가이자 역사평론가였던 이탁오는 사대부들이 민·절(閩·浙, 복건, 절강)을 평정한 최고의 공로자로 종종 척계광을 꼽는 데 불만을 나타냈다. 총사령관이었던 유대유가 어쩐지 잊혀지기 때문이다. 이탁오는 병부상서(국방부 장관) 담륜(譚綸)이 유대유에게 보낸 편지의 한 구절을 소개했다. 거기에 '절제정명(節制精明)'이라는 점에서는, 당신은 나를 따르지 못한다, 또한 '신상필벌'이라는 점에 있어서는 당신보다 척계광이 위다, '정한치빙(精悍馳騁)'이라는 점에서 당신은 유현(劉顯)에 뒤진다, 그러나 이러한 것들은 모두 부분적인 것일 뿐, 종합하면 당신이 크다는 내용이 적혀 있다. 역사상 인물의 평가에도 일종의 운불운(運不運)이 있는 모양이다. 그러나 때로는 이탁오처럼 정평(定評)에 대해서 이의를 제기하는 인물이 있기에 균형이 잡힌다는 생각이 든다. 기교(奇矯)한 말은 그 나름대로 효과가 있는 법이다.

말머리를 다시 되돌리지만, 척계광은 근대에 와서 다시 각광을 받았다. 일본이 중국을 침략해 대만이 할양되고, 동삼성(東三省, 만주)에 괴뢰 국가가 만들어져 중국이 위급존망의 수렁에 빠지자, 척계광의 위업이 상기되었다. 400여 년 전에 지략으로 일본에 승리를 거둔 인물이 있었다. 바로 이러한 위기에서 중국을 구하기 위해 제2의 척계광이 출현하기를 기대했던 것이다. 계광사의 경내 암석에는 여러 가지 문장들이 새겨져 있다. 모두 척계광의 업적을 칭송한 것인데, 그 가운데는 제2차 세계대전 직후, 수마트라에서 일본 헌병에 의해 목숨을 잃은 작가 욱달부(郁達夫)의 시도 있었다. 일본의 침략에 대해 동포들에게 분발하여 일어날 것을 호소하고, 척계광을 기리는 내용이었다.

명과 조선을 괴롭힌 왜구

전기 왜구는 원나라의 일본 침공에 자극을 받은 면도 있지만, 가마쿠라(鎌倉) 시대부터 무로마치(室町) 시대에 걸쳐, 일본에서 상공업이 급속도로 발달했다는 사실도 그 배경에 있다. 상공업의 발달은 화폐경제의 팽창으로 연결되는데, 당시 일본에서 유통되고 있던 것은 중국의 동전이었다. 일본에서 금, 은 또는 부채, 칠공예 등의 공예품을 수출하고, 중국에서 비단과 동전을 수입하는 것이 당시의 무역 형태였다. 수입품으로는 그 밖에도 서적과 약품, 그리고 도자기 등도 있었는데, 업자는 큰 이익을 남겼다.

원나라 말과 명나라 초는 일본의 남북조(南北朝)시대에 해당되는데, 항쟁의 전비 조달을 위해서 대중국 무역이 이용되었는지도 모른다. 남북조 시대에는 막부의 힘이 지방에까지 미치지 않았으므로 개인 무역가는 오히려 자유로이 중일 간을 왕래할 수 있었던 듯하다. 원나라 말기에 절강 해상을 석권하던 인물은 방국진(方國珍)이었는데, 당시의 군웅 가운데서 그는 해상(海商)적 요소를 가장 많이 가지고 있었다. 방국진의 마음은 천하를 다투는 데 있지 않고, 오로지 이익 얻는 데만 쏟았던 모양이다. 일본 큐슈(九州) 부근의 모험적인 무역가가 방국진과 접촉했다는 것은 충분히 있었을 법한 일이다.

이 시기의 무역에 국가 간의 협정은 없었다. 일본은 남북조였으며, 중국은 원말명초(元末明初)의 동란기였다. 거래상의 문제가 일어나도 통상 협정이나 담당기관이 없었기에 의사를 전달하기 위해 무력 사용의 경우도 있었을 것이다. 전기 왜구는 이러한 형태로 발생했다.

한반도에서는 고려 왕조가 쇠퇴하여 1392년에 멸망하고, 조선 왕조가 들어섰다. 고려 왕조가 쇠퇴한 가장 큰 원인은 몽골 정권의 지칠 줄 모르는 착취였지만, 왜구가 한반도 연해를 어지럽힌 것도 한 원인으로 손꼽히고 있다.

왜구라는 말은, 처음엔 '왜(倭, 일본인)가 어떤 곳을 구(寇, 도적질, 약탈)하다'라고 사용되던 것이 점차 귀에 익숙해져서, 왜와 구가 밀착되었다고 추측된다. 가장 오랜 기록으로 『고려사』 고종(高宗) 계미(癸未) 10년(1223) 5월 항에,

갑자일에 왜가 금주를 약탈했다.

라는 내용이 나온다. 『명사』의 「태조본기」 홍무 2년 (1369) 정월 항에,

이달에 왜가 산동의 바닷가 군현을 약탈했다.

라는 내용을 볼 수 있다. 『명사』 보다도 이른 시기에 기록되어 그 자료로도 사용된 『태조실록(太祖實錄)』에서도 그런 내용이 보인다. 왜구가 두 글자의 명사로 굳어져 쓰인 것은 『명사』 「성조본기(成祖本紀)」의 영락 3년 (1405) 항에,

일본이 말과 함께 변환(邊患, 국경 침범의 소요)을 일으킨 왜구를 사
로잡아 바쳤다.

라고 기록된 것이 처음이 아닐까 생각된다.

두 나라가 무정부 상태, 또는 정부가 있어도 무력했던 시대에 왜구는 크게 위세를 떨쳤다. 명나라의 태조 홍무제 주원장은 천하를 잡자마자, 바로 일본에 사절을 파견하여 즉위 사실을 알리고 왜구 단속을 요청했다. 홍무 2년의 일로, 같은 해 정월에 왜구는 산동(山東) 연해를 습격했다. 명나라의 사절은 행인(行人, 외교관)인 양재(楊載)라는 인물이었다. 그는 큐슈의 다자이후(大宰府)에 도착하여, 그곳 책임자인 정서장군(征西將軍) 가네나가신노(懷良親王, 1329~1383, 고다이고 일왕의 아들-옮긴이)에게 국서를 전달했다.

다자이후는 오랜 세월 일본의 외교를 담당하던 기관이었다. 원나라의 일본 침공 때도 원의 사절은 다자이후로 갔었다. 그러나 남북조 당시의 다자이후는 외교 담당 기관으로서는 이미 유명무실한 존재였다. 홍무제의 국서는 정월에 산동 사건도 있고 해서 매우 엄격했다. 왜구에 의한 피해를 엄히 따지고, 바로 내조(來朝)할 것을 요구하고, 그렇게 하지 않으면 군대를 동원해 스스로 정벌하겠다는 고압적인 내용이었다.

> 만약 기어이 구도(寇盜, 도적질)를 저지른다면, 곧 장군에게 명하여
> 조정(徂征)할 따름이다. 왕은 이를 헤아려라.

라는 식이었다. 가네나가신노는 사절단 가운데서 5명을 죽이고는 양재와 오문화(吳文華) 두 사람을 3개월 동안 감금한 뒤 석방했다. 홍무제의 국서도 난폭했지만, 가네나가신노의 행동도 꽤나 야만적이었다고 할 수 있다. 이는 가마쿠라 막부 시절에 호조 도키무네(北条時宗)가 원나라의 사절을 벤 전례에 따랐을 것이다.

이듬해인 홍무 3년(1370), 홍무제는 다시 내주부(萊州府) 동지(同知)인 조질(趙秩)이라는 자를 파견했다. 국서 내용은 지난해보다 더 엄격해서,

> 정토(征討)의 군사가 현(弦, 활시위)을 준비하여 기다리고 있다.

는 표현도 있었다. 이에 대한 가네나가신노의 말은 『명사』「일본전」에 다음과 같이 보인다.

우리나라가 부상(扶桑)의 동녘에 있다고는 하나, 아직껏 중국을 따르지 않았다. 단지 몽골이 우리와 오랑캐를 같이 보고, 이에 우리를 신첩(臣妾)으로 삼으려 했다. 우리 선왕은 따르지 않았다. 이에 (몽골은) 신하 조 씨 성(趙姓)을 가진 자로 하여금 우리를 꾀려고 호어(好語)로 달랬지만, 말이 채 끝나기도 전에 수군 10만이 해안에 늘어섰다. 하늘의 영(靈)으로 뇌정파도(雷霆波濤, 천둥과 파도)가 일어, 일시에 군이 모두 뒤집혔다. 지금, 새로운 천자가 중하(中夏, 중국)의 황제이고, 천사(天使)도 역시 조 씨 성이다. 어찌 몽골의 후예가 아니겠는가? 또한 지금 우리를 꾀이려고 호어를 하고, 그리하여 우리를 습격하려는 것인가?

가네나가신노는 좌우에 눈짓을 해서 목을 베려 했지만, 조질은 동요하지 않고 천천히 다음과 같이 대답했다고 한다.

우리 대명(大明)의 천자는 신성하고 문무를 겸해서 몽골에 비할 것이 못 된다. 나 역시도 몽골의 사(使)의 후예가 아니다. 감히 치려면 나를 쳐라.

『명사』는 위의 조질의 말에 이어서,

양회〔良懷, 『명사』에서는 가네나가(懷良)를 모두 양회라 잘못 적었다〕는 기백에 눌려 당상(堂上)에서 내려와 질을 이끌고 매우 정중하게 예우했다.

고 하며, 최종적으로는 우호적인 분위기가 조성되었다는 기록을 남기고 있다. 그 결과 이듬해에는 가네나가신노가 승려인 소라이(祖來)를 파견했다. 소라이는 말과 방물(方物, 선물) 외에도 절강의 명군(明郡)과 대군(臺郡)의 주민 중에서 왜구에게 잡혀 갔던 70여 명을 돌려보냈다.

명나라 쪽에서 모은 정보에 따르면, 일본의 풍속은 불교를 숭상했기에 이 '서방의 가르침'으로 달래야 한다고 결정한 것 같다. 홍무제는 일본으로 보내는 사절로 승려를 뽑기로 했다. 또한 정보가 늘어나면서 일본의 남북조 항쟁에 관해서도 점차 알게 되었다. 그리고 실제로는 교토(京都)의 북조 쪽이 우세해 보인다는 판단도 했으리라 추측한다.

홍무제는 가흥부(嘉興府) 천녕선사(天寧禪寺)의 주지인 중유조천(仲猷祖闡), 금릉와관교사(金陵瓦官教寺)의 주지인 무일극근(無逸克勤) 등과 같은 승려를 파견했다. 이때 통역으로는 일본에서 명나라로 유학을 온 진테이가이주(椿庭海壽, 히가시야마(東山) 건인사(建仁寺)의 장로가 되었다)가 수행했다. 목적지는 교토였지만, 큐슈에서 가네나가신노에게 억류되고 말았다. 그러나 승려 세계에는 독자적인 경로가 있었기에 무일극근은 북조의 황족이기도 했던 천태좌주(天台座主)인 조인호신노(承胤法親王)에게 편지를 보내 간신히 교토로 들어갈 수가 있었다. 『태조실록』 등에는 '일본국왕 양회(良懷)'라는 말이 있는데, 가네나가신노의 사자인 소라이가 남경에 왔을 때, 명 조정에서는 신노가 일본국왕인 줄 착각한 모양이다. 가네나가신노도 무역의 이익을 생각해서 일본국왕 노릇을 하는 것이 상책이라고 생각했을지도 모른다. 앞에서도 이야기한 것처럼 타타르부의 알탄조차 명나라로부터 칸위를 인정받아 교역하기를 바라고 있었다. 하지만 원말명초에 걸친 시기에는 꽤 많은 일본 승려가 유학을 왔기 때문에 조사할 마음만 먹으면 일본 실상을 알 수 있었을 것이다. 명나라 조정은 두 승려를 파견하여 처음으로 일본 남북조의 실상을 알았다고 해석할 수도 있으나, 나는 두 승려를 파견한 시점에서 이미 알고 있었다고 생각한다.

무역을 위해 무릎 꿇은 일본 막부

이처럼 명나라 조정은 드디어 일본의 실질적인 실력자인 북조의 아시카가 요시미쓰와 접촉할 수 있었다.

명은 일본에 왜구의 단속을 무엇보다도 강하게 요구했다. 무로마치 막부는 대명 무역에서 얻어지는 이익으로 재정을 안정시키고 싶다고 희망했을 것이다. 명나라는 홍무제 때 해금령을 내렸다. 민족국가를 지향했던 홍무제의 시선은 국내를 향하고 있었다. 막북으로 물러난 몽골족뿐만 아니라 외국이라고 하면, 국내의 야심가나 불평분자와 결탁하여 명나라 정권을 뒤엎을지도 모를 위험한 존재로 보았다. 홍무제가 일으킨 대숙청인 '호유용(胡惟庸)의 옥(獄)'은 호유용이 일본의 도움을 얻어 모반을 꾀했다는 것이 죄상 중 하나로 들고 있다. 심복인 영파위(寧波衛)의 지휘 임현(林賢)을 일본에 파견하여 국왕으로부터 400여 병사를 빌려 공사(貢使)라 칭하고 화약과 무기를 들여올 계획이었던 것으로 알려졌다. 일본이 남북조 항쟁기였다는 점을 감안하면, 이것은 있을 수 없는 일이며, 일본 쪽에 이에 부합할 만한 사료는 하나도 없다. 홍무제의 눈에 '외국'이 어떻게 비쳤는지를 말해 주는 에피소드에 지나지 않을 것이다. 단지 무역을 통한 이익을 노려서, 호유용이 심복을 일본에 파견했을 가능성은 어쩌면 있을지도 모른다.

명의 대외무역은 세계 제국을 지향한 영락제 시대로 접어들어서야 비로소 공인되었다고 할 수 있을 것이다. 정화의 대항해가 국영 무역이었다는 점은 앞에서 이야기했다. 일본과 명과의 공적인 무역도 그때부터 시작된다. 그것은 사적 무장 무역업자, 즉 왜구에 대한 단속이 엄격해졌다는 사실을 의미하기도 한다.

오이라트와 타타르 같은 몽골 부족과의 교역을 이야기한 부분에서도 이야기했듯이, 명은 조공 무역이 원칙이었다. 이것은 명에게는 불리했다. 조공으로 받은 물품의 몇 배를 '은상'으로 주어야만 했다. 불리하지만 원칙이므로 변경은 불가능했다.

명은 세계의 주인이라 자부했다. 극단적인 중화사상이다. 세계 정복자인 몽골 정권을 추방했다는 자신감이 그렇게 만들었을 것이다. 명은 문명의 중심이고, 그 문명으로 세계를 지배해야 한다는 사고가 있었다. 세계는 너무나도 넓고 너무나도 야만적인 땅이 많았기에 명나라가 직접 모든 곳을 통치할 수는 없었다. 각지에 수장, 왕이라는 자를 두어 그들을 통해 간접적으로 지배하는 형태를 취했다. 명나라의 덕을 흠모하여 명나라의 정삭(正朔, 명나라에서 정한 연호와 역법)을 받드는 수장은 명으로부터 '왕'으로 봉해진다. 명으로부터 왕이라 인정받은 자가 조공할 자격을 부여받는다. 조공을 할 때, 그 왕은 명의 황제에 대해서 '신'이라 칭하지 않으면 안 된다.

위의 설명에서도 알 수 있듯이 조공은 명에게 있어서도 커다란 부담이 되기 때문에 그것을 은혜라고 생각한 것이다. 무제한적으로 은혜를 베풀다 보면, 명나라의 재정이 어려워진다. 가능한 한 그것을 제한하고 싶은 것이 본심이었다. 그렇다고 해서 영종 때의 왕진이 그랬던 것처럼 엄격하게 제한하면, 상대가 반발하여 국경을 침범하게 된다.

　세계의 주인으로서 가능한 한 많은 나라의 왕으로부터 조공을 받고
싶다는 소망이 있는 반면, 그 조공의 규모를 가능한 한 줄여야 한다는
방침도 있었다. 일본 무로마치 막부의 쇼군(將軍)인 아시카가 요시미쓰도
일본국왕을 칭하고, 명의 황제에 대해서 자신을 신이라 부른 국서를 제
출했다. 황국사관을 가진 역사가가 이것을 아시카가 요시미쓰의 국욕외
교(國辱外交)라고 비난한 것은 말할 나위도 없다.

　　일본국왕 신 미나모토(源)가 표(表)합니다. 신이 듣기에, 태양은 하
　늘에 올라 아득히 비치지 않는 곳 없고, 시우(時雨)는 땅을 적셔 만물
　중 번성하지 않는 것이 없습니다. 하물며 대성인(大聖人) 명은 요영(曜
　英)과 같고 은(恩)은 천택(天澤)과 같아 만방(萬方)을 향하니, 사해(四
　海)가 인(仁)에 귀의합니다. 삼가 생각건대, 대명 황제 폐하께서는 요
　(堯)의 성신(聖神)을 이어받았으며, 탕(湯)의 지용(智勇)보다 뛰어납니
　다.

　위와 같은 문장으로 시작되는 아시카가 요시미쓰의 국서 말미에는 조
공 물품의 이름들이 죽 보인다.

　　생마(生馬) 20필, 유황(硫黃) 1만 근, 크고 작은 마노(瑪瑙) 32덩이
　계 200근, 금병풍 3폭, 창 1천 자루, 대도 100자루, 갑옷 한 벌, 벼루 넣
　는 갑 1개, 부채 넣는 갑 100개.

사적인 무역에서도 일본에서 수출한 것은 이와 같은 물품일 것이라고 생각된다. 한편 이 국서는 영락 원년(1403)에 작성되었으니까, 영락제 즉위를 축하하기 위한 것이다. 정난의 변이라는 피비린내 나는 투쟁의 결과, 드디어 제위에 오르기는 했지만, 영락제는 찬탈자에 대한 비방이 마음에 걸렸을 것이다. 따라서 일본국왕이 발 빠르게 축하사절을 보낸 일에 기분이 좋았을 것이다. 같은 해 11월 17일자로 작성한, 영락제가 일본국왕에게 보내는 국서에 다음과 같은 말이 있다.

> 아아, 그대 일본국왕 미나모토 도기(源道義)는 하늘의 도리를 알며, 이(理)의 의(義)에 달해, 짐이 대보(大寶, 제위)에 오르자 곧 와서 조공했다. 그대의 신속함은 칭찬하고도 남음이 있다. 이에 인장을 내린다. 대대로 너의 복(服, 주나라 시절에 왕기(王畿) 바깥을 500리 단위로 나누어 5복이라 했다)을 지키고, 이 해전(海甸, 바다에 접한 지역)을 돌보라. 가까운 동쪽 변방은 예로부터 문물을 칭송하고 시서를 모향(慕向)했다. 짐은 이제 너에게 명하노니, 겸근(兼勤)하게 학문에 힘쓰고, 계구(戒懼)로 마음을 다스리고, 성경(誠敬)으로 몸을 세워야 한다.

황국사관을 가진 사가가 분개하는 것도 이해가 간다. 명나라의 황제는 일본국왕에 대해서 어린아이를 타이르듯 열심히 공부하라는 등의 훈계를 내렸다. 이 국서와 함께 인장이 주어졌다는 것은 글 속에 분명히 나타나 있다. 그 인장은 조공무역 때 국서에 찍었을 것이다. 당시 일본의 연호는 '응영(應永)'이었는데, 명나라에 보낸 국서에는 명의 연호인 영락을 사용했다. 정삭을 받든다는 것은 이를 가리킨다. 원나라 침공 때의 기록을 보면, 일본 쪽과 원나라 쪽 사이에 날짜가 하루 어긋나 있다. 그것은 역법이 같지 않았기 때문이다. 명나라의 역법에 따르도록 하기 위해 명의 사절은 명에서 사용하고 있는 '대통력(大統曆)'을 가져가 아시카가 요시미쓰에게 주었다. 원래대로 하자면, 일본 내에서도 명나라의 연호와 날짜를 써야 했지만, 설마 그렇게까지는 하지 않았다.

표면상으로는 명에 복속하는 구조였다. 명나라로부터는 왜구를 단속하라는 명령이 내려와 있었다. 아시카가 쇼군은 곧바로 그 명령에 따라 엄격하게 단속하여 체포한 왜구를 명에 바쳤다. 왜구라는 글자가 명사의 형태로 『명사』에 처음 등장한 게 영락 3년 항이라고 했는데, 그 기술은 일본국왕이 명령에 충실하게 따랐다는 결과를 보여 준다.

그 이듬해, 명나라의 사절이 와서 왜구 진압을 칭찬했다. 아시카가 쇼군은 왜구의 단속에 상당히 힘을 쏟은 듯, 영락 5년(1407)에도 명나라 사절이 와서 다음과 같은 국서를 전달했다.

> 일본 국왕 미나모토 도기에게 조서를 내린다. 왕은 충현명신(忠賢明信, 충성과 신의)하여 조정을 경모(敬慕)하고, 흉거(兇渠, 왜구 무리)를 진륙(殄戮, 죽여 없앰)하여 멀리 포로를 바쳐, 해변 사람들 모두가 안식하게 했다. 그 공의 훌륭함이 고금에 비할 데 없다. 이에 특히 예물을 내려 선가(旋嘉, 표창과 축하)의 뜻을 표한다. 왕은 이를 받으라. 이에 조서를 내린다.

아시카가 막부가 직접 대명 무역을 행했으니 왜구, 즉 사적 무역가는 상업의 적이 된 셈이다. 단속을 엄중했던 것은 특별히 명나라의 명령 때문만은 아니고 자신의 이익과도 직결되었기 때문이다. 남북조라는 혼란스러운 시대가 지나가자, 불완전하나마 통일된 아시카가 정권의 힘이 큐슈 해변에까지 미쳐서 왜구 단속도 그만큼 효과를 거두었다고 생각된다.

떼돈벌이에 몰두한 일본 귀족들

막부의 단속으로 인해 전기 왜구가 막을 내리게 된 사실을 대충 설명했다. 1백수십 년이 지난 명나라의 가정 시절에 후기 왜구가 극성을 부렸는데, 이 16세기 왜구에 대해서 이야기해 보자. 같은 왜구라 할지라도 14세기의 왜구는 명나라의 융성기에 해당하지만, 16세기의 경우는 명나라의 쇠퇴기였다. 그런 만큼 명나라가 입은 타격은 컸다고 할 수 있다. 게다가 북로인 알탄 칸의 국경 침범과 같은 시기였다.

『명사』에 따르면, 영락 초기의 명나라와 일본의 계약이라기보다는 명나라의 일방적인 방침은 10년에 1공(貢)이었다. 그리고 인원은 200명, 배는 2척을 넘어서는 안 되었는데, 선덕 초기에 인원 300명, 배 3척으로 약간 늘어났다는 기록이 있다. 하지만 이 제한을 규정한 시기에 대해서는 약간의 의문이 있다. 예를 들자면 선덕보다 훨씬 후인 경태제 4년(1453)의 일본 조공선은 9척으로 이루어져 있었는데, 그 가운데 3척은 천룡사(天龍寺) 소속의 배였다. 조공은 돈을 벌 수 있는 장사이므로, 사원 건립이나 조영 비용을 마련하기 위해 배를 보내는 방법을 취했다. 나머지 6척은 이세 법락사(伊勢法樂社), 야마토 토후노미네(大和多武峰), 큐슈 탄다이(九州探題), 시마쓰(島津), 오토모(大友), 오우치(大內) 등이 보냈다.

이 경태제 4년의 조공은 정사(正使)가 도요 인포(東洋允澎)였고, 인원은

1천 명이 넘었다. 『명사』 「일본전」에 다음과 같은 기록이 있다.

> 경태제 4년, 입공했다. 임청(臨清, 지명)에 도착하여 거민(居民)의 재
> 화를 약탈했다. 지휘(관직명)가 가서 따지니 때려서 초주검을 만들었
> 다. 소사(所司, 관직명)가 잡아서 다스려야 한다고 청했다. 황제는 원인
> (遠人)의 마음을 잃을까 두려워 허락하지 않았다.

정식 공사였지만, 누가 봐도 왜구처럼 행동했다. 주민들의 재화를 약탈
했다니 보통일이 아니었다. 공선의 인원은 사적인 재물을 가져와서 처분
하는 게 허용되었던 모양이다. 그것은 정식 조공품의 열 배나 되었다고
하니, 편승자는 곧 무역상인이었던 셈이다. 그 때문에 주민과 사적으로
거래했다. 말이 안 통하는 부분도 있어 시비가 일어나 관리가 왔을 때,
폭력을 휘둘러 빈사상태의 중상을 입혔다. 게다가 오이라트에게 사로잡
힌 형 영종 대신 즉위한 경태제는 외국의 민심을 잃을까 두려워 체포와
처벌을 허락하지 않았다.

이 조공 규모로 봐서 3척 300명이라는 제한은 이 시기에는 아직 없
었다고 여겨진다. 구두에 의한 양해 사항으로 대략적인 계약은 있었는지
모르겠지만, 명문화된 협정은 이와 같은 사건이 일어난 뒤에 만들어졌을
것이다. 한편, 이때의 정사인 인포는 귀국 전에 항주(杭州, 절강성)에서 병
사했다.

명나라와 일본의 무역에서 오산(五山, 조정이나 막부가 주지를 임명하는 다
섯 곳의 최고선종 사원-옮긴이)의 승려들이 활약했다. 조공품 매입가가 싸다
든지, 매입량을 늘리라든지, 또는 북경으로 가는 인원을 늘려 달라든지

따위의 교섭을 승려가 담당했다.

견명선에 편승한 상인은 편승 권리금을 냈기 때문에 필사적으로 장사했다. 그야말로 혈안이 돼서 현지 사람들과 거래를 했을 테니, 상해사건은 그 후에도 일어났다. 국가의 공식 조공선조차 이런 형편이었으니, 비합법적으로 배를 마련해 간 개인 무역상이 각지에서 분쟁을 일으킨 것도 당연했다. '왜구' 중에는 처음부터 약탈을 목적으로 한 전문 해적들 외에도 거래 중에 생긴 마찰 때문에 폭행을 휘두른 사람도 있었다.

제한 규정이 만들어졌지만, 그렇게 엄격하게 지켜지지는 않았던 모양이다. 『명세종실록(明世宗實錄)』에는,

배 네 척에 600명을 싣고, 기한보다 먼저 도착했다.

라는 기록도 있다. 몇 배나 되는 배로 오면 문제가 되지만, 1척 정도 많은 것은 관대하게 봐줄 것이라 생각했던 듯하다. 기한이란 10년에 1공(貢)을 말하는데, 앞선 조공의 몇 년 뒤라면 문제가 되었을 테지만, 8년이나 9년 정도 지난 뒤라면 이도 역시 눈을 감아 준 모양이다. 가장 중요한 것은 '감합(勘合)'을 소지하고 있느냐 하는 것이었다.

명조에서는 황제가 즉위할 때마다 아시카가 막부에게 100통의 '감합'을 발급했다. 감합이란 서로 대조하는 것을 말한다. 명나라에는 무역 면장의 원본이 있어, 조공선이 가지고 온 합찰(合札, 증빙 대조 서류)과 일치하는지를 체크해야 했다. 감합을 소지하지 않은 배는 비합법이기 때문에 해적이라 간주되었다. 10년 1공 3척이니, 10년에 3통밖에 사용하지 않는다. 100통은 300년 이상 쓸 수 있는 분량인데, 황제의 장수를 염원하는 의미도 담겨 있었을 것이다.

감합은 귀중한 것이므로 이것을 획득하기 위한 경쟁이 매우 치열했다.

앞서 9척이 왔었다는 대목에서도 이야기했지만, 감합은 신사나 절 외에 오토모, 시마쓰, 오우치 그리고 큐슈 탄다이 등과 같은 실력자들만이 손에 넣을 수 있었다. 아시카가 막부의 힘이 쇠해 하극상의 세상이 되어 지방 무사 중 유력자가 정권을 잡게 되자, 감합 발급권도 그들의 손으로 넘어갔다. 이렇게 해서 감합 무역을 둘러싸고 호소카와 씨와 오우치 씨가 대립했다. 호소카와 씨는 사카이(堺)의 상인, 오토모 씨는 하카다(博多)의 상인과 각각 손을 잡고 있었으므로, 두 실력자의 대립은 사카이와 하카타의 상권 쟁패전이기도 했다.

국내에서의 대립은 명나라까지 번져 갔다. 가정 2년(1523) 4월(『명사』에는 5월이라 되어 있다), 오우치가 마련한 견명선이 영파에 입항했다. 규정대로 3척에 감합도 있었다. 정사는 소세쓰 켄도(宗設謙道)라는 승려였다. 그런데 며칠 뒤에 호소카와 씨가 마련한 배가 들어왔다. 이쪽은 상국사(相国寺)의 란코 즈이사(鸞岡瑞佐)가 정사였으며, 송소경(宋素卿)이라는 인물이 동행했다. 두 명의 정사가 왔으므로 영파에서 그 정통성을 놓고 다툼이 벌어졌다.

송소경의 본명은 주호(朱縞)로 절강 사람이었다고 한다. 아버지가 일본 상인으로부터 칠기를 샀는데, 그 대금을 내지 못해 '저당'으로 일본에 데리고 갔다. 일본에서는 학자로서 호소카와 가에 등용되었고, 정덕(正德) 시절에도 명나라에 간 적이 있었다. 그때는 상국사 재건을 위한 파견이었는데, 오우치 씨의 배가 두 척, 호소카와 씨의 배가 한 척이었다. 그런데 호소카와 씨가 여기에 불만을 품고 따로 한 척을 마련했는데 거기에 송소경이 탔다. 감합이 없는 비합법 입공이었지만, 송소경은 아시카가 요시즈미(足利義澄)의 서한을 가지고 있었고, 그 안에 국도에 공자묘(公子廟)를 세우기 위해서라는 내용이 적혀 있었다. 겨우 한 척 초과했을 뿐이고, 중국에서는 절대적 존재인 공자묘 건조를 위해서라고 했기에 명나라 조정은 입공을 허락했다.

그 송소경이 다시 호소카와의 배를 타고 온 것이다. 이번에는 감합도 가지고 왔다. 3척 모두 오우치 씨에게 빼앗겨 호소카와 씨는 크게 불만을 품었을 것이다. 앞서 비합법 공선이 인정을 받은 선례도 있었기에 그때의 비합법 공사인 송소경이 재등용된 것이다. 송소경은 어떻게 해야 하는지를 알고 있었다. 오우치 선보다 약간 늦게 도착했지만, 영파의 시박태감(市舶太監, 무역을 담당하던 환관)인 뇌은(賴恩)이라는 자를 매수했다. 입국 수속이 끝나고 명나라 쪽에서 일본의 공사를 초대하여 잔치를 열었는데, 뇌은은 송소경을 소세쓰 켄도보다 상석에 앉혔다. 그리고 감합을 검사하여 북경으로 출발하는 것도 나중에 온 호소카와의 배를 먼저 출발시켰다.

당연히 오우치 쪽에서는 이에 격노했다. 호소카와가 어디서 어떻게 감합을 마련했는지는 모르겠지만, 이때 조공선의 정사는 소세쓰 켄도임이 분명했다. 승려라 해도 얌전히 있을 수 없었다. 소세쓰 켄도가 이끄는 오우치 쪽 사람들은 호소카와의 배를 습격하여 불을 지르고 호소카와의 정사라 칭하던 상국사의 란코 즈이사를 죽여 버렸다. 송소경은 소흥(紹興)까지 도망쳐서 몸을 숨겼다.

이렇게 되자 난투가 벌어졌다. 명나라의 조치에 불만을 품고 법을 어긴 채 무력을 사용했으니, 정식 조공사절단으로 온 오우치 무리들도 해적이라 보지 않을 수 없었다. 일단 법을 어겼으니 끝장을 보겠다는 식으로 영파 근변에 불을 지르고 약탈을 하며 돌아다녔다. 뿐만 아니라 지휘인 원진(袁璡)을 사로잡고 명의 배를 빼앗아 바다로 나갔다. 도지휘(都指揮)인 유금(劉錦)이 그 뒤를 쫓았지만 전사하고 말았다. 오산(五山)의 고승을 정사로 삼은 일본국의 사절단도 이렇게 되면 완전히 '왜구'라 하지 않을 수 없다.

이 사건으로 인해 명나라는 일본에 대해서,

폐관절공(閉關絶貢, 관을 폐하고 공을 끊음).

을 결정했다. 소흥에 숨어 있던 송소경은 발견되어 투옥되었다가 옥사했다.

폐관절공 동안에는 류큐(琉球)의 사신이 명나라와 일본 사이에 서서 양국의 의사를 서로에게 전달했다. 폐관절공은 17년에 이르렀으며, 재개된 뒤에도 10년 1공 3척, 그리고 인원은 100명 이하로 엄격하게 제한했다.

중국 해안을 휩쓴 왜구 떼들

가정 2년의 영파 사건으로 벌어진 폐관절공이 후기 왜구 개시의 신호탄이 되었다. 정식 조공에 의한 통상을 할 수 없게 되면, 당연히 비합법의 사적 무역이 극성을 부리게 된다. 일본에게 있어서 대명 무역은 그만큼 매력적이었다. 어쨌든 일본에서는 고작 1관문(貫文)에 팔리는 일본도를 명으로 가져가기만 하면, 5관문이나 받을 수 있어 한낱 금령으로 장사를 막을 수가 없었다.

공식 사절조차 배를 태우고 칼을 휘둘렀으니, 애초부터 비합법이라는 낙인이 찍힌 무리들이 바로 무력을 사용했으리라는 점은 쉽게 생각해볼 수 있다. 사적인 무장무역상들 속에 섞여서 직업적 해적단이 활약했던 것도 자연스러운 현상이었을 것이다.

명나라의 폐관절공은 왜구의 창궐이라는 형태로 즉각 보복을 받게 되었다.

왜구는 사나움과 잔학함으로 널리 알려져 있었다. 정약증(鄭若曾)이 저술한 『주해도편(籌海圖編)』에,

왜노(倭奴)는 곧 물에 강하고 물에 약하다.

라는 말이 있다. 해적 주제에 수전에는 서툴고 육지에서는 강했던 것이다. 배는 이동을 위한 도구였고, 해안에 닿아 상륙하여 싸우는 것이 특기였다. 배를 버리고 육지에서 꽤 깊은 곳까지 침공했다. 그리고 각지에서 잔학한 행위를 저질렀다.

창유(倉庾, 곡식창고)를 털고, 실려(室廬, 민가)를 불태우고, 증서(蒸庶, 서민)를 적살(賊殺)하니 시체가 쌓이고 피가 흘러 능곡(陵谷)과 같았다. 영아를 기둥에 묶어 끓는 물을 붓고, 그 울부짖는 것을 보고 웃으며 즐겼다. 임부를 붙잡으면, 곧 뱃속의 아이가 남자인지 여자인지 슬내기를 하며 배를 갈랐다. 황음예악(荒淫穢惡)이 이루 말할 수 없는 지경에 이르렀다. 우리 백성의 젊은이와 재산을 힘쓸어 소굴로 돌아갔다. 성과 들판은 쓸쓸하고 지나가는 자는 눈물을 흘린다.

이는 『주해도편』에서 인용한 것인데, 태아가 남자인지 여자인지를 놓

고 내기를 걸고는 임부의 배를 갈랐다는 이야기는 여러 책에서 볼 수 있다.

왜구를 두려워한 이유는 그 미친 듯한 잔인성 때문이었다. 무슨 일을 당할지 알 수 없었기 때문에 명나라의 군대조차 왜구와 맞닥뜨리는 것을 두려워했다. 벼락이나 귀신처럼 왜구를 무서워했다는 기록이 있는데, 왜구를 만나면 벼락을 맞는 것처럼 거의 천재(天災)라고 생각했을 것이다.

군대조차도 피했을 정도이니, 왜구는 무인지경을 달리는 거나 같았다. 백성들은 몸만 피해 달아났기 때문에 천천히 약탈을 하고 불을 지른 뒤, 유유히 떠났다. 이에 왜구의 모습을 하면 일이 쉬워진다는 사실을 알아차린 지방 도적들이 '곤발치정(髡髮薙頂)', 즉 일본인처럼 머리를 깎고 일본 옷을 입고 일본도를 옆구리에 차고 도적질에 나섰다. 이것이 가짜 왜구인 '가왜(假倭)'다. 또한 왜구 집단에 들어가면 쉽게 돈을 벌 수 있었으므로, 그 수하로 고용되는 명나라 사람들도 있었다. 이들은 '종왜(從倭, 왜를 따름)'라고 불렀다. 『명사』「일본전」의 가정 34년(1555) 항에,

대체로 진왜(眞倭, 일본 왜구)는 열에 셋이다. 왜를 따르는 자는 열에 일곱이다.

라고 기록되어 있다. 이것 또한 왜구의 숫자를 과하게 본 것이라고 평가될 정도다. 『양방집략(洋防輯略)』이라는 책에는 복건 남부를 습격한 왜구에 대해서,

진왜는 열에 하나이며, 나머지는 모두 민(閩, 복건), 절(浙, 절강)의 번

(番, 외국)과 통하는 무리들이다.

라고 기록했다. 명의 왜구 토벌은 외적을 공격한다는 성격뿐만이 아니었다. 내란을 평정한다는 면도 있었다.

유대유와 척계광의 활약으로 드디어 왜구의 대란이 잠잠해졌지만, 이것은 단지 무력으로 그렇게 된 건 아니었다. 폐관절공으로 생업을 잃어 절망한 무리들이 소란을 더욱 크게 한다는 사실을 알았으므로, 교역이나 도항의 금지령이 완화된 것도 왜구 진압 성공에 일조한 듯하다.

왜구가 침공한 것은 절강 연해가 가장 많았고, 장강 연안으로도 상당히 깊숙이 들어가 강소(江蘇)의 각 지방도 큰 피해를 입었다. 복건에서 광동에 걸친 해변도 종종 왜구에게 유린당했다. 왜구의 피해지는 해남도(海南島)까지 이르렀으며, 북으로는 산동반도까지 이르렀다.

진왜, 가왜, 종왜의 비율이 어느 정도였는지는 상관없이 왜구의 창궐을 용납한 것은 명나라 정치의 퇴폐가 가장 커다란 원인이었다고 하지 않을 수 없다.

왜적 퇴치에 손 놓은 도둑 관료

유대유와 척계광은 무장이었기 때문에 싸워서 이기기만 하면 되었다. 그들에 비해서 비참했던 무리는 왜구 대책을 명령받은 정치가들이었다.

주환(朱紈)이라는 인물은 가정 26년(1547)에 우부도어사(右副都御史)에서 절강의 순무(巡撫, 지방장관)로 임명되어, 복(福)·장(漳)·흥(興)·천(泉)·건녕(建寧) 등 5개 부(府)의 군사 책임자도 겸했다. 이것은 절강과 복건 등

두 성의 총독이라 할 수 있다. 왜구의 창궐이 가장 심한 지방이었다. 명대의 정치가 가운데 이처럼 유능한 인물도 매우 드물 정도였다.

주환은 국가의 기본방침인 해금(海禁)을 철저하게 시행하려 했다. 상황은 청나라 말기의 아편 문제와 비슷했다. 국가의 기본방침은 아편을 금지하는 데 있었으나, 그것은 유명무실해 많은 사람들이 공공연하게 아편을 피웠고, 아편 거래도 공인된 거나 마찬가지였다. 가정 시기의 해금도 그와 같아서 대외무역을 금했지만, 절강, 복건 연해의 호족들은 공공연하게 일본의 사적 무역상인과 거래했다. 해금이라는 원칙은 있었지만, 실제로는 묵인된 상태였다. 주환은 그것을 묵인하지 않겠다는, 결연한 조치를 취했다. 부임과 동시에 사무역의 기지였던 절강의 쌍서항(雙嶼港)과 복건 장주(漳州)의 월항(月港)을 소탕했다. 그것은 만용이라 하지 않을 수 없다. 그러나 만용을 부리지 않으면 왜구의 화근을 뿌리 뽑을 수 없다고 주환은 일대 결심을 하고 밀무역의 최고 우두머리인 이광두(李光頭)를 사로잡았다.

절강, 복건의 호족으로 무역을 통해 번영했던 무리들은 당연히 주환의 강경한 해금 조치에 불만을 품었다. 부임 이듬해에는 구산양(九山洋)이라는 곳에서 일본인인 게텐(稽天)이라는 자와 허동(許棟)을 생포했다. 허동은 이광두와 마찬가지로 밀무역의 수령이었다. '밀'이라는 말이 앞에 붙어 있기는 했지만, 무역 그 자체가 비합법이었으니 모든 무역이 밀무역인 셈이다. 이때 허동 밑에 있던 왕직(王直)이라는 자가 나머지 무리들을 이끌고 도망하여 일본의 고토(五島, 나가사키에 있던 중국 무역 거점-옮긴이)라는 곳으로 들어갔다. 주환은 진왜 60명, 외국과 통하던 간민(奸民) 90여 명을 연병장에서 처형하는 대담한 일까지 단행했다.

주환의 조치에 대해서 지방 호족들이 비난의 목소리가 높았다. 그들은 관료와 유착관계를 맺고 있었다. 고급 관료를 통해서 주환을 비방하고 무고하는 의견이 조정으로 흘러들기 시작했다.

어사인 진구덕(陳九德)은 주환이 조정의 재결(裁決)을 기다리지 않고 많은 사람들을 처형했다는 사실을 탄핵했고, 병부급사중(兵部給事中)인 두여정(杜汝楨)이 조사를 위해서 현지로 내려왔다. 두여정의 보고는 진구덕의 탄핵이 '옳다(是)'고 인정했다. 현지에 갔으니, 호족들의 뇌물 공세가 있었을 것이다. 호족들의 입장에서는 주환을 없애지 않으면, 자신들은 이익을 잃게 된다. 주환도 이 정도의 각오는 예상하고 있었다고 생각된다. 탄핵에 반론한 그의 소문(疏文) 속에,

외국의 도적을 몰아내기는 쉽고, 중국의 도적을 몰아내기는 어렵다. 중국 연해의 도적을 몰아내기는 더욱 쉬우나, 중국 의관을 한 도적을 몰아내기는 매우 어렵다.

라는 구절이 있다. 해적 퇴치보다도 더욱 어려운 것은 의관을 입은 관료라는 큰 도적을 퇴치하는 일이라는 의미였다. 그 말대로 주환은 의관을 입은 도적들 때문에 죽음에 내몰렸다.

나는 가난하고 뇌물을 받은 적이 없어 옥살이를 견딜 수가 없다. 치질을 앓아 옥살이를 견딜 수 없다. 강한 마음으로 부끄러움을 참지 않으면 옥을 견딜 수 없다. 설령 천자가 나를 죽이려 하지 않을지라도 대신은 결국 나를 죽일 것이다. 민·절의 사람들은 반드시 나를 죽일 것이다. 나는 스스로 이를 결심하고, 그리하여 남에게 죽음을 받지

않겠다.

라는 비통한 말을 남긴 뒤, 독약을 삼키고 목숨을 끊었다.

허동의 부하 가운데 고토로 도망친 왕직은 왜구의 중심 인물로서 밀무역 조직을 만들었다. 왕직은 안휘성 신안(新安) 출신이다. 이 무렵, 신안에서 속속 대상인이 탄생했다. 명은 건국 당초, 홍무제가 극단적인 중농정책을 썼기 때문에 상업이 부당하게 멸시받았다는 사실을 앞에서 이야기한 적이 있다. 농부가 입어도 되는 비단을 상인이 걸쳐서는 안 된다는 차별대우까지도 있었다. 하지만 이 무렵이 되자, 더는 화폐경제의 확대를 저지할 수가 없었다. 조세만 해도 물납(物納)주의였던 것이 화폐로 납부하게 되어, 상인의 지위도 자연 올라갔다. 신안의 상인은 행상에서 출발하여 광범위하게 유통경제의 정보를 수집할 수 있어 점차로 부를 축적했다. 왕직이 절강에 있었던 것은 신안 재벌의 대외무역 주임이라는 형태였을 것이라고 생각된다.

주환의 엄금책 때문에 신안 재벌의 무역부(貿易部)는 일본의 고토로 옮겨갔다.

주환의 자살로 해금은 다시 유명무실해졌고, 왜구는 거침없이 설치기 시작했다.

환이 죽자 순시대신(巡視大臣)을 없애고, 순무(巡撫) 두지 않기를 4
년. 나라 안팎에서 머리를 흔들며 굳이 해금에 관한 일을 입 밖에 내
지 않았다.

라고 하듯이 의관을 입은 도적들은 위험물에 손대려 하지 않았다. 주환이 죽고 나서 7년 뒤, 오랜만에 의욕적인 인물, 즉 호종헌(胡宗憲)이 절강에 총독으로 부임했다. 호종헌은 주환처럼 강직하기만 한 것은 아니었다. 말하자면, 곡선(曲線)정책을 이용했다. 그것은 다름 아닌 왕직을 귀순시키는 공작이었다.

이 공작이 성공을 거둬 왕직이 귀순하기 위하여 귀국했다. 왕직도 자신감이 있었기에 그리했으리라고 생각된다. 신안 재벌의 힘은 환관을 통해서 궁정 안에도 침투해 있었다. 궁정 안에 뒤를 봐줄 사람이 있으니 자신의 목숨은 안전할 것이라고 생각한 듯하다.

호종헌은 왕직을 귀순시킴과 동시에 한편으로는 무력을 사용하여 왜구를 진압했다. 그는 왕직을 죽일 생각은 없었다. 귀국하자마자 왕직은 투옥되었지만, 이는 일종의 절차와 같은 것이고, 대우도 매우 좋았다고 한다. 왕직은 귀순에 대한 포상으로 고위 관직을 기대했던 모양이다. 그러나 정계에서 호종헌은 점차로 고립되어, 결국에는 왕직을 끝까지 지켜줄 수가 없었다.

왕직은 옥중에 갇혀 있기를 2년, 가정 38년(1559)에 항주의 관항구(官港口)라는 곳에서 참수를 당하고 말았다. 호종헌은 왕직을 지나치게 감싸면, 자신의 신변이 위태로워진다고 생각했을 것이다. 보기에 따라서, 호종헌은 왕직을 팔았다고도 볼 수 있다. 조정에서의 세력도는 복잡했다. 호종헌은 그의 동지였던 조문화(趙文華)의 실각으로 인해 조정에서 지지세력이 급속히 떨어져, 초조감을 느끼고 있었다.

왜구 토벌을 위임받은 고관조차도 자신의 임무에 전념할 수 없었다. 끊임없이 북경 조정의 분위기를 살펴야 했다. 왜구 문제뿐만이 아니었다.

제아무리 뛰어난 정치가라 할지라도 조정에 자신을 지지해 주는 세력이 없으면, 일다운 일을 할 수가 없는 상태였다.

왕직의 처형으로 그 도당은 당연히 격노했다. 절강에서 복건, 광동의 연해에 걸쳐 그 보복적인 습격이 잇따랐다.

호종헌은 그 후 미신에 빠져 있는 가정제에게 서조(瑞兆)라 일컬어지는 흰 거북이(白龜)나 오색 영초(靈草)를 바치며 끊임없이 비위를 맞추었다. 그래도 그는 위기를 극복할 수가 없었다. 군비를 도난당했다는 등의 10대 죄목이 열거되어 절강과 복건의 총독 자리에서 파면되고, 가정 42년(1563), 체포되기에 앞서 자살의 길을 택했다. 때는 마침 유대유와 척계광이 왜구 평정이라는 눈부신 전공을 잇달아 세우던 시기였다.

궁정의 나날

아침마다 하직 인사를 건넨 출근길

주환과 호종헌의 최후를 보면 참으로 측은하기 짝이 없다. 명은 태조 홍무제의 대숙청에서부터 시작하여, 고급관료들의 수난이 왕조 말기까지 계속되었다. 토목보의 변 때, 남경 천도를 뿌리치고 북경을 사수하여 명 왕조의 붕괴를 막았던 우겸조차 영종의 탈문의 변 이후 경태제 옹립이라는 죄로 죽었다. 게다가 역대 왕조 중에서도 명나라 때 관료들의 봉록이 가장 적었다.

예로부터 관봉(官俸)이 지금처럼 적었을 때가 없었다.

라고 『명사』「식화지」에도 기록되어 있다. 더구나 명나라에는 정장(廷杖) 제도라는 것이 있었는데, 이것이 남용되었다. 황제의 노여움을 사면 장(杖)을 맞았다. 재판다운 것은 아예 없었다. 정장은 종종 사람의 목숨을 앗아갔다. 장사(杖死)라 불렸는데, 조정의 신하들은 매일 아침 조정에 나갈 때마다 가족들과 작별 인사를 나눴다. 언제, 어떤 일로 목숨이 끊어질지 모르기 때문이었다.

홍무제가 대대적으로 숙청한 것은 황제 독재체제를 확립하기 위해서였다. 틀림없이 그 목적은 달성되었다. 송나라 때, 황제는 의자에 앉아 있고, 대신들은 자리에 서서 정무를 보고했다고 한다. 송나라 이전에는 황제와 대신 모두가 의자에 앉아 서로를 마주보았다고 한다. 명나라에 접어들자, 황제는 앉고 대신들은 그 앞에 무릎을 꿇었다. 승상이 폐지되어 명나라의 황제 독재는 절대화했다. 후에 복수의 각신들을 두었지만, 내각의 본질은 황제의 비서단이었다. 그것은 측근 정치나 마찬가지였다.

황제 독재였으니 뛰어난 황제가 있을 때는 능률적이고 명확한 정치가 시행되었을 것이다. 그러나 무능한 황제가 출현하면 눈을 뜨고 볼 수가 없는 사태가 벌어졌다. 명은 홍희제와 선덕제의 '인·선의 치' 이후, 암우(暗愚)하다고까지는 할 수 없어도, 그다지 영명하다고는 할 수 없는 황제들이 계속 나왔다. 선덕 이후의 200여 년, 우선 명군이라면 효종(孝宗) 홍치제(弘治帝) 오직 한 사람뿐이라는 말이 있다. 홍치제의 치세는 20년에 미치지 못했다.

황제라는 지위가 그렇게 만든 건지, 아니면 주원장 일족에게 그런 피가 흐르는 건지, 아마도 양쪽 모두일 테지만, 명나라의 역대 황제들 가운데는 변덕스러운 성격을 가진 인물들이 많았던 듯하다. 영종도 우겸을 죽여 놓고 나중에 후회했지만, 죽은 사람은 돌아오지 않는다.

변덕스러운 황제 밑에서 어떻게 정장을 피할 것이며, 동창의 비밀 경찰에게 감시당하지 않고 살아남을 수 있을까, 이런 생각들이 명나라 관료들의 머릿속을 꽉 채우고 있었던 셈이다. 그 결과, 당연히 무사안일주의가 만연했을 것이다. 주환처럼 의욕을 부리면, 적(그의 경우는 민·절의 호족)이 생겨나기 때문에 목숨을 보존할 수 없다. 적을 만드는 일은 물론 위험하지만, 지나치게 깊은 관계로 이어진 자기편을 만드는 것도 생각해 볼 문제였다. 도당이라 여겨져, 상대방이 문제를 일으켰을 때 연루될 우려가 있기 때문이다. 조정의 유력자와 손을 잡는 것은 승진을 위해선 좋은 일이지만, 그 관계도 끈끈하게 밀착되면 위험하다. 호종헌이 조정의 유력자인 조문화의 실각으로 고립되어 결국에는 자살로 몰리게 된 것은 그 일례다.

명나라 때 태어났다고 하면, 관료, 특히 조정의 고관만은 되고 싶지 않다. 시정(市井)의 보통 사람으로 사는 쪽을 고르겠다. 명대의 민간에서는 넘쳐나는 듯한 활력이 느껴진다. 민·절의 호족이 순무나 총독 등과 같은 지방의 고급 장관을 실각시킬 힘을 가졌던 것은 앞에서 이야기했다. 그것도 일종의 활력에 속한다.

민간의 활력은 뇌물이라는 무기로 정치를 어느 정도 움직일 수 있었던 듯하다. 정치 담당자인 관료는 박봉이었다. 주환은 죽기 전에 "나는 가난하고……"라고 말했다. 급료만으로는 가족을 부양할 수 없다면, 수입을 얻을 수 있는 다른 길을 모색해야만 한다. 뇌물의 유혹을 뿌리치기란 그리 쉬운 일이 아니었을 것이다. 누구라도 그런 상태에 놓인다면, 공공연하게 뇌물이 오가는 바람에 그에 대한 죄악감은 희박해진다. 그런 행위가 일상적이 되면, 기강은 당연히 문란해질 수밖에 없다.

명나라 최고위 관료, 즉 정1품관의 월급은 쌀 87석이었는데, 연봉으로 환산하면 1천 석이 조금 넘었다. 게다가 그 절반은 쌀이 아니라 돈으로 환산하여 지급받았는데, 그 환산율은 쌀의 실제 가격보다 훨씬 더 낮게 책정되어 있었다. 최고급관의 실제 연봉은 800석 정도였다.

지방 장관은 '양이천석(良二千石)'이라는 별칭으로 불렸는데, 한나라와 위(魏)나라 무렵의 군태수의 연봉이 2천 석이었던 데서 온 것이다. 위나라의 구품관인법(九品官人法)에서 군태수는 5품관에 지나지 않았다. 참고로 당나라의 정1품관은 연봉 700석이었지만, 그 밖에도 직분전(職分田, 재임 중에만 받는 땅) 12경(頃, 1경은 100무(畝), 당나라 때에는 580아르), 영업전(永業田, 사임 후에도 소유할 수 있는 땅) 60경이 주어졌으며, 그 밖에도 잡비 명목으로 한 달에 3만 1천 문의 돈을 지급받았다. 송나라 때에는 관료에 대한 대우가 매우 좋아서 여러 가지 명목으로 하사도 있었으며, 병에 걸려도 황제로부터 위로금으로 거액의 돈을 받았다는 사실은 앞에서 이야기한 적이 있다. 송나라 때의 관리가 너무 많이 받았으니 돌려 드리겠다고 간청했으나, 황제가 이를 거절했을 정도였다.

명나라 말기의 고염무(顧炎武)가 '박봉(薄俸)의 해(害)'에 대해서 이야기했다. 뇌물은 어느 시대에나 있었지만, 명나라 때는 그게 일상화되었다는 점에 문제가 있었다. 기강의 이완은 사대부들이 농후하게 가졌던 이상주의를 빼앗아 가고 정신의 퇴폐로 이어진다. 어느 왕조에서나 궁정은 음모의 소굴이었지만, 명나라는 특히 그것이 심해서, 역대 왕조 가운데 스캔들이 가장 많았다고 할 수 있다. 부족하나마 기구가 있고, 룰다운 거라도 있었다면 그나마 나았을 테지만, 황제가 절대적인 독재권을 가지고 있었으니, 권모술수를 제어하는 것은 황제의 개인적 자질뿐이었다.

서민 출신 후궁들의 장점

꽤나 아픈 곳을 찌른 듯한데, 명나라에도 장점이 없었던 것은 아니다. 제아무리 높은 지위에 오른 고관이라도 황제 혼자만의 판단으로 관직을 박탈할 수 있었으니 틀림없이 무사안일주의가 생겼겠지만, 상식에서 벗어난 전횡을 막을 수도 있었다. 일단 황제의 노여움을 사면 모든 것이 끝장이었다.

황제가 생살여탈권(生殺與奪權)을 쥐고 있으면, 그 앞에서는 대신도 하급 관리도, 그리고 일반 서민도 입장은 모두 마찬가지다. 기묘한 형태지만 이것은 일종의 평등이라고 해도 좋을 것이다. 절대 전제군주의 존재에 의해 평등 상태가 생겨나는 아이러니한 현상을 보인 것이다.

다음으로 명나라에서는 특권계급이 태어나기 어려운 구조였다. 황제의 총애와 신임을 얻어 특권을 향유하는 사람들은 있었다. 그러나 그들은 그 황제 1대에 한해서만 특권을 누린 사람들에 지나지 않았다. 다음 황제 때는 다른 특권자가 출현하여 이전의 특권자들은 사라져 버렸다. 따라서 그들이 계급을 형성하는 데까지는 미치지 못했던 것이다.

가장 좋은 예가 환관이다. 청나라의 조익은 『이십이사차기』에서,

> 명 왕조 일대(一代)의 환관의 화는 당에 비해서 조금 가볍다.

라고 말했다. 당나라의 환관은 당의 조정에 뿌리를 내린 하나의 세력으로 변해, 중당(中唐) 이후부터는 그들이 황제를 옹립하거나 폐하기도 했다.

명나라 환관의 전횡은 결코 당나라의 그것에 뒤지지 않았다. 왕진에
대해서 이야기할 때도 소개했지만, 그에게 인사하지 않았다는 이유만으
로 사대부가 굴욕을 맛보았다. 그 세력은 당나라의 환관 이상이었다고
할 수 있을 것이다. 조익은 패사(稗史, 공식 사료가 아닌 것)에서 다음과 같
은 글을 인용했다.

> 영락제 시절에는 환관을 오부(五府)나 육부(六部, 정부의 행정기관)
> 에 심부름을 보내면, 모두 부부(府部)의 관료로부터 10척 떨어진 곳에
> 서 읍(揖, 인사)했다. 길에서 공후(公侯)나 부마(駙馬, 황제의 사위)를 만
> 나면, 모두 말에서 내려 길 옆으로 비켜섰다. 지금은 환관이 부부의
> 관료를 부를 땐 마치 속리(屬吏)처럼 한다. 공후나 부마가 길에서 환
> 관을 만나면 오히려 이를 회피하며, 또한 부르기를 옹부(翁父)라고 한
> 다. 대신에 이르러서는 곧 함께 고두궤배(叩頭跪拜)한다.

영락제가 아버지의 유훈을 무시하고 환관을 중용하기 시작했을 무렵,
환관은 아직 정부 관리나 공후, 부마에 앞에서 자신을 낮췄다. 그런데 점
점 역전되더니 환관은 정부의 관리를 속리처럼 불러오게 하고, 공후, 부
마조차 환관을 피할 정도였으며, '옹부(윗사람에 대한 호칭)'라고 부르게 되
었다. 대신들도 환관에게 고두궤배하는 형편이었다.

이처럼 거드름을 피우던 환관조차도 궁정에 하나의 세력으로 뿌리를
내리지는 못했다. 황제가 바뀌면 신임을 얻는 환관도 바뀌었다. 황제가
있기에 환관이 있는 것이지, 당나라 때처럼 환관 세력이 황제를 폐립한
다는 것은 상상조차 할 수 없었다. 이는 홍무제가 황제 독재권을 강화해

둔 덕택일 것이다.

환관 전횡의 제1호라고 해야 할 왕진은 토목의 변 때 전사했으며, 그 도당은 모두 경태제에 의해 숙청되어 그들의 세력은 단절되었다. 가정제처럼 환관을 그다지 중용하지 않았던 황제도 있었으므로, 환관은 명나라 말기에 이르기까지 계속적인 세력을 갖지 못한 채 끝나 버렸다.

명나라 궁정의 또 하나의 특징은 황후나 귀비 등을 그다지 높은 층에서 받아들이지 않았다는 점이다. 명나라 때에는 민간에 더 활력이 있었다는 사실은 앞에서 이야기했다. 명나라의 후비는 그런 활력이 있는 민간에 가까운 층에서 후궁으로 들어간 예가 많았다. 『명사』의 「후비전」을 보면 명나라 후비들의 전기에 아버지의 이름을 밝히지 않은 경우가 적지 않다. 기록으로 남겼다 해도,

아버지 모(某), 딸로 귀해지다.

라는 정도만 밝혔을 뿐이다. 딸이 후비가 되었기 때문에 아버지가 그 후광으로 백(伯)이나 후(侯) 등이 된 것이다. 따라서 딸이 후궁으로 들어갔을 때, 그 집안은 낮은 계층에 속해 있었다는 사실을 알 수 있다.

홍희제의 황후 장(張) 씨는 영성(永城, 하남성) 사람인데, 아버지인 장기(張麒)는 딸 덕분에 팽성백(彭城伯)으로 추봉되었다. 뒤를 이은 선덕제가 황후 호(胡) 씨를 폐하고 손 씨를 세웠다는 사실은 앞에서 이야기했다. 손 황후의 아버지인 손충(孫忠)은 영성현의 주부(主簿)였다. 현의 주부는 하급관리에 지나지 않는다.

두 번 즉위한 영종의 황후 전(錢) 씨에 대해서는,

> 황제는 황후의 가족이 단출하고 미천함을 불쌍히 여겨, 그를 후
> (侯)로 삼으려 했다. 황후는 이를 겸손히 사양했다.

라고 되어 있다. 단출하고 미천했다고 하니 하층민임에 틀림없다. 황제가
황후의 일족을 후에 봉하려 했지만, 황후가 그것을 거절했다.

2백수십 년 동안 유일한 명군이라 불리는 홍치제(弘治帝)의 생모인 기
(紀) 씨는 가현(駕縣, 광동성)의 요족(瑤族) 여인이었다. 성화제 시절에 요족
을 토벌했을 때, 포로가 되어 후궁에 들어왔다.

성화제의 비인 소(邵) 씨는 아버지 소림(邵林)이 극빈자여서, 그녀는 항
주의 진수태감(鎭守太監)에게 팔려 갔다. 태감은 환관이었기 때문에 딸을
사고도 막일을 시키는 정도였지만, 아름다웠기에 헌상하여 후궁에 들여
보냈는데 그녀는 황제의 총애를 받게 되었다.

성화제를 절대적으로 지배했다고 하는 만귀비(萬貴妃)는 황제가 16세
로 즉위했을 때, 이미 35세였다. 말하자면 유모 출신 귀비였다.

후비가 하층민 출신이라서 명나라의 황실에는 끊임없이 신선하고 건
강한 피가 주입되었다. 명 왕조가 여러 가지 문제를 끌어안고 있으면서
도 장수할 수 있었던 것은 의외로 이러한 곳에 이유가 있었는지도 모른
다. 외척 중에서 권세를 마음껏 휘두른 세력도 나오지 않았다.

송나라 시절의 궁정문화는 극히 섬세했지만, 명나라 시절의 그것은 좀
대범한 듯한 느낌이 든다. 궁녀는 환관이 각지에 파견되어 아름다운 아
가씨들을 모았는데, 집안 따위는 그다지 문제 삼지 않았다. 어제까지만
해도 시장이나 들판을 맨발로 뛰어다녔을 법한 여성들이 후궁으로 들어
와 궁정의 분위기를 만들었다.

궁정뿐만 아니라 명나라는 전체적으로 소박하고 남성적인 시대였다. 아마도 그것은 홍무제의 건국 이상이기도 했을 것이다. 성화제보다 19세나 나이가 많았던 만귀비는 여자였으면서도 황제를 수행할 때는 갑옷을 입고 검을 찼다고 한다.

성화제의 숨겨진 아들

성화제는 신경질적인 황제였던 것 같다. 미신을 믿어 도사들을 가까이 두었다. 손도옥(孫道玉)이라는 도사를 '진인(眞人)'이라 받들었으며, 이자성(李孜省) 등은 도사(道士)이면서도 예부시랑(禮部侍郎, 문화부 차관)에까지 승진했다. 도교뿐만이 아니라 승려 계효(繼曉) 등 불승(佛僧) 가운데서도 국사(國師)나 법왕(法王)이 되는 자가 뒤를 이었다. 조정에 들어온 도사들은 특별히 하는 일도 없었지만, 국정의 주요사항은 그들에게 보고하도록 되어 있었다. 사람들은 그들을 전봉관(傳奉官)이라 불렀다.

영종의 아들이었던 성화제는 그 생애를 되돌아보면, 한때는 황태자였지만 숙부인 경태제에 의해 폐해졌다가 아버지의 복위로 다시 황태자가 되는 굴곡이 있었다. 그와 같은 일들이 그를 운명론자로 만들어 도교와 불교에 빠지게 만들었는지도 모른다. 게다가 그는 태어났을 때부터 만 씨라는 여성이 곁에 있어서 큰 영향을 주었다. 나이 차이가 너무 많이 났기 때문에 차마 황후로는 세우지 못했지만 실제로는 황후 이상이었다. 그도 그럴 것이 만 씨는 황후인 오(吳) 씨를 폐하고 왕 씨를 세우는 등의 일을 했다. 『명사』「후비전」에는,

만귀비는 총애로써는 후궁에서 으뜸이다. 후(后, 왕 황후)는 처신이
담박했다.

라고 기록되어 있다. 왕 황후는 너무 담박해서 여성으로서의 매력에는
부족한 점이 있었던 모양이다. 만귀비는 황제가 여자에게 너무 빠지지
않도록 하기 위해 아마도 매력적이었던 오 씨를 폐하지 않았을까 짐작된
다. 그렇게 하지 않아도 성화제는 만귀비 없이는 살아갈 수 없을 정도로
완벽하게 길들여져 있었다. 그 원인 가운데 하나로, 성화제는 지독한 말
더듬이인 관계로 대인기피증에 걸려 대인관계, 예를 들어서 신하들과의
접촉 등은 모두 만귀비에 의지하고 있었기 때문이었다.

만귀비도 성화제의 아들을 낳기는 했으나, 그 황자는 요절했다. 질투
가 많았던 그녀는 그 이후부터 다른 비가 임신하면 약을 먹여 유산시켰
다. 백현비(栢賢妃)는 황자를 낳았으나 곧 세상을 떠났다. 『명사』는 이를
만귀비가 해쳤다고 기록했다. 그런데 '만토관녀(蠻土官女)'라 불리던 기 씨
가 황자를 낳았다. 어떻게 해서 이 황자가 만귀비의 마수에서 벗어날 수
있었느냐 하면, 기 씨가 임신한 것 같다는 사실을 안 만귀비의 명령을
받은 하녀가 임신이 아니라 병이라고 보고했기 때문이었다. 그리하여 기
씨는 '안락당(安樂堂)'에 들어가게 되었다. 그곳은 후궁의 병원 겸 여자 죄
수의 수용소였다. 다행히도 거기엔 만귀비에 의해서 황후 지위에서 쫓겨
난 오 씨가 있었다. 오 씨가 그 황자를 길렀다.

어느 날, 성화제가 거울을 보며 "이제 늙어 가는데 자식이 없구나"라
고 한탄하는 소리를 듣고, 사정을 알고 있던 환관 장민(張敏)이 참다못해
황자의 존재를 알렸다. 기 씨가 낳은 아들은 벌써 여섯 살이었다. 성화제

와 황자는 곧 감격의 대면을 했지만, 만귀비는 이를 갈았다. 황자의 존재를 알린 장민은 만귀비의 보복이 두려워 자살했다. 황자의 생모인 기 씨는 그해 6월에 급사했는데, 만귀비가 죽였다고도 하고 자살했다고도 한다.

안락당에 있다는 사실이 밝혀진 6세의 주우탱(朱祐樘)은 그해 11월에 황태자로 책봉받고, 성화제의 생모인 주(周) 태후에게 맡겨졌다. 그곳은 만귀비의 손이 미치지 못하는 곳이었다. 어느 날, 만귀비가 황태자를 초대했다. 주 태후가 황태자에게 "얘야, 가더라도 먹지 말거라"라고 일렀다. 식사가 나와도 소년은 "배가 부르다"며 손을 대지 않았다. 국이 나오자 "독이 있는지 의심스럽다"고 말했다. 만귀비는 크게 화를 냈는데, 그게 원인이 되어 병에 걸려 죽어 버렸다고 한다.

성화 23년, 성화제가 죽자 황태자 주우탱이 18세로 즉위했다.

명이 천하를 유지하며 전세(傳世)하기를 16제(帝), 태조, 성조 외에
칭송할 만한 자는 인종, 선종, 효종뿐.

이라고 『명사』가 칭송한 효종(孝宗) 홍치제(弘治帝)이다. 명군은 타고난 자질도 있겠지만 교육의 힘도 클 것이다. 홍치제를 교육한 이는 환관인 담길(覃吉)이었다. 환관이라고 해도 나쁜 사람만 있는 게 아니다. 홍치제가 기용한 환관 회은(懷恩)도 뛰어난 인물이었다. 회은이 사례감(司禮監)의 장인태감(掌印太監)으로서 협공당(協恭堂)의 주인이 되었다.

내각은 문연각에, 환관의 최고 기관인 사례감은 협공당에 각각 있었다. 내각에는 서부(徐溥), 왕서(王恕), 유건(劉健), 사천(謝遷), 이동양(李東陽)

등과 같은 유능한 신하들이 모였다. 홍치제가 즉위하여 가장 먼저 한 일로 아버지인 성화제가 임명한 전봉관 1천 1백 명, 각 사원의 국사, 법사 등 437명, 라마승 789명, 진인 등 그 밖의 도사 123명을 추방했다. 이 무리들은 조정에서 봉록을 받으며 편안하게 생활하고 있었다. 수괴(首魁)라고도 할 수 있는 도사 이자성은 옥사했으며, 승려 계효는 처형되어 거리에 버려졌다.

어대현승(魚臺縣丞)인 서욱(徐頊)이라는 자가 홍치제의 생모인 기 씨가 죽었을 때의 실상을 조사하기 위해 당시의 의사와 만 씨의 가족을 체포하여 심문할 것을 청했지만, 홍치제는 허락하지 않았다. 선제(先帝)의 뜻에 어긋난다는 이유에서였다. 관리가 이를 주청한 것은 어쩌면 기 씨가 제명에 죽지 못한 것에 대한 분노였는지는 모르지만, 새로운 황제의 비위를 맞추려는 아첨이었을 가능성도 있다. 하지만 만 씨 일족인 만희(萬喜)와 그의 도당은 죄의 경중에 따라 각각 유죄(流罪) 등의 처분을 받았다.

현명한 군주라고 해도 불로장생의 술법을 논한 이광(李廣)처럼 좋지 않은 환관을 가까이한 경우도 있었다. 그러나 그의 간악함을 바로 깨달았기에 이광은 자살하지 않을 수 없었다.

홍치제에게도 약점은 있었다. 황후 장 씨의 친정이 권세에 의지하여 부정한 이득을 취한 것을 불문에 붙인 일이다. 특히 황후의 동생인 장학령(張鶴齡)과 장연령(張延齡)은 황제의 능(陵)으로 착각할 정도로 장려한 가묘(家廟)를 세우는 등 눈에 거슬리는 언동이 많아서 사람들의 빈축을 샀다. 이 형제는 홍치제가 죽은 뒤, 처분을 받았다.

홍치제는 이광에게 현혹된 적도 있지만, 곧 거기서 벗어나 정무에 힘

썼다. 그러나 인종과 선종과 더불어 칭송을 받았던 현명한 군주들처럼 홍치제도 안타깝게 일찍 죽고 말았다. 말년에는 특히 정치에 힘을 쏟은 듯했지만, 홍치 18년(1505) 5월에 병으로 눈을 감았다. 향년 36세였다.

나라 살림 몇 배를 챙긴 최측근 환관

홍치제의 장남인 주후조(朱厚照)가 즉위하여 무종(武宗) 정덕제(正德帝)가 되었는데, 그는 명 왕조에서도 별종 황제로 알려졌다. 그만큼 기행이 많았던 황제였다.

정덕 2년(1507) 8월에 '표방(豹房)'이라는 것을 만들었다. 그것은 서화문 부근에 세워졌는데, 이슬람 사원을 모방한 건조물이었던 듯하다. 외관은 그랬으나 내부는 라마교 풍이었던 듯 야릇한 분위기를 자아내는 곳이었다. 정덕제는 그곳에서 밤낮으로 기괴한 행동을 했다. 자신을 태경법왕(太慶法王)이라 부르며 티베트어로 독경을 하거나, 라마의 방중술에 열중하고, 가무음곡이나 연극을 즐기기도 했다.

금욕주의적이었던 아버지 홍치제와는 달리 정덕제는 탐미주의자였다. 궁정에서 벗어나 곧잘 민간으로 놀러 나가곤 했다. 표방에서의 놀이 상대가 정치에서도 권력을 얻었다.

정덕제 자신은 정치에 그다지 관심이 없었으므로 거의 대부분을 환관인 유근(劉瑾)에게 맡겼다. 유근은 후에 실각했는데, 그때 몰수된 재산이 황금 250만 냥, 은 5천만 냥 그 밖에도 주옥보완(珠玉寶玩) 등 이루 헤아릴 수 없을 정도로 많았으며, 이는 국가 세입의 몇 배에 해당했다고 한다. 유근은 정덕 원년(1506) 10월에 사례감의 장관이 되었고, 정덕 5년

8월에 실각했다. 겨우 5년 사이에 그토록 많은 재산을 모았던 것이다. 주요한 수입은 관직 알선에 대한 사례였던 모양이다. 명나라의 관리는 급료가 낮았는데도 어째서 막대한 뇌물을 건네면서까지 자리를 얻으려 했을까? 명목상의 봉급은 보잘것없었지만, 그 지위에 따른 부수입이 있었다. 거액의 뇌물을 챙길 수 있는 자리를 얻기 위해 거액의 뇌물을 실력자에게 안긴 것이다. 세상이 뇌물로 움직인 것이나 같았다.

관리 임명은 내무부 장관에 해당하는 이부상서(吏部尙書)가 맡았다. 이부상서인 장채(張綵)라는 인물도 유근과 결탁하여 자신의 지위를 확보하고 있었다. 뇌물을 받은 사람은 유근뿐만 아니라 장채도 역시 마찬가지였다. 그렇다면 당시 천하에 횡행하고 있던 뇌물의 총액은 대체 어느 정도였을까? 생각만 해도 정신이 아득해질 것 같다.

아마도 유근 자신도 두려웠을 것이다. 당나라의 환관과는 달리 명나라의 환관은 황제의 뜻 하나로 몰락해 버린다. 황제 교체기에 권신이 몰락한 예는 헤아릴 수 없을 정도로 많았다. 이와 같은 영화가 언제까지 계속될지, 축적한 금액이 상상을 초월했던 만큼 유근은 뒷일이 걱정되었다. 심복인 장채에게 그런 걱정거리를 털어놓자, "지금의 황제 폐하께서는 아무래도 씨앗이 없는 듯하니, 황족 가운데서 다음 황제를 세우게 될 것이다. 그때 유약한 황족을 고르면, 우리의 지위는 안전할 것이다"라고 말해 일단 안심한 듯했다. 하지만 또 그 앞일을 생각하면 역시 불안했다. 가장 안심할 수 있는 방법은 자신이 천자가 되는 것이다. 유근은 그러한 생각을 품기에 이르렀다.

전대미문의 일이다. 황제를 폐립할 수 있는 힘을 갖고 있던 당나라의 환관들조차도 그런 생각은 없었다. 일설에 따르면, 유근은 방술자(方術

者)가 그의 종손(從孫, 형제의 손자)이 매우 귀하게 된다고 한 예언을 믿었다고 한다. 환관이니 그에게는 당연히 자식이 없었다. 그가 제위에 오르면, 다음 황제는 종손쯤에서 나오게 될 터였다. 매우 귀하게 될 것이라는 말은 틀림없이 그 일을 가리킨다고 생각했다. 마침 그의 형이 죽어, 장례식에 모든 관리가 참석하기로 되어 있었기 때문에 그날 거사를 일으킬 요량이었다고 한다.

유근의 모반을 고발한 사람은 같은 환관인 장영(張永)이었다. 환관끼리 내분이 일어났을 것이다. 장영이 어떤 증거를 댔는지는 자세히 알 수 없지만, 그로 인해 권세가 하늘 높은 줄 몰랐던 유근이 하루아침에 체포, 처형된 것은 참으로 명나라다운 일이었다.

명나라다운 일이었다는 말이 나왔으니 말인데, 유근이 권세를 장악한 것도 명나라다운 일이었다. 유근은 자원해서 환관이 된 자로, 정덕제가 황태자였을 때의 놀이 친구였다. 매사냥, 투견, 가무 등 유흥에 밝았기에 그것이 정덕제의 마음에 들어 즉위 이듬해, 환관의 최고직에 임명되었다. 위기감을 느낀 각신들이 은밀하게 유근을 제거하려 했지만, 그 계획이 새어나가 오히려 유근의 탄압을 받았다.

유근은 '간당(奸黨)' 53명의 이름을 조당에 게시하고, 신하들을 금수교(金水橋) 남쪽에 무릎 꿇게 한 다음, 그들에게 훈계를 했다. 유근의 탄압은 왕진의 그것보다 더 잔인했다. 홍치제 시절의 명신 대부분이 박해를 받았기 때문에 감히 유근을 거스르는 자가 없어졌다. 왕진은 그나마 교관 출신으로 어느 정도는 학문이 있었지만, 유근은 그저 놀이에나 능한 사람에 지나지 않았다. 이처럼 질이 떨어지는 인물을 등용한 정덕제에게 가장 큰 책임이 있다고 할 것이다.

장영이 유근의 모반을 고발했을 때, 정덕제는 술에 취한 탓도 있었겠지만 "모반하고 싶으면 마음대로 하라고 해"라며 마치 천하를 주겠다는 듯이 말했다고 한다.

분방한 성격의 방탕아인 정덕제는 갑갑하기 짝이 없는 천자의 자리 따위는 정말로 누군가에게 주고 싶다고 생각했을지도 모른다. 유근이 처형된 뒤에도 활의 명수인 전녕(錢寧)이나 강빈(江彬) 등의 군인들과 어울려 놀았다. 상대가 군인이어서 놀이도 거칠었다. 자금성 안에서 황제가 직접 연병하여 함성이 북경 전체에 울려 퍼졌다고 한다. 금원(禁苑)에서의 병정놀이에 만족할 수 없었는지 덕승문(德勝門)으로 나와 거용관을 넘어 선부(宣府)까지 갔다. 정덕 12년(1517)의 일이었는데, 선부는 불과 몇 년 전에 타타르 소왕자가 습격했던 바로 그곳이었다. 정덕제는 거기에서 양화로 가서,

총독군무 위무대장군 총병관태사 진국공 주수(總督軍務威武大將
軍總兵官太師鎭國公 朱壽)

라고 자칭했다. 거기서 순성천(順聖川, 양화의 동쪽)으로 나가 대동(大同)으로 향했다. 이때 소왕자가 군사를 동원해 양화(陽和)로 보냈으니, 참으로 위험한 순간이었다. 이듬해 첫날을 선부에서 보냈는데, 그의 이런 행위는 친정이라고 할 훌륭한 행동이 아니었다. 선부에 간 것은 그곳 출신인 강빈이 그곳엔 미인이 많다고 자랑을 했기 때문이었다. 미인을 잡아 와서는 밤낮으로 음락에 빠졌으니 참으로 어처구니가 없는 행동이었다. 선부에서 서쪽으로 향해서 태원(太原)까지 나갔는데, 이 '대원정'에서 돌아온 정덕 14년(1519), 이번에는 남쪽을 돌아보겠다는 말을 꺼냈다.

원외랑(員外郞)인 하량승(夏良勝), 서분(舒芬) 등이 차례차례로 상소하여

남순(南巡)을 말렸다. 정덕제와 그의 놀이 친구들인 행신(倖臣)들은 이 사실에 격노하여 상소를 올린 107명을 오문 밖에 5일 동안 꿇리는 벌을 내렸다. 아침이 되면 오문 밖에 꿇고 밤이 되면 옥에 갇혀,

　　　　겹겹이 포개져 중죄인 같다.

라는 참상이었다. 첨사(僉事)인 장영(張英)은 조정이 피로 더럽혀질까 두려워 몇 되나 되는 흙을 자루에 담아 자결하여 간하려 했지만, 위사(衛士)에게 칼을 빼앗기고 옥으로 보내졌다. 정덕제는 장영에게 장(杖) 80대의 벌을 내렸으며, 결국 장영은 장살(杖殺)되고 말았다. 하량승 등 남순을 간했던 107명은 50 또는 40대의 장형(杖刑)에 처해졌는데 그중 몇 명인가는 목숨을 잃었다. 한편 제아무리 정덕제라 하더라도 이토록 간언에 반대하면서까지 강행할 수 없는 노릇이기에 남순 취소를 결정했다.

　이것이 3월의 일이었는데, 6월에 영왕(寧王) 주신호(朱宸濠)가 봉지인 남창(南昌, 강서성)에서 모반을 일으켰기 때문에 정덕제는 정말로 남방을 친정하겠다는 구실을 얻었다. 그런데 영왕의 반란은 순무인 왕수인(王守仁, 양명(陽明))이 눈 깜빡할 사이에 진압하고 말았다. 첩보가 도착했지만 정덕제는 그것을 숨기고 발표하지 않았다. 발표를 하면 남순할 구실이 없어지기 때문이었다. 정덕제는 11월에 양주(揚州, 강소성)로 나가 장강을 건너서 남경에 들어갔다.

　정덕 15년(1520) 8월, 정덕제는 드디어 남경을 떠나 9월에는 적수지(積水池)에서 놀았는데, 그때 배가 뒤집혔다. 정덕제는 구조되었으나 그 때문에 병을 얻어 이듬해 3월에 추억의 장소인 표방에서 31세의 짧은 생애를

마감했다. 유조(遺詔)에,

예전 일은 모두 짐에 의한 과오다.

라고 했는데, 그 깨달음이 너무 늦었다.

황제의 독재는 양날의 검

정덕제에게는 아들이 없었던 탓에 유조에 따라 사촌동생인 주후총(朱厚熜)이 15세로 즉위했다. 그가 바로 세종(世宗) 가정제(嘉靖帝)다. 가정제의 아버지인 흥헌왕(興獻王) 주우원(朱祐杬)은 정덕제의 아버지인 홍치제의 바로 아래동생이었다. 흥헌왕의 봉지는 호북의 안륙(安陸)이었다. 주후총은 4월 계미일(癸未日)에 안륙을 출발하여 20일 후에 북경에 도착했다. 그때까지 궁정에서는 정덕제의 불미스러웠던 일들을 수습하느라 정신이 없었다.

정덕제가 스스로 대장군을 칭했던 위무단련(威武團練)의 각 진영이 해산되었으며 표방의 외국 승려와 그 밖의 미심쩍은 인물들은 추방되었다. 사방에서 헌상된 여자들은 귀향을 허락받고, 북경에서 급하지 않은 공사는 중지되었다. 정덕제가 오랫동안 머물렀던 선부의 별궁(別宮)에 있던 보물들은 북경 내고(內庫)로 옮겨졌다. 정덕제의 심복이었던 강빈은 동료였던 도독 이종(李琮)이 모반을 권하자, 망설이고 있던 차에 체포되었다. 몰수된 재산은 황금 70궤(櫃), 은 2천 2백 궤, 그 밖에도 진보(珍寶)가 어마어마했다.

가정제가 즉위한 후, 강빈과 전녕 등은 처형되었으며, 정덕제 재위 기간에 해임된 신하들은 복귀할 수 있었다. 이듬해의 세금을 반으로 감액하겠다는 조서가 천하에 내려지기도 하고, 금의위에서만 3만 명의 인원이 정리되는 등 사람들은 새로운 황제의 정치에 기대를 걸었다.

인원 정리는 대규모로 진행되었다. 환관을 연고로 해서 곳곳에 뇌물로 끼어든 사람들이 많았다. 그 사람들 모두가 해임되었는데, 그 수가 십수만에 이르렀다고 한다. 권신들이 옆으로 가로챈 금은 재보뿐만 아니라 앞에서 이야기한 십수만 명의 봉급도 국가 재정의 불필요한 지출이었다. 관직에 있었던 그들은 면세의 특전을 누렸으므로 그로 인해 국가는 커다란 손해를 보고 있었던 셈이다.

기대를 모았던 가정제도 그렇게 뛰어난 자질을 갖춘 인물은 아니었다. 명나라의 체제에서는 어진 황제가 출현하면 정치는 몰라볼 정도로 좋아질 수 있었다. 독재체제는 양날의 검이다. 『명사』는 가정제를 요컨대 '중재(中材)의 군주(君主, 보통 인간)'이라고 기록했다.

가정제 시대에 환관의 눈에 띄는 발호는 없었다. 그러나 기강의 이완은 눈에 거슬리는 부분이 있었다. 가정제는 즉위하자마자 '대례의(大禮議)'라는 커다란 정치적 사건을 일으켰다.

그는 사촌형인 정덕제의 뒤를 이었다. 그러나 그것은 중국의 관습이 아니었다. 알기 쉽게 이야기하자면, 가정제는 본가의 대를 상속한 것이기 때문에 정덕제의 아버지이자 가정제의 큰아버지인 홍치제의 뒤를 이은 셈이다. 따라서 홍치제를 '황고(皇考, 돌아가신 아버지)'로 삼고 친아버지를 숙부로 삼아야만 했다.

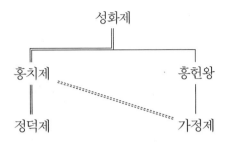

겸선으로 표시한 것이 본가 계통이다. 본가인 정덕제에게는 아들이 없었으며 유일한 친동생인 후위(厚煒)는 세 살 때 죽었다. 이에 가장 혈통이 가까운 흥헌왕의 장남을 본가의 상속인으로 맞아들였다.

그런데 가정제는 이미 고인이 된 친아버지 흥헌왕을 '황고(皇考)'로 올리고, 홍치제를 '황백부(皇伯父)'라 부르기를 바랐다. 그렇게 하면 본가를 흥헌왕 쪽으로 옮긴 셈이 되어, 극단적으로 말하자면 호칭상의 찬탈이 된다.

각신들의 우두머리인 양정화(楊廷和)는 예법에 따라서 홍치제를 황고로 삼고 친아버지를 황숙부(皇叔父)로 모셔야 한다고 결정하여 가정제와 대립했다.

황제는 사인(私人)이 되는 게 허용되지 않는다. 정덕제는 사인이 되고 싶어 궤도에서 벗어난 행동을 했지만, 황제는 그 정도로 운신의 폭이 좁은 존재이다. 사인이 될 수 없음에도 불구하고 가정제는 사사로운 정을 앞세워 내각과 대립하기에 이르렀다. 바로 이럴 때, 야심가가 나타나는 법이다. 모처럼 내각에서 통일된 견해를 내놓았는데, 황제에게 아첨하려 흥헌왕을 '황고'로 삼는 것에 찬성하는 소를 올린 자가 있었다. 진사인 장총(張璁)과 남경 형부주사(南京刑部主事)인 계악(桂萼)과 같은 무리들이었다.

가정제는 끝내 자신의 뜻을 관철하여 양정화는 실각했고, 장총과 계악이 한림학사로서 정권을 쥐었다. '대례의' 문제가 이렇게 결정된 것을 안 신하들은 궐(궁문)에 엎드려 곡을 했다. 신하들이 정덕제의 남방 순행을 간하던 정경이 재현되었다. 그들은 커다란 목소리로 '효종황제'의 이름을 되풀이해서 불렀다. 가정제의 결정대로라면, 황통은 성화제에서 흥헌왕으로 전해진 셈이 되고, 효종 홍치제는 없어지게 된다. 그래서 효종황제의 이름을 되풀이해서 부른 것이다. 가정제는 격노하여 궐에 엎드린 신하 190명을 옥에 가두고 주모자를 변경의 군영으로 유배시키는 한편, 4품관 이상은 녹봉을 빼앗고 5품관 이하는 장형에 처했다. 장형으로 편수(編修)인 왕상(王相) 등 16명이 목숨을 잃었다. 3년여를 허비한 '대례의' 사건은 황제를 추종하는 무리들의 승리로 끝났다.

이때부터 관료들은 기를 잃었다.

라고 사서에 기록되어 있다. 정의로운 사람들은 탄압을 받고 절조 없는 무리들이 정권의 자리에 앉았다. 천하 국가를 책임지고 있다고 자부하던 의관들이 의기를 상실했다. 추종자들은 자신들의 지위를 굳히기 위해 반대파들을 죄다 추방했다.

정권이 바뀌면 온갖 관직에 있는 사람들이 경질되는 당파 싸움이 바로 이때부터 생겼다.

황제에게 영합한 장총이나 계악처럼 이념이 없는 사람들 손에 돌아간 정치가 어떤 방향으로 흐를지는 대충 짐작이 간다. 가정제는 도교를 믿고 불로장수를 바라고, '청사(青詞, 도교의 신에 대한 기원문)' 작성에 능한 인물을 등용하는 바람에 정치는 더욱 부패했다. 청사 재상(靑詞宰相)이라 불렸던 엄숭(嚴嵩) 등은 예전의 환관들에게도 지지 않을 만큼 악랄한 뇌물 정치를 자행했다. 특히 그의 아들 엄세번(嚴世蕃)은 빈틈없는 수완으로 사람들이 두려워했다.

뇌물을 받는 것밖에는 재주가 없는 인물이 북로남왜(北虜男倭)로 골머리를 썩는 명나라 정치의 정점에 섰으니, 이는 바로 비극이었다. 북로남왜라 하더라도 결코 천재(天災)는 아니므로 정치력만 어느 정도 발휘하면 막을 수 있는 일이다. 예를 들어서 왜구도 처음에는 대금을 지불하지 않는 등 거래상의 다툼 때문에 일어났으므로, 정부가 적절하게 행정지도를 했다면 문제는 쉽게 해결할 수 있었다. 북로의 침입도 대동에서 일어난 군대 반란 때문이다. 군대에서 반란이 일어나는 것은 상층부의 부패로 병졸에 대한 대우가 좋지 않기 때문이니 순전히 정치 문제였다.

절대적인 권력을 가진 가정제는 자금성 깊숙한 곳에서 오로지 불로장수를 도교의 신에게 기원하고 있었다. 아무래도 '중재의 군주'라는 『명사』의 평가는 너무 후하다는 느낌이다. 처음 등극했을 때 모든 폐정(弊政)을 제거한 공적을 칭송하고 있으나, 이는 그가 즉위하기에 앞서 양정화 등 각신들이 미리 대처해 놓았던 일이었다.

가정 41년(1562), 가정제는 엄숭을 파면했다. 청사 재상인 엄숭이 나이가 들어 청사를 만드는 솜씨가 떨어지니 가정제도 그에게 싫증이 났기 때문이었다. 서계(徐階)라는 청사 작성의 달인이 등장해 황제의 마음이 그쪽으로 기울기 시작하던 무렵이었다. 이 서계는 '대례의' 사건 때 정의파에 속해 있으므로 좌천된 경력이 있었다. 내심은 기개와 절개를 갖춘 사대부가 다시 정치의 주역이 되기를 바라고 있었지만, 겉으로는 그것을 드러내지 않고 오로지 청사 만드는 데만 집중하여 황제 마음에 들기 위해 노력했다. 황제의 신임을 얻지 못하면, 아무것도 할 수 없다는 사실은 알고 있었다. 좌절을 경험한 적이 있는 그는 청사 작성자라는 가면 뒤로 몸을 숨긴 채 때가 오기만을 기다렸다. 황제가 엄숭에게 싫증난 사실을 알아채리고 그는 드디어 행동에 들어갔다.

명나라에는 언관(言官)이라고 해서, 오로지 의견을 내는 것만을 직무로 삼는 관리가 있다. 서계는 언관들과 손을 잡고 엄숭을 비난하기 시작했다. 이와는 별도로, 도사 남도행(藍道行)도 엄숭의 간죄(奸罪)를 가정제에게 고했다. 아무래도 엄숭에 대한 황제의 총애가 시들해졌다는 사실은 누가 봐도 알 수 있었을 것이다. 엄숭보다도 아들인 엄세번이 더욱 악랄했던 만큼 탄핵거리는 많았다. 세번은 주살되고, 실각한 엄숭도 곧이어 병으로 죽었다. 20년 동안 정권의 자리에 있던 엄숭도 허무하게 실각하고 말았다. 정덕제 때의 유근도 마찬가지였다. 명나라 황제의 권위가 얼마나 절대적이었던가를 알 수 있다. 하늘을 나는 새도 떨어뜨리는 위세의 유근이 권세를 잃을까 두려워 황제가 되고자 했던 마음은 당돌해 보이지만 이해는 간다. 황제에게는 우선 실각할 염려가 없다.

장수는 변(邊, 변경)에서 지치고, 도적은 안에서 무너진다.

라는 상황에서 가정제의 45년간의 치세가 끝났다. 가정제 45년(1566) 11월, 이 중재(中材)의 황제는 60세로 죽었다. 불로장수까진 살지 않았지만, 명군이라 불렸던 인종과 선종, 효종(홍치제)보다 훨씬 오래 살았다.

난민과 유민

　궁정 바깥으로 눈길을 돌려 보자. 의관의 사람들이 의기소침하여 무사안일주의에 빠져 있을 무렵, 민간의 활력은 상당했다. 유근이나 엄숭 등에 의해 뇌물은 사회를 움직이는 상식이 되어 버렸지만, 그것은 결국 서민들로부터 짜낸 것이다. 다시 말해서 서민들에게는 착취를 당할 여유가 아직 있었다.

　이 시대에는 궁정이나 민간 모두 물욕을 그대로 드러냈는데, 그런 의미에서는 그다지 꾸밈이 없고 솔직했다고 말할 수 있다. 이익을 중히 여기는 현실주의는 몽골족 정권 시대의 기풍을 이어받았다고 생각된다.

　중국은 넓기 때문에 해마다 지방 어딘가에서는 재해가 일어났다. 기록만으로는 알 수 없지만, 천재처럼 보여도 사실은 인재였던 경우도 있었을 것이다. 『명사』 본기는 항목별 보고서처럼 극히 간단하게 나열되어 있을 뿐인데, 예를 들어서 가정 원년부터 보더라도 그해에 남기(南畿), 절강, 강서, 호광, 사천에 가뭄이 들었다는 사실을 알 수 있다. 2년에는 '요동 기근'이라는 기록이 있으며, 3년에는 '회(淮), 양(揚) 기근'이라는 기사가 보인다. 4년에는 '요동의 재(災)를 구하다'라는 기록이 있으니 요동에 어떤 재해가 있었을 것이다. 5년에는 2월에 '경사(京師) 기근'이라는 기록이 있으며, 8월에 '호광 기근'이라는 기사가 있다.

대동(大同)의 군란에 대해서는 몇 번인가 이야기했지만, 민란도 종종 일어났다. 명나라 시절에 일어났던 민란 성격을 잘 보여 주는 것은 영종의 전기 치세에 일어난 등무칠(鄧茂七)의 난일 것이다. 등무칠은 복건 사현(沙縣) 사람으로 갑장(甲長)을 맡고 있었다. 최말단 지역조직의 조장 정도에 해당한다. 소작인이 지주에게 바칠 곡물을 운반해 가서 앞으로도 잘 부탁드립니다라고 인사하면서 선물을 바치는 게 이전까지 복건의 관습이었다. 등무칠은 그렇게 할 필요는 없다고 소작인들을 지도했다. 수확이 끝나자 지주에게 곡물을 가지러 오라고 요구하고, 선물하는 풍습을 그만두게 했다.

등무칠은 틀림없이 직정경행(直情徑行)하고 정의감이 강한 인물이었을 것이다. 소작인은 땀을 흘리며 1년 내내 일하는데, 어째서 자신들이 지은 곡물을 지주에게 직접 가져가지 않으면 안 되는 걸까? 이것은 소박한 의문이었다. 선물이라는 것은 감사의 마음을 담아서 주는 것이니, 타인에게 토지를 경작하게 하여 호화롭게 살고 있는 지주야말로 소작인들에게 감사하지 않으면 안 된다. 등무칠은 그렇게 생각했다. 그리고 생각한 대로 소작인들에게 실행을 시키려 했다.

지주는 이에 화를 냈다. 소작을 원하는 사람들은 얼마든지 있지만, 특별히 토지를 빌려 주고 있다는 생각이 있었기 때문이다. 그 지방의 유력자인 지주들은 당연히 관헌과 관계를 맺었다. 그들은 현에 호소했다. 소작인이 지주에게 반항하는 것은 작은 모반이라고 생각했다. 그걸 선동한 등무칠은 모반의 두목이 되어 버렸다. 현은 등무칠을 체포하라고 순검(巡檢)에게 명령했다. 그런데 등무칠이 체포를 하러 온 병사를 몇 명 죽이고 말았다. 그래서 현에서는 300명의 병사를 파견했다. 그런데 이번에도 모두 목숨을 잃었다고 한다. 지도를 하던 순검마저 목숨을 잃었다. 이것을 보면, 등무칠은 틀림없이 상당한 숫자의 사람들을 모았던 듯하다.

소작인 선동자는 결국 모반의 수령이 되어 버리고 말았다. 근방 지주들의 집을 털며 스스로 '잔평왕(剗平王)'을 칭하고 각각의 직무를 정했는데, 그 도당은 수만 명이었다고 한다. 거기에는 소작인들뿐만 아니라, 엽종류(葉宗留)와 진감호(陳鑑胡)를 수령으로 하는 보풍현(寶豊縣)의 은광(銀鑛) 노동자들까지 호응했다. 등무칠은 20여 곳의 주현(州縣)을 점령하고 관군의 지휘인 법진(范眞)과 팽새(彭璽)를 죽였다.

아무래도 단순한 소작쟁의가 아니었던 모양이다. 복건의 민정장관에 해당하는 포정사 원근(阮勤)은 원래 안남 사람인데, 백성에 대한 착취가 심해서 사람들로부터 원성을 사고 있었다. 등무칠의 반란군에 참가한 사람들이 많았던 것에는 그런 배경도 있었다.

조정에서는 어사인 정선(丁瑄)에게 초토(招討)를 임명하고, 도독인 유취(劉聚) 등이 대군을 이끌고 복건으로 향했다. 등무칠의 무리들은 연평(延平, 지금의 남평(南平)시]을 공격했는데, 정부군이 압도적인 병력의 힘으로 결국 반란군을 진압하고 등무칠은 참수를 당하고 말았다.

이는 정통 13년(1448)에서 이듬해에 걸쳐서 일어난 사건이다. 등무칠이 참수를 당한 것은 정통 14년 2월의 일이다. 6개월 뒤인 8월에는 영종이 토목의 요새에서 오이라트에게 포로로 잡히는 사건이 일어났다.

등무칠에 호응했던 은광 노동자 모반 집단은 '처주(處州)의 적(賊)'이라 불렸다. 섭종류도 왕을 칭하고 절강·강서·복건 세 성의 경계 지역을 휩쓸고 다녔으며, 숭안(崇安)에서는 도지휘인 오강(吳剛)을 살해했다. 그런데 무리들 내부에서 분쟁이 일어나 진감호가 섭종류를 죽이고 '대왕(大王)'을 자칭했다. 국호를 태평(太平)이라 하고 연호를 태정(泰定)이라고 정하는 등 의기양양했으나 등무칠이 연평에서 참수당한 뒤, 고립되어 결국에는 절강 순무인 장기(張驥)에게 항복했다. 같은 해 9월의 일이었으니, 영종이 오이라트의 포로가 된 직후였다. 북경의 궁정이 동요하고 있을 때였으니, '처주의 적'이 평정된 것은 어둠 속의 한 줄기 빛과 같은 느낌이었을 것이다.

등무칠과 처주의 모반과 거의 동시에 광동의 요족(瑤族), 귀주(貴州)의 묘족(苗族)도 반란을 일으켰다. 원인은 아마도 현지 관리들의 착취에 있었을 것이다. 복건의 은광 노동자들에 대해서도, 현지의 감독관들이 자신들의 공적으로 삼으려고 가혹한 할당량을 부과했다고 생각된다. 난이 일어난 이듬해에 '절강, 복건의 은과(銀課)를 면한다'는 지령이 북경에서 내려간 사실이 기록되어 있으니, 그에 대한 반성이 있었을 것이다.

묘족의 반란은 만성적인 현상이었다. 영종의 두 번째 치세 때인 천순(天順) 연간에 이첨보(李添保)라는 자가 세금을 체납하고 묘족 속으로 도망쳐 들어가, 자신을 당나라 태종의 후예라고 칭하며 1만여 명의 군중을 모은 일이 있었다. 묘족들 사이에서 당 태종은 커다란 경외의 대상이었던 듯하다. 아니면 이첨보의 언변이 천재적이었는지도 모른다.

이첨보는 왕을 칭하고 무열(武烈)이라는 연호를 정했으며, 사방으로 자주 군대를 출동시켰다. 그것은 귀주 총병관(總兵官)인 이진(李震)에 의해서 진압되었으며, 이첨보는 포로가 되었다.

등무칠의 모반 직후, 광동의 황소양(黃蕭養)이 난을 일으켰다. 1천여 척의 배로 광주를 둘러쌌다고 하니 그는 해적이었을 것이다. 도독 동흥(董興)이 양광(兩廣)과 강서의 병사를 이끌고 가서 공격하여 수전을 펼쳤는데, 그 결과 황소양은 전사했고 부하들은 죽거나 익사했으며 나머지는 항복했다.

뇌물 때문에 일어난 민란

민란은 두 시기에 걸친 영종 정권 때 특히 많았다. 왕진의 전횡으로 상징되듯이 아마 영종의 정치 스타일에 문제가 있었을 것이다.

놀기에 정신이 빠져서 간사한 신하를 가까이했던 정덕제 시절에 민란이 많았던 것은 당연한 일이다.

정덕 5년(1510)에 일어난 유육(劉六)·유칠(劉七)의 난은 '뇌물의 난'이라 불러도 좋을 것이다. 유육과 유칠은 같은 형제인데, 본명은 각각 유총(劉寵), 유신(劉宸)으로 문안(文安, 북경의 남쪽 약 120킬로미터. 보정과 천진의 중간에 있다) 사람이었다. 형제 모두 효용정한(驍勇精悍, 용감하고, 무서움)했기에 지역 관리가 치안유지를 위해 그들을 이용했다. 말하자면 경찰 업무의 대행이었는데, 두 사람 모두 도적을 체포하는 등 눈부신 공로를 세웠다. 그들 무리에는 양호(楊虎)와 제언명(齊彦名) 등과 같은 사람들이 있었다. 그러나 뇌물 시대에는 아무리 공을 세워도 모두 소용없는 일이다. 공적을 인정받는 데는 뇌물 쪽이 훨씬 더 효과가 좋다. 당시는 환관 유근의 전성시대로 그 부하들도 기세등등했다. 유근의 부하인 양홍(梁洪)이라는 자가 유육에게 뇌물을 요구했다가 거절을 당하자 "유육은 도적이다"라고 고발했다.

해도 너무한 이야기였다. 나라에 협력해서 경찰 대행을 했으니 표창을 받아야 마땅했다. 그런데 관청과 조금이라도 관계가 있는 사람에게는 억지로 뇌물을 청구하곤 했다. 유육 등은 갑자기 입장이 바뀌어 정부로부터 토벌을 받아야 할 몸이 되었다. 토벌에 나선 것은 역시 유근의 부하로 포도어사(捕盜御史)인 영고(寧杲)와 유상(柳尙) 등과 같은 무리들이었다. 이런 경위로 해서 유육 등은 진짜 도적의 두목인 장무(張茂)라는 인물이 있는 곳으로 도망을 쳤다. 장무가 있는 곳은 범법자들을 숨겨 주던 사원과 같은 곳으로, 세금을 내지 못하거나 나라에 쫓기는 사람들을 숨겨 주었다. 그렇게 해서 인원을 늘려 세력을 확장할 수 있었을 것이다.

조정은 참장(參將)인 원표(袁彪)를 파견하여 장무를 토벌하기로 했다. 대군이 동원되어 장무도 궁지에 몰렸다. 돈만 있으면 무슨 일이든 해결할 수 있는 시대였으므로, 부하가 된 유육 등은 뇌물로 구명 공작을 펼치기 시작했다. 같은 문안 출신 환관인 장충(張忠)은 예전에 장무와 이웃 사이였기 때문에 유육은 우선 그쪽을 통해서 손을 써 보았다. 그렇게 해서 결정된 금액은 은 2만 냥이었다. 게다가 장충은 이번 구명 공작을 유근에게 부탁했기 때문에 유근에게도 따로 1만 냥을 건네지 않으면 안 된다고 말했다.

은 3만 냥이라는 거금을 마련하기 위해서는 한바탕 일을 벌여야만 했다. 그런 거금이 있는 곳은 관고(官庫)밖에 없다. 도적의 구명 공작에 필요한 뇌물을 마련하기 위해 도적 행위를 할 수밖에 없었다. 관고 습격은 커다란 일이기에 많은 사람들을 모으지 않으면 안 된다. 준비를 하는 동안에 일이 점차로 커져서 결국에는 반란을 일으키고야 말았다. 유육 등은 패주성(覇州城, 하북성 문안의 북쪽)을 공격하여, 수장을 죽이고 기세를 올렸으며 무리를 더욱 늘렸다.

패주에서는 조수(趙鐩)라는 지식인도 가담했다. 이 사람은 민란을 피해 있었는데, 아내가 반란군에게 붙잡히자 뛰쳐나가 맨손으로 두 사람을 때려죽였다. 반란군에게 붙들렸지만, 유육이 그의 대담함에 반해서 동료로 가담하라고 설득했다. 조수는 속칭 '조풍자(趙瘋子)'라고 불렸다. 반란군의 간부가 된 조풍자는 모두에게,

강간하지 말 것. 함부로 살생하지 말 것.

을 훈계했다. 그의 참가로 반란군은 의군적인 성격을 띠었다.

조정에서는 혜안백(惠安伯)인 장위(張偉)를 총병관으로 임명하고 우도어사(右都御史)인 마중석(馬中錫)에게 군무를 총지휘하도록 맡겼다. 장위는 인종 홍희제의 황후였던 장 씨의 동생인 장승(張昇)의 증손자였다. 황실과 혈연관계가 있는 귀족이었다. 마중석도 그와 비슷한 출신인 듯, 사서에 '서생으로 병사(兵事)를 배우지 않았다'라고 기록되어 있다. 그들은 토벌보다도 귀순 공작 쪽에 힘을 기울였던 것 같다.

참장인 상옥(桑玉)은 과연 직업군인답게 유육 형제를 만나자, 그들을 민가로 몰아 포위했다. 아무래도 이때 유 씨 형제는 부하를 많이 거느리고 있지 않았던 모양이다. 곤경에 빠진 유 씨 형제는 상옥에게 뇌물을 보냈다. 이에 상옥은 포위망을 느슨하게 했다. 이때 제언명이 원군을 이끌고 달려온 덕분에 유 씨 형제는 간신히 위기에서 벗어났다.

유 씨 형제의 반란이 확대된 것은 이 무렵부터였다. 반란군은 두 갈래로 나뉘어 유 씨 형제와 제언명 등은 산동으로 향했고, 양호와 조풍자는

하남에서 산서로 향했다. 종횡 수천 리, 부수고 깬 주현(州縣)이 100을 넘었으며 마치 무인지경을 달리는 것과 같았다.

마중석은 산동 덕현(德縣)에 있는 유육의 군영으로 견여(肩輿, 어깨에 짊어지는 가마)를 타고 들어가 단신으로 귀순할 것을 권했다고 한다. 원래 유육에게 모반의 뜻은 없었다. 오히려 당국에 협력하여 도적을 막는 일을 하고 있었을 정도였다. 그는 이때, 귀순할까도 생각해 보았지만 동생인 유칠이,

> 호랑이를 타고 달리면 내릴 수 없다. 지금 환관이 국사를 관장하고
> 있다. 마도당(馬都堂, 마중석을 말함)이 그 말을 지킬 수 있을까?

라며 반대했다. 기호지세(騎虎之勢)는 멈출 수가 없다. 게다가 환관이 천하의 권력을 쥐고 있어 모든 것이 그들에 의해서 결정되었다. 마중석은 생명의 보장을 비롯하여 여러 가지 귀순 조건을 약속했지만, 과연 그것이 지켜질지가 실은 문제였다. 환관의 말 한마디로 모든 것이 번복되어 목숨을 잃을 가능성도 적지 않았다. 그도 그렇다고 생각하여 유육도 귀순할 생각을 버렸다.

유 씨 형제의 군은 수만의 무리를 이끌고 하북, 산동을 휩쓸고 다녔으며, 양호와 조풍자의 군은 13만 병사와 5천 기병으로 28영을 조직했다. 하늘에 28개의 별자리가 있으니, 그에 따라서 구성한 것이었다. 기병을 보유하고부터는 그들의 활동 지역이 넓어져 강소, 호북까지 미쳤다.

토벌군은 때때로 북경에 첩보를 보냈지만 그것은 거짓 첩보였다. 왜냐하면 장위와 마중석이 성과가 나쁘다는 이유로 소환되어 투옥, 사형을

선고받았기 때문이다. 그러나 뇌물이 효과를 발휘한 것인지 형은 집행되지 않은 듯하다. 두 사람 대신 파견된 병부시랑 육완(陸完)과 부도어사(副都御史) 팽택(彭澤) 등은 부지런히 첩보를 보내지 않으면 목숨이 위태로웠다. 하지만 완전히 꾸며낸 보고는 거짓이 드러날 우려가 있었다. 이에 평범한 양민을 습격하여 전승으로 둔갑시킨 듯하다. 토벌군도 '탐욕스럽고 잔인하고 살상을 즐기고 약탈하기는 도적보다 심했다'라는 말을 듣는 상태였다. 유육 군도,

　　관병이 쫓아오면 도적은 곧 양민을 몰아세워 앞에 두었다. 관병이
　　죽이는 것은 모두 양민이다.

라고 사서에 나오는데, 양민을 방패로 삼은 흔적이 엿보인다. 정부쪽의 기록이니 정부군의 양민 참살에 대한 변명일 수도 있다. 반란군은 서민으로 이루어져 있었고, 조풍자는 음략망살(淫掠妄殺, 강간과 학살)을 엄금했다.

　　도독첨사 겸 부총병관(都督僉事兼副總兵官)인 풍정(馮禎), 부도어사인 마병연(馬炳然), 지휘인 왕보(王保)와 채현(蔡顯), 지현(知縣)인 장여주(張汝舟) 등 정부쪽 간부의 전사가 많았다는 것은 반란군이 얼마나 강했는지를 이야기해 주고 있다.

　　선부와 요동의 군대를 동원함으로 해서 조정은 간신히 이 유육의 반란군을 진압할 수 있었다. 유육은 한구(漢口, 호북성)에서 전투 중에 익사했고, 유칠과 제언명은 진강(鎭江, 강소성)까지 내려가 배를 버리고 낭산(狼山, 강소성)으로 들어갔으나, 육완의 군대에게 포위되었다. 제언명은 전

사했으며 유칠은 자살했다. 조풍자는 치발(薙髮, 삭발)하고 강하(江夏, 호북성)까지 도망쳤으나, 붙잡혀 북경으로 보내져 처형되었다. 낭산에서 반란군이 섬멸된 것은 정덕 7년(1512) 8월의 일이었다.

뇌물 때문에 시작된 이 반란은 뇌물과 관련된 후일담을 만들어 내고, 드디어 막을 내렸다. 국고 지출은 중앙에서만 은 200만 냥에 달하고, 반란에 휩쓸린 각지의 부고(府庫)는 텅 비어 버렸다고 한다.

유육의 난과 동시에 강서와 사천에서도 반란이 일어났다. 사천에서는 남정서(藍廷瑞)가 순천왕(順天王)을 칭하고 48총관을 두는 조직까지 만들었다. 남정서 등 간부들은 정부군의 계략에 걸려 포로가 되었지만, 탈출한 요마자(廖麻子)는 끝까지 저항했다. 조정은 토벌사령관을 해임하고 유육의 난을 진압한 팽택을 기용하여 드디어 이 대란에 종지부를 찍었다.

사재자와 사걸

정덕제 기간 중에 반란이 잇따라 일어나기 이전에도 명의 국가 재정은 그렇게 넉넉하지 않았다. 인·선의 치 때 비축해 놓은 국고도 영종의 토목보의 변과 같은 어리석기 짝이 없는 거사 등 실정의 뒤치다꺼리 때문에 탕진해 버리고 말았다. 그 여파는 물론 서민에게 미쳤다. 관리들의 세금 독촉은 매우 가혹했다. 정덕제 초기, 유육의 난이 시작될 무렵에 세상을 떠난 심주(沈周, 1427~1509)는 다음과 같은 칠언절구를 남겼다.

굶주림에 우는 아녀자는 마을에서 마을로 이어지고,
거기에 최전리(催田吏)의 문 두드리는 소리 더 말할 것도 없구나.

하룻밤, 노부(老夫)는 잠을 청하나 이루지 못해,
일어나 종이를 가져다 도원(桃園)을 그린다.

啼飢兒女正連村 況有催田更打門
一夜老夫眠不得 起來尋紙畵桃源

최전리란 세금을 징수하러 오는 관리를 말한다. 심주는 소주의 북쪽 외곽에 있는 장주(長洲)의 소봉가(素封家) 출신이다. 이 시에서 묘사한 것처럼 굶주림에 눈물을 흘린 적은 없었다. 그러나 이 시를 보면 알 수 있듯이, 세금 징수에 떠는 농민들을 방관자적인 자세로 볼 수는 없었던 모양이다.

어느 마을에서나 아이들이 굶주림에 울음을 터뜨렸다. 그런데도 세금 징발하러 온 사람은 가차 없이 문을 두드렸다. 노인은 너무 걱정이 돼서 잠을 이룰 수가 없었다. 여기까지는 빈농의 노인을 읊은 것이라고도 해석할 수 있을 것이다. 그런데 마지막 구에서 그 '노부'는 일어나 종이를 가져다 도원경을 그린다. 이것은 빈농의 노부가 할 수 있는 일이 아니다. 유복한 소주의 문인화가인 심주 자신이 거기에 등장하는 것이다. 심주는 부유층이었지만, 밤에도 잠을 이루지 못할 정도로 농민을, 그리고 세상을 걱정했다.

소주는 장사성이 홍무제 주원장에 맞설 때 마지막까지 저항했는데, 명의 조정으로부터 징벌적 조치를 받아 다른 지방에 비해서 훨씬 더 높은 세금이 부과되었다. 그런데도 소주는 불사조처럼 부활했다. 틀림없이 빈농도 있었지만 중국 전체를 놓고 봤을 때, 소주는 가장 유복했다. 과세의 불공평함을 극복하고 소주는 명나라 경제의 가장 큰 중심지가 되었다.

심주의 시를 읽노라면, 그는 좋지 않은 시절에 태어난 듯하지만, 결코 그렇지 않았다. 그가 태어난 것은 선덕 2년(1427)이니 홍무제의 대숙청도, 정난의 변의 폭풍도 모두 지나고, 인·선의 치와 그 유산을 이어받은 시절에 산 셈이다. 그리고 정덕의 혼란한 시기가 시작될 무렵에 죽었다. 시기적으로는 좋은 시절이었다고 할 수 있다.

그래도 심주는 그 시대에 불안을 느꼈다. 잠을 설치는 밤이 계속되어, 붓을 쥐고 이상향을 그림으로써 자신의 마음을 진정시키려 했다.

심주는 아호인 석전(石田)으로 더 널리 알려져 있다. 그의 제자들 중에서 문징명(文徵明)이나 당인(唐寅) 등과 같은 거물들이 나왔으므로, 그는 소주 문화계의 장로로 인정받았다. 4대에 걸쳐서 서화로 이름이 알려진 문화적인 자산가 집안에서 태어나 무엇 하나 불만이 없었다. 마음만 먹으면 관료로서 상당히 높은 자리에까지 오를 수 있었겠지만, 그는 평생 관직에 나가지 않았다. 일민(逸民, 학문·덕행이 있어도 숨어 지내는 사람-옮긴이)으로 일생을 보냈다.

심주보다 한 세대 뒤인 그의 제자들의 작품에서 볼 수 있는 온아(溫雅)함은 그의 작품에는 그다지 나타나 있지 않다. 그와는 반대로 오히려 거친 면이 강하게 드러난다. 좌절했거나 기행을 일삼은 화가들에 비해서, 원래부터 예의바른 신사(紳士)였던 그의 작품에 이와 같은 분위기가 보이는 것은 가슴속의 불안에서 나왔을 것이다. 남들보다 감수성이 한층 더 예민했기 때문이다.

벼슬길에 나서지 않고 소주의 일개 시민으로 살았던 심주의 83년에 걸친 생애는 겉으로는 기복이 없었던 것처럼 보인다. 그러나 그의 가슴

속에는 다른 사람이 짐작하기 어려운 무엇인가가 있었는지도 모른다. 그의 제자 가운데 기복이 없음을 가장 충실하게 이어받은 사람이 문징명이고, 그와 정반대되는 사람이 당인이었다고 할 수 있을 것이다.

문징명도 스승인 심주와 마찬가지로 명문가 출신이었다. 남송의 충신인 문천상(文天祥)을 배출한 집안이라고 한다. 병약했지만 90세까지 살았다. 장수했다는 점도 그는 스승을 닮았다. 3년 남짓 궁전에서 벼슬살이를 했으나, 그의 긴 일생 동안 극히 짧은 기간에 지나지 않는다. 스승인 심주처럼 관직에 머물 마음이 전혀 없었다고도 볼 수 없다. 몇 번이나 과거에 응했지만, 번번이 실패했다. 53세가 될 때까지 시험을 보고는, 그 이듬해에 연고를 통해서 북경의 궁정에서 관직에 올랐다. 진사에 급제하지 못한 그에게 궁정은 아마도 편안한 곳이 아니었을 것이다. 만약 진사가 되었다면, 그도 관료 생활을 오래했을지도 모른다.

과거에 떨어지기만 했던 그는 대기만성형 인간이었던 것 같다. 아니면 노력형이라고 해야 할지도 모르겠다. 그럼도 40세까지는 오로지 선인들의 작품을 모사만 했다고 한다. 그는 많은 선인들로부터 배웠다. 스승에게서 배운 점이 가장 많았겠지만, 작품을 통해서 원나라 말기의 사대가(四大家)에게서도 배웠다. 배우는 방법도 A에서 B로 옮겨가는 방법을 취한 것이 아니라, 자신의 취향에 따라서 A와 B와 C 모두를 한꺼번에 받아들였다. 보기에 따라서는 주체성이 없다고도 볼 수 있지만, 포용력이 컸다고도 볼 수 있다. 계통적으로 영향을 받지 않은 것을 두고 그의 나약한 마음 때문이라고 보는 미술사가도 있다.

소주의 예술가 집단이 오파(吳派)라 불리며, 상당히 개성적인 사람들이 있었는데도 불구하고 그럭저럭 하나의 통일성을 보인 것은 문징명이 있었기 때문이었다. 술도 마시지 않고 여성도 가까이 하지 않았지만, 그는 온갖 개성을 저항감 없이 받아들이는 저작력(詛嚼力)을 지니고 있었다. 이야깃거리 별로 없고, 천재들에게서 볼 수 있는 전설도 없다. 그런데도 소주의 예술을 역사로서 멀리서 바라보면 그의 존재는 참으로 커다랗게 눈에 들어온다.

문징명과 같은 해에 태어난 당인은 그와는 전혀 반대가 되는 종류의 예술가였다. 글씨(書)와 그림(畵) 모두에 뛰어난 점은 문징명과 같으나, 당인에게는 천재 기질이 있었고 그 생애도 기복이 심했다. 사대부 집안 출신은 아닌 듯하다. 축윤명(祝允明)이 쓴 그의 묘지에는,

그의 아버지 광덕(廣德)은 고업(賈業)을 했으나 사행(士行)

이라고 쓰여 있다. 장사를 업으로 삼았지만, 그 행동은 사대부의 그것과 같았다는 뜻이다. 아버지의 장사는 아마도 음식점이었던 것으로 추정된다. 당시에는 사회적 지위가 낮은 직업이었다. 출발점부터가 문징명과 달랐다.

당인은 29세 때 남경 향시(鄕試)에 수석으로 급제했으며, 이듬해에 북경의 회시에 지원했다. 비극은 거기서 일어났다.

회시의 주시관(主試官)으로는 각료급 인물이 임명된다. 그해의 주시관은 정민정(程敏政)이었다. 그런데 그의 후임을 노리고 있던 인물이 사람을 부추겨서 시험문제 누출이라는 죄목으로 정민정을 탄핵하게 했다. 정민정이 문제를 누출한 상대가 당인과 서경(徐經)이라 해서 두 사람은 투옥되었다. 서경은 당인과 마찬가지로 소주 사람인데, 실제로 두 사람은 시

험 전에 정민정을 만나러 갔다. 그러나 시험 문제 누출 사실은 없었던 모양이다. 조사 결과, 탄핵자도 투옥되었으니 꾸며낸 사실이라는 것이 판명되었을 것이다.

그럼에도 불구하고 당인은 추방 처분을 받아 평생 관직에 오를 자격을 박탈당하고 말았다. 시험 전에 주시관을 만나는 것은 적절치 못한 행동으로 간주된 것이다. 커다란 좌절이었다. 시험을 보았으니 관도(官途)에 오를 뜻을 가진 게 틀림없었다.

> 손님이 오면 곧 함께 마시고, 돌아가도 묻지 않고, 취하면 곧 쓰러져 잤다.

라고 묘지에까지 적힌 방탕무뢰한 생활은 앞에서 이야기한 좌절과 무관하다고 할 수 없다. 향시 수석 급제자는 해원(解元)이라 불렸다. 당인은 당해원이라 불리기도 하고, 스스로를 육여거사(六如居士)라 부르기도 했다. 육여거사라는 호는 불경에서 따온 것이다. 모든 유위(有爲)의 법은 몽(夢, 꿈), 환(幻, 허깨비), 포(泡, 거품), 영(影, 그림자), 노(露, 이슬), 전(電, 번개)과 같다는 말이 『금강경』에 있다. 또한 스스로 '강남 제일 풍류 재자(才子)'라고도 불렀다. 돈이 들어오는 대로 바로바로 써 버렸기 때문에 그는 언제나 궁핍했다.

> 해원이 되어 황도(皇都) 제일의 이름,
> 분주히 돌아와 누운 낡고 오래된 집.
> 입추의 여지 없음을 웃지 말게.

만리강산이 붓 아래 생기네.

領解皇都第一名 倡披歸臥舊茅衡
立錐莫笑無餘地 萬里江山筆下生

입추의 여지도 없을 만큼 좁고 누추한 집에 살고 있지만, 이보게 웃지
말게나, 붓을 휘두르기만 하면 널따란 만리강산이 거기에 펼쳐지니. 좌절
에 대한 울분을 토하는 듯한 느낌도 들지만, 당인의 방탕한 생활의 숨결
이 이 시에서 느껴진다.

문징명과 당인보다 열 살 많았던 축윤명도 자유분방하게 생활했다. 진
사에 급제하지 못해 한때는 시골의 지현 등으로 있었지만 그만두고 소주
로 돌아갔다. 당인은 그림에 뛰어났지만, 축윤명은 시와 글씨에 뛰어났다.

문징명, 당인, 축윤명에 서정경(徐禎卿, 1479~1511)을 더해, 오중(吳中)의
사재자(四才子)라고 부른다. 서정경은 가장 어렸지만, 가장 먼저 눈을 감
은 조숙한 재인(才人)으로 시에 뛰어났다. 사재자 가운데 그가 이색적인
것은 그만이 진사에 급제하여 국학박사(國學博士) 등의 관직에 취임했다
는 사실이다. 그는 또한 하경명(何景明), 이몽양(李夢陽), 변공(邊功)과 함께
홍정(弘正, 홍치·정덕제 시절)의 사걸(四傑)이라고도 불린다.

북경과는 따로 놀았던 소주 사람들

홍정사걸(弘正四傑)은 서정경 말고는 모두가 북방 사람이다. 네 사람을
나란히 놓고 보면, 역시 서정경의 작품이 가장 화려한 느낌이다. 서정경

이 세 명의 북방 사람들과 함께 사걸이라 불리는 이유는 네 명 모두 고문사 운동(古文辭運動)의 입장에 섰던 시인이기 때문이다. 고문사 운동을 가장 먼저 주창한 사람은 이몽양(1472~1529)이었다.

문(文)은 반드시 진한(秦漢), 시는 반드시 성당(盛唐).

이것이 고문사 운동의 슬로건이었다. 따라서 송시(宋詩)를 전면적으로 부정하는 것과 같다. 두보, 이백이 정점에 있고, 백거이 등 중당 이후는 쇠약하다고 보는 문학운동이다. 어째서 송시를 부정했는가 하면, 그것이 너무나도 섬세하고 지나치게 이지적이어서, 시의 생명인 '조(調)'를 부차적으로밖에 생각하지 않았기 때문이다. '조'란 감정 분출의 리듬이라는 정도의 뜻이다.

이몽양이 제창한 이후, 고문사주의는 명나라 문학의 신조가 되었다. 명나라 사람들이 고문사주의에 공명하여 그것을 환영한 이유는 쉽게 이해가 된다. 명나라는 홍무제가 이상으로 삼았던 소박하고 남성적인 시대였기 때문이다. 물욕을 이야기할 때도 언급했지만, 그것조차도 음습한 것이 아니라 숨김없이 드러내었다. 난민이 토벌군의 장군을 상대로 포위망을 느슨하게 하기 위해 뇌물의 액수를 교섭할 정도였으니, 음예(陰翳, 어둠) 따위는 없다.

이 시대에 관한 전체적인 모습을 알고 싶다면, 소설 『금병매(金甁梅)』를 읽는 것이 가장 좋을 것이다. 『금병매』는 『수호전』의 일부에 등장하는, 맨손으로 호랑이를 때려 잡은 무송(武松)의 형수인 반금련(潘金蓮)과 그의 정부인 서문경(西門慶)의 이야기를 확장하여 또 다른 한 편의 장편소설로 만든 것이다. 『수호전』의 시대이니 무대는 북송 말기지만, 쓰인 것은 명나라의 만력제 시절로 보이며, 『금병매』의 분위기는 그야말로 명나라 중기 이후와 같다.

주인공인 서문경에게는 처첩이 6명 있었는데, 그중에서 반금련, 이병아(李瓶兒), 방춘매(龐春梅) 등 세 사람의 이름에서 각각 한 글자씩 따서 제목으로 지은 것이다. 애욕생활을 극명하게 묘사했기 때문에 작자명도 명기되지 않은 채 처음에는 사본으로 전해진 듯하며, 성립 연대도 분명하지 않다. 간행본이 나온 것은 명의 만력 38년(1610) 무렵인데, 현재 남아 있는 가장 오래된 간행본에는 만력 45년(1617)의 서문이 붙어 있다.

서문경은 악랄한 방법으로 부호가 되고 뇌물로 명예도 손에 넣어 음락에 빠진다. 득의의 절정에 있었지만 음약(淫藥)을 지나치게 많이 먹는 바람에 갑자기 죽고, 아들은 가출하는 등 일가는 뿔뿔이 흩어진다. 형식상으로는 권선징악이지만, 절정기의 서문경은 당시 사람들이 동경의 대상이었을 것이다. 이 소설에는 위로는 대신에서 밑으로는 거지까지 등장하며, 가정생활이 특히 자세히 묘사되어 있다. 상당한 필력을 가진 문인이 아니면 쓸 수 없었을 테니 만력제 시절의 문호 왕세정(王世貞)이 진짜 작가가 아닐까 추측하는 설도 있었던 모양이다. 그러나 왕세정은 이런 소설을 쓸 사람이 아니라고 생각되며,『금병매』의 특색 가운데 하나로 산동 사투리가 자주 등장하는데, 이 때문에 소주 부근 출신인 왕세정의 원작설은 거의 가능성이 없어 보인다.

『금병매』의 애욕 묘사는 중국의 전통이라는 입장에서 보자면 너무나도 노골적이며, 물질적 욕망은 참으로 당당하다는 느낌이고, 뇌물이 횡행하는 세상이 잘 반영되어 있다. 애욕과 물욕에 있어서도 소박(오히려 거친)한데, 바로 이런 것이 명나라의 사회였다고 생각해도 좋을 것이다. 단지 주의해야 할 것은, 명나라 때는 애욕이나 물욕뿐만 아니라 정신생활, 즉 학문에서도, 문예에서도 꾸밈없는 소박함을 그 근간으로 삼고 있다는 점이다. 고문사 운동이 바로 그것의 표출이었다고 말할 수 있을 것이다.

여기서 잠깐 남북의 문제에 대해서 이야기해 보기로 하자. 명대의 기풍에 대해서 이야기했지만, 그것은 대략적인 것이고, 남북의 차이도 적지 않다. 송나라 때의 이지성(理知性), 이론과잉, 섬세함 등이 명나라에서는 부정당했다고 말했지만, 그 부정은 북쪽에서 강했으며, 남쪽에서는 그렇게 강하지 않았다.

오중사재자 가운데 고문사 운동에 참여한 이는 서정경 오직 한 사람뿐이었다. 또한 네 명 가운데 진사에 합격한 이도 서정경 오직 한 사람뿐이었다. 그는 소주 출신의 사재자 가운데 유일하게 '비일민(非逸民)'으로서 북경에서 궁정의 관리 생활을 했다. 북경에서 이몽양으로부터 고문사주의에 관한 주장을 듣고 거기에 공감했다고 하니 소주 쪽에서 보면, 서정경은 북방에 심취했다는 말을 들을 것이다. 소주의 풍토는 섬세한 송나라 문예와의 연관성을 느끼게 하는 부분이 있어 북방만큼 심하게 송을 부정하는 기풍은 없다. 『금병매』의 작가로 추정된 왕세정은 소주 부근 출신이면서도,

나는 오(吳) 사람이다. 젊어서 일찍이 오중 사람과 시를 논했다. 대체로 이를 싫어한다.

라며, 소주의 분위기조차 반발을 했다. 이처럼 출신지에 따라서 기계적으로 성격을 분류하는 것에는 돌출적인 예외도 있어서 위험하지만, 대체적인 이해에는 도움이 될 것이다.

명의 조정으로부터 징벌적으로 차별대우(그것은 탄압이라고 해도 좋다)를 받으면서도, 소주는 그것을 경제력으로 극복했다. 소주는 강소성 안의 한 주에 지나지 않는다. 소주부(府)는 7개 현(縣)을 통할할 뿐이다. 그런데도 국가에 대한 세금 부담액은 75개 현을 통할하는 절강성과 같았다. 절강성에도 항주부나 소흥부 등 중국에서도 손가락 안에 드는 유복한 지역이 있다.

참고로 명나라에는 140개 부(府)와 그 밑에 1,138개 현(縣)이 있었다. 소주부의 7개 현은 현의 숫자로는 전국의 160분의 1이었지만, 국세 부담은 천하의 10분의 1이었다. 차별대우하면서도 명은 경제적으로 소주에 의존하지 않을 수가 없었다.

소주는 비단의 도시다. 견직물의 주력 생산지였다. 만력 6년의 통계에 따르면, 소주부의 호수는 약 60만, 인구는 200만이었다고 한다. 소주의 비단은 해외에도 수출되었다. 최종적으로는 은으로 결제했기 때문에 대량의 은이 소주로 모여들었다. 그 일부는 세금으로 북경에서 거두어 갔지만, 쓸 만한 물자를 구입하려면, 역시 소주 상인들에게 의지할 수밖에 없었기 때문에 은은 다시 소주로 돌아왔다.

만약 소주가 그 기능을 정지하면, 명이라는 나라는 경제적으로 붕괴할 것이다. 소주 사람들에게는 그와 같은 자부심이 있었다. 일민(逸民)으로서 관직에 오르지 않은 사람들이 많았던 것은 그런 자부심도 작용했던 셈이다.

조공무역이건 사적 무역이건, 최종적으로는 소주의 상인이 거래를 하고 있었다. 틀림없이 외국에서도 적잖은 사람들이 와 있었을 것이다.

국립 교토(京都) 박물관에 오중사재자 가운데 한 사람인 당인이 일본 사람인 시게나오 히코쿠로(重直彦九郎)라는 사람에게 직접 써서 준 송별시(送別詩)가 수장되어 있다. 시게나오 히코쿠로가 도대체 어떤 사람이었는지는 전혀 알 수가 없다. 당인과 교제가 있었으니 풍아한 마음가짐이 있었는지도 모르겠지만, 시대가 시대인 만큼 평범한 여행자는 아니었을 것이다. 송별시를 쓴 날짜는 정덕 7년(1512)으로 되어 있다. 그보다 1년 전에 87세의 승려 게이고(桂悟)를 정사로 하는 견명선이 파견되었으니 그 수행원일지도 모르겠다. 『육여거사 전집(六如居士全集)』에는 '시게나오 히코쿠로, 일본으로 돌아갔다. 시를 지어 그에게 선사했다. 앉은 자리에서 붓을 놀리니, 심히 공교하지 못하다'라는 서문과 함께 시(《贈日本友人彦九郎》) 전문이 실려 있다.

평종(萍踪, 부평초가 떠다니던 흔적) 두 번 중화에 오다.
귀국(歸國), 섭력(涉歷, 걸은 땅의 넓이)을 자랑하라.
검패(劍佩), 정년(丁年)에 제의(帝扆, 황제의 병풍)에 알현하고,
성신(星辰), 오야(午夜)에 선사(仙槎, 신선의 뗏목)를 스친다.
여가(驪歌), 송별하는 3년의 객.
경해(鯨海), 빠르게 가는 만리의 집.
이번에 가서, 혹시 다시 오는 편이 있으면,
꺾기를 번거로워 하지 않으리, 낭간(琅玕, 옥을 닮은 아름다운 돌) 일
타(一朶, 한 떨기)의 꽃.

萍踪兩度到中華 歸國憑將涉歷誇
劍佩丁年朝帝扆 星晨午夜拂仙槎

驪歌送別三年客 鯨海遄徵萬里家

此行倘有重來便 須折琅玕一朵花

이에 따르면, 시게나오 히코쿠로는 두 번이나 명나라에 건너온 셈이
된다.

경제도시이자 문화도시, 그리고 일종의 국제도시이기도 했던 소주는
어떤 면에서 보자면, 홍무제가 목표로 삼았던 농본주의, 소박주의라는
명나라의 이상에서는 벗어난 곳이라 할 수 있다. 일민은 소주에 안주하
며 소주를 사랑했지만, 관료로서 나라를 위해 일한 비일민은 소주 출신
이라 할지라도 소주에 저항감을 가지고 있었던 듯하다. 소주는 명나라의
국가 이념과 충돌되는 부분을 가지고 있었다.

오중사재자이자 홍정사걸이기도 했던 서정경은 고문사파이기는 했지
만, 아직 소주(蘇州)적인 것을 많이 가지고 있었다. '고습(故習, 원래의 습성)
여전히 있다'고 고문사파인 이몽양으로부터 비난을 받았다는 이야기가
전해진다. 참고를 위해 〈춘사(春思)〉라는 제목의 칠언절구를 인용해 본다.

끝없이 넓은 춘강(春江), 낙휘(落暉, 석양)가 덧없고,

행인은 서로 돌아보며 옷을 적시려 한다.

초왕(楚王)의 궁 밖 천 줄기 버드나무,

꽃을 날려 손님의 돌아감을 늦춘다.

渺渺春江空落暉 行人相顧欲霑衣

楚王宮外千條柳 不遣飛花送客歸

풍토적인 것 외에 조정으로부터 탄압을 받았다는 사실이 소주에 반권력 감정을 심어 주었다고도 생각해 볼 수 있다. 오중사재자 가운데 서정경 한 사람을 빼고 나머지는 진사가 될 수 없었던 것도 명나라의 과거가 팔고문을 강요했기 때문에 독창적인 자질을 가진 사람일수록 불리했다는 사실과 관계가 있을 것이다. 참된 예술적 재능은 팔고문 안에 가둘 수 있는 것이 아니다.

축윤명은 할아버지가 진사였지만, 출신은 상인이었다고 한다. 당인의 집은 음식점이었던 것 같다는 사실은 앞에서 이야기했다. 이는 소주 시민의 각종 계층 사람들이 시나 글씨나 그림에 관심을 가지고 있었다는 사실을 말해 준다. 그 배경에 경제적인 여유가 있었다는 점은 말할 나위도 없다.

천풍을 타고 내리다

유교 통치체제를 건드린 양명학

서정경을 소주의 배신자라고 단정하는 것은 심하다는 생각이 든다. 그는 젊은 나이에 진사가 되어 북경의 조정에 머물렀는데, 소주의 활력과는 사뭇 다른 북방의 활력에 놀랐을 것이다. 평범한 사람의 눈에는 보이지 않는 것이 그에게는 보였을 것이라 여겨진다. 감수성이 예민하고 마음이 넓게 열려 있었기 때문에 북방의 좋은 점도 매우 잘 이해했다고 호의적으로 해석해야 할 것이다. 그는 요절했다.『명사』에는 23세라고 기록되어 있으나 33세가 정확한 듯하다. 그렇다 해도 그의 죽음은 너무 빠르다. 유육의 난이 한창이던 정덕 6년(1511)에 죽었다.

요절한 서정경을 위해서 그 묘지를 쓴 사람이 친구인 왕수인(王守仁, 1472~1528)이었다. 왕수인은 호인 양명(陽明)이 훨씬 더 유명하니, 이제부터는 왕양명이라고 부르기로 하겠다.

왕양명은 성화 8년(1472)에 태어났으니, 그가 묘지를 쓴 서정경보다 일곱 살 위인 셈이다. 절강의 여요(餘姚) 출신이니 남방 사람이었다. 21세에 향시에 합격하고 28세 때 회시에 급제하여 진사가 되었다. 아버지인 왕화(王華)는 남경의 이부상서(내무부 장관)에까지 승진한 사람이었다. 명나라는 영락제 때 남경에서 북경으로 천도했는데, 남경에도 작은 정부를 두었다. 실직(實職)이라기보다는 명예직에 가까운 느낌이지만, 그래도 남경의 상서라면 각료임에는 틀림이 없다. 이렇게 좋은 환경 아래서 왕양명은 엘리트 코스를 밟으리라 기대되었다.

진사가 되어 관정공부(觀政工部)에 임관한 뒤, 병에 걸린 것은 그에게는 좌절이었지만, 그로 인해서 사색을 할 기회가 주어지기도 했다. 귀향하여 도교에 심취하거나, 불교에서 구원을 얻기도 하는 등 사상적으로 편력했다. 그는 정열적인 사람으로 한 가지 일에 빠져들면 철저히 파헤치는 성격이었다. 그 자신은 그것을 '익(溺)'이라고 표현했다. 임협(任俠), 기사(騎射), 문학, 도교, 불교에 차례로 빠져들어서 그것을 '오익(五溺)'이라 불렀다.

학자로서의 출발은 당연히 주자학(朱子學)의 격물설(格物說)이었는데, 당시에 이는 가장 정치(精緻)한 학문이었다. 주희(朱熹)는 유교의 이상인 성인이란 이(理) 그 자체라고 주장했다. 자신 속의 이뿐만 아니라 물(物, 자기 이외의 것)에 이르러서도, 그 이를 끝까지 파고들어 지(知)에 이를 필요가 있다고 했다. 이 '격물치지(格物致知)'는 엄격한 주지주의(主知主義)라 할 수 있다.

문학에서 명나라의 풍조는 송시의 이지주의를 거부했는데, 철학에서도 송나라 주자의 주지주의에 부정적이었다. 왕양명은 격물설에 의지하는 한, 마음과 이가 아무래도 별개가 될 수밖에 없다는 점에 불만을 품고, 사색에 사색을 거듭한 끝에 '마음 곧 이(심즉이(心卽理))'가 아니면 안 된다는 결론에 도달했다. 끝까지 파고들어야 할 것은 주자가 말하는 '외적 물(物)'이 아니라 '마음의 내적 물'이라는 것이다.

이렇게 말하면 아주 어렵게 들리지만, 주자학은 객관적 유심론(唯心論)이고, 왕양명의 학문은 주관적 유심론이라고 할 수 있다. 주자학은 조용한 우주의 질서를 말하고, 거기서 안정된 군신, 부자의 관계를 이끌어 내려 하는 것이다. 그에 비해서 양명학은 주관적인 것이기 때문에 외부로부터의 관조(觀照)라는 중재 장치가 결여되어 때때는 열광적인 것이 된다. 실천철학의 면을 강화하여 그것이 양명학의 특징처럼 되었다. '지행합일(知行合一)'을 강조한 양명학에서는 행동으로 나타나지 않는 지(知)는 무의미하다고 한다.

일본에서는 나가에 도주(中江藤樹, 1608~1648, 에도시대의 유학자-옮긴이)로부터 구마자와 반잔(熊澤蕃山, 1619~1691, 에도시대의 양명학자-옮긴이) 계통으로 양명학이 전해졌는데, 양명학의 무리들은 번(藩, 옛 일본의 행정 단위-옮긴이)의 개혁 등 실천에 열심이었다. 오시오 헤이하치로(大塩平八郎, 1793~1837, 에도시대의 양명학자-옮긴이)처럼 반란을 일으킨 예도 있으며, 막부 말기의 실천파인 다카스기 신사쿠(高杉晋作, 1839~1867, 막부 말기의 지사-옮긴이)나 사이고 다카모리(西鄕隆盛)에게까지 영향을 주었다.

양명학의 유심론은 '양지(良知)를 이룸'에 대해서, 양지는 인간의 마음에 이미 존재하고 있다고 생각했다. 왕양명은 '마음 곧 이'라고 깨달았지만, 이상인 '양지'를 중심에 두면 역시 마음과 이는 각도가 달라진다. 이의 각도에서 보자면, 양명학은 엄격한 윤리주의가 되어 주자학과 사고에서 커다란 차이를 보인다. 이를 양명학의 정통파라고 부르는 사람이 있는

데, 인륜을 중히 여기므로 이 사상에 위험한 요소는 없다. 실천을 중요시하므로, 주자학을 약간 활발하게 한 느낌이 든다. 위정자로서 걱정이 되는 것은 지나친 실천 정도다.

그런데 양명학을 마음이라는 각도에서 보자면, 모든 인간 속에 이미 '양지'가 존재하니 인간은 모두 평등한 존재가 된다. 조직에 위계를 만들고 사회에 계층을 만들고 장유(長幼)의 질서를 분명히 세워서, 국가는 통치 행위를 하는 것이다. 그런데 모두가 평등하다는 사고가 싹트게 되면, 위정자는 질서 유지에 불안을 느끼게 된다.

인간 속에 양지가 있다는 사실을 인정하면, 여러 가지 욕망이 인간 속에 존재한다는 사실도 강하게 부정할 수 없게 된다. 양명학의 일파에서 인간의 욕망을 긍정하는 경향이 강해졌다. 이것도 위정자에게는 그다지 좋은 일이 아니다. 공서양속(公序良俗)에 어긋난다며 명나라 조정이 이 파의 사고에 경계심을 품은 것은 당연한 일이다.

누구라도 가지고 있는 양지는 불교에서 말하는 누구나가 가지고 있는 '불성(佛性)'과 쉽게 연결이 된다. 틀림없이 불교 신자와의 결속도 강해졌을 것이다. 양명학 좌파의 운동은 어딘가 종교의 포교 활동과 비슷했다. 이는 위정자가 통치 이념으로 내세운 유교에서 크게 벗어난 느낌을 주기 때문에 정교(政敎) 문제로 심각하게 받아들여져 탄압을 받기에 이르렀다.

현실 정치에서 표류한 왕양명

왕양명의 생애에는 몇 번인가의 기복이 있었는데, 그것은 정치세력에 휩쓸렸기 때문이다. 가정 2년(1523)의 회시에서 그를 괴롭히는 듯한 문제가 나온 적이 있었지만, 그의 학문이 위학(僞學)으로 금지되어 탄압을 받은 것은 그가 죽은 뒤였다.

왕양명의 첫 번째 좌절은 우선 앞에서 이야기한 투병이며, 다음이 정덕 원년(1506)의 좌천이었다. 방탕아 정덕제의 즉위, 환관 유근의 정권 장악에 남경의 언관이었던 대선(戴銑)과 박언휘(薄彦徽) 등이 간언하는 상소를 올려 투옥된 사건이 있었다. 이때 왕양명은 두 사람을 변호했기 때문에 태형(笞刑) 40의 벌을 받았다. 거의 죽다시피 했으나 겨우 목숨만 건지고, 귀주 용장(龍場)의 역승(驛丞)으로 좌천되었다. 이것은 좌천이라기보다 유형(流刑)에 가까웠다.

유근은 정덕 5년에 주살되고, 왕양명 등도 명예를 회복했다. 왕양명은 병에 걸렸을 때와 마찬가지로 좌천 중에도 사색을 계속하여 '심즉이', '격물치지설'을 완성했다.

정덕 12년(1517), 남감(南贛) 순무로 강서에 있을 때, 영왕 주신호의 난이 일어나 왕양명이 이를 재빠르게 평정했다는 사실은 앞에서 이야기했다. 남순을 말리는 신하들 때문에 일단 단념했던 정덕제는 친정을 구실로 남쪽으로 향했다. 왕양명이 보낸 첩보가 묵살된 경위도 앞에서 이야기한 대로다.

남창에 봉해져 있던 황족인 영왕의 반란은 말할 나위도 없이 그 전에 있었던 유육의 난 등과는 성질이 달랐다. 민란이 아니라 제위를 노린 거병으로 '정난의 변'과 같은 계열의 모반이다. 정덕제라는 암군이 즉위하여 천하의 평판이 좋지 않았기에 그를 대신할 가능성이 있었다. 영왕도 상대가 정덕제였기 때문에 모반을 생각한 것이다. 상당히 주도면밀하게 준비를 진행하여 사람들을 모으기도 하고 인기를 얻기 위한 정책을 시행하기도 했다. 소주에서 방탕한 생활을 하고 있던 당인에게까지 관직에 오르라는 요구가 있었다. 당인은 알몸으로 영왕 앞에 나타나 간신히 관직을 거절할 수가 있었다. 만약 관직에 올랐다면, 모반자의 일당으로 당연히 주살되었을 것이다.

왕양명이 영왕과 그 일당을 사로잡았지만, '친정'에 나선 정덕제의 측근인 장충과 허태(許泰) 등이 그의 석방을 요구했다. 일단 석방했다가 그를 친정군이 잡는 형식을 취하고 싶었던 것이다. 참으로 한심한 이야기이어서 강직한 왕양명은 그것을 거부했다. 장충은 화가 나서 '왕양명은 반드시 반란을 일으킬 것이다'고 참언했다. 이때가 왕양명의 생애 중에서도 가장 위험한 순간이었다. 그러나 왕양명은 각지에서 강학(講學)했고, 『대학고본(大學古本)』이나 『전습록』 등의 저작도 간행했기 때문에 열렬한 지지자도 적지 않았다. 친정군에 종군했던 환관 장영도 그중 한 명으로 왕양명을 위해서 진력을 다해 간신히 화를 면할 수 있었다.

가정 6년(1527), 광서의 전주(田州)에서 민란이 일어나 왕양명은 남경 병부상서로서 토벌의 명을 받았다. 그 부근은 베트남에서 가까우며 요족과 동족(僮族)이 출몰하는 복잡한 지역이었다. 왕양명은 병을 무릅쓰고 출진하여 이를 평정했다. 이듬해인 7년에는 여태껏 명나라에 복종한 적이 없었던 단등협(斷藤峽)의 요족을 항복시켰다.

이때 조정에서 실권을 쥐고 있던 계악이 이번 기회에 교지(베트남)를 취해야 한다고 주장했지만, 현지의 왕양명은 이를 반대했다. 그 때문에 논공행상이 없었다. 이듬해인 8년 정월에 왕양명은 죽었다. 향년 57세였다. 계악의 반대로 공신의 사후에 내리는 시호(諡號)마저 소식도 없었다. 왕양명이 문성(文成)이라 추시(追諡)된 것은 융경제 시대가 된 뒤였다.

시인으로서의 왕양명은 고문사파에 속해 있었는데, 문학을 '익' 중 하나로 꼽았던 그였지만, 시작(詩作)에는 그다지 관심을 두지 않았다. 그럴 시간이 있다면, 사색에 잠기기를 선택했을 것이다. 그의 시 가운데 가장 유명한 것은 〈바다에 뜨다(泛海)〉라는 제목의 칠언절구다.

> 험난함과 평탄함은 가슴속에 머물지 않으니,
> 무엇이 다르랴, 뜬 구름이 넓은 하늘을 지나는 것과.
> 밤이 고요하고 바다의 파도 삼만 리,
> 달이 밝아서 비석(飛錫, 스님이 순유하는 일)이 천풍을 타고 내린다.

> 險夷原不滯胸中 何異浮雲過太空
> 夜靜海濤三萬裏 月明飛錫下天風

고문사파가 이상으로 삼았던 성당의 시보다 오히려 선승의 시와 비슷하다는 느낌이다.

가정제의 허물을 직간한 해서

양명학 좌파가 인간의 욕망을 긍정한 것은 욕망을 그대로 드러낸 명나라의 시대 풍조와 같은 선상에 있는 듯하다. 그러나 왕양명의 생애에서 볼 수 있는 불굴의 정신은 무사안일주의에 빠진 시대 풍조와는 아무런 관계가 없었다. 정덕제의 친정군에게 영왕의 인도를 거부한 일, 베트남 출병에 반대한 일 등은 자신의 목숨을 담보로 한 행위였다.

왕양명은 사색가인 동시에 격정적인 사람이기도 했다. 대체적으로 말하자면, 주자학은 주지적이고, 양명학은 주정적(主情的)이었다. 이몽양의 고문사파 운동이 지를 버리고 정을 취하는 것을 목표로 했는데, 왕양명도 거기에 공감했을 것이다. 그러나 그는 이몽양과 고문사파 운동에 결별을 고했다. 왕양명에게 있어서 무엇보다도 중요했던 것은 진리의 추구에 있고, 문학 운동은 거기에 도움이 되지 않는다고 판단했다.

왕양명은 이몽양을 외면했지만, 기질적으로는 역시 이 두 사람은 비슷했다. 거칠고 강건하다는 평을 듣는 이몽양은 격정 때문에 시가 거칠었는데, 그 자신은 그것을 송시에 대한 반항이자 성당(盛唐)의 시로 돌아간 것이라 생각했을 것이다. 앞에서 인용한 왕양명의 시에 '바다의 파도 삼만 리', '비석이 천풍을 타고 내린다'처럼 기우장대(氣宇壯大)한 구절이 있는데, 이몽양의 시에도 그와 같은 구절이 많이 포함되어 있다. 게다가 그는 서예가나 화가가 선인들의 작품을 그대로 베끼듯이 시문도 한, 위, 성당의 그것을 충실하게 본받아야 한다고 주장했다. 어쩌면 왕양명은 이러한 점에 불만을 느꼈는지도 모른다.

격정가인 이몽양은 환관 유근의 전횡에 반대하다 투옥되었다. 외척을 탄핵하다 투옥된 적도 있었다. 생애에 걸쳐서 세 번이나 투옥되었는데, 이것은 무사안일주의자가 할 수 있는 일은 아니다. 〈옥우(獄雨)〉라는 제목의 다음 시는 옥중에서 지은 작품인데, 약간의 표현이 과장된 탓에 공허함을 느끼게 할 정도다.

찬비는 하늘에 누워 8월에 내리고,
검은 구름 오가고 밝은 구름 열린다.

심양(潯陽)의 이백(李白)도 어찌 여기에 미치리오.
송옥(宋玉)의 가을을 슬퍼함도 아직 이러한 슬픔이 아니다.

冷雨橫天八月來 黑雲來往赤雲開
潯陽李白何如此 宋玉悲秋未是哀

심양(강서성)의 옥에 갇혔던 이백은 대역죄로 사형 판결을 받은 상태였다. 외척을 탄핵하다 투옥된 자신을 그보다 더 가혹한 상태라고 말하는 것은 과장이라고밖에 달리 표현할 방법이 없다. 초사(楚辭)의 작가인 송옥의 이름을 대단한 것이 못 된다고 말한 것도 당돌하게 느껴진다.

고문사파의 유력자는 대부분 북인으로 이몽양은 섬서, 이반룡(李攀龍)은 산동 사람이었다. 왕양명이 이몽양과 갈라선 것도 절강 출신으로 남인인 그가 북인의 분위기에서 잘 맞지 않는 무엇인가를 느낀 것이 하나의 원인인지도 모른다. 서정경이 마지막까지 남인적 요소를 시 안에 간직하고 있었다는 사실은 앞에서 이야기했다.

소주 부근 출신인 왕세정에 이르러서야 비로소 남인 중에서도 고문사파가 탄생했다고 할 수 있다. 이는 왕세정 개인의 격정이 고문사라는 그릇에 딱 맞았기 때문이었다.

가정 26년(1547), 진사가 되어 북경의 궁정에서 일하게 되었는데, 그때 그는 22세였다. 서정경과 마찬가지로 젊어서 북경의 공기를 마셨는데, 결국에는 남방을 싫어할 정도까지 되었다. 그는 동기인 양계성이 엄숭을 탄핵하여 투옥되었을 때, 열심히 구명운동을 했다. 그 운동의 보람도 없이 양계성은 가정 34년(1555)에 옥중 생활 3년 만에 형을 받아 죽었다.

길바닥에 버려진 그의 유해를 왕세정이 거두었다. 이 일로 엄숭의 분노를 사서 왕세정의 아버지인 왕여(王忬)가 투옥되었다. 왕여는 절강 순무로 왜구 토벌의 책임자였다. 주환이 살해된 뒤의 어려운 시기여서 당연히 토벌 성적이 별로 좋지 않았다. 그 후 대동으로 옮겨져 북로(北虜)에 대비했지만, 알탄 칸을 막기란 참으로 어려웠다. 패전이라는 구실로 엄숭은 왕여를 투옥했다. 왕세정은 이때도 물론 필사적으로 구명운동을 했지만, 아버지의 사형을 막을 수가 없었다.

가정제가 죽은 뒤, 왕세정은 망부의 명예회복을 요구하여 이에 성공했다. 행동적이고 격정적인 사람이었다. 그는 왜구 토벌의 명장인 척계광과 친분이 있었는데, 〈척 장군이 보검을 보내다(戚將軍贈寶劍歌)〉라는 제목의 시를 썼다. 만력 13년(1585)에 지은 작품이다.

> 예전에 창해(滄海)로 나가 성난 고래를 베었다.
> 술이 한창일 때 손을 잡아 서생에게 주었다.
> 부용은 시들고 어린(魚鱗)은 늙었다.
> 모든 인간의 일, 드디어 평온해지기 위함이다.

> 曾向滄流剚怒鯨 酒闌分手贈書生
> 芙蓉澀盡魚鱗老 總爲人間事轉平

위의 시에서도 볼 수 있듯이, 세상은 드디어 평온해진 듯했다. 척 장군의 무용과 해금을 완화함으로써 동남쪽의 연해에서도 왜구 모습을 보기가 드물어졌다.

그러나 오랜 세월에 걸친 북로남왜의 화는 국가 재정을 위기로 몰아넣었다. 소주의 견직물, 경덕진(景德鎭)의 도자기 등 외국에서 은을 벌어들이는 산업은 열심히 돌아갔지만, 그 정도 가지고는 회복이 어려웠다. 명왕조도 드디어 사양길에 접어들었다.

어떻게 해서든 국세를 회복해야 한다고 밤낮으로 고심한 사람도 있었다. 그 대표적인 사람으로 해서(海瑞)를 들 수 있다.

해서는 해남도 출신이다. 송의 소동파(蘇東坡)는 해남도로 유배되어 여족(黎族)과 함께 생활했는데, 그것을 시로 읊었다. 해서도 역시 소수민족의 생활에 익숙했었을 것이다. 향시에 급제하여 상경했을 때, '평여책(平黎策)'이라는 정치 의견서를 제출했다. 그것은 여족의 거주구역에 개도치현(開道置縣, 도로 개설과 현의 설치)을 진언한 것이었다. 학문을 하기 위해서는 '강(剛)'에 중점을 둬야 한다는 지론에 따라 스스로 강봉(剛峰)이라는 호를 썼다. 명나라의 시류였던 무사안일주의와는 반대로 상대방의 눈치를 살피지 않고 직간한 것이다.

간언하여 황제의 분노를 사면 바로 투옥되거나, 최악의 경우에는 사형을 당하는 시대였다. 그런데도 가정 45년(1566) 2월에 올린 해서의 상서는 대담하기 짝이 없었다. 그중에서도 불로장수를 원해 황제가 재초(齋醮, 단을 쌓아 기원하는 것)하는 것을 간한 부분에서는 통렬함이 느껴진다.

또한 폐하의 잘못은 많다. 그 커다란 원인은 재초에 있다. 재초는 그로써 장생을 구하는 것이다. 예로부터 성현의 수훈(垂訓)은 수신입명(修身立命)하고, '그 올바름을 순수(順守)하라'고 했다. 아직 이른바 장생의 설(說)이 있다는 말을 듣지 못했다. 요(堯)·순(舜)·우(禹)·

탕(湯)·문(文)·무(武)는 성스러움은 두터웠으나, 아직 능히 장생하지는 못했다. 이에 이어서 또한 방외(方外)의 선비 가운데 한·당·송에서 지금에 이르기까지 아직 존재하는 자는 없다. 폐하는 술(術)을 도중문(陶仲文)에게서 받아 그를 스승이라 칭했다. 중문, 또한 이미 죽었다. 그는 장생하지 못했다. 그런데 폐하는 어찌 이를 홀로 바라는가? 선도천약(仙桃天藥)에 이르러서는 괴망(怪妄)함이 매우 심하다.

요·순과 같은 성인에서부터 불로장수를 말한 예전의 방사(方士)에 이르기까지 아직 살아 있는 사람이 있습니까? 이와 같이 말하는 것까지는 상관없다 해도, 첫 부분의 '폐하의 잘못은 많다(陛下之誤多矣)'라는 표현은 보통사람이라면 쓰고 싶어도 쓰기를 마다했을 것이다.

격노한 가정제는 해서를 체포하라고 명령하고, 결코 놓쳐서는 안 된다고 덧붙였다. 환관인 황금(黃錦)은 "이 사람은 상소할 때, 노여움을 사서 죽을 것을 각오하여 관을 사고, 처자와 작별하고, 하인들도 내보냈으니 도망칠 일은 없을 것입니다"라고 대답했다.

해서는 투옥되었다. 가정제는 오랫동안 정무는 손을 놓은 채 재초에만 매달리고 있었다. 모든 사람들이 간하고 싶었지만 감히 그럴 용기가 없었다. 신하들은 뒤에서 해서의 용기를 칭찬했을 것이다.

그해 12월, 가정제는 방사인 왕금(王金)이 올린 단약을 마시고 죽었다.

건언(建言, 의견을 올림)하여 죄를 얻은 모든 신하를 불러서 쓰고, 죽은 자는 가엾이 여겨 기록으로 남겨라. 방사는 법사(法司)에 맡겨 죄를 논하게 하고, 모든 재초 작업과 정령(政令)의 불편한 것은 모두 이를 그만두어라.

라는 유조를 내렸다. 유조라고는 해도, 가정제의 말이 아니라 재상인 서계가 작성한 것이다. 황제가 급사할 때는 유조는 이와 같은 것으로 분명한 악정은 고쳐졌다.

이에 따라 해서는 10개월 만에 출옥하여 호부주사(戶部主事)의 현직에 복직한 뒤, 대리승(大理丞)으로 승진했다.

돈 되는 산업에 투자한 재벌 호족들

재초를 비난하는 부분만을 인용했지만, 해서의 정치적 주장은 실은 빈부 격차가 너무 심해진 것을 경고하고, 그에 대한 대책을 시급히 마련해야 한다는 점에 있었다. 복직한 그는 대리승에서 응천(應天)의 순무까지 승진했는데, 언제나 정전법(井田法)을 이상으로 삼았으며 그 제도가 너무 옛날 것이어서 지금 적용하기 어렵다면, 한전법(限田法)을 실시해야 한다고 주장했다.

한전법이란, 토지가 소수 대지주의 소유로 귀속되는 현상을 바로잡기 위해서 대규모 토지 겸병을 방지하는 법률이다. 또한 균세법(均稅法) 실시도 제창했다. 불공평한 세금을 개정하지 않으면 안 된다는 생각이다. 그러나 그의 의견은 대지주 출신이 많은 중신들이 좋아하지 않았다. 게다가 그는 황제에게까지 잘못이 많다고 말한 인물이니, 옳다고 믿으면 타협하지 않는 성격이었다. 그 때문에 당시 조정의 실력자였던 장거정(張居正)에게 소외당해서 정계에서는 불우했다. 장거정이 죽은 뒤에야 드디어 다시 활약할 수 있었다.

명 왕조는 재정난을 겪고 있었는데, 그것을 극복하기 위해서는 실제로 해서가 주장한 정전법까지는 어렵다 할지라도 하다못해 한전법과 균세법은 실시했어야 했다. 토지의 겸병으로 각지에 유력한 호족들이 생겨났으며, 그들은 자신의 재력으로 궁정의 중신들과 결탁했다. 그리고 조정의 정책을 자신들에게 유리한 방향으로 유도했다. 그를 위해서 뇌물을 주었는데, 그것은 고관들의 주머니로 들어가고 국고에는 들어가지 않았다. 세금을 많이 내지 않도록 해 달라는 뇌물이었다.

왜구 대책에 적극적이었던 주환이 실각하고 목숨까지 잃은 것은 민·절 호족의 이익에 반대했기 때문이라는 사실은 앞에서 이야기했다. 절강과 복건 연안에 밀무역으로 얼마나 유력한 호족이 등장했는지 상상이 갈 것이다. 훗날 일본인에게도 친숙한 국성야(國姓爺) 정성공(鄭成功)을 배출한 복건 남안(南安)의 정가(鄭家) 등도 대일무역으로 부를 축적한 집안이었다. 송·원에 걸쳐서 대외무역 기지였던 천주(泉州)는 강 옆에 있는 항구라 모래 때문에 수심이 얕아진 뒤로는, 외양선 항구의 지위를 하문도(廈門島, 아모이 섬)에 넘겨주었다. 하문도 맞은편에는 고랑서(鼓浪嶼)라는 섬도 있어 무역항으로는 보다 적합했다. 정성공 일족은 무역으로 번성하여 그 지방을 거의 소왕국화하며 군림했다. 다른 지방에도 비슷한 정도의 호족이 있었을 것이다.

경제사 연구자 중에는 중국 자본주의의 시초를 명 왕조 중기에 있었다고 주장하는 사람도 있다. 외국 무역이 그렇게 활발했던 이유는 당연한 결론이나 꽤 많은 제조업이 있었기 때문이다.

토지 겸병이 성행했다고 하지만, 다만 농업만으로는 대외무역을 자극

하기는 어려웠을 것이다. 토지 겸병으로 재산을 모은 호족들이 농업 이외의 분야에 자본을 투자하여, 각종 산업이 일어났다고 생각된다. 유력한 호족이 영향력을 미치고 있는 산업에서는 역시 세금을 징수하기가 어려웠다. 각종 산업이 일어났다고는 하지만, 국가 재정을 윤택하게 하는 것은 적었을 것이다.

향료 때문에 빼앗긴 마카오

국가의 기본적인 수입은 말할 나위도 없이 전조(田租)와 부역이었다. 자본주의의 시초라는 말을 들을 정도로 상공업이 발달하자, 화폐 경제가 보급되어 각종 세금을 은으로 내게 되는데, 산서와 신안의 금융업자들이 활약하여 상인의 사회적 지위가 향상되었다는 사실은 앞에서 이야기했다. 정부의 전매는 소금과 차였고, 은전 주조를 위한 광물도 역시 그랬다.

농가는 목화 재배, 양잠, 베짜기 등을 부업으로 삼았는데, 이는 상인의 흥정이나 선금제도 등에 의해서 이익의 대부분을 빼앗겼다. 국가가 소주의 직조나 경덕진의 도자기 제조 등을 직접 경영하는 경우도 있었다.

경덕진에는 명나라 초기부터 어기창(御器廠)이 설치되어 있었다고 한다. 군소 민요(民窯)도 있었지만, 당연히 관요(官窯)가 가장 컸다. 현존하는 명나라의 도자기 중에서 홍무, 건문, 영락, 홍희 등의 연호가 있는 것은 아직 한 점도 발견된 적이 없다. '대명선덕년제(大明宣德年製)'의 명(銘)이 가장 오래되었는데, 실은 명말에 이르기까지 도자기에 '선덕'이라는 연호를 넣는 습관이 계속되었다. 그렇게 하면 비싸게 팔렸기 때문이다.

이는 선덕 연간(1426~1435)의 도자기가 기술적으로 최고봉에 달했다는 사실을 말해 준다. 환관인 왕진이 정권을 잡았던 정통 연간에,

> 황(黃), 자(紫), 홍(紅), 녹(綠), 청(靑), 남(藍), 백지청화(白地靑花) 등 각 자기(瓷器)의 사조(私造)를 금한다. 어기는 자, 죄는 죽음.

이라는 명령이 떨어졌다. 경덕진의 모든 가마에서는 조정을 위해서만 도자기를 구워야 한다는 말이다. 선제(先帝)의 위패를 대묘에 모시는 의식을 위해서 수많은 제기를 필요로 했기 때문에 민요에 대해서도 납품을 강요했을 것이다.

어기창의 관요는 궁정의 일용품이나 제기를 제조하는 것이 목적이었다. 민요는 상업이기 때문에 아무래도 채산을 생각하지 않으면 안 된다. 그러나 관요는 어느 정도 채산을 도외시할 수 있었다. 비용을 아끼지 않고 여러 가지 시험도 할 수 있었을 것이다. 중국 도자기의 발달에 기여한 관요의 역할은 높이 평가해야 한다. 그러나 노동자를 혹사시킨다는 면도 있었기 때문에 조정에 간언하는 자도 있었다. 『명사』 「식화지」에는,

> 융경(1567~1572) 시절, 강서(경덕진)에 명하여 자기 10여만을 굽게 했다. 만력 19년(1591)에 명하여 15만 9천을 만들게 했고, 얼마되지 않아 다시 8만을 더했다. 38년(1610)에 이르러서도 아직 일을 마치지 못했다.

라고 기록되어 있다. 궁정 용품과 제기에 이처럼 엄청난 수량이 필요했

을까? 이는 외국에 수출하여 은을 벌어들인 것이 틀림없다. 재정이 궁핍해지면 궁핍해질수록 대량의 도자기를 만들어 세입의 부족분을 채웠을 것이라 여겨진다. 그 때문에 혹사를 당하는 것은 말할 나위도 없이 요업(窯業)에 종사하는 노동자들이었다. 명군이라 칭송받는 홍치제는 민력(民力)을 휴양시키기 위해서 경덕진의 어기창을 한동안 폐지한 적도 있었다. 그 때문에 '홍치년제(弘治年製)'라고 새겨진 도자기는 매우 적다.

홍치 이후 정덕, 가정, 융경, 만력으로 이어지는데, 이 시대에는 모양새는 따지지도 않고 대량으로 도자기를 만들게 했다. 재정적 궁핍을 면하기 위해서는 요업을 희생으로 삼을 수밖에 없었을 것이다.

명나라 도자기는 청화 기법을 이용한 것도 있으나, 붉은 그림을 그려넣은 것이 널리 알려져 있다. 일본에도 많이 수입되어 애용되었다. 일본뿐만 아니라 동남아시아, 서아시아, 유럽에까지 수출되었다. 영국이 동인도회사를 창립한 1600년, 일본에서는 세키가하라 전투(도쿠가와 이에야스가 도요토미 가문과 맞붙어 대세를 가른 싸움-옮긴이)가 있었는데, 명나라의 만력 28년에 해당한다. 2년 뒤에 네덜란드도 동인도회사를 만들었다. 그들이 중국에서 사들인 것은 비단, 생사(生絲) 그리고 도자기였다.

소주의 견직물이 활황을 맞은 것은 당연한 일이었다. 정부에서 직조관(織造官)이 파견되었는데, 경덕진 어기창의 관리처럼 그 자리에는 환관을 보냈다. 경제 관료로 환관을 기용한 것은 자식을 낳을 수 없으니 사리를 추구하지 않을 것이라 기대되었기 때문일 것이다. 그러나 실제로는 돈밖에 의지할 곳이 없다고 생각하는 사람, 아니 돈을 위해 자원해서 환관이 된 사람들이었기 때문에 공적, 사적 착취가 매우 심했다.

경덕진의 경우와 마찬가지로 현명한 군주였던 홍치제는 한때 소주, 항주, 가주(嘉州), 호주(湖州), 응천부(應天府, 남경)에 직조관을 파견하지 않았다.

각지의 광산에도 환관이 광세(鑛稅) 징수를 위해 파견되었다. 광세를 징수하는 일뿐만 아니라 광산 개발이라는 역할도 띠고 있었다. 그것을 미끼로 그들은 악랄하게 금품을 갈취했다고 한다. 다른 사람의 가옥이 있는 곳으로 가서 "이 밑에 광맥이 있을 것 같으니 시굴(試掘)하겠다"고 말하는 것이다. 시굴을 하려면 가옥을 허물고 땅을 파내야 한다. 그렇게 되면 곤란해지니 뇌물을 보내 그것을 중지해 달라고 간청하게 된다.

각 해항(海港)에 두었던 시박태감(市舶太監, 세관장)도 환관이었다는 사실은 앞에서 이야기했다. 궁정 용품 구입을 위해서 파견되는 것이 환관이었다는 사실은 말할 나위도 없다. 후비나 궁녀를 위해서 진주를 구입하는 환관은 채주사(採珠使)라 불렸는데, 주로 광동으로 파견되었다. 상인들이 환관과 유리한 거래를 하기 위해서 뇌물을 주었다는 것은 당연한 일일 것이다.

극히 드문 예지만, 환관이 약자가 되는 경우도 있었다. 구입하라는 명령을 받은 물품이 매우 귀중한 것일 경우다. 명령받은 만큼의 수량을 모으지 못하면 처벌을 받는다. 그들은 그것을 열심히 찾아야만 한다.

용연향(龍涎香) 같은 것이 그랬다. 이것은 향유고래의 장 안에 생성되는 밀납 형태의 물질인데, 향료의 원료로 귀중히 여겨졌다. 후궁의 후비나 황녀(皇女), 황족 여성들은 어쨌던 이것을 필요로 했다. 그럼에도 불구하고 이것을 손에 넣기는 매우 어려웠다. 당시에는 이것이 고래의 장 안에서 생기는 것이라는 사실조차도 중국에서는 알려지지 않았던 것 같다.

이것을 구입하라는 명령을 받은 채향사(採香使) 환관은 상당한 고생을 하지 않으면 안 되었다. 뇌물을 받기는커녕 자신이 주고 싶을 정도였을 것이다. 채향사는 이것을 주로 중국 남방으로 오는 포르투갈 사람들을 통해서 손에 넣었다. 계속적으로 용연향을 입수하기 위해서는 환관이 뇌물을 주어야만 했다. 포르투갈 사람들이 가장 바라는 것은 광동의 어딘가에 자신들의 무역기지를 가지고, 거기서 거주할 수 있는 일이었다. 그들은 그 장소로 마카오를 선택했다. 채향사 환관이 포르투갈 사람에게 건넨 뇌물은 마카오를 그들의 특별 거주지로 묵인하는 것이었다.

포르투갈 사람들이 마카오를 거점으로 삼은 것에 대해서는 여러 가지 설이 있다. 가정 말년에 포르투갈 사람이 명군을 도와 해적을 평정한 공적에 의해서 거주권을 얻었다는 설, 그리고 『명사』「외국전」에 있듯이 가정 14년(1535)에 교역장을 전백현(電白縣)에서 호경(壕鏡, 마카오)으로 옮겼을 때, 불랑기(佛狼機, 포르투갈 사람)가 멋대로 들어가 가옥을 건조했다는 설이 있다. 용연향설은 여러 설 중 하나인데, 어느 것이 사실인지 현재로서는 확인할 길이 없다.

　　중국은 아편 때문에 홍콩을 잃었고, 용연향 때문에 마카오를 잃었다.
라는 말도 있다.

마카오라는 지명은 이 지역에 바다의 여신인 마조(媽祖)를 모신 묘가 있는데, 그것을 마각(媽閣, 마코)이라 불렀기 때문이라든가, 그곳의 선착장을 마항(媽港, 마칸)이라고 불렀기 때문이라든가 등등 여러 가지 설이 있다. 바다의 여신을 광동에서는 일반적으로 천후(天后)라고 불렀으며, 마조라고 부르는 것은 복건의 관습이었다. 그 이름으로 봐서 거기에 묘를 세운 것은 복건 계열의 사람이었을 것이다.

문화혁명을 촉발시킨 『해서파관』

해서의 후일담을 보충해 보기로 하자. 가정제의 사망으로 그는 감옥은 나왔으나, 해서에게 반감을 품고 있던 재상 장거정 때문에 요직에는 오를 수가 없었다. 만력 12년(1584), 장거정의 죽음으로 드디어 남경의 우첨도어사(右僉都御史), 남경 이부·우시랑(吏部右侍郎) 등의 관직에 나갈 수가 있었다. 그 무렵, 그는 이미 70세가 넘었기에 죽음을 담보로 황제에게 간해야겠다고 생각하고, 탐관오리의 형벌이 지나치게 가볍다는 점을 비판했다. 홍무제 시절, 적은 금액의 불법에조차 교살형을 내렸던 전례를 들어 지금이야말로 그렇게 하여 탐관오리를 응징해야 한다고 상소했다.

북경의 조정에서 이 상소가 토론에 부쳐졌으나, 황제에게 '학형(虐刑)'을 권했다는 이유로 채택되지 않고, 어사인 매곤(梅鵾) 등은 해서를 탄핵했다. 만력제는 해서의 언동은 틀림없이 과격하나 충성은 헤아려야 한다며 탄핵자에게 감봉 처분을 내렸다.

종종 이야기한 것처럼 이 시대에 뇌물은 이미 공공연하게 오갔다. 모든 것이 뇌물로 움직여 그것이 마치 모든 것을 움직이는 윤활유와 같았다. 이제 와서 홍무제 시절의 엄형(嚴刑)주의를 적용하면 대부분의 궁정 신하, 지방관이 사형에 처해질 것이다. 실현 불가능한 일이었다. 그러나 해서의 입장에서 보자면, 지금이 바로 그런 상태이기 때문에 엄형주의로 임하지 않으면 국세를 회복할 수 없다고 생각했다.

정전법, 한전법, 균세법과 같은 해서의 정치적 주장도 채택되지 않았다. 정치가로서는 투옥되기도 하고, 지위상으로는 불우하기도 하고, 정견은 받아들여지지 않기도 하는 등 성공한 인생을 보냈다고는 말할 수 없다.

만력 15년(1587), 재직 중에 75세로 생애를 마감했다.

해서와 같은 사람이 있어서 관료의 부정을 들춰내면 생명에 지장이 있다고 생각하여, 급사중 종우순(鍾宇淳)과 어사 방환(房寰) 등과 같은 사람들이 번번이 상소를 올려 그를 비방했다. 또한 해서 자신도 나이 들었기에 은퇴하고 싶었지만, 만력제가 끝까지 위류(慰留)하며 허락하지 않았다.

해서에게 자식은 없었으며, 그는 평생 청빈한 생활에 만족했다. 첨도어사인 왕용급(王用汲)이 그의 마지막을 보러 갔는데, 초라한 방에 가구도 부서지고 낡은 것만 있을 뿐, 가난한 서민조차 견디기 어려울 것 같은 생활 모습을 보고 눈물을 흘렸다고 한다. 그리고 왕용급이 갹출하여 간신히 장례를 치렀다.

장례를 치르는 날, 시민들은 가게를 닫아 애도의 뜻을 표했으며, 관이 강 부근으로 나왔을 때, 상복을 입은 사람들이 양쪽 기슭에 죽 늘어섰고 장지까지 따라오며 곡하는 사람들의 행렬이 길게 이어졌다고 전한다.

정화에 대해서 이야기할 때도 언급했던 명사(明史) 연구가이자 문화혁명 전의 북경 부시장이었던 오함은 『해서파관(海瑞罷官)』이라는 희곡을 썼다. 그런데 이것이 문화혁명의 발화점이 되었다. 해서는 명나라 관료로 체제 쪽 사람이었는데 그를 칭찬했다는 이유로 이 작품은 엄격한 비판을 받았고, 오함은 실각했으며 박해를 받아 죽었다. 체제 쪽에 있었던 인물을 청결한 인물로 묘사한 것도 문제였지만, 사실 그보다 더 문제가 되었던 것은 해서가 죽음을 두려워하지 않고 황제에게 자신의 생각을 분명하게 말하고 투옥된 사실(史實)을 다뤘다는 점에 있었다. 이는 여산(廬山)회의에서 모택동(毛澤東)의 대활약을 비판하여 실각한 전 국방장관 팽

덕회(彭德懷)를 찬미하는 뜻을 담고 있는 것이라 간주되었고, 그것이 반혁명이라 낙인이 찍힌 것이다. 문화혁명은 바로 이 오함의 『해서파관』에서 시작되었다고 할 수 있다.

지금은 오함의 명예가 회복되어, 그의 희곡인 『해서파관』도 곳곳에서 상연되고 있다. 중국에서는 이처럼 역사를 거론할 때, 이따금 현재에 대한 비판과 관련이 있다고 간주된다. 또한 실제로 작가는 때때로 현대 비판을 역사소설이나 희곡 속에 담는 수법을 사용해 왔다. 오함이 위의 희곡을 썼을 때, 역시 여산회의가 머릿속에 있었다고 나는 생각한다.

만력의 내리막길

무덤 마련하려고 인건비 아낀 만력제

불로장수를 원해 재초에만 매달리던 가정제가 죽고 그나마 조금은 나은 후계자가 즉위를 했으면 좋았겠지만, 즉위한 셋째 아들인 목종(穆宗) 융경제(隆慶帝)도 그리 대단한 인물은 아니었다. 『명사』에는 스스로 검약을 실천했다는 등의 기록이 있지만, 그렇게 뛰어난 인물은 아니었던 모양이다. 밤새도록 잔치를 베푸는 것을 매우 좋아했으며, 여색에 빠져 있었다는 기록도 있다.

경덕진의 기록에 따르면, 이 시기에 질 좋은 자토(磁土)가 줄어 도자기의 품질이 떨어졌는데, 그뿐만 아니라 품격도 낮아졌다고 한다. 왜냐하면 경덕제가 술잔이나 대접에 춘화를 그리라고 명령했기 때문이라고 한다. 『경덕진도록(景德鎭陶錄)』에는,

남녀 사설(私褻, 음란)의 모습을 그리다.

라는 대목과 함께 음란한 도자기 인형도 만들게 했다는 기록이 실려 있다. 그리고,

> 그 비희(秘戲)의 도자기 가운데 일종(一種)은 특히 아품(雅品)이 아니다.

라는 글에서는 약간 불만스러운 감정의 필치를 엿볼 수 있다.

융경은 6년 만에 끝났으며 그의 셋째 아들인 주익균(朱翊鈞)이 즉위했다. 즉위했을 때는 겨우 열 살이었는데, 이듬해에 만력(萬曆)으로 개원했다. 어려서 즉위했다는 점도 있지만, 이 신종(神宗) 만력의 치세는 길어서 48년 동안 계속되었다. 치세가 길었던 할아버지 가정제보다도 몇 년이나 더 길었다. 명나라의 불행은, 현명한 군주의 치세는 짧고 무능한 군주의 치세가 길었다는 데 있었다. 만력제도 결코 명군이라고는 말할 수 없다. 25년 동안이나 조정에 나가서 정무를 챙기지 않았다는 기록을 가지고 있다. 말할 나위도 없이 이 기록은 결코 명예로운 게 아니다. 이런 군주가 50년 가까운 세월 동안 군림할 수 있었던 것은 명 왕조의 권위와 초기의 유능한 재상의 시정(施政) 덕분이었다.

명 왕조는 만력제의 손자인 숭정제 때 멸망했지만, 멸망의 원인은 모두 만력제의 후반에 만들어졌다고 해도 좋을 것이다. 만력의 말년은 흔히 무책임 정치 시대라고 불리고 있지만 좀 더 분명하게 말하자면, 정치 부재의 시대였다. 일본과의 관계로 말하자면, 도요토미 히데요시(豊臣秀吉)가 조선을 침공하여 명나라가 조선 지원을 위해 원군을 보낸 것이 만력제 시절이었다.

융경제의 평가에 대해서 조금은 너그러웠던 『명사』도 만력제에 대해
서는,

> 기강이 페이(廢弛)하고 군신이 비격(否隔, 막혀 통하지 않음)했다. 이
> 에 소인들이 권세를 좋아하고, 이(利)를 다투는 자가 분주히 돌아다
> 녔으며, 명절(名節)의 선비와 원수가 되고, 문벌이 어지럽게 대립했다.

라고 매우 엄격하게 비판하며,

> 명나라의 멸망은 사실 신종(만력제)에서 시작된 것이다.

라고 논자가 말하는 것은 지당한 일이라고 단정을 지었다. 만력제의 아버
지인 융경제는 어쨌든 『명사』에서도 검약의 자세가 있었다는 평가를 받
고 있지만, 만력제에 이르러서는 인색한(吝嗇漢)이었다고 해야 할 것이다.
그것도 국가를 위해서 검약한 것이 아니다. 예를 들어서 자신의 무덤을
만드는 데는 아낌없이 돈을 썼다. 당연히 지출해야 할 국비를 지출하지
않고 대신 자신의 무덤이나 만드는 데 썼으니 참으로 할 말이 없다.
　북경을 방문한 사람은 반드시 팔달령의 만리장성을 보러 가는데, 귀
로에는 보통 명 왕조의 13릉(陵)을 참관한다. 바로 명나라 13명의 황제
능묘가 몰려 있는 곳이다. 홍무제의 묘인 효릉(孝陵)은 남경에 있고, 건문
제는 어찌 된 셈인지 그 행방이 분명치 않아 그의 묘를 찾을 수가 없다.
북경 천도 이후의 각 황제, 즉 영락제의 장릉(長陵)부터가 그곳에 있다.
13릉 가운데서 관광객에게 개방되어 있는 정릉(定陵)이 바로 만력제의

묘다. 지하궁전이라 불릴 정도로 장려하다. 이 훌륭한 무덤을 만들기 위해서 만력제는 국비 지출을 아까워했다.

예를 들어서 관리에 결원이 생겨도 보충하지 않았다. 보충을 하면 급료를 줘야 하기 때문에 그런 일은 하지 않았다. 각신은 여러 명이며 그중 으뜸이 재상이라 불렸는데, 만력제 때에는 각신이 단 한 명이었던 적도 있었다. 13성(省)의 어사 가운데 9성이 결원이었지만 이를 보충하지 않았다. 지방관도 같은 상황으로 이래서는 국정이 제대로 돌아갈 리가 없었다. 그런데도 만력제는 궁전 깊숙한 곳에 틀어박혀서 조정에 나가려 하지 않았다.

생각하기에 따라서는 그런 식으로 나라를 잘도 유지했다며 명나라의 저력에 감탄하지 않을 수 없다. 열 살에 즉위했으니, 즉위 당초에는 그의 책임이 아니라고 말할 수 있을지 모르겠다. 그러나 적어도 만력 10년 이후의 일에 대해서는 역시 그가 책임을 져야만 할 것이다. 만력 10년에 그는 이미 스무 살이었으며, 이해에 장남인 주상락(朱常洛)이 태어났다. 타타르의 알탄 칸이 이해에 죽었다. 만력 초기의 명재상이었던 장거정이 죽은 것도 이해의 일이었다.

유능한 재상이 선임자를 내치는 방법

만력 초기의 재상이었던 장거정에 대한 평가는 매우 어려운 부분이 있다. 나는 그를 280여 년의 명나라 역사 가운데서도 가장 유능한 재상이었다고 생각하지만, 인간이라는 면으로 보았을 때 문제가 있어서 호감이 가지 않는다. 재상으로서 어린 황제를 보좌하여 거의 독재자로서의 수완을 발휘했지만, 그 지위를 손에 넣는 과정에서 그다지 좋지 않은 술책을 부렸다.

장거정이 각신이 된 것은 융경 원년(1567)의 일이었다. 필두(筆頭, 우두머리) 각신, 즉 재상인 서계(徐階)에게 인정을 받은 것이었다. 서계는 양명학파 사람이자 고문사파 문인이기도 했다. 엄숭을 대신해서 재상이 된 것은 가정의 말년 무렵이었다. 서계의 가장 커다란 공적은 언론의 자유를 부활시킨 것이다. 가정제는 제위에 오르지 않았던 친아버지 흥헌왕에게 제호를 주었는데, 이 '대례의'에 반대했던 많은 언관을 탄압했기 때문에 조정의 신하들도 더는 의견을 말할 기력을 잃고 말았다. 또한 가정제는 북로남왜와의 전쟁에서 전과를 올리지 못한 고관이나 장군을 바로 죽이거나 좌천시켰다. 주환, 호종헌 그리고 왕세정의 아버지인 왕유 등 그 예는 적지 않다. 서계는 화를 내며 미친 듯이 날뛰는 가정제를 이리저리 달래서 희생자를 최소한으로 줄였다. 그리고 가능한 한 관료들에게 의견을 말하도록 했다. 해서의 상소도 서계가 재상으로 있던 때의 일이었다. 서계가 재상이 아니었다면, 해서는 어쩌면 그때 목숨을 잃었을지도 모른다.

서계의 두 번째 공적은 가정제의 사후, 유조를 통해서 재초를 폐지하고 방사를 단죄한 것이다. 이때의 유조는 서계가 자신의 심복인 장거정을 조수로 삼아 작성한 것이다. 이에 불만을 품은 것이 같은 내각의 고공(高拱)이었다. 서계는 틀림없이 각신의 우두머리였지만, 이 시점에서 장거정은 아직 각신이 되지 않은 상태였다. 각신인 고공은 유조에 대해서 아무런 상담도 받지 못했다. 고공은 그 사실에 보복을 해야겠다고 생각했다.

봉건 시대였으므로 자식의 죄는 부형에게도 책임이 미쳤다. 고공은 어사인 제강(齊康)에게 그 아들이 횡포하다는 이유로 서계를 탄핵하게 했다. 그러나 이 탄핵은 실패로 끝났으며, 제강은 면직되었다. 조정 내의 언관, 즉 의견을 말할 자격을 가진 고관에게는 대부분 서계의 손길이 미쳐 있었다. 가정제 시절, 말도 꺼내지 못했던 언관들을 위해서 서계가 언론의 자유를 따냄으로 인해서 언관들은 서계에게 은의를 느끼고 있었기에 그들은 제강의 탄핵이 사원(私怨)에 의한 것이라고 비난했다. 불안을 느낀 고공은 스스로 직을 사하고 귀향했다. 고공도 역시 격정적인 사람이었던 것이다.

정적을 추방한 서계는 다음으로 환관의 대두를 막으려 했다. 가정제는 불로장수의 술법에 빠진 암군(暗君)이었지만, 환관을 중용하지 않았다는 점만은 높이 평가해도 좋을 것이다. 그러나 융경제는 예전처럼 각지의 군영에 환관을 파견하여 감독시키려 했으나 서계의 반대로 그만두었다. 이 일 때문에 서계는 환관들의 반발을 샀다. 후궁에서 자라 30세까지 궁전생활을 한 융경제에게 이미 환관 진홍(陳洪)이라는 놀이친구가 있었다.

서계도 그의 정적이었던 고공처럼 싫증이 나서 스스로 병을 핑계대고 벼슬을 떠났다. 공석이 된 필두 각신의 자리에는 예부상서(禮部尚書)로 내각에 들어온 양명학파의 조정길(趙貞吉)이 앉게 되었다.

조정의 기강과 국경의 업무가 모두 피폐되거나 이완되었으므로, 신
은 몸을 바쳐 일에 임하려 한다.

조정길은 양명학의 실천철학을 정치의 장에 반영시키겠다는 의욕을 불태웠다. 선종(禪宗)에도 조예가 깊고 성격도 과격하여 협조성이 부족한 일면도 있어서 가정 시절에는 여러 번 해임되거나 좌천되기도 했다.

이 무렵, 일단 하야했던 고공의 복귀 운동이 일어났다. 정적인 서계가

실각했으니 자신의 부활은 당연하다고 생각했는데, 조정길이라는 뜻밖의 인물이 내각 밖에서 들어온 것이다. 고공을 위해서 복귀 공작을 펼친 무리들 중에는 성공을 거둔 뒤, 그 공적으로 고위에 오르기를 바라는 야심가들이 적지 않았다. 그들은 목적을 위해서는 수단을 가리지 않았다. 가장 효과적인 방법이 뇌물 작전이었음은 이 시기에도 변함이 없었다. 황제에게 총애를 받고 있는 환관 진홍에게 뇌물을 주었다. 진홍은 환관의 최고위인 사례감 이방(李芳)에게 그 운동을 의뢰했다.

환관이라고 하면 대체로 악인이라는 인상이 강하지만, 좋은 환관이 없었던 것은 아니다. 이방은 그런 사람 중 하나였다. 그는 장거정을 학문의 스승으로 받들었으며 융경제의 과도한 연유(宴遊)를 간하기도 했다. 이방은 진홍에게 의뢰받은 일에 대해서 스승이기도 한 각신 장거정과 상의를 했다. 장거정이 고공은 유능한 인물이니 부활에 찬성한다는 뜻을 밝혔으므로 이방은 황제에게 그 일을 진언했다. 장거정이 고공의 복귀에 찬성한 것은 우두머리 각신인 조정길을 내쫓기 위해서라는 말이 있다. 고공과 손을 잡고 조정길에 대항하려 했던 것이다.

이는 성공을 거두었다. 이부(吏部)를 장악한 고공과 도찰원(都察院)을 배경으로 하는 조정길의 싸움은 전자의 승리로 끝났다. 강직한 조정길은 분연히 내각을 떠났다.

고공은 확실히 유능했다. 후에 장거정의 공적이라 알려진 사업 가운데 고공이 그 기초를 다진 것이 적지 않았다. 무엇보다도 알탄 칸과 강화하여 마시를 인정했기 때문에 북로의 우환을 제거하여 이전까지 거기에 쏟아 부었던 막대한 군비를 절약할 수 있었다. 게다가 마시도 운영방법을 잘 선택해서, 거기에서도 이익을 올렸기 때문에 이전까지 만성 적자였던 국가 재정이 점점 윤택해졌다. 고공은 이 실적으로 인해 천성적인 오만함이 더욱 심해졌다.

예전에 서계에 의해서 실각한 원한이 뼈에 사무쳐 있었는데, 고공은 부활 후 서계 계열에 속한 사람들을 정계에서 모두 몰아냈다. 뿐만 아니라 지방관을 통해서 서계의 가족에게까지 압박을 가했다. 유능한 만큼 그의 보복에는 집요한 면이 있었다. 이제 고공의 안중에는 아무것도 들어오지 않았다. 그의 독단 전횡하는 모습에 다른 각신들도 더는 견디지 못하고 사임한 뒤 떠나 버렸다. 그를 추천한 장거정만이 남아 있었는데, 그는 남몰래 고공의 실각을 노리고 있었다. 하늘 높은 줄 모르고 설치던 고공은 장거정의 심모원려를 알아차리지 못했다.

앞에서 이야기한 질이 좋은 환관 이방은 융경제에게 간언하다 그의 화를 산 데다 내정(內廷)의 경비를 삭감했기 때문에 동료 환관들의 지지를 잃었다. 결국에는 장형을 받고 사례감의 자리에서 떠나고 말았다. 당시 내각의 독재자였던 고공은 이 환관의 최고직이자 재상에 필적하는 지위에 이전 자신의 부활운동을 위해 노력해 주었던 진홍을 추천했다.

사실 사례감 자리는 동창의 장관이었던 풍보(馮保)라는 환관이 노리고 있었으며, 서열로 따지자면 그가 당연히 그 자리에 올랐어야만 했다. 분개한 풍보는 고공 추방을 위해 장거정과 손을 잡았다. 궁정의 인간관계는 극히 복잡했다.

융경제가 죽은 뒤, 풍보는 유조를 개찬하여 자신이 각신과 마찬가지로 어린 황제의 후견인으로 지명된 것처럼 꾸몄다. 이는 전례가 없는 일로 조정의 모든 사람들이 크게 놀랐으며, 고공은 언관들과 탄핵을 준비했다. 물론 장거정도 고공에게 그 사실을 듣고 풍보 탄핵을 승낙했다. 이렇게 해서 고공은 충분히 사전준비를 했다고 생각했지만, 장거정이 풍보와 손을 잡고 있다는 사실을 간파하지 못했다.

장거정의 통보로 풍보는 황태후에게 고공의 전횡을 호소하고 그의 추방을 청원했다. 고공의 방약무인한 태도는 예전부터 궁정 사람들의 빈축을 사고 있었다. 평소의 행실이 좋지 않았다고 하지 않을 수 없다. 어린 황제의 대리인이기도 한 황태후는 고공의 해임에 찬성했다.

즉위한 지 며칠이 지나, 신하들이 소집된 자리에서 조서를 읽어 내려갔다. 이미 탄핵서를 제출해 놓았기 때문에 고공은 사례감과 동창의 장관을 겸한 풍보가 그 자리에서 해임되어 추방될 줄로만 알고 있었다. 그런데 읽어 내려간 조서는 고공의 죄를 하나하나 들고 추방을 통고하는 내용이었다. 무릎을 꿇고 있던 고공은 너무나도 뜻밖의 일에 일어서지도 못하고 바닥에 엎드린 채였다고 한다. 장거정이 일으켜 세웠다. 그리고 시치미를 떼며 고공의 유임을 청했으나 물론 받아들여지지 않았다. 연극은 각본대로 진행되어 장거정이 드디어 필두 각신의 자리에 올랐다.

나라 살림을 넉넉하게 한 죄

'대례의' 사건 때, 가정제에게 영합했던 엄숭은 인간성도 떨어졌으며 정치적 능력도 없었다. 그러나 그 뒤에 등장한 서계, 조정길, 고공, 장거정 등은 모두 뛰어난 인물들이었다. 정치가로서는 유능했지만 아무래도 인간으로서는 모두 지나칠 정도로 개성이 강했던 듯하다. 지나칠 정도로 개성이 강한 인간이 아니면, 정치라는 무대에서는 재능을 발휘하지 못하는지도 모른다.

그들은 재상(당시는 수보(首輔)라 부르기도 했다)에 오르는 순간, 하나같이 독재자로 변해 버렸다. 명 왕조의 상황은 한 사람의 강렬한 인격이 견인차가 되어 독재로 이끌어 나가지 않으면 버틸 수 없었는지도 모른다. 양명학파 사람이든 아니든 상관없이 실천하지 않으면 모두 공론이라는 양명학적 사고에 지배를 받고 있었다. 명 왕조의 경우는 그 실천에도 신속함이 요구되었다. 우물쭈물하고 있을 수가 없었다. 반대하는 사람이 있으면 단호히 탄압하지 않고서는 정치를 추진해 나갈 수가 없었다.

서계로 인해서 어느 정도 언론의 자유를 되찾은 언관들도 장거정 시대가 되자 다시 침묵하고 말았다. 장거정은 온갖 문서들을 언관들에게 보냈다. 문서정치였기에 문서의 양은 방대했다. 그것을 모두 훑어본다는 것은 초인적인 작업으로, 아무도 해낼 수 있는 일이 아니었다. 언관이 의견을 제출하면, "그에 대해서 몇 월 며칠 제 몇 호의 상주문을 읽었는가?"라는 질문이 되돌아왔고, 만약 그 내용을 모르면 직무태만이라는 죄목으로 장형을 받았다. 그러니 언관들은 당연히 침묵을 지켰다.

조정을 장악한 것만 가지고는 부족했다. 각지에 호족이 있었고 사대부 계층이 전국에 있었다. 그들이 만들어 내는 여론도 무시할 수 없었다. 여론의 지도자는 각지 서원의 교사들로 그들은 때때로 학생들을 선동했다. 장거정은 서원 폐쇄를 명했다.

이렇게 해서 장거정은 반대파를 봉쇄하고 자신의 생각대로 정치를 했다.

북방의 국경이 안정을 되찾은 것은 장거정보다는 오히려 고공의 공적으로 돌려야 할 것이다. 알탄 칸의 타타르와는 그 뒤로도 거의 우호적인 관계에 있었다. 장거정은 고공의 정책을 물려받은 것이다. 북방은 안정되었지만 동방인 건주위가 이 시기에 불온한 움직임을 보였다. 건주위의 도지휘사로 임명되어 있던 아그는 한자 이름을 왕고(王杲)라고 했다. 요동에 침입하여 명나라 무순(撫順)을 지키는 수장을 죽여, 공사(貢使)의 파견을 정지당했기 때문에 동부 몽골의 수장들과 손을 잡고 자꾸만 병사를 움직였다. 장거정은 조선족 명장인 이성량(李成梁)을 기용하여 이를 크게 격파했다.

왕고는 망명했으나 뒤에 명나라로 인도되어 북경에서 처형당하고 말았다. 왕고의 딸인 에메치가 바로 청나라의 태조인 누르하치의 생모다.

어쨌든 이성량의 활약으로 동북의 국경도 평온을 되찾아 헤아릴 수 없을 정도의 군비가 절약되었다. 서남쪽에서는 요족, 동족에게 위세를 과시하여 그 지역에 부현(府縣)을 설치하고 직할령으로 삼았다. 그것은 예전에 해서가 진언한 일이었다.

내정 면에서도 눈부신 성과를 거두었다. 행정개혁으로 경비를 절감했으며, 황하의 치수공사에도 성공했다. 장거정이 죽은 뒤, 만력제는 결원이 생겨도 보충하려 들지 않았는데 그것은 장거정의 행정개혁의 겉모습만을 흉내낸 것이었다.

반대파의 의견을 뿌리치고 장거정이 만용을 부린 가장 커다란 사업은 천하의 전묘(田畝)를 장량(丈量)한 것이다. 이는 전지를 실측한 것을 말한다. 이 검지(檢地, 토지조사)는 간단한 듯 보이지만 그렇게 쉽게 할 수 있는 일이 아니다. 각지의 호족이나 대지주는 모두 예외 없이 '은전(隱田)'을 가지고 있었다. 등록되지 않고 숨겨진 땅이기 때문에 세금을 낼 필요가 없었다. 정부 고관과 환관은 모두 지주였으며 황실도 대지주였으므로 그들로부터 숨기고 있는 것을 드러내 놓게 하려면, 커다란 저항을 각오해야만 했다. 그야말로 만용을 부리지 않으면 할 수 없는 일이었다. 장거정은 이 일에 손을 댔지만 그의 생전에 장량을 완성하지는 못했다. 장량을 시작한 것은 만력 8년(1580) 11월의 일인데, 장거정은 만력 10년 6월에 죽었다. 장량의 결과, 전지의 총계는 약 700만 경(頃)이었는데, 이는 등록된 전지보다 300만 경이나 넓은 면적이다. 전국 전지의 40퍼센트가 '은전'이었던 셈이다. 이 장량으로 인해서 세입이 비약적으로 늘었다는 것은 말할 나위도 없다.

장거정은 국가를 위해서 커다란 실적을 올렸다. 만성적자였던 재정을 흑자 400만 냥으로 만들었으며 식량을 10년분이나 비축했다. 약간의 기근이 와도 무사히 넘길 수 있게 된 것이다. 그러나 그만큼의 일을 하려면 상당한 무리를 하지 않으면 안 된다. 언관의 입을 막기 위해서 장형이라는 비상수단을 사용했다. 장형을 받은 사람은 어떤 마음으로 있었을까? 은전이 발각되어 세금을 내게 된 사람들도 틀림없이 억울해 했을 것이다. 그가 정계에서 몰아낸 정적은 헤아릴 수도 없었다. 폐쇄된 지방 서원의 선생과 학생들은 장거정을 정의의 적이라고 생각했을 것이다.

그런 것들은 당연히 장거정도 알고 있었다. 그리고 매우 신중했다. 적은 많았다. 그 적들에게 빈틈을 보여서는 안 되었다. 만력 5년(1577), 장거정의 아버지가 눈을 감았을 때, 원래대로 하자면 복상을 위해서 장기간 직에서 떠나 있어야 했지만, 그는 풍보 등에게 유임을 요청하라고 시켰다. 그에 반대한 편수 오중행(吳中行) 등은 장형을 받았다. 조금이라도 재상의 자리를 비우면 누군가가 자신을 실각시키지나 않을까 걱정했던 것이다.

그가 살아 있는 동안에는 모든 이들이 그의 권력을 두려워하여 감히 손을 쓸 수가 없었다. 그러나 일단 죽고 없자 장거정을 탄핵하는 사람들이 줄을 이었다. 죽은 사람을 두려워할 필요는 없다. 아버지의 상중에도 직에서 떠나지 않았다는 사실은 절호의 탄핵 재료였다.

융경 2년(1568) 10월에 요왕(遼王)인 주헌절(朱憲㸅)이 음학(淫虐)의 죄로 폐위당하여 서민으로 격하되고 나라도 없어졌는데, 장거정의 사주가 있었다고 한다. 요왕의 아내는 남편의 무고함과 요왕 가의 재산을 장거정에게 빼앗긴 사실을 조정에 호소했다. 이렇게 되면 거의 뭇매나 같았다. 장거정이 죽자, 그의 모든 관직은 박탈당하고 재산도 몰수되고 가족은 탄압을 받았다. 장남은 자살했으며 동생은 변경으로 유배되었다.

25년 동안 출근 안 한 황제

장거정은 누가 뭐래도 만력제 기간의 중진이었다. 그의 죽음 이후, 더는 국정을 통솔하여 이끌어 갈 인물이 없어졌다. 어쩌면 그에 필적할 만한 인재는 있었을지도 모른다. 그러나 사후에 장거정이 받은 혹독한 처분을 보면 누구라도 의욕을 잃었을 것이다. 게다가 만력제는 정치에 전혀 관심이 없어서 25년 동안이나 조정에 나가지 않았다는 신기록을 세웠다.

장거정은 언론을 탄압했으나 그의 사후에는 그에 대한 반작용이 일어났다. 언론이 활발해졌으며 언관과 지방 서원의 선생, 학생들이 일제히 입을 열기 시작했다. 그야말로 백가쟁명과 같은 상태가 되어 수습을 할 수 없었다. 장거정의 위대함은 그가 죽은 후에야 비로소 증명되었다고 해도 좋을 것이다. 그의 사후, 명나라는 정치 부재의 상태에 빠졌다.

정치는 부재의 상태에 빠졌지만, 당파가 탄생했다. '동림당(東林黨)'이라 불리는 것이다. 이것은 후에 환관의 전횡에 반대하여, 반(反)환관당의 성격을 강하게 띠었지만, 원래는 반장거정의 무리들이었다. 장거정이 아버지의 상중에도 복상하지 않았다는 사실을 유교의 윤리에 어긋난다는 입장에서 공격한 사람들의 집단이다. 그들은 스스로를 '청의파(淸議派)'라고 불렀다. 아버지의 상중에는 복상을 해야 한다는, 누구도 반대할 수 없는 주장을 내세웠다. 장거정이 죽은 뒤에도 이 당파는 정의의 깃발을 날리며 야당적인 언론 활동을 계속했다. 고헌성(顧憲成), 고윤성(顧允成) 형제, 조남성(趙南星), 추원표(鄒元標) 등과 같은 사람들이 간부였다. 이들이 하야한 뒤, 고 씨 형제가 향리인 무석(無錫, 강소성)에 '동림서원(東林書院)'이라는 사학을 세워 청의파의 거점으로 삼았으므로 그들을 동림당이라 부르게 되었다.

고 씨 형제의 학풍은 주자학의 입장에서 양명학을 비판하는 것이었다. 양명학파의 말류(末流)인 주관적 유심론은 야호선(野狐禪, 들여우처럼 사람을 거짓으로 속이는 행위)적이고, 허황되며 독선적이었으므로, 거기에 격렬하게 반대한 것이다. 양명학은 인간의 욕망까지 긍정하는 부분이 있기 때문에 확대 해석에 의해서 사물을 애매하게 하는 경향도 생긴다. 장거정이 복상하지 않고 내각에 눌러앉아 있었던 것도 예절에 예외를 인정한다는 그 시대 풍조의 지원을 얻고 있었던 것이다. 청의파는 주자학의 엄격하고, 어떻게 보자면 융통성이 없는 윤리관을 도입하여 그것을 정치에 반영함으로 해서 퇴폐해 가는 국가를 구하려 했다. 당연히 이들은 정치에 관여한 실무파와 모든 면에서 충돌했다.

만력 21년(1593)의 대계(大計)에서 청의파는 내각과 정면으로 대립했다. 대계란 관리의 고과를 말한다. 거의 3년 간격으로 행해지는데 관리의 행장(行狀)과 실적을 기록한 '수지문책(須知文冊)'이 중앙이나 지방 장관으로부터 도착하면, 이부와 도찰부가 공동으로 검토했다. 이 근무평정 기준은 '탐(貪)', '혹(酷)', '부조(浮躁)', '불급(不及, 능력이 임무에 미치지 못하는 것)', '노(老)', '병(病)', '파(罷, 임무의 포기)', '불근(不勤)' 등 8개 항목인데, 대계의 결과에 따라서 승진, 좌천, 해임, 휴직, 위민(爲民, 서민으로 강등) 등의 인사 조치가 결정되었다.

이때의 재상은 왕석작(王錫爵)이었다. 근무평정은 이해나 주장이 뒤얽혀서 말썽이 많고 시끄럽기 때문에 파벌 싸움이 되어 버린다. 특히 이해의 대계는 인사의 주도권을 쥐고 있던 이부에 대해서 모든 각료가 추천권을 갖도록 개정하자는 주장이 있어, 관청의 세력다툼으로까지 번졌다. 청의파인 고공낭중(考功郞中) 조남성이 이때 한 발언이 문제가 되어 '전권식당(專權植黨)'이라는 죄목으로 탈봉(奪俸) 처분을 받고 스스로 직에서 물러났다.

대계 문제 외에도 태자 책봉 문제도 일어났다. 황후 왕 씨에게는 자식이 없었기 때문에 서열로 따지자면 자영궁(慈寧宮)의 궁녀인 왕 씨(황후와는 동성이인)가 낳은 장남 주상락이 황태자가 되어야만 했다. 그런데 만력제는 정귀비(鄭貴妃)를 총애하여 그녀가 낳은 주상순(朱常洵)을 황태자로 세우고 싶어 했다. 정귀비가 조르자 상순을 황사(皇嗣)로 삼을 것을 약속하는 문서를 정귀비에게 주었다는 말도 있다.

태자 책봉 문제는 황실의 가정 문제를 넘어 국가적 문제이기도 했다. 청의파는 장유유서에 따라 장남인 주상락을 황태자로 세우라고 논했다. 차남은 요절했고 셋째가 바로 정귀비가 낳은 주상순이었다. 만력제는 태자 책봉을 될 수 있는 대로 늦춰 상순을 태자로 세울 수 있는 상황을 만들려 했지만, 청의파는 하루라도 빨리 황태자를 세우라고 주장했다. 만력제 자신도 황후의 아들은 아니었지만 6세 때 황태자가 되었다. 그는 셋째 아들이었지만, 위의 두 사람이 요절하는 바람에 역시 서열에 따라서 황태자가 되었다. 이래서는 만력제가 불리하다고 할 수밖에 없다. 장남인 상락이 황태자로 책봉된 것은 만력 29년(1601) 10월, 그가 20세가 된 이후였다. 만력제는 마지막까지 말하기가 껄끄러웠던 모양이다. 이(李) 태후로부터 어째서 상락을 황태자로 세우지 않느냐고 질책을 받자, "그 아이는 생모가 미천한 궁녀이기 때문에"라고 답했지만, "너를 낳은 나도 궁녀였다. 그런데도 미천하다고 하는 게냐!"라며 크게 화를 냈으므로 어쩔 수 없이 태자 책봉을 단행했다.

상락이 황태자가 된 이후에도 언젠가는 폐할 것이라는 불온한 소문이 떠돌았으며, 황태자를 암살하려다 붙잡힌 자가 나온 사건까지 있었다. 이는 만력 43년(1615)의 일이었다. 이 사건의 배후에 정귀비가 있었다고 하는 언관들의 탄핵이 줄을 이었다. 궁지에 몰린 정귀비가 황태자에게 울며 무죄를 호소하는 장면까지 연출되었다.

황실의 불화는 곧 국가의 위기가 되는 시대였다. 신하들을 안심시키기 위해서도 그 소문을 불식시켜야만 했다. 만력제는 황태자 부부와 손자 등과 단란하게 살아가는 모습을 연출하기로 했다. 자영궁이 그 연극의 무대였다. 만력제는 우리 부자를 이간하려는 자가 있다는 것은 참으로 안타까운 일이라며 신하들을 질책하고 황태자의 손을 잡으며,

이 아이는 효심이 매우 깊고, 짐 또한 매우 사랑하고 아낀다. 짐에게 별의(別意, 황태자를 폐립할 뜻)가 있다면, 어찌 빨리 변경하지 않겠는가.

라고 말했다. 황태자도 자신의 암살 미수 사건에 대해서,

  풍전(瘋癲, 미치광이)에 걸린 사람(범인은 미친 사람이라고 결론지어졌
  다)을 아무쪼록 빨리 매듭지어야 한다.

라고 정귀비에게 사주받았다는 사실을 부정했다. 황제가 신하들을 만난
것은 이것이 실로 25년 만이었다.

조선 출병

  이처럼 속이 뻔히 들여다보이는 연극으로 일을 무마하려 했다는 점에
만력의 퇴폐가 있으니, "명나라의 멸망은 사실 신종에서 시작한 것이다"
라는 말을 들어도 마땅하다.
  도요토미 히데요시가 조선으로 출병한 문록(文禄) 원년(1592)은 명나라
의 만력 20년에 해당한다. 북경의 궁정에서 청의파와 내각이 충돌한 것
은 그 이듬해의 일이었다. 임진왜란이 한창 벌어지고 있던 때였다.
  임진왜란과 정유재란에 대해서는 일본사에 자세히 기록되어 있으니,
여기서는 명나라의 입장에서 본 그것에 대해서 간단하게 언급하기로 하
자.
  명나라의 홍무 25년(1392)에 고려가 멸망하고 이성계(李成桂)가 정권을
잡은 뒤, 명나라에 사절을 보내 국호를 바꾸겠다고 청한 사실이 『명사』
「조선전(朝鮮傳)」에 실려 있다. 이 기록에 따르면, 홍무제가 조선을 국호로
삼으라고 명령했다고 한다.

명나라의 대외 정책은 '속국'이 되어야만 비로소 조공무역을 허락했다. 일본에서도 아시카가(足利) 쇼군(將軍)이 명에 대해서 신하를 칭했다. 일본의 예에서도 알 수 있듯이 명나라는 속국의 내정에 전혀 간섭하지 않았다. 정삭을 받들었으니, 원래대로 하자면 일본은 명나라의 연호와 역법을 사용해야 했지만 그렇게는 하지 않았다. 명나라도 그런 일로 일본을 질책한 적은 없었다. 국서에 명나라의 연호가 있으면 그것으로 충분했던 것이다.

같은 '속국'이라도 조선은 뭍으로 연결되어 있고, 영락제가 천도를 하여 명나라에서 가장 가까운 나라가 되었기 때문에 명나라와 조선은 매우 밀접한 관계에 있었다. 예를 들어서 조선은 일본에서는 하지 않았던 볼모를 보냈으며, 일본은 10년 1공(貢)이었지만, 조선은 1년에 두 번이 원칙이었다.

그런 일본이 조선을 침공했는데, 대체 당시의 중국은 일본을 어느 정도 이해하고 있었을까? 청나라의 가장 권위 있는 학자가 협력하여 편찬한 『명사』 「일본전」의 한 구절을 다음에 인용하여 참고로 삼겠다.

일본은 예로부터 왕이 있고, 그 밑으로는 '관백(關白)'이라 칭하는 자가 가장 존귀하다. 한때 야마시로(山城) 주(州)의 거(渠, 두목)인 노부나가(信長)가 관백으로 있었다. 마침 사냥을 나갔다가 나무 밑에 누워 있는 한 사람을 만났다. 놀라서 일어나는 자를 붙잡아 힐문했다. 스스로 다이라 히데요시(平秀吉)이라고 말했는데, 사쓰마(薩摩) 주 사람의 종으로 웅건교첩(雄建驍捷, 건장하고 날쌤)하고 말재주가 좋았다. 노부나가 이를 기뻐하여 말을 기르게 하고, 기노시타(木下)라는 이름을 붙여 주었다. 후에 차차 일에 쓰이니, 노부나가를 위해 계책을 세워 20여 주를 빼앗아 합치고, 마침내 셋쓰(摂津)의 진수대장(鎮守大將)이 되었다. 참모 중에 아키치(阿奇支)라는 자가 있었는데, 노부나가에게 죄를 지었다. 히데요시에게 병을 통솔하여 그를 치라 명령했다. 노부나가 갑자기 자신의 부하인 아케치(明智)에게 살해되었다. 히데요시가 마침 아키치를 공격하여 멸망시켰을 때, 변을 듣고 부장 유키나가(行長) 등과 승리한 여세를 몰아서 병사를 돌려, 이를 주살하고 위명을 더욱 떨쳤다. 뒤이어 노부나가의 셋째 아들을 폐하고 관백을 참칭(僭稱)하여, 그 무리들을 모두 장악했다. 이때가 만력 14년(1586)이었다.

아키치와 아케치를 다른 사람으로 기술했다. 편집할 때 기록과 전문(傳聞)을 함께 사용한 것일지도 모르겠다. 아니면 이 아키치는 아라키, 즉 아라키 무라시게(荒木村重, ?~1586)를 가리킬 수도 있다.

이 관백 히데요시가 어째서 조선에 출병했는지 『명사』에는,

동시에 중국에 침략하고, 조선을 멸망시켜 이를 빼앗으려 했다.

라고 기록되어 있다. 그러나 당시의 명나라 사람들로서는, 일본이 명을 침략한다는 사실은 상식적으로 생각할 수 없었다. 약간 규모가 큰 왜구라고 생각한 사람들이 많았을 것이다. 또는 타타르의 알탄 칸처럼 변경에서 난동을 부려 조공무역의 자격을 인정케 하려는 것이 아닐까 생각한 사람도 있었을 것이다. 고공의 영단으로 알탄 칸은 '순의왕(順義王)'에

봉해졌고, 그 후부터 타타르는 조용히 교역을 했다. 히데요시를 제2의 알탄 칸이라고 생각한 것도 무리는 아닐 것이다. 조선 측의 기록인 『선조실록(宣祖實錄)』에는,

남만과 유구(琉球)는 모두 외이(外夷)로서 공(貢)을 받들어 대명에 대해 신(臣)을 칭한다. 일본은 홀로 국(國)이 되기를 포기하고, 지금껏 그 열에 참가하지 않았다. 전에 이 뜻을 조선에게 청하여 대명에 전달하려 했으나, 조선이 완고히 허락하지 않았다. 어쩔 수 없이 병을 일으켜 침공해 왔다.

라고 조공무역 강요설을 주장했다. 실제로 화의 때 히데요시는 강화 조건 속에 감합무역의 부활을 넣었다. 히데요시는 당에서 남만까지 호령하겠다든가, 일왕을 북경으로 옮기겠다든가 큰소리를 쳤지만, 그것은 전의 고양을 위한 기합과도 같은 것이었다고 생각된다.

전쟁 초에는 일본군이 파죽지세로 밀어붙였다. 조선은 오랜 세월 평화로웠고 병사는 전쟁을 배우지 않아서, 전국(戰國)이라는 난세를 싸워 이긴 일본군을 이길 수가 없었다. 일본군이 조선의 왕경(王京, 한양)으로 들어가 분묘를 훼손하고 두 왕자를 사로잡고 부고(府庫)를 약탈했으므로, 팔도의 거의 대부분이 무너질 상태에 놓이게 되었다. 『명사』에,

아침, 저녁으로 압록강을 건너 원군을 요청하는 사자가 길에 끊이질 않았다.

라고 기록되어 있는데 조선은 필사적으로 명나라에 원군을 요청했다. 명의 조정에서는, 조선은 나라의 번리(藩籬, 울타리)이니 반드시 구원해야 한다는 결론에 도달했다.

동정제독(東征提督)으로 명나라의 구원군을 이끌고 조선으로 향한 것은 이여송(李如松)이었다. 건주위의 여진족인 왕고가 반란을 일으켰을 때, 장거정이 토벌 사령관으로 기용한 이성량 장군의 아들이다. 이성량은 조선족이니 그의 아들인 이여송은 고국의 위기에 명나라 원군의 장군이 되어 조선으로 향한 셈이 된다.

이여송은 요동의 병사와 남방의 병사를 이끌고 있었다. 전자는 그의 직속 부하였으며, 남방의 병사는 대포와 화전(火箭) 등과 같은 강력한 병기를 가지고 있었기 때문에 급히 동원되었다. 이여송은 고니시 유키나가(小西行長)가 지키는 평양을 공격하여 이를 탈환했다. 고니시 유키나가는 대동강을 건너 도망쳤으며, 도중의 개성에 있던 고바야가와 다카카게(小早川隆景)와 구로다 나가마사(黑田長政) 군도 한양으로 퇴각했다. 이는 남방군의 호준포(虎蹲砲)와 화전에 의한 승리였다.

일본군을 쫓아 한양으로 향한 이여송은 남방군을 데리고 가지 않았다. 자신의 직속 부하에게 공로를 세우게 하고 싶었는데, 일이 뜻대로 되지 않아 벽제관(碧蹄館)에서 고바야가와, 다치바나(立花) 군에게 대패하고 말았다. 화포와 화전이 없는 명군을 일본군은 조금도 무서워하지 않았다.

전비 지출로 휘청거린 명나라

1승 1패였으나 명의 조정과 도요토미 히데요시 양쪽 모두 졌다고는 생

각하지 않았다. 그랬기 때문에 강화는 처음부터 성립 불가능했다. 히데요시의 조건은,

1. 포로인 두 왕자를 귀국시키겠다.
2. 명의 황녀를 일본의 후비(后妃)로 맞이하겠다.
3. 감합 무역을 부활시키고, 선박을 왕래토록 할 것.
4. 명나라와 일본 양국 대신의 서사(誓詞) 교환.
5. 조선의 4개 도와 국도를 반환.
6. 조선의 왕자 및 대신을 인질로 보낼 것.
7. 조선 권신들에게 대대로 일본을 거역하지 않겠다고 서약하게 할 것.

이상의 7개조였다. 명나라 쪽의 조건은,

1. 조선 전토의 반환.
2. 두 왕자의 귀국.
3. 관백 히데요시의 사죄.

라는 것이 골자였다. 이 강화에서는 심유경(沈惟敬)이라는 경력 불명의 인물이 활약했는데, 도저히 받을 수 있을 것 같지 않은 관백 히데요시의 사죄문을 위조했다.

특히 책봉 번왕(藩王)의 명호(名號)를 받기 원한다. 그러면 대대로 번리의 신이 되어 영구히 해방(海邦, 바다 쪽 나라)의 조공(朝貢)을 헌

상하겠다.

라는 내용의 것이었는데, 북경의 조정에서 이 가짜 사죄문을 검토한 뒤,

　　봉(封)은 허락하나, 공조(朝貢)은 허락하지 않겠다.

라고 결정을 내렸다. 히데요시에게 일본 국왕의 명호는 허락해도 좋으나, 한바탕 소란을 피웠다고 조공무역을 허락하면, 곳곳의 만이(蠻夷)가 흉내를 낼지도 모를 일이었다. 이에 봉(封)은 허락하지만, 조공은 이후의 태도를 본 뒤에 결정하겠다는 생각이었던 듯하다.

정사로 임명된 이종성(李宗城)은 내부 사정을 알고 있었기 때문에 겁을 먹고 미친 척하여 부산에서 도망을 쳤다. 부사(副使)인 양방형(楊方亨)이 정사로 승격되고 평범한 수행원에 지나지 않았던 심유경이 부사가 되었다. 사절단은 오사카(大阪) 성으로 들어갔고, 히데요시는 그들을 인견(引見)하고, 고명서(誥命書, 히데요시를 일본국왕에 봉하는 뜻을 적은 문서), 일본국왕지인(日本國王之印) 그리고 명나라의 관복 등을 받았다. 이튿날, 히데요시는 명나라의 옷과 관을 착용하고 사절단을 불러 잔치를 베풀었다.

고니시 유키나가와 심유경은 학문을 하지 못한 히데요시를 속이려 했다. 그러나 나중에 외교고문이었던 고잔(五山)의 학승(學僧)으로부터 강화의 7개 조건이 무시되었다는 말을 들었기 때문에 히데요시가 격노하여 제2차 출병을 명령했다는 것이 진상이었다.

라이산 요(賴山陽)는 『일본외사(日本外史)』에서,

　　일어나 면복(冕服)을 벗고 이를 집어던졌으며, 책서를 집어 이를 찢었다.

라고 썼다. "일본에는 일왕이 있는데, 그를 제쳐 두고 자신을 국왕에 봉하다니 이 무슨 일인가"라며 화를 낸 것이라 해석하고 싶었을 것이다. 이는 라이 산요의 역사 왜곡이다. 책서를 찢었다고 했지만, 이때의 고명서는 현존하고 있는데 찢은 흔적은 없다. 히데요시는 일본 국왕지인을 틀림없이 받았다. 히데요시가 일본 국왕이었다는 사실은 당시의 상식이었다. 히데요시뿐만 아니었다. 도쿠가와 이에야스(德川家康)도 조선의 사절에게 준 문서에는 일본 국왕 미나모토 이에야스(源家康)라고 서명했다.

히데요시의 제2차 출병은 고전의 연속이었는데, 히데요시의 죽음으로 막을 내렸다는 것은 모두가 아는 사실이다.

> 전쟁을 한동안 하다가 히데요시가 죽자, 모든 왜는 돛을 올려 모두 돌아갔으며, 조선의 난리 또한 평정되었다. 그러나 관백이 동국(東國)을 침범한 이후, 전후(前後)로 7년, 잃은 병사가 수십만, 미향(糜餉, 군량 등의 출비) 수백만, 중조(中朝, 명나라)와 조선은 승산이 없는 지경까지 이르렀다.

위의 내용은 『명사』「일본전」에 있는 결론인데, 명나라의 지출은 막대했다. 게다가 당시의 만력제는 지독하게 인색한 사람이었으니, 틀림없이 이 경비에 대해서 크게 한탄을 했을 것이다.

명나라가 쓴 돈은 이것만이 아니었다. 만력제가 총애했던 정귀비가 낳은 복왕(福王) 상순의 결혼식 때는 30만 냥이나 되는 거금을 썼다. 장거정이 십수 년의 집정 기간에 각고의 노력 끝에 국가를 위해 비축해 두었던 자금이 400만 냥이었다. 그것을 생각하면 황태자도 아닌 복왕의 결혼식에만 30만 냥이나 쓴다는 것은 한심한 일이다. 인색한이라고 말했는데, 만력제가 국비에 인색했던 것은 이처럼 사사로운 일이나 자신의 무덤 조영을 위해 돈을 남겨 두고 싶었기 때문이다.

결원이 생겨도 보충하지 않았다는 사실은 앞에서도 이야기했지만, 내각에 단 한 사람밖에 각신이 남지 않게 되었을 때, 그 각신인 방종철(方從哲)이 각신을 늘릴 것을 간청했지만, 받아들여지지 않아서 농성에 들어갔다.

> 황제는 혼자서 주관하면 충분하다고 생각했다. 증원하지 않았다. 종철이 견와(堅臥, 흔들림 없이 엎드림)하기를 40여 일, 내각은 비었고 사람이 없었다. 황제가 달래기를 재삼(再三), 다시 일어나 일을 보았다. 황제는 언관이 어지럽게 떠드는 것을 싫어했고, 해우승평(海宇昇平, 나라가 편안함)하니 관리를 반드시 갖출 필요 없다고 생각했다.

각신이 한 사람밖에 남지 않은 것은 만력제의 인색함 때문만이 아니라 되려는 사람이 없기 때문이기도 했다. 청의파 사람들이 내각의 정책에 사사건건 반대를 하고 통렬한 비판을 가하며 매도를 했기 때문에 그런 매도와 잡소리의 대상이 되기를 모든 사람들이 꺼렸던 것이다.

> 각신과 언로(言路, 언관)는 마침내 물과 불이 되었다.

이와 같은 상태였으니 그도 당연한 일이었다. 책임은 무거운데 언관의 무책임한 탄핵으로 처벌을 받아서야 견딜 수가 없었다.

만력제는 '해우승평'이라고 말했지만, 꼭 그렇지만은 않았다. 서계, 고공, 장거정처럼 뛰어난 지도력을 가진 재상들의 노력으로 평화를 이룰 수 있었다. 뛰어난 재상이 사라진 뒤, 그 평화에도 이상한 기운이 감돌기 시작했다.

장거정이 이성량을 기용하여 일단 요동을 잠잠히 만드는 일에 성공했다. 그러나 그 평화를 유지하기 위해서는 역시 노력이 필요했다. 만력 중기 이후의 정치 이완으로 그 노력을 게을리했다.

요동은 다시 사태가 위급하게 돌아가기 시작했다.

건주위에 소속된 여진족의 한 수장 집안에서 누르하치라는 영걸이 태어났다.

여진족을 복속시킨 것은 영락제의 커다란 공적이었는데, 해서와 건주 두 개의 위로 나누었으며 뿐만 아니라 그것을 가능한 한 세분화했다. 예전에 금(金)나라라는 거대한 왕조를 만들었던 민족인 만큼 명나라는 그들의 단결을 두려워했다. 각지에 위와 소(所)를 두고 그 수장에게 명목상의 관직을 주는 통치방식을 취하고 있었다. 그 숫자는 300이라 일컬어지고 있다. 사령의 칙서를 소유한 자에게는 조공무역이 가능하다는 하나의 특전이 주어졌다.

토목의 변 때, 에센의 주력부대는 산서로 들어갔지만, 일부는 해서위를 습격하여 해서의 여진족 수장들을 여럿 죽였다. 이 때문에 사령의 칙서가 정통 수장이 아닌 자들의 손에 들어가 커다란 혼란이 일어났다. 이에 명은 건주와 해서 양 위의 부족장에게 사령칙서를 일관하여 건네주기로 했다.

모피와 인삼을 한족에게 파는 것이 여진족 생활의 기본이었기 때문에 교역 허가증인 사령칙서는 매우 소중한 것이었다. 그것을 배분하는 자격을 가진 자의 지배력이 강해져 명나라의 여진 정책에 반하는 것이 되었다. 분산시켜서 무력화하려 했는데, 사령칙서로 인해서 강한 결합관계가 태어나게 되었다. 이전까지는 제각각이었지만, 여기저기에 상당히 단합된 집단이 생겼다. 그 집단을 더욱 크게 결속시킬 인물이 언젠가는 출현할 터였다. 그날이 바로 여진족의 국가가 탄생하는 날이 되는 것이다.

누르하치가 그 역할을 도맡았다. 처음 그는 자신의 할아버지, 아버지와 함께 명나라의 장군 이성량을 따르며 명나라에 공순한 자세를 보였으나 점차로 힘을 키워 나갔다. 명나라로부터 도독첨사와 용호장군(龍虎將軍)이라는 칭호를 받았다. 그가 세력을 키우기 시작할 무렵, 도요토미 히데요시의 조선 침공이 있었으므로 명나라는 요동에까지 눈을 돌릴 수가 없었다. 그런 의미에서 누르하치의 흥기(興起), 즉 후에 명 왕조를 무너뜨리고 청 왕조를 세운 에너지의 집결은 히데요시로부터도 은혜를 받았다고 할 수 있다.

문주보살에 대한 신앙 때문에 만주족이라 불린 누르하치의 정권에 대해서는 다음에 자세히 이야기하기로 한다.

명나라에 공순한 자세를 보이던 누르하치가 독립 선언을 한 것은 명나라 만력 44년(1616)의 일이었으며, 그로부터 2년 뒤에 그는 공공연히 명나라의 기지인 무순(요녕성)을 공격하여 그것을 손에 넣었다.

처음 누르하치는 그의 정권을 옛 선조의 국호를 이어받아 '후금(後金)'이라고 했지만, 후에 '청(淸)'으로 고쳤다.

억조이심(億兆離心)

왕조 멸망을 재촉한 삼안

도요토미 히데요시의 조선 침략이 명나라의 시선을 요동에서 벗어나게 함으로써 청나라의 태조 누르하치의 움직임을 돕고, 막대한 군비를 지출케 함으로써 명나라의 힘을 약하게 했다는 사실은 앞에서 이야기했다. 그러나 이와 같은 문제는 역시 지엽적인 문제이며 명나라 멸망의 근본적인 원인은 스스로의 퇴폐에 있었다고 할 수밖에 없다.

무능한 군주이라고밖에 말할 수 없는 만력제가 죽고, 황태자가 된 뒤에도 암살의 위협이 있었을 정도로 끊임없이 불안을 느껴야 했던 주상락이 즉위했다. 황태자 시절부터 영매(英邁)한 인물로 알려져서 군신(群臣), 서민 모두가 새로운 황제에게 기대를 걸었다고 한다. 하지만 훌륭한 황제는 일찍 죽는다는 명나라의 징크스가 이때에도 다시 재현되었다.

만력제는 만력 48년 7월에 죽었다. 향년 58세였다. 주상락은 즉위하자마자 대사령을 내리고 이듬해부터 태창(泰昌)이라고 개원하기로 정했다. 그런데 즉위 후 얼마되지 않아 그는 병에 걸려 9월에 39세로 죽고 말았다. 재위는 겨우 1개월여에 지나지 않았다. 그의 장남인 주유교(朱由校)가 바로 즉위했다. 이렇게 되면 연호가 문제가 된다. 이듬해는 태창 원년이 되어야 했지만, 그것이 불가능하게 된 것이다. 이듬해는 주유교의 천계(天啓) 원년이 되었다. 조정의 신하들이 회의를 열어, 만력 48년 8월 이후를 태창 원년으로 하고 해가 바뀌면 천계 원년으로 바꾸기로 했다. 따라서 명나라는 1620년에 만력과 태창 두 개의 연호를 갖게 되었다.

만력제가 죽고 24년 만에 명나라는 멸망하고 만다. 광종(光宗) 태창제 주상락이 건재했었다면, 하는 생각이 누구의 가슴에나 있었을 것이다. 『명사』의 본기에도,

> 광종의 잠덕(潛德)이 오래도록 밝아서 천하에 촉망을 받았다. 그러나 사복(嗣服)하기를 한 달. 하늘이 해(年)를 빌려주지 않아 조시(措施)를 미처 펴지 못했고, 삼안(三案)이 일어나 당화가 더욱 치열해졌다. 애통할 일이다.

라고 실려 있다. 여기서 말한 '삼안'이란 명나라 말기의 궁정에서 일어난 대사건을 가리킨다. 안(案)이란 중국어로 '사건'을 의미한다. 그것은 '정격(梃擊)', '홍환(紅丸)', '이궁(移宮)'의 세 사건을 말한다. 이 가운데서 정격은 바로 만력 43년(1615)에 일어난 황태자 주상락 암살 미수사건이다. 정(梃)이란 몽둥이를 말한다. 대추나무 몽둥이를 든 사내가 갑자기 황태자가 살고 있는 자경궁으로 들어가, 문지기를 때려 부상을 입히고는 전전(前殿)에서 환관에게 붙잡혔다. 이 범인은 미친 사람이었다는 쪽으로 사건

은 처리되었지만, 정귀비의 동생인 정국태(鄭國泰)가 주모하여 황태자를 암살하도록 시켰다는 오로지 한 가지 소문만이 떠돌았다. 황실 안의 불화설을 불식시키기 위해서 만력제가 가족과 함께 25년 만에 신하들 앞에 모습을 드러내 단란한 가족을 연기했다는 사실은 앞에서 이야기했다. 한편 만력제가 그처럼 오래도록 군신을 만나지 않았던 이유는 그가 아편을 했기 때문이라는 설도 있다.

두 번째인 '홍환'은 태창제 주상락의 급사에 관한 사건이다. 즉위 직후, 태창제가 설사를 하자 환관인 최문승(崔文昇)이 약을 권했는데 오히려 더욱 심해졌다. 그때 홍려시(鴻臚寺, 빈객 접대기관)의 관리였던 이가작(李可灼)이 그런 증상에 좋은 선약이 있다고 말해서, 태창제는 각신들을 불러 그 약을 요구했다. 신하들은 감히 결단하려 들지 않았다. 이가작이 그 약을 바쳤고, 태창제가 복용을 해보니 기분이 좋아졌다. 신하들이 물러난 뒤, 황제는 그 약을 한 알 더 요구했다. 이튿날 그는 죽었다. 그 환약이 붉은 빛을 띠었기 때문에 '홍환' 사건이라고 불렀다.

사건 자체는 그리 대단한 것이 아니었다. 약을 먹지 않았다면 더 빨리 죽었을지도 모른다. 실제로 태창제의 죽음 직후, 재상인 방종철은 이가작을 위로하고 상으로 은폐(銀幣)를 주기로 결정했을 정도였다. 그런데 어사인 왕순(王舜) 등이 이가작을 탄핵했기 때문에 서둘러 이가작을 병이라 둘러대고 귀향시켰다. 뒤이어 손신행(孫愼行), 왕기(王紀), 추원표 등이 상소하여 이번에는 재상인 방종철을 탄핵했다.

가작은 태의(太醫)가 아니다. 홍환은 대체 무슨 약이란 말인가? 종철이 곧 진어(進御, 황제가 먹고 입는 일)를 살피게 했다. 종철은 응당 시역(弑逆)의 죄에 연좌되어 있다.

이에 대해서 황극찬(黃克纘) 등이 재상의 변호를 했다. 이가작이 약을 바쳤을 때, 대신들 모두 그 자리에 있었지만 아무도 저지하지 않았다. 그런데도 손신행이 방종철만을 탄핵한 것은 지나친 처사였다고 하지 않을 수 없다.

모든 것이 정쟁의 도구가 되어 버린 것이다. 재상을 비난한 것은 청의파 사람들, 즉 동림당이었다. 상대방이 한 일에 대해서는 어떤 것이라도 비난, 반대한 것이었다. 이 치열했던 당쟁이 명나라 멸망의 원인 중 적지 않은 부분을 차지하고 있었을 것이다.

'이궁' 사건은 태창제의 죽음 직후에 일어났다. 황제가 죽었으니 황장자(皇長者)를 맞아들이지 않으면 안 되었다. 황제가 즉위한 직후여서 황태자는 아직 세우지 않았지만, 이전까지의 예에 따라서 그의 장남이 뒤를 이어야 하는 것은 자명한 일이었다. 그런데 그 황장자가 어디에 있는지 알 수 없었다.

황장자인 주유교는 그때 16세였다. 생모는 선시(選侍)인 왕(王) 씨였는데, 태창제가 죽기 전해에 세상을 떠났다. 태창제의 정처는 곽(郭) 씨로 만력 29년(1601)에 황태자비로 책립(冊立)되었으나 만력 41년(1613)에 죽었다. 새로운 소년 황제에게는 생모도 없었고, 아버지의 정처인 황태후가 될 사람도 없었다. 태창제는 이(李) 씨 성을 가진 두 선시를 총애했다. 사람들은 이를 동이(東李), 서이(西李)라고 불렀다. 서쪽의 이 선시가 태창제로부터 가장 총애를 받아, 병중에 있던 태창제는 그녀를 황귀비로 봉할 것을 명했다. 그녀는 거기에 만족하지 않고 황후로 삼아 달라고 청했지만 태창제는 거기에 응하지 않았다. 그에 대한 항의였을까? 이 선시는 소년 황제를 건청궁(乾淸宮)에 숨겨 버렸다. 권세욕이 강한 그녀는 황제를 감싸 안고 궁정에 군림하려 했을지도 모른다.

그것은 너무나도 안이한 생각이었다. 수십 년에 걸쳐서 만력제의 총애를 받았던 정귀비조차 태자책봉 문제를 비롯하여 그녀의 뜻대로 되지 않은 일이 많았다. 소년 황제, 즉 천계제는 곧바로 조정의 신하들이 되찾아 왔고, 이 선시는 인수전(仁壽殿)으로 옮겨졌다.

신이라 불린 환관 위충현

퇴폐의 시대였다. 어느 시대에나 사소한 사건은 일어난다. 그러나 그것이 심각한 정치문제가 된다는 점이 퇴폐가 퇴폐인 이유라고 할 수 있을 것이다. 예를 들어서 '이궁'의 문제만 해도, 이 선시의 처분에 대해서 여러 가지 의견이 나왔다. 선제가 총애하던 빈어(嬪御, 처첩)를 박대하는 것은 불효라는 생각도 있었다. 이 선시는 황장자를 맡고 있었으니 함께 건청궁에 있었던 것은 특별히 숨긴 것이 아니라는 변호론도 있었다. 어린 황제를 감싸 안고 권세를 휘두르려 했으니 불측한 행동이라는 엄벌론도 있었다.

의견이 많이 나온다는 것은 언론의 자유가 있다는 뜻으로, 그 자체는 결코 나쁜 일이 아니다. 그러나 이 시대의 언론은 모두 각 당파별로 색깔이 나뉘어 있었다. 홍환 사건 때 재상을 탄핵한 것은 모두 청의파이며, 그렇지 않은 자들은 각신파라고 여겨졌다. 당쟁은 더욱 치열해졌다.

이궁 문제에 관해서는 이 선시의 배후에서 그녀를 교사한 것이 환관

이진충(李進忠)이었다고 한다. 이진충은 시정의 무뢰한이었다. 도박에서 졌으므로 자포자기하는 심정으로 자원하여 거세 수술을 받고 환관이 된 인물이었다. 환관이 되면 돈을 벌 수 있을 것이라 생각했던 것이다. 환관이 된 뒤부터는 모든 것이 순조로웠다. 이궁 문제에 그가 어느 정도 관여했었는지는 알 수 없다. 악당이라고 간주되어 단죄를 받게 되면, 이전까지의 나쁜 일들이 모두 그 인물 탓이 되어 버린다.

이진충은 뒤에 위충현(魏忠賢)이라고 이름을 바꿨다. 환관의 전횡이 극심했던 명 왕조에서도 이 정도로 권세를 휘두른 환관은 없었을 것이다. 이 선시에게서 떼어낸 천계제의 곁에는 유모인 객(客) 씨가 있었다. 위충현은 그 객 씨와 손을 잡고 천계제를 옹립하는 형태로 모든 권력을 쥐었다.

홍무제는 건국 당초 국가의 방침으로써 환관이 학문을 하는 것을 금했다. 황제의 일상생활을 돌보는 환관이 학문을 하여 영악해지는 것을 두려워했던 것이다. 그렇다고 해서 학문을 하지 않은 환관이 안전한 것만도 아니다. 위충현은 낫 놓고 기역자도 모르는 환관이었다. 그런데도 그만큼 무시무시한 해독을 끼친 환관도 없었다.

위충현이 권력을 쥐게 된 것은 황제의 유모인 객 씨와 결탁했기 때문만은 아니었다. 당시의 정계는 동림당(청의파)과 비동림당, 두 개 파로 갈려 격렬한 정쟁을 펼치고 있었다. 위충현은 이 정쟁을 이용하여 권력을 손에 넣었다.

당쟁은 증오를 노골적으로 드러내는 단계에까지 이르렀다. 반대당의 무리를 죽여도 성이 차지 않는다고 생각할 정도였다. 권력으로 상대를 죽여 줄 인물이 요구되었으며, 거기에 응하듯 위충현이 나타났다. 학문이나 인정을 가지고 있으면, 오히려 방해가 될 일을 대행한 이가 바로 환관 위충현이었다.

위충현의 동림당 탄압은 참으로 철저했다. 천계 3년(1623), 그는 비밀경찰인 동창의 장관이 되었다. 모든 정보가 그의 손에 들어오게 된 것이다.

이듬해인 천계 4년, 좌부도어사(左副都御史)인 양련(楊漣)이 위충현의 24개 대죄를 탄핵했다. 위충현은 천계제 앞에서 눈물로 호소하며 동창의 장관을 사임하는 등, 근신하는 모습을 보여 그 난국을 극복했다. 그 뒤 무시무시한 보복이 가해졌다. 천계 5년, 동림당 사람들은 정계에서 모두 내쫓기고 말았다. 이해에 누르하치는 심양(瀋陽, 요녕성)에 국도를 세웠다. 당쟁 같은 것을 하고 있을 때가 아니었지만, 당쟁의 당사자들에게 당쟁 이외의 것은 눈에 들어오지 않은 듯했다.

위충현을 탄핵했던 양련, 첨도어사(僉都御史) 좌광두(左光斗), 급사중인 위대중(魏大中), 어사인 원화중(袁化中), 태복소경(太僕少卿)인 주조서(周朝瑞), 섬서부사(陝西副使)인 고대장(顧大章) 등과 같은 사람들이 차례차례로 체포되어 고문을 받고 참살되었다. 이 가운데서 고대장은 자살했다. 당시 사람들은 그들을 육군자(六君子)라고 불렀다. 뒤이어 전국의 서원이 파괴되었다. 무석의 동림서원을 비롯하여 천하의 서원은 모두 청의파의 거점이었다. 청의파, 즉 동림당은 예전에는 내각과 언론전을 펼쳤지만, 이제는 환관당과 격렬하게 싸우게 되었다.

환관이 아니라 할지라도 출세에 눈이 먼 사람들은 당대의 최고 권력자에게 아첨하여 영진(榮進)하려고 위충현에게 가까이 다가갔다. 천하의 서원 파괴를 진언한 어사 장눌(張訥)도 그중 한 명이었다.

동림당의 이름이 천하에 공시되었다. 천하에 '간인(奸人)'을 숨겨 주는 사람을 없애기 위한 것이었는데, 이것을 진언한 자도 특별히 환관이 아니라 어사인 노승흠(虜承欽)이라는 인물이었다.

천계 6년(1626) 정월에 『삼조요전(三朝要典)』이 만들어졌다. 정격, 홍환, 이궁 등 삼안(三案)에 대한 문집인데, 모든 일이 동림당 탓이라는 관점에서 쓰였다. 이것이 간행되어 경전으로 간주되었다. 『삼조요전』의 작성을 진언한 양소수(楊所修)와 편집의 총재를 맡았던 고병겸(顧秉謙) 등도 모두 환관이 아니었다. 『삼조요전』이 만들어진 직후, 좌도어사인 고반룡(顧攀龍), 이부원외랑(吏部員外郎)인 주순창(周順昌), 소송순무(蘇松巡撫)인 주기원(周起元), 어사인 이응승(李應昇), 주종건(周宗建), 목창기(繆昌期), 황존소(黃尊素) 등 7명이 체포되었다. 고반룡은 투신자살했으며, 나머지 6명은 참살되었다. 앞의 육군자(前六君子)에 대해서 이들은 후(後)의 칠군자(後七君子)라 불린다.

주순창이 체포되었을 때, 뜻밖에도 소주의 사민(士民) 수만 명이 모여 제각각 손에 선향을 들고 목숨을 살려 달라고 빌었다. 기위(旗尉, 공안경찰)가 그들에게 "동창이 체포한 것이다. 서배(鼠輩, 소인배, 쥐새끼만도 못한 하찮은 놈들-옮긴이), 무엇을 하느냐!"라고 해산을 명령했지만, 사민들은 "천자의 명령인 줄 알았더니 동창의 위 태감이 한 일이로구나!"라며 기위들을 습격하여 한 명을 때려죽였다. 나머지 기위들은 당황하여 도망을 쳤다.

명나라가 너무나도 허무하게 멸망해서 기개와 절개 있는 선비는 없었는가 하는 한탄의 소리도 들리지만, 이와 같은 왕조를 위해 목숨을 바칠 마음이 생기겠는가?

『삼조요전』에 뒤이어 이번에는 위충현의 생사(生祠, 살아 있는 사람을 모신 사당)를 세우자는 진언을 절강 순무인 반여정(潘汝楨)이 올렸다. 그것은 서호(西湖)의 호반에 세워졌으며, 그리고 남경, 이듬해인 천계 7년에는 선부, 호구(虎邱), 경충산(景忠山), 대동 등에도 세워졌다. 이것은 길고 긴 목록의 일부에 지나지 않는다.

사당 하나를 지을 때마다 비용으로 많게는 수십만, 적게는 수만씩 민재(民財)를 뜯어내고 공탕(公帑)을 침범하였으며, 수목을 벤 것이 헤아릴 수 없다. 개봉(開封)의 사당을 짓기 위해 민사(民舍) 2천여 칸(間)을 허물고 궁전 9영(楹, 동)을 짓기 시작했다. 거동은 제왕과도 같았다.

살아 있으면서 신으로 받들어 모셔진 위충현의 칭호는 요천순덕지성지신(堯天舜德至聖至神)이었다. 육만령(陸萬齡)이라는 감생(監生) 등은,

공자는 『춘추(春秋)』를 지었고, 충현은 『요전(要典)』을 지었다. 공자는 소정묘(少正卯)를 주살했고, 충현은 동림당 사람들을 주살했다. 마땅히 국학을 세워 선성(先聖)과 함께 우러러야 하며, 또한 충현의 아버지를 계성공(啓聖公)의 사당에 모셔야 한다.

고 진언했다. 각지에 상(像)을 세웠고, 사람들은 그 앞에서 9천 살까지 살라고 아부하며 "구천세(九千歲)!"를 외쳤다. 황제에게는 "만세!"이니 천세를 줄여서 구천세라고 외친 것이다.

무능한 정부에 등 돌린 민심

천계 7년(1627) 8월, 천계제는 23세의 나이로 눈을 감았다.

명나라에서 황제의 죽음은 곧 그 총신의 몰락을 의미한다. 구천세의 위충현도 천계제가 죽자, 곧바로 탄핵을 받아 체포되었다. 참으로 허무했다. 천계제는 죽을 때, 각신들을 불러 위충현은 각근충정(恪勤忠貞)하니 중요한 일을 상담하라는 유언을 남겼지만, 후계자가 된 황제 주유검(朱由檢)은 죽은 형의 말을 완전히 무시했다. 육징원(陸澄源) 등의 탄핵으로 체포령이 떨어졌지만, 누구보다도 위충현을 미워했던 것은 새로운 황제인 주유검이었을 것이다. 위충현은 황족들까지 압박했었다.

위충현은 봉양(鳳陽, 안휘성)에서 체포되었으며, 그 죄가 천하에 공표되었다. 더는 도망칠 수 없다고 포기하고 그는 스스로 목을 매달아 죽었다. 이듬해에 그의 시체가 효시되었다. 위충현과 결탁하여 멋대로 권세를 휘두르던 객 씨도 사형에 처해졌고, 그 가족은 어린아이에 이르기까지 목숨을 잃었다. 위충현에게 아첨하던 무리들 모두가 처벌을 받았다. 중국에서 처형은 자연의 흐름에 맞춰, 만물이 생성하고 자라는 봄과 여름을 피해 가을 이후에 집행되는 것이 관습이었다. 그러나 죄상이 무거울 때는 '결행하는 데 시간을 기다리지 않는다'고 하여 즉각 처형했다. 그에 해당한다고 여겨지는 자는 최정수(崔呈秀) 등 6명이었다. 가을 이후에 처형된 자는 19명으로 위충현을 공자와 나란히 모셔야 한다고 진언했던 육만령도 거기에 포함되었다. 『삼조요전』 편집의 총재를 맡았던 고병겸은 도형(徒刑) 3년을 받았지만, 속죄를 받아 민(民)이 되었다. 거금을 내어 형을 면제받고 서민으로 떨어진 것이었다.

사람들은 쾌재를 불렀지만, 그것만 가지고는 어찌해 볼 수가 없었다. 국가는 이미 치명적인 손해를 입었던 것이다. 손해는 물심양면에 걸쳐 있었다.

이듬해에 개원되어 숭정(崇禎) 원년(1628)이 되었다. 숭정제는 명 왕조의 마지막 황제가 될 운명에 있었다. 『명사』는 천계제의 본기 뒤에,

> 명은 세종(가정제) 이후부터 기강이 나날이 쇠퇴하여, 신종(만력제) 말년에 폐괴(廢壞)가 극에 달했다. 강명영무(剛明英武)의 군(君)이 있다 할지라도 이미 더는 번창할 수가 없었다. 거기에 더해 제(천계제)가 용유(庸儒, 어리석음)하여 부(婦, 객 씨를 말함), 시(寺, 환관. 위충현을 말함)가 권력을 훔쳐 함부로 상(賞)과 형(刑)을 내리고, 충량(忠良)하면 참화(慘禍)를 당하니, 억조이심(億兆離心, 백성들의 마음이 떠남)했다. 망하지 않음을 바란다 해도 어찌 그를 얻을 수 있겠는가?

라고 덧붙였다. 영명한 군주가 나타나도 이미 너무 늦었는데, 위충현의 발호를 허용한 어리석은 천계제가 나온 것이다. 그 뒤를 이은 숭정제는 형보다 뛰어난 자질을 가지고 있었지만, 대세를 만회할 수는 없었다.

숭정제 시대에는 기근이 자주 일어났는데, 이는 틀림없이 인재적(人災的)인 요소가 더욱 강했을 것이다. 숭정제 즉위 이전에 누르하치는 죽었지만, 그의 후계자가 이끄는 만주군이 더욱 강성해져서 명군을 매우 괴롭혔다. 군비를 마련하기 위해서는 증세에 의존할 수밖에 없다. 관리는 자신의 성적과 관계가 있어서 세금 징수에 엄격했다. 세금을 낼 수 없는 사람들은 형벌이 무서워 도망을 칠 수밖에 없었다. 그들은 유민이 되어

사회 불안을 조장했다.

명 왕조의 시조인 주원장이 홍건군에 들어가서 활약했던 안휘 지방에 유민을 받아들인 적도(賊徒)가 이 무렵에 창궐한 것은 얄궂은 역사의 장난이라고 할 수 있다.

재정난 해소에 일조하기 위해서 숭정제는 적자를 보고 있는 관영사업을 폐지했다. 그것은 역참제도(驛站制度)였다. 물자와 우편의 수송을 위해서 전국에 숙소가 설치되었으며 국비로 그것을 운영했다. 정부 문서의 발송은 파발마 제도가 있어 역참을 이용하지 않아도 되었다. 숭정제의 눈에 국영 역참제도는 불요불급한 것으로 비춰졌다. 그리고 이를 폐지하여 경비를 절약하려 했다. 틀림없이 거액의 경비를 절감할 수 있었다. 그 대신 숙소에서 일을 하고 있던 역부(驛夫) 등 많은 사람들이 실업자로 전락했다.

역부처럼 운송을 직업으로 삼는 사람들은 각지를 돌아다니기 때문에 신변의 안전을 위해서도 동업자끼리 상호 부조하는 조직을 가지고 있다. 다른 지방에서 병에 걸리거나 어려움에 처하게 되면 관계가 있는 조직의 도움을 받았다. 역참 노동자의 상조 조직은 그물의 코처럼 전국에 퍼져 있었다. 처음부터 강력한 조직을 가지고 있던 역부들을 한꺼번에 실업자로 만들어 버린 것이었다. 결과는 어떻게 되었을지, 조금이라도 상상력이 있는 사람이라면 쉽게 짐작할 수 있을 것이다.

각 조직이 모두 모반 집단으로 변해 버렸다. 통솔력이 있는 자가 수령이 되어, 모반 집단을 이끌어 '틈왕(闖王)'이라 불렸다. 명 왕조를 멸망시킨 이자성(李自成)도 이 조직에서 나와 틈왕이 된 것이다. 이 조직은 당연히 유민들을 흡수했다. 뒤에 또 다른 모반 집단의 수령이 된 장헌충(張獻

忠)은 유민 집단의 우두머리에서 대군단의 통솔자가 된 인물이다. 이렇게 하여 동쪽은 만주족의 대두로 골머리를 썩였으며, 서쪽과 남쪽에서는 모반 집단이 거병하는 바람에 명 왕조는 곤경에 빠졌다. 이 시절 서민의 고충은 이루 말로 표현할 수 없을 정도였다.

동림당의 무리 가운데 살아남은 자는 정계에 복귀할 수 있었다. 위충현의 독니에 쓰러졌던 자들의 명예가 회복되었으며, 유족들은 후한 대접을 받았다. 그러나 당쟁의 상처는 깊어 거의 치명적이었다.

숭정제에게 의욕은 있었지만, 그런 만큼 너무 조급해서 조금이라도 실수를 하면 바로 해임하거나 처형하기 때문에 사람들의 마음은 점점 멀어져 갔다.

숭정 원년에 복사(復社)가 결성되었다. 동림당과 중복되는 면도 있지만 동림당은 관료, 또는 하야한 전 관료가 주축이 되어 주자학의 입장에 서서 조국(祖國)을 논한 결사였지만, 복사 멤버는 조금 더 젊은 층이었다. 다양한 성향의 사람들이 모인 결사였는데, 복사 멤버는 오히려 양명학파적인 경향이 강했던 것 같다.

명나라 말기에 들어서 고문사 운동도 마침내 기세가 꺾이고 말았다. 전형에 밀착하는 고문사 운동은 아무래도 모방에서 벗어나기 어렵다. 가슴에 떠오른 것을 순수하게 있는 그대로 분출시키지 않고 일단 고문(古文)에서 그 전형을 찾는 것이 과연 진정한 문학일까 하는 의문이 일어난 것도 당연했다. 만력제 시절에 등장한 원굉도(袁宏道)는 아마도 명나라 초기의 고계(高啓)와 함께 280여 년에 걸친 명 왕조 시절의 2대 시인이라 할 수 있을 것이다.

원굉도가 지은 민요풍의 〈죽지사(竹枝詞)〉 가운데서 다음과 같은 한 수가 시선을 끈다.

고객(賈客)은 서로 만나면 더욱 망연해지고,

느릅나무, 녹나무, 구기자나무, 가래나무가 서천(西川)을 내려간다.

맑은 하늘 곳곳에 당호(瑝虎)가 방자하여,

딸을 팔고 아들을 배(陪, 빚의 저당)로 삼아 세금을 바친다.

賈客相逢倍惘然 楩楠杞梓下西川

靑天處處橫瑝虎 鬻女陪男償稅錢

이 시의 배경은 불타 버린 궁전 재건을 위해 증세가 행해졌던 만력제 무렵이다. 상인들은 만나면 서로가 망연자실할 뿐이다. 사천(四川)의 재목을 베어 강에 띄워 옮기고, 곳곳에 당호, 즉 호랑이처럼 매서운 세리가 있어서 세금을 강제로 거둬 간다. 딸이나 아들을 팔아서라도 세금을 내지 않으면 안 되었다.

숭정제 시절이 되자 상황은 더욱 나빠졌다. 만력 말기, 요동에 필요한 군비를 위해서 520만 냥의 증세를 실시했는데, 숭정 2년(1629)에는 다시 1무(畝)마다 3리(厘)를 늘렸다. 숭정 10년(1637)에는 280만 냥의 증세를 단행했다. 이때 숭정제는,

병사를 모으지 않으면 적을 평정할 수 없다. 세금을 늘리지 않으면,

병사를 먹일 수 없다. 이에 나의 백성을 번거롭게 하는 일은 1년으로

하겠다.

라고 조서를 내렸다. 증세는 1년으로 제한한다고 했지만, 그래도 적을 평정하지 못했다. 2년 후에 730만 냥을 늘렸다. 그러나 곧 증세는 그만두기로 했다. 세금을 내지 못하는 무리가 도적이 된 탓에 증세는 도적을 늘리는 거나 같다는 사실을 깨달은 것이다.

각지에서 반기를 들었으며, 만주군의 기병대가 자주 국경을 침범했지만 그것을 저지할 수는 없었다.

자금성 안에서 숭정제는 절치액완(切齒扼腕, 이를 갈고 소매를 걷어붙이며 분해함)했지만, 기울어 가는 명 왕조를 지탱할 능력이 그에게는 없었다.

명나라 말기의 쇠약은 경덕진의 자기에 여실히 드러나 있다. 천계 이후의 오채(五彩) 자기는 일본에서 일명 '남경적회(南京赤繪, 당시 중국이란 말이 없었고, 그 대신 남경은 중국을 가리켰다-옮긴이)'라 불리는데, 만력 무렵까지의 오채 자기처럼 색을 많이 사용하지 않았다. 영국이나 네덜란드의 동인도회사에서 구입하는 양이 늘어 대량생산을 했기 때문에 안료를 절약해야 했다는 사정도 있었을 것이다. 그러나 그림에 나타난 붓의 힘이 현저하게 약해졌다. 다만, 이런 종류의 오채 자기에는 일종의 고담(枯淡)한 맛도 있어서, 특히 일본의 다인(茶人)들이 좋아했다. 천계 이후의 여백이 많고 스친 듯한, 간소하고 힘이 떨어지는 그림이 그려진 오채 자기는 일본에는 지금까지 많이 남아 있으나, 중국에는 거의 없다. 쇠약은 고담과 통하는 부분이 있다는 사실을 경덕진의 작품은 말해 주고 있다. 도자기뿐만 아니라 모든 분야의 창작활동은 시대의 흐름 속에 있는 법이다. 천계와 숭정 시기의 오채 자기를 바라보면 그런 사실이 절실하게 느껴진다.

청조(淸朝)
2백여 년

누르하치 일어서다

청나라 정사를 준비하는 중국 정부

소련과의 국경에서 가까운 중국 신강 이리(伊犁) 지방의 정식 명칭은 이리 카자흐 자치주(伊犁 哈薩克 自治州)다. 그 이름대로 카자흐족이 많은 지역이다. 주의 중심도시는 이녕시(伊寧市)로, 그 곁을 흐르는 이리 강은 소련 영토인 발하슈 호수로 흘러든다. 중국의 카자흐족 자치주는 소련의 카자흐 공화국과 경계를 접하고 있다. 같은 민족이 서로 다른 정권에 소속되어 국적을 달리하는 경우는 이 밖에도 예가 많을 것이다.

중국의 이리 지방은 카자흐족의 자치주가 되지만, 카자흐족만 살고 있는 것은 아니다. 한족도 있고 몽골족도 있다. 그중에서도 이색적이라고 할 수 있는 존재가 석백족(錫伯族, 시보족)일 것이다. 이녕시에서 그렇게 멀지 않은 곳에 석백 자치현이 있는데, 나는 1981년 10월에 그곳을 방문했다. 현성(縣城)에 들어가, 행정기관에서부터 상점에 이르기까지 간판에 한자와 나란히 만주문자가 반드시 적혀 있는 것을 보고 놀랐다.

현재 중국에 사는 만주족은 모두 한화(漢化)되어, 민족 고유의 만주어를 말하는 이가 거의 없어 사어화(死語化)되고 있다는 것이 상식이다. 따라서 만주 문자도 실제로는 사용되지 않아 만주족 사람들조차 읽지 못하는 것이 당연시되고 있다는 소리를 들었다.

그런데 중국의 서북쪽 구석에, 만주문자가 실제로 사용되고 만주어를 일상어로 사용하는 지방이 있었던 것이다.

석백족은 만주족의 지배하에 있던 부족 중 하나이니, 만주어를 사용하는 것은 당연한 일이다. 그러나 본거지라고 할 수 있는 동북(만주)을 비롯하여 각지에 살고 있는 만주족은 더 이상 자신들의 말을 할 줄 모른다. 어째서 만주어와 만주문자가 신강의 벽지에서만 쇠퇴하지 않고 지금까지도 보존되어 있을까?

석백 자치현을 방문했을 때, 주임인 관(關) 씨에게 물어 보았다. 관 씨는 물론 석백족이다. 이 지방의 석백족 중에는 관 씨가 특히 많다는 것이었다.

"여기서 중국과 소련의 국경까지는 겨우 45킬로미터 정도밖에 떨어져 있지 않습니다."

관 씨는 이렇게 자신들이 살고 있는 현의 지리적 위치에서부터 설명을 시작했다. 그것은 만주족의 고지(故地)에서 아득하게 떨어진 곳에 외로운 섬처럼 이곳이 존재하고 있다는 사실을 강조하기 위해서였을 것이다.

어떤 부족에게나 신화가 있다. 관 씨에 따르면, 석백족은 선비족(鮮卑族)에 속하며, 옛날에는 후룬베이얼에서 치치하얼에 걸친 지방에서 살고 있었다고 전해진다고 한다. 선비족은 남북조의 북위(北魏) 왕조와 같은, 중국사에서는 중요한 대정권을 수립했었다. 그런데도 그 기원에 대해서는 퉁구스설, 터키설, 몽골설 등 여러 가지 설이 있으며 아직 정설은 없는 듯하다.

전설은 그렇다 치고, 만주족은 예전에 금 왕조를 세웠던 여진족 계통으로, 석백족도 그 갈래 부족 중 하나일 것이다. 청나라의 태조(太祖) 누르하치가 부근의 각 부족을 평정해 나가던 1593년, 구성〔九姓, 구씨(九氏) 성〕을 쓰는 나라들이 연합하여 반항했다는 기록이 있다. 구성의 나라들 가운데서 가장 유력했던 것은 예혜(葉赫), 하다(哈達), 우라(烏拉) 등의 각 부족이었는데, 그중에 석백(시보)의 이름도 보인다.

누르하치의 여러 부족 평정으로 석백족도 만주팔기에 편입되었다. 그리고 만주족 청 왕조의 주력이 되어 국방의 임무를 맡았다. 이리 지방은 건륭(乾隆) 20년(1755)의 출병 때 평정되었는데, 그 후 국경수비대를 두지 않으면 안 되었다. 석백족 부대가 거기에 뽑힌 것이다.

『청사고(淸史稿)』「지리지」'신강' 항에,

29년(1764), 석백영(錫伯營)을 쒀룬차하르(索倫察哈尔)에 설치했다.

라고 실려 있다. 사실은 석백 자치현에도 자세한 기록이 남아 있다고 한다. 석백족 부대가 성경(盛京, 심양, 곧 봉천)을 출발한 것은 제1진이 건륭 29년 4월 10일의 일이었는데, 장교 10명, 병사 490명이었다. 제2진은 4월 19일에 출발했는데, 장교 10명, 병사 501명이었다고 한다. 성대한 환영회를 4월 18일에 가진 것 같은데, 지금까지도 이날에는 기념행사가 열린다고 한다.

장병은 1천여 명이었지만, 가족을 데리고 갔기 때문에 총 인원은 4천

명 이상이었다. 동북에서 멀리 떨어진 이리의 기지인 혜원성(惠遠城)에 도착한 것은 이듬해 7월 22일이었다. 1년 3개월여에 걸친 여행 동안에 약 300명이나 되는 아기가 태어났다. 또한 도중에 친척 등이 가세하여 도착했을 때는 5,020명이었다고 기록되어 있다고 한다.

그로부터 200년 이상이 지났다. 청 왕조가 멸망하고 정권은 교체되었지만, 석백족은 줄곧 이곳에서 살았으며, 자치현 내에는 지금 약 1만 7천 명의 동족들이 있다. 물론 일이나 그 외의 사정 때문에 다른 지방으로 이주한 사람도 있다. 현재 석백족의 총 인구는 중국 전체를 통틀어 10만 명일 것이라 추정되고 있다.

오애신(吳藹宸)이라는 사람이 쓴 『신강기유(新疆紀遊)』(원문은 영문, 『Turkistan Tumult』, 1940)에서는 석백족을 다음과 같이 이야기했다.

> 그들은 10년을 기한으로 교체된다는 약속 아래, 건륭제(乾隆帝)의 명령으로 국경 수비에 파견되었지만, 실제로 그들은 아내를 데리고 그 밖의 동산(動産) 등을 가지고 갔기 때문에 여정이 길어져 3년이나 여행을 계속했다. 그들의 기한이 끝나 갈 무렵에는 황제가 그들을 잊어버려, 어쩔 수 없이 그 멀리 떨어진 주둔지에 머물 수밖에 없었다.

이 책의 저자는 이야기를 재미있게 끌어가려 한 듯하다. 자치현의 기록을 봐도 여정은 1년여에 지나지 않았으며, 10년 후에 교체를 해주겠다는 약속도 없었을 것이라 여겨진다. 청 왕조의 신강 수비 원칙은, 이리와 같은 북부는 '휴권주방흥둔(携眷駐防興屯)'이라고 해서, 가족을 데리고 가는 장기간에 걸친 둔전주병(屯田駐兵)이었다. 그리고 남부도 마찬가지로 휴권(携眷)이기는 했지만, '갱번륜수(更番輪戍)', 즉 교대제였다. 석백족 부대는 황제에게 잊혀진 것이 아니라 처음부터 주요 거점으로의 이주라는 임무를 띠고 있었다고 보는 편이 옳을 것이다.

동북에서 이주한 사람들에 대해서 위원(魏源)의 『성무기(聖武記)』는,

　모두가 사냥과 유목을 생업으로 삼았다.

라고 수비 이외의 '생업'을 기록해 놓았으니, 반영구적인 이주였을 것이다.

그들 주위에는 카자흐족, 위구르족, 몽골족 등이 있었다. 여러 민족들 사이에 섞여서 생활을 했지만, 그들은 200여 년에 걸쳐서 고유의 만주어와 만주문자를 지켜 온 것이다. 한편 앞에서 이야기했듯이 그들의 고향 땅에 있는 동포들은 만주어를 잊어버려 만주문자를 읽지 못하게 되었다.

자금성 문의 현판에는 한자와 만주어가 반드시 병기되어 있으며, 청나라 시절의 공문서도 마찬가지였다. 뿐만 아니라 극비 문서 중에는 한문으로 기록된 것은 없고, 만주어만으로 표기된 것도 있다.

지금 중국에서는 청나라의 정사를 편찬하려는 준비가 진행 중이다. 왕조가 멸망한 직후에는 애증이 아직 식지 않아서 꼭꼭 감추어진 사실도 있고, 또한 승자에 의한 꾸미기도 시도되기 쉽기 때문에 냉각기간을 두고 정사를 편찬하는 것이 이상적이라고 한다. 그것을 외면하고 왕조 멸망 직후에 서둘러 편찬한 『원사』는 제대로 된 정사라고 여겨지지 않아, 20세기에 이르러 『신원사(新元史)』가 편찬되어 정정되었다는 사실은 앞에서 이야기했다. 신해혁명에 의해서 청 왕조가 멸망한 지 벌써 70년 이

상이 지났다. 슬슬 정사를 편찬할 시기가 왔다고 할 수 있을 것이다. 그를 위해서는 만주문(滿洲文)을 읽을 줄 아는 인재가 필요하다. 만주족조차 만주문을 읽지 못하는 사람들이 대부분인 현실이다. 중국과 소련의 국경 가까이에 있는 석백 자치현 사람들의 자랑 가운데 하나는 북경에서의 청사 편찬 준비에 없어서는 안 될 인재를 공급할 수 있는 곳은 자신들밖에 없다는 사실이다. 이곳 사람들은 일상어로 그것을 이야기하고 읽고 있으니 그 이상의 적임자는 없을 것이다.

변경의 석백족만이 만주어와 만주문자를 지켜 온 이유에 대해서는 여러 가지를 생각해 볼 수 있다. 우선 그들이 이주한 지역 주변에 그들의 문화수준을 뛰어넘는 다른 민족이 없었다는 점도 커다란 이유일 것이다. 전에 살던 곳의 동족들은 오랜 전통을 지닌 고도 문화의 계승자 한족에게 둘러싸여 점차로 동화되어 갔다. 신강의 석백족은 그들을 동화시킬 만한 문화력을 가진 상대가 없었다.

다음으로 이주했을 당시부터 5천 명 이상의 인구가 있었다는 점도 중요한 이유 가운데 하나로 꼽을 수 있을 것이다. 처음부터 그곳에 생활권이 있었기 때문에 언어는 활화산처럼 계속 살아 온 것이다.

만주족이 세운 청 왕조의 역사를 지금부터 더듬어 갈 생각인데, 그들은 정복자이면서도 2백수십 년 동안에 자신들의 언어를 잃었다는 사실을 언제나 염두에 둘 필요가 있다. 청나라 역사의 열쇠가 그 부근에 있음이 틀림없다.

그 사실을 강조하기 위해 외딴 섬과 같은 환경에서 근근이 자신들의 말을 지켜 온 신강 석백족의 진귀한 예를 서두에 든 것이다.

몽골 방어에 동원된 여진족

황제가 잊은 것이 아니라면 석백족 부대는 유배된 것이라 할 수 있다. 그들은 어째서 그런 일을 당하지 않으면 안 되었을까? 국경 수비대를 뽑을 때, 제비뽑기를 했는지 아니면 위에서 지명을 했는지, 그 점에 관해서는 분명하게 알 수가 없다. 단지 석백족이 청나라 개국의 시조인 누르하치에게 반항했던 과거를 가졌다는 사실도 선정할 때 고려되었을 가능성이 있다.

만주족 왕조인 청나라의 건국은 그 전제로서 많은 부족으로 나뉘어 있는 만주족을 통합할 필요가 있었다.

여기서 같은 민족에 의해서 세워졌던 금 왕조에 대해 이야기할 때, 인용했던 말을 다시 한 번 인용하기로 하자.

여진은 그 수가 1만에 이르면 적대할 수가 없다.

여진족은 용맹하지만 조그만 단위로 나뉘어 있어서 힘을 집결하기가 어려웠다. 삼림과 산지가 많은 지역에서의 사냥, 또는 인삼 채집 등과 같은 일은 평원의 유목처럼 한 번에 많은 군중을 모으기가 어렵다. 적당히 분산되어 있는 편이 일하기에는 더 효과적이었다고 생각된다. 그렇지만 뛰어난 지도자가 나타나면, 흩어져 있던 소집단을 순식간에 모아 커다란 세력을 만들 수가 있다. 12세기 초, 여진족의 완안부(完顏部)에 아골타(阿骨打, 금의 태조)라는 영걸이 출현하여, 순식간에 요와 송을 멸망시킬 정도의 힘을 가졌다.

이 여진계의 금 왕조는 몽골에 의해 멸망했다. 금은 한족계 왕조는 아니었지만, 원호문(元好問)과 같은 대시인도 배출하는 등 높은 문화를 가지고 있었다. 몽골을 대신하여 한족계인 명 왕조가 동아시아를 제패하자, 역사의 교훈에 따라 가능한 한 여진계 각 부족을 분산시키는 정책을 취했다.

여진은 여직(女直)이라고도 쓴다. 원어로는 어미에 N음이 있느냐 없느냐의 차이가 있을 뿐이다. 요의 흥종(興宗) 야율종진(耶律宗眞)의 '진(眞)'자를 피해서 '직'자를 썼다는 설도 있다.

명나라 때의 여진은 건주여진(建州女眞), 해서여진(海西女眞), 야인여진(野人女眞)의 셋으로 크게 나뉜다. 건주와 해서는 지명이지만, 야인이란 미개한 단계에 있다는 의미이다.

건주여진은 주로 요동의 산지에서 살았다. 그 수장은 명나라로부터 건주위의 지휘사(指揮使)로 임명되어 명나라의 영향을 강하게 받았으며, 그 생활도 '화풍(華風)이 매우 많다'는 평을 들을 정도였다. 한족의 가치관을 표준으로 보자면, 가장 문명적이었다고 할 수 있다. 이 무리들 가운데서 여진 각 부족을 통일하여 만주족을 형성하고, 중화제국인 청 왕조를 세운 누르하치가 태어났다.

해서여진은 그 북방인, 지금의 하얼빈과 장춘(長春)에서 살고 있었다. 야인여진은 흑룡강 유역, 특히 그 동부가 거주 지구였다.

명나라 시절, 여진족이 여진문자를 거의 잊어버려 자신들의 기록을 남기지 못했을 무렵, 조선 왕조의 사신이 북경으로 가는 도중에 견문한 내용을 기록으로 남겼다. 누르하치의 실록인 『만주실록』은 만주문자가 만들어진 뒤의 기록이니, 조선 사신의 기술을 더욱 중히 여겨야 할 것이다.

조선 사신인 신충일(申忠一)은,

> 서(墅, 교외의 평지) 가운데 일구지 않은 곳이 없고, 산 위에 이르기
> 까지도 역시 많이 개간했다.

라고 말했으니까, 여진족이 농경에도 상당히 힘을 기울였다는 사실을 알
수 있다.

수렵은 그들의 특기였는데, 여우, 담비, 표범, 호랑이, 바다수달, 강수달
등의 모피와 이 밖에도 인삼과 진주 등이 교역품이었다. 명나라와의 교
역 장소는 무순과 그 밖의 지역이었다.

농기구는 명이나 조선과의 교역을 통해서 얻었으나 조선 북부의 철장
(鐵匠)을 납치해다 제철법을 배워서 스스로도 생산할 수 있었다.

그들이 몽골과 다른 점은 유목을 주요한 생업으로 삼지 않았다는 것
이다. 그러나 목축이 없었던 것은 아니다. 조선의 이민환(李民寏)이 저술
한 『건주견문록(建州見聞錄)』에,

> 육축(六畜)은 오로지 말이 가장 성하다. 장호(將胡, 상급 여진족)의
> 집에는 1천 필, 100필의 떼를 이룬다. 졸호(卒胡, 하급 여진족)의 집도
> 10여 필 밑으로 내려가지 않는다.

라고 기록되어 있다. 같은 책에서 건주 지역을 '토지비요(土地肥饒)하고,
화곡(禾穀, 벼)은 심히 무(茂, 무성)하다'라고 칭송했다. 토지는 비옥했지만,
단지 겨울이 매우 한랭하다는 점만이 난점이었다. 이와 같은 토지를 한

족의 농경민이 그냥 보아 넘길 리 없었다. 한족이 만주라 불리게 된 동북 지방에 들어간 역사는 매우 오래되었다. 전국 시대에는 연나라의 땅이었는데, 진(秦)나라의 압박을 받자 연은 이곳까지 도망을 쳤다. 『삼국지』의 시대에도 요동 태수 공손연(公孫淵)이 할거했다.

한·당의 최고 전성기에는 물론 중국의 군현이었고, 고구려나 발해국의 판도가 된 시기, 또는 요·금·원 시대에도 수많은 한족이 거주하고 있었다.

한족은 대부분 농경민이었으며, 유목에 종사하는 몽골족도 이 지방에 상당히 많이 살고 있었다. 따라서 이 지방은 인종적으로 복잡한 구성을 가지고 있었다.

명 왕조의 여진족에 대한 정책은 미묘했다. 그 힘을 분산시켜 너무 강대해지지 않도록 하는 것이 근본 방침이었지만, 그렇다고 해서 너무 약해져도 곤란했다. 명나라는 막북으로 추방한 몽골의 세력이 다시 남하하는 것을 막기 위해 동쪽에서 견제하는 역할을 여진족에게 기대하고 있었기 때문이다.

오이라트의 에센이 일제히 남하했을 때, '토목보의 변'이라는 위기를 명 왕조에 초래한 적이 있는데, 그때 해서여진은 오이라트 동부군에게 격파되어 남쪽으로 도망을 쳤다. 명나라가 기대했던 방벽의 역할을 하지 못한 셈이다. 명나라에서도 틀림없이 여진의 힘을 너무 분산시켰다고 반성했을 것이다.

예전에 명나라는 해서·건주의 여진족 유력자 약 300명에게 관직을 주고, 각각 칙서를 내렸다. 명나라와 교역하려면 칙서를 소유해야 한다는 조건이 필요했다. 여진족은 명나라와의 교역에서 커다란 이익을 얻었는데, 그것을 300명에게 분산함으로써 부(富), 즉 힘의 집중화를 피할 수 있었다. 여진족은 명나라를 위협할 정도의 힘을 모을 수 없었지만, 한편으로는 명나라의 적인 오이라트를 막지도 못했던 것이다.

'만력의 내리막길'의 마지막 부분에서도 이에 관해서 다뤘지만, 해서여진이 오이라트의 공격으로 혼란스러워져 칙서가 무자격자의 손에 넘어가는 등 문제가 일어났으므로, 명은 칙서를 일괄하여 수장에게 주기로 했다. 해서여진은 1천 통, 건주여진은 500통이었다.

이에 따라 당연히 부의 집중화가 일어나 이전까지는 없던 권력이 여진족 속에서 나타났다. 예상했던 일이었지만, 명나라도 앞에서 이야기한 반성에 입각하여 여진족을 친명 세력으로 조금 더 강화해야겠다고 생각했을 것이다.

권력이 생겨나면 그것을 둘러싸고 투쟁이 벌어지는 것이 자연스러운 현상일 것이다. 투쟁을 거듭하다 보면 전쟁에 강해지는 법이다. 건주여진에서 누르하치가 출현한 것은 이러한 배경이 있었기 때문이었다.

출생이 모호한 늦깎이 장군 누르하치

교역권인 칙서가 건주여진보다 해서 쪽에 더 많았던 것은 그만큼 유력했기 때문이다. 예전에 금 왕조를 세웠던 여진족도 그 계통이었던 것으로 알려져 있다.

명나라에서는 해서라고 불렀지만, 그들 자신은 훌라운(훌라온(忽剌溫), 또는 호륜(扈倫)이라는 한자로 썼다)이라고 불렀던 듯하다. 이는 출신지에 있는 강의 이름인데, 오늘날의 지도에는 후란강(呼蘭河)이라고 표시되어 있다. 하얼빈의 약간 동쪽에서 송화강(松花江)과 합류하는데, 바로 금나라의 태조 완안아골타(完顔阿骨打)의 발상지역이다. 그런 이유로 해서여진족은 자부심이 강하고, 동쪽의 야인여진은 물론 남쪽의 한족 문화에 많이 동화된 건주여진에 대해서도 우월감을 가지고 있었다고 한다.

해서여진은 크게 예헤부(葉赫部), 하다부(哈達部), 후이파부(輝發部), 우라부(烏拉部)의 네 부족으로 나뉜다. 그 가운데서 예헤부가 가장 강했는데, 하다부가 명나라의 원조를 얻어 강력해졌다. 하다부는 명나라와 관계가 좋아서, 만한(萬汗, 완한. 명에서는 왕대(王臺, 왕타이)라고 불렀다)이 수장으로 있을 때, 건주에서 모반했던 왕고(王杲, 왕카오)가 망명한 것을 명나라에 인도하기도 해서 명나라로부터 용호장군(龍虎將軍)이라는 칭호를 받았다. 명나라와 관계가 좋다는 것은 명나라와의 교역에서 우대를 받고 있다는 거나 마찬가지이다. 경제적으로도 다른 부족보다 유력했던 것이다. 그러나 만한이 죽은 후, 후계자 다툼이 벌어져 원래부터 강했던 예헤부가 경쟁자였던 하다부의 내분에 편승하여 눈에 띄게 대두하기 시작했다.

예헤부는 몽골에서 이주해 온 부족인데, 같은 여진이라도 몽골계였던 탓인지 반명(反明)감정이 강했던 듯하다. 따라서 친명적인 하다부와는 대립했다. 해서여진의 하다부와 예헤부가 항쟁하고 있을 때, 건주여진 가운데서 누르하치가 힘을 길러 두각을 나타내기 시작했다.

여진족은 총인구도 얼마되지 않았다. 그런데 부족으로 나뉘어 항쟁을 했으니 이는 명나라 분산책의 성과라고도 할 수 있을 것이다. 여진족의 번성을 위해서는 그 통일이 절대 필요한 전제조건이었다.

전 여진족의 통일을 이룬 인물이 누르하치였다.

누르하치는 건주 좌위(左衛)에 속하는 수장의 집안에서 태어났는데, 아버지는 탁시(塔克世)라는 인물이었다. 성은 아이신교로(愛新覺羅)다. 아이신은 '금(金)', 교로는 '족(族)'을 뜻한다. 그러나 성을 아이신교로라고 부른 것은 누르하치의 다음 시대부터였으며, 그때는 동(佟) 씨였다고도 한다. 또는 누르하치가 동 씨의 양자가 되었다는 설도 있으며, 그 어머니는 아고 도독(阿古(아크) 都督)의 딸이었는데, 아고는 앞에서 이야기한 왕고인 듯하다. 왕고는 만주문헌에는 아그 도독이라고 나와 있다. 청 왕조의 실질적인 시조치고는 확실하지 않은 부분이 많은 인물이라고 하지 않을 수 없다.

생모가 일찍 죽고 계모인 나라(納喇) 씨에게 그다지 사랑받지 못했기 때문에 열아홉 살 때 가출을 했다고도 전해진다. 양자설(養子說)에 따르면, 여진족 상인의 사위가 되었다고도 하고, 또는 명나라 장군인 이성량(李成梁)의 집으로 들어가 그의 가신이 되었다고도 한다.

대왕조의 시조이니 그의 가계나 전기에는 꾸밈이 있을 것이다. 어머니의 뱃속에 13개월이나 있었다고 하는데, 야사 같은 데에는 여러 가지 이야기가 등장한다. 데릴사위설, 명나라 장군의 가신설 등이 있는 것을 보면, 특별히 유서 깊은 집안에서 태어난 것 같아 보이지는 않는다. 명나라 초기에 300명의 유력자에게 칙서를 주었다고 하는데, 그 300명 안에 들어가는 정도의 가계였을지도 모른다.

누르하치의 대두에는 이성량의 힘이 커다란 영향을 미친 것만은 틀림없는 사실이다. 이성량은 요동에 주재한 명나라의 장군인데, 그 지방에서는 절대적인 권세를 휘두른 인물이었다. 이성량이 누르하치의 장래에 기대를 걸었는지, 아니면 누르하치가 이 장군을 이용했는지, 아마도 양쪽 모두였을 것이다. 어쨌든 두 사람의 만남은 실로 운명적이었다.

이성량은 요동 철령위(鐵嶺衛) 출신이라고 하지만, 그의 조상은 조선에
서 와서 복속한 사람이었다. 그 인물에 대해서는 도요토미 히데요시의
조선 침략 때, 명나라의 장군으로 지원을 가서 평양에서 고니시 유키나
가(小西行長)를 격파하고, 벽제관에서 고바야가와 다카카게(小早川隆景)에
게 진 이여송의 아버지라고 설명하는 편이 더 알기 쉬울 것이다. 임진왜
란 때, 이여송은 명나라 군사를 이끌고 갔는데, 그의 입장에서 보자면 위
기에 처한 조상의 고국으로 달려간 셈이 된다. 히데요시의 조선 침공 때
에는 아들이 활약했으며, 이성량은 은퇴한 뒤였다. 그러나 그는 뒤에 다
시 현역에 복귀한다.

누르하치와 이성량의 만남은 히데요시의 조선 침공보다 10년쯤 전, 아
니면 그보다 조금쯤 더 거슬러 올라갈지도 모른다. 이성량의 전성기였다
고 할 수 있을 것이다. 이성량의 선조는 조선에서 넘어와서 복속한 자였
는데, 아마도 그 공 때문이라고 생각되지만 대대로 철령위의 첨사를 세
습하고 있었다. 위(衛)의 장관이 지휘사, 그 차관이 지휘동지(同知)이며, 첨
사는 그 밑의 직급이었다. 속리(屬吏)는 아니었지만 그렇게 높은 자리도
아니었다. 게다가 세습이라고는 하지만, 실제로는 아버지의 직책을 물려
받기 위해서는 북경으로 가서 수속을 밟아야 하고 돈도 들었던 모양이
다. 성량의 대에 이르러 집안도 가난해져서, 세습하여 직책에 오를 자금
조차 없어 40세까지 제생(諸生)으로 지냈다. 벼슬길에 오를 자격은 있었
지만, 아직 취직하지 못한 후보생이라는 신분이었다. 그런 그를 어느 순
안어사(巡按御史)의 눈에 띄어 상경(上京)을 도와주어 간신히 군직에 오를
수 있었다. 그 뒤부터는 빠른 속도로 승진하여 요동 험산(險山)의 참장,

부총병이 되고, 융경 4년(1570)에 총병 왕치도(王治道)가 전사하자 그 후임이 되었다.

40세까지는 찬밥을 먹었으나 일단 관직에 오르자, 45세 때에는 이미 사단장급이 되었다. 융경 5년에는 영원백(寧遠伯)에 봉해져 귀족의 반열에 올랐다. 행운도 있었겠지만 그는 군사적 재능뿐만 아니라 정치적 재능에도 뛰어나서 두각을 드러낸 것은 당연했을 것이다.

그 당시 건주여진의 수장인 왕고가 무순을 침범하여 명나라 군관을 살해한 사건이 벌어졌다. 그 토벌에 나선 것이 요동 총병이 된 이성량으로 6만 명군을 이끌고 그를 대파했다. 부상을 당한 왕고는 해서여진 하다부로 도망을 쳤다. 하다부의 수장인 만한이 이 궁지에 몰린 사람을 명에 인도한 사실은 앞에서 이야기했다.

왕고는 참수되었지만, 그의 아들인 아타이(阿臺)는 보복할 기회만 엿보고 있었다. 아버지를 판 하다부에 보복하기 위해서 하다부와 대립하고 있던 예헤부와 손을 잡고 자꾸만 군대를 움직였다. 이성량은 하다부의 만한을 도와 아타이를 공격했다.

이때의 전쟁에서 누르하치의 아버지와 할아버지가 고열(古埒, 구레)성에서 죽었다. 이 이른바 '이조(二祖)의 죽음'에 대해서는 문헌에 따라서 그 경위가 서로 다르다.

아타이의 아내는 누르하치의 할아버지 교창가(覺昌安)의 손녀였다. 누르하치의 아버지인 탁시(塔克世)의 큰형의 딸이었다. 이 싸움에서 누르하치 일가는 명나라 쪽에 가담했는데, 할아버지는 손녀를 데리고 나오기 위해 고열성 안으로 들어갔으며, 동행한 아버지는 밖에서 기다리고 있었다. 그런데 아타이가 아내를 성 밖으로 내보내기를 거부하고, 아내의 할

아버지를 억류했다. 바깥에서 기다리고 있던 탁시는 아버지가 나오지 않자 상황을 살피기 위해서 성 안으로 들어갔다가 마찬가지로 억류되었다. 곧 명군의 총공격이 시작되어 누르하치의 할아버지와 아버지는 난전 중에 목숨을 잃고 말았다. 명나라 쪽 기록에는 손녀를 구출하기 위한 것이 아니라 교창가와 탁시 부자는 아타이에게 항복을 권하기 위해서 성에 들어갔다가 그대로 붙들려 죽은 것으로 기록되어 있다.

이는 만력 11년(1583)의 일이었는데, 이성량은 화공책으로 아타이를 살해했다. 성 안에 있던 교창가는 불에 타 죽었으며, 탁시는 난입해 들어온 명군의 오인으로 목숨을 잃었다고 한다.

명나라 쪽에 가담하여 명나라를 위해서 일했지만, 누르하치의 할아버지와 아버지는 이렇게 해서 목숨을 잃었다. 이성량은 뒤에 남은 누르하치에게 커다란 빚을 진 셈이었다. 할아버지와 아버지를 한꺼번에 잃었을 때, 누르하치는 25세의 청년이었다.

명나라에 내건 '칠대한'

명나라는 여진족 분산정책이 너무 훌륭하게 성공을 거둔 것에 대해 아무래도 당혹감을 느낀 듯하다. 분산시킨 것까지는 좋았으나 군소 집단들이 서로 싸움을 벌였다. 단결하기보다는 항쟁하는 편이 명나라에게는 더 안전했지만, 거기에도 정도가 있는 법이다. 여기저기서 무력항쟁이 일어나 요동 땅이 소란스러워졌다.

요동의 안녕을 유지하기 위해서는 여진족 가운데서 동족에게 영향력을 행사할 수 있는 세력을 하나 만들고, 명나라가 그와 제휴하여 뒤에서 힘을 보태 주는 것이 바람직했다. 북경의 조정은 어땠는지 모르겠지만, 현지에 있는 이성량 장군은 그렇게 생각했을 것이다. 이 분산책에 대한 수정안으로 이성량은 역시 여진족의 근간인 해서여진 가운데서 그와 같은 세력을 양성하려 생각했던 모양이다. 하다부가 가장 유력한 후보였다. 그런데 그 하다부는 만한의 죽음 이후, 내분이 일어나 지리멸렬해져서 제휴세력으로서의 자격을 잃었다.

다음으로 예혜부가 있지만, 이 몽골계 여진은 체질적으로 반명감정이 너무 강했다. 아타이의 명나라에 대한 보복전에서도 예혜부는 아타이를 도왔다. 게다가 예혜부는 하다부와 마치 불구대천의 원수라도 되는 양 격렬하게 싸웠다. 이와 같은 정세를 보고 이성량은 해서여진 가운데서 제휴세력을 고르기를 포기했다.

이성량이 주목한 것은 어리지만 현명하고 유능한 누르하치였다. 지금부터 양성하기에는 꼭 알맞은 세력이었다. 그의 가계는 원래부터 친명적(親明的)이었다. 아버지와 할아버지가 명군의 오인으로 살해되었지만, 그에 대한 보상으로 이성량은 누르하치에게 30통의 칙서와 30필의 말을 주었다. 그것이 누르하치 거병의 첫 번째 군자금이었다. 이성량은 오살(誤殺)에 대한 건은 이것으로 정리가 되었다고 생각했을지는 모르겠지만, 누르하치는 30통의 칙서와 말 30필로 그것을 잊을 만한 인물이 아니었다. 나중에 명나라와 싸울 때, 그 개전 이유로 '칠대한(七大限)'을 들었는데, 그 서두에,

나의 조종(祖宗)은 남조(南朝)의 변방을 지키며 조공하여, 충순(忠順)하기가 이미 오래거늘, 갑자기 만력 연간에 나의 이조(二祖)를 죄

없이 죽였다. 원한의 하나다.

라고 말했다. 명나라에 대한 원한은 마음 깊이 새기고 있었지만, 누르하치는 세력 증강을 위해서 명나라를 이용해야겠다고 생각했던 것이다.

이성량의 주선으로 누르하치는 명나라의 좌도독, 용호장군의 칭호를 받았다. 칭호뿐만 아니라 은 800냥이라는 세폐도 받았다. 명나라의 힘을 배경으로 하여 누르하치는 건주여진을 통일했다.

건주 5부(部)는 소극소호(蘇克素護), 혼하(渾河), 완안(完顏), 동악(棟鄂), 철진(哲陳)인데, 누르하치는 만력 11년에 군대를 일으켜 만력 17년(1589) 정월까지 모든 부를 굴복시켰다.

이렇게 해서 누르하치는 드디어 북쪽의 해서여진과 대결했다. 누르하치는 무순, 청하(淸河), 관전(寬甸), 애양(靉陽) 등 네 곳의 관(關)에서 명나라와 활발하게 통상하여 더욱 국력의 내실을 기했다. 한편 해서여진 각 부는 하다부와 예헤부와의 내전으로 혼란스러웠다. 그때까지 흑룡강 유역에서 나는 진주와 모피는 해서여진이 지배하는 개성(開城)을 경유하여 운반되었다. 그런데 전란 때문에 개성이 폐쇄나 마찬가지인 상태가 되어 버렸다.

교역로가 폐쇄되었다 할지라도 상품 유통의 길을 막을 수는 없다. 개성을 경유하지 못한다면 남쪽의 길이 있었다. 누르하치의 통일로 건주는 평온했으므로, 그때까지 개성을 경유하여 해서여진을 윤택하게 했던 모피, 진주, 인삼 등이 건주를 경유하게 되어, 누르하치를 부유하게 만들었다. 누르하치도 적극적으로 이들 상품을 사들였다. 건주에는 각지의 상인들이 모여들었다. 누르하치가 교역으로 얻은 이익은 한 해에 수만 냥에 달했다. 만력 19년(1591)에는 압록강로(鴨綠江路)를 손에 넣었다. 영토를 넓힘으로 해서 백성을 늘림과 동시에 조선과도 교역의 길을 튼 것이다.

해서여진 4부는 당연히 초조함을 느꼈다. 당장 제동을 걸지 않으면 실력의 차이는 더욱 벌어질 뿐이었다. 해서여진 중 가장 강했던 예혜부가 사자를 보내 영토 할양을 요구한 것은 무력으로 제동을 걸겠다는 의사 표시였다. 누르하치가 간단히 영토 할양에 응할 생각 따위는 없었다. 누르하치는 예혜부의 사자에게 화를 내며,

> 나는 곧 만주이고, 너는 곧 후룬(扈倫, 해서)이다. 너의 나라가 크다
> 해도, 내 어찌 취하겠는가? 내 나라가 넓다 해도, 너 어찌 나누어 가
> 질 수 있겠는가.

라고 대답했다는 기록이 있다. 나중의 기록이지만, 누르하치는 이 무렵부터 건주 5부를 포함한 자신의 영토를 만주라 불렀을 것이다.

앞의 '토목과 탈문'의 전반부에서도 이야기했지만, 그들은 경건한 불교신자로 자신들을 '문수보살의 도(徒)'라고 불렀다. 문수(文殊)라는 말에, 나중에 같은 음인 '만주(滿洲)'라는 글자를 가져다 쓴 것이다. 그 밖에도 이설은 있지만, 문수=만주설이 가장 타당해 보인다.

예혜부가 우리는 같은 언어를 사용하는 같은 집단이니 영토도 서로 같이 쓰자고 청한 데 대해 "같은 나라가 아니다"라고 단호하게 거절한 것이다.

누르하치는 이미 지방의 영주가 아니라, '내 나라', 즉 제국의 주인을 목표로 삼고 있었다고 짐작된다. 새로운 명칭을 쓴 것은 그 결의를 내보

인 것이라 해석해야 할 것이다. 지금부터는 그에게 속한 집단과 정권을 만주라고 부르기로 하겠다. 그들은 여진족에서 새로이 만주족으로 다시 태어난 것이다.

임진왜란 뒤에서 세력을 키운 누르하치

공포감을 느낀 해서여진족은 변경의 각 집단에게도 호소하여 누르하치가 '만주'라고 칭한 괴물을 쳐부수려 했다. 그들이 이전까지 얻고 있던 교역의 이(利)도 어느 틈엔가 만주에게 빼앗긴 상태였다. 개성을 다시 교역지로 삼으려 하면, 만주는 온갖 책략을 사용해서 그것을 저지했다. 이런 녀석을 멋대로 날뛰게 내버려 두었다가는 우리가 당장 굶어죽을 것이라는 격문을 띄웠다.

이렇게 해서 9부의 병사가 모여 만주의 팽창을 저지하기로 했다. 그 가운데 해서 4부가 포함된 것은 말할 나위도 없지만, 석백부도 반만주(反滿洲)의 일익을 담당했다. 이 이른바 9부 연합은 만력 21년(1593)의 일이었다. 누르하치는 9부 3만의 무리를 격퇴했을 뿐만 아니라, 그 연합군에 가담했던 장백산(長白山)의 주사리부(珠舍哩部, 주셔리)와 눌은부(訥殷部, 너연)로 원정하여 그 영토를 모두 합병해 버렸다.

어떤 집단의 흥륭과 쇠망을 경제 면에서만 바라보는 것은 너무나도 물질지상적인 생각이다. 지휘자의 능력, 구성원의 의욕, 환경 등 여러 가지 요소를 생각해 볼 수 있을 것이다. 그래도 역시 경제력을 무시할 수는 없다.

9부 연합군을 물리친 누르하치 만주의 저력에는 교역에서 얻은 이익이 크게 작용을 했다.

누르하치와 만주 정권이 부유해지자 동시에 이성량도 부유해졌다. 이성량은 누르하치를 양성하고 있다고 생각했으며, 너무 가깝지도 또 너무 멀지도 않은 관계를 유지했다. 인삼이나 모피, 또는 진주를 사들이려고 산서(山西) 상인과 신안(新安) 상인이 몰려들었다. 이성량은 마치 요동(遼東)의 번왕과 같은 존재였다. 요동에 온 상인은 이성량에게 어떤 형식으로든 상납금을 내지 않으면 안 되었던 모양이다. 『명사』의 「이성량전(李成梁傳)」에,

모든 요동 상민(商民)의 이(利)는 모두 내 수중에 들어온다.

라고 기록되어 있다. 산지에서 사들여 교역지까지 운반하고, 상인의 손에 넘어가기까지의 중간 이익은 틀림없이 누르하치와 이성량이 절반씩 나눴을 것이다. 이 즐거운 호혜관계의 과정에서 이성량은 자신의 임무를 잊어 버렸다.

조그만 소란이 자꾸만 일어나자, 넌덜머리가 난 명나라는 요동을 조용히 만들기 위해서 영향력이 있는 세력을 양성하려 했다. 그러나 그 세력은 영향력이 너무 강해서는 안 된다. 명나라의 지배에서 벗어날 수 있을 정도로 강성해서는 곤란하다. 이성량은 고삐를 쥐고 적당히 조절해야만 했다. 그럼에도 불구하고 누르하치와 함께하는 장사가 번창했기 때문에 고삐를 죄는 것을 완전히 잊어버린 것이다.

이성량은 요동의 군사 책임자로 22년 재임했다. 커다란 승리를 보고한 것이 10회에 이른다. 대첩에 대한 보고가 있으면 천자는 교묘(郊廟)에 제

사를 지내 알리고, 조정의 신하로부터 축하를 받은 뒤 논공행상을 벌였
다. 변경의 무력이 강성하기가 지난 200년 동안 예를 찾아볼 수 없을 정
도라고 일컬어졌다. 자녀들 모두가 위계를 받았으며, 부하들에게조차 영
예의 일부가 안겨졌다.

부귀가 극에 달해 방자했으며, 사치에 도가 없었다.

『명사』의 전(傳)에 위와 같은 구절이 있는데, 이성량은 타락한 것이다.
그는 굴러들어 온 막대한 돈으로 조정의 권문, 귀신(貴臣)에게 어마어마하
게 선물했다. 그랬기 때문에 중앙에서 수많은 후원자를 얻었다. 그의 첩
보에는 때때로 이상한 게 있었다. 대단한 승리도 아닌 것이 대승이 되기
도 하고, 분명히 진 전쟁이 이긴 전쟁으로 보고되기도 했다. 증거가 필요
했기에 양민의 목을 베어 적장의 수급이라고 거짓 보고를 올린 적도 있
었다고 한다. 어처구니없는 얘기지만, 조정의 유력자를 돈으로 매수했기
에 조작이 폭로될 염려는 없었다.
　때로는 진등운(陳登雲), 허수은(許守恩)처럼 청렴한 순안사(巡按使)가 실
정을 보고하려 했지만, 순무인 이송(李松), 고양겸(顧養謙) 등과 같은 무리
들에게 저지당하고 말았다. 하지만 그것도 오래가지는 못했다. 아무리 막
아도 이성량을 비난하는 목소리가 새어나왔다. 게다가 신시행(申時行), 허
국(許國), 왕석작(王錫爵) 등과 같은 유력한 후원자들이 정부를 떠났기에
이성량도 그 자리에 머물기 어려워졌다. 만력 19년(1591)에 토만(土蠻) 일
파 10만 기의 침입을 막아내지 못한 일도 있고 해서 그해 11월, 어사 장
학명(張鶴鳴)의 의견으로 이성량은 해임되었다. 단지 영원백이라는 작위

는 그대로였으므로, 나이가 들어서 은퇴하는 형식을 취했다.

이성량을 해임한 것까지는 좋았으나 그 후임자를 얻지 못했다. 이성량은 떠났지만 요동의 군대에는 그의 숨결이 남아 있어서 후임자는 일을 하기가 어려웠을 것이다. 만주 제국의 주인이 되고자 했던 누르하치는 충분히 힘을 길렀기 때문에 이성량의 후임자들의 눈치를 살필 필요가 없었다. 이성량 해임 후 10년 동안 요동의 군사 책임자는 차례차례로 교체되어 8명이나 되었다고 한다.

9부 연합군을 격파한 뒤에도 누르하치는 고삐를 늦추지 않았다. 해서 4부는 굴욕적인 강화를 맺었지만, 만주의 힘이 약해지면 화약(和約)이 깨질 것은 불을 보듯 뻔한 일이었다. 누르하치는 만주 정권의 힘을 더욱 기르기에 노력했다.

누르하치가 이처럼 요동에서 힘을 기르고 있을 무렵, 도요토미 히데요시가 조선을 침략하는 일이 벌어졌다. 명나라의 시선은 일시적으로 조선에 쏠렸다. 게다가 요동으로 파견한 새로운 군사책임자는 일이 익숙하지도 않고 무능했기 때문에 누르하치에 대해서 손을 쓸 방도가 없었다. 누르하치는 그때까지 이성량과 호혜관계를 맺고 있었으니, 명나라와는 동맹관계에 있었다. 해서 4부를 습격해도 그것은 명나라에 대한 반항이 아니었다. 섣불리 손을 대기에는 누르하치는 이미 너무 강성해져 있었다.

누르하치가 만주 왕조의 기초를 착착 다져 갈 무렵, 도요토미 히데요시는 무모한 출병으로 자신도 모르는 사이에 속임수 노릇을 해 준 셈이다. 히데요시가 두 번째로 출병한 해(1597)에 해서 4부는 만주와 화약을 맺었다.

히데요시의 죽음으로 인해 일본군이 철병한 이듬해(1599), 해서의 하다부는 결국 만주에 항복했다. 하다부는 예혜부의 사주를 받아 화약을 깨고 만주를 공격했다. 만주는 그것을 격파해 버렸다.

명나라는 이에 대해서 누르하치를 힐문하기 위해 사자를 보냈다. 이웃 나라를 함부로 공략한 것을 나무란 것인데, 드디어 누르하치의 만주라는 존재에 공포심을 갖게 된 것 같다.

그런데 하다부의 어려운 처지에 편승하여 예혜부가 침공을 했다. 누르하치는 명나라에 대해 예혜부를 힐문하라고 요구했지만, 명나라는 거기에 응하지 않았다. 이 시기에 명나라는 너무나도 강대해진 누르하치 만주의 힘을 약화시키기 위해서 예혜부를 대항시키는 작전을 취했다. 몽골계인 예혜부는 원래부터 명과의 관계가 좋지 않았지만, 이제는 그런 것을 따질 때가 아니었다. 누르하치에 대항할 수 있을 만한 것은 용맹한 예혜부밖에 없었다. 똑같이 하다부를 공격했지만, 명나라는 예혜부를 질책하려 들지 않았다.

그 무렵, 하다부는 기근 때문에 명나라에 식량의 긴급 수송을 요청했지만, 명나라는 이를 들어주지 않았다. 어쩔 수 없이 하다부는 누르하치에게 전면 항복을 하기로 했다.

이상은 만주 쪽 자료에 의한 해서여진 하다부의 멸망 과정이다.

이로 인해서 오랫동안 유지되어 오던 누르하치와 명나라와의 관계가 단절되었다.

하다부에 이어 후이파부가 멸망했다. 만력 35년(1607)의 일이었다. 일본에서는 세키가하라 전투가 끝나고 정권의 귀추가 분명해진 시기로, 도쿠가와 이에야스가 에도(江戸)에서 슨푸(駿府) 성으로 옮긴 해에 해당한다. 그러나 건주를 통일하고 해서 4부 가운데 2부까지 병합한 누르하치

정권이 머지않아 중국 전토를 지배하게 될 줄을 이 시점에서는 아무도 예상하지 못했을 것이다. 아마 누르하치 자신도 미처 생각하지 못했을 것이다.

우라부가 멸망한 것은 그로부터 6년 뒤인 만력 41년(1613)의 일이었다. 해서여진 4부의 명칭은 모두 지명에 따른 것이고, 성(姓)은 나라(那拉) 씨였다고 한다. 우라부는 하다부나 예혜부에 비해서 약했지만, 나라 씨의 정통 계보였다. 누르하치의 친정으로, 우라부의 수장인 푸첸타이(布占泰)는 100명도 되지 않는 패잔병들을 데리고 예혜부로 달아났다.

해서 4부 가운데서 남은 것은 예혜부뿐이었다. 예혜부는 명나라에 원군을 요청했고, 명나라는 유격(遊擊, 무관의 관직명)인 마시남(馬時楠), 주대기(周大岐) 등에게 화기를 능숙하게 다루도록 훈련된 병사 1천을 주어 구원군으로 보냈다. 원군을 요청하지 않았다 할지라도, 명나라는 지나치게 강해진 만주를 그 이상 방치할 수 없었을 것이다.

누르하치는 우라부 공격의 여세를 몰아 예혜부로 향했는데, 7성 19새(塞)를 함락하고 일단 물러났다.

만력 44년(1616) 정월, 누르하치는 가한(可汗, 칸)의 자리에 올랐다. 예혜부의 토멸과 명나라와의 대결은 즉위 후의 문제로 남았다.

만주팔기의 정벌

민족 정체성을 중시한 칸

기본적으로 만주족은 수렵민이다. 사냥감 떼를 집단으로 포위하는 이른바 '몰이사냥'을 주로 했을 것이라 여겨진다. 인원이 많으면 많을수록 좋으므로, 하나의 집단만으로 부족하면 다른 집단에서 사람을 빌려오기도 했다. 물론 그럴 때는 사냥물을 나눠주지 않으면 안 된다.

집단으로 통제된 행동이 필요했으며, 동물을 잡을 때는 당연히 무기를 사용했다. 따라서 그들이 생업에 정진한다는 것은 군사훈련을 실시하는 것과 같았다. '여진족이 1만 명이 되면 감당할 수 없는 적이 된다'는 말은 이 같은 여진족의 생활과 관계가 있었다. 끊임없이 군사훈련을 실시하고 규율에 복종하며, 능숙하게 무기를 다루는 민족이었다. 그들이 단결하면 반드시 무적의 강력한 힘을 발휘했다.

여진어의 '니루(牛彔)'는 '큰 화살(箭)'을 의미하는데, 이것은 그대로 수렵의 기본단위의 명칭이기도 했다. 수렵에 참가하려면 인원수뿐만 아니라 무기도 가져가지 않으면 안 된다. 처음에는 10명 정도의 집단을 지휘하는 자를 니루에젠(牛彔額眞)이라고 불렀다. '에젠'은 '주인'을 의미한다. 목적을 가진 단체행동이므로 멋대로 행동할 수 없었다. 말을 하거나 소리를 내면 사냥감이 눈치를 채고 도망가 버린다. 무리를 통제하기 위해서 니루에젠에게는 강한 권한이 주어졌다.

누르하치는 이 수렵 단위를 전투 단위로 편제하여, 300명을 1니루로 하는 군제를 만들었다. 그리고 5개의 니루를 1잘란(甲喇)으로 삼았으며, 5잘란을 1구산(固山)으로 삼았다. 구산은 '기(旗)'를 의미한다. 1잘란은 1천 5백 명이며, 1구산은 7천 5백 명이다. 물론 인원을 그렇게 기계적으로 나누지는 않았을 것이다. 누르하치가 가한에 즉위할 무렵에는 니루의 수가 400명에 달했다고 한다. 니루 300명의 원칙은 거의 지켜진 듯하니, 총 12만 명이었던 셈이다.

처음 구산, 즉 '기'는 4개였다. 누르하치 즉위 직전에 그것을 배로 늘려 8기가 되었다. 이렇게 해서 유명한 만주팔기(滿洲八旗)가 탄생했다.

'기'를 색으로 나누어 구분했다. 실제로 사냥을 할 때, 그 깃발이 사용되었다. 사냥감을 몰 장소를 미리 결정해 두고, 그곳에 황색 깃발을 세웠다. 조수(鳥獸)를 모는 몰이꾼은 세 부대로 나뉘어 점차 포위망을 좁힌다. 세 부대의 중앙은 남색 기로 표시하는 집단이었으며, 좌우는 홍기와 백기였다. 만주족 최초의 4기는 바로 이 황색, 남색, 홍색, 백색을 상징으로 한 군단이었다.

누르하치가 즉위하기 이전 해(1615)에 기의 숫자를 배로 했을 때, 네 개의 색은 그대로 둔 채 각각 테두리를 둘렀다. 남, 황, 백, 세 기는 홍색으로 테두리를 둘렀으며, 홍기에는 하얀 테를 둘렀다. 홍기에 홍색 테를 두르면 구분하기 어려웠으므로, 거기에만 따로 백색을 사용한 것이다.

테두리가 없는 것을 정황(正黃), 정백(正白), 정홍(正紅), 정람(正藍)이라 부르고, 테두리를 두른 것을 양황(鑲黃), 양백(鑲白), 양홍(鑲紅), 양람(鑲藍)이라 불렀다.

누르하치는 만주족을 군사체제 국가로 만들었다. 이 팔기는 각각이 군단인 동시에 백성들의 소속집단이기도 했다. 다시 말해서 만주족인 한 남녀노소를 불문하고 모두가 이 8개의 '기' 어딘가에 소속되어 있었다.

청나라 때의 전기(傳記)를 보면, 한족 사람들은 예를 들자면 절강성 소흥현이라거나, 복건성 남안현 등과 같은 식으로 본적을 기록했다. 그러나 만주족인 경우에는 정황기의 사람이라거나 양람기의 사람이라는 식으로 기술을 했다. 팔기는 곧 만주족의 호적이기도 했다는 말이다. 또한 만주족 사람들을 흔히 '기인(旗人)'이라고 불렀는데, 어딘가의 기에 속해 있었기 때문에 그렇게 부른 것이었다.

누르하치가 일어섰을 초기에, 기록이 적었던 시기부터 팔기의 원형과 같은 것이 있었고, 실전 등의 경험을 통해서 개정한 부분도 있었을 것이다. 팔기에 대한 자세한 것은 아직 알 수 없는 부분이 많다.

『팔기통지(八旗通志)』에 따르면, 누르하치 즉위 직전에 조직된 400니루의 내역은 만주·몽골 니루가 308, 몽골 니루가 76, 한군 니루가 16이었다고 한다. 가장 많았던 만주·몽골 니루 308의 내역까지는 기록하지 않았지만, 만주족과 몽골족의 혼성군단이 많았던 듯하다. 그리고 몽골족으로만 이루어진 니루도 적지 않았다. 또한 한족만으로 이루어진 니루도 16개나 있었는데, 인원수로 따지면 거의 5천이 된다. 누르하치의 군단은 그리고 정권도 마찬가지지만 초기부터 국제색이 농후했다는 사실을 알 수 있다.

　몽골족과 한족은 그 후 급격하게 늘었을 것이다. 만주군이 판도를 넓히면 거기에는 몽골족과 한족이 살고 있었다. 그들은 누르하치의 신하로 편입되었다. 이렇게 해서 몽골팔기와 한군(漢軍)팔기가 태어났다. 요동에는 다수의 한족이 살고 있었는데 그들이 만주 정권의 지배를 받게 되면 한군 모기(某旗)라는 호적에 편입되었다. 팔기는 만주족에만 한정되어 있지 않았다는 사실에 주목해야 할 것이다.

　누르하치는 모어인 만주어뿐만 아니라 한어와 몽골어도 가능했다. 그 자신이 국제인이기도 했던 것이다. 그렇지만 그의 시대까지 만주어는 문자를 가지고 있지 않았다. 이렇게 말하면 당연히 금 왕조 때 '여진문자'가 만들어지지 않았느냐고 반론할 것이다. 실제로 누르하치 시대까지 건주의 여진족은 명나라와의 공식 문서에 여진문자를 썼으며, 그것을 번역한 한문을 덧붙였다.

　만주어는 곧 여진어이니까, 여진문자가 만주문자라는 생각도 성립이 된다. 그러나 여진문자는 금나라 때 한자를 의식해서 만들어진 것이다. 우랄알타이계인 여진어는, 언어적으로는 터키어, 조선어, 일본어와 같은 계열로 고립어인 중국어와는 그 성립이 다르다. 따라서 한자를 모델로 한 여진문자는 처음부터 여진어를 표현하기에 불편했다. 또한 금나라는 문화적으로 한화(漢化)되어 버려 고심 끝에 만든 여진문자도 그다지 쓰지 않았다. 금나라 때의 문학은 원호문의 시문처럼 한자로 쓰여졌다.

　건주여진이 명나라와의 공식문서에 사용했던 여진문자는 그것을 쓸 줄 아는 사람이 특별히 배운 사람으로, 극히 소수에 불과했다. 특기라고 해도 좋을 것이다. 그것을 쓴 사람만이 읽을 수 있는 이상한 문자였다.

건주여진이 다른 문서, 즉 편지와 부기 등에 사용한 것은, 이도 이상한 얘기지만, 몽골문이었다. 언어적으로 친근한 관계에 있기 때문에 여진인이 몽골어를 배우는 것은 그다지 어려운 일이 아니었던 것 같다.

누르하치는 국제인이었지만, 민족주의자이기도 했다. 만주족이 몽골문자를 이용해서 몽골어를 쓰고, 그것을 자신들의 의사소통 방법으로 삼고 있다는 사실에 불만을 품고 있었다.

몽골문자라는 것은 칭기즈 칸 때, 위그루문자를 참고로 만든 표음문자이다. 표음문자이니 그 문자로 다른 언어를 표현하는 것도 가능했다. 알파벳으로 일본어를 쓸 수 있는 것과 같은 것이다. 누르하치는 몽골문자를 기초로 하여 만주어를 표현해야겠다고 생각하고 그 작성을 명령했다. 같은 계열이라고는 하지만 몽골문자로는 표현할 수 없는 만주음도 있었으므로, 그렇게 간단한 작업은 아니었다. '만주문자' 작성을 명령한 것은 1599년이었다. 즉위하기 17년이나 전부터 이미 '나라의 글자(國字)' 문제에 손을 댄 것이다. 누르하치는 단지 전쟁에만 강했던 인물이 아니었다. 누르하치가 죽은 뒤, 그의 아들 시대에 타하이(達海)라는 자가 개량하고, 정리를 한 것이 청나라 때 사용되었던 만주문자다. 만주음을 가능한한 정확하게 표현하기 위해서 문자에 권점(圈點)을 사용했다. 만주어로는 정부의 문서를 '당안(檔案)'이라고 하는데, 누르하치 시대의 그것을 '무권점 당안(無圈點檔案)'이라 부르고, 그 이후의 것을 '유권점 당안(有圈點檔案)'이라고 부르는 것이 관례다.

누르하치의 '통큰 결정'

명나라의 변경 대책은 너무 강한 힘이 태어나지 않도록 하는 것을 주안으로 삼았다. 근대 제국주의의 식민지 정책과 마찬가지로 '분산하여 통치'하는 것이 원칙이었다. 누르하치는 너무 강해져 있었다. 건주의 통일뿐이었다면 명나라도 그렇게 경계하지는 않았을 것이다. 지방에 어느 정도 유능한 지도자가 있는 편이 혼란을 피할 수 있어 간접 통치가 쉬워진다. 이성량이 누르하치를 보살펴 준 것도 유능한 대리인으로 기르려 한 의미가 있었다는 점은 앞에서 이야기했다.

해서 각 부를 정복함으로 해서 누르하치는 명나라의 허용 한도를 넘어선 존재가 되었다. 해서 4부 중 예혜부만이 남았을 때, 명나라가 예혜부 쪽에 선 것은 당연한 일이었다. 명나라에는 강력한 무기가 있었다.

교역 정지. 바로 이것이었다.

누르하치가 해서로 군대를 진군시킬 수 있었던 것도 명나라와의 교역에서 커다란 이익을 얻어 힘을 길렀기 때문이었다. 그 교역을 정지당하면, 누르하치는 큰 타격을 받는 셈이다.

명나라는 비장의 무기인 교역 정지를 단행했다. 누르하치는 명나라의 군문에 항복을 하든지, 아니면 명나라를 적으로 삼아 예혜부 공격을 계속하든지 둘 중 하나를 선택해야 했는데, 결국에는 후자를 선택했다.

누르하치 쪽에서는 인삼과 모피를 대량으로 사 놓았을 것이다. 교역이 정지되면 그것은 아무런 가치도 없게 된다. 팽창한 영토의 백성과 군대를 어떻게 먹여 살리면 좋단 말인가? 명나라에 저항하는 길을 택했을 때, 문제는 산더미처럼 많았을 것이다. 명나라에 머리를 숙이는 것이 훨씬 더 쉬웠을 것이다. 그럼에도 불구하고 누르하치는 어려운 길을 택했다.

칙서에 의한 명과의 교역은 동정에 의지하는 굴욕적인 형식이었다. 이 때처럼 마음에 들지 않는 일이 있으면 바로 교역을 정지하여 압력을 가할 수 있다. 지금 머리를 숙이면 다음에도 다시 머리를 숙여야 할 것이었다. 누르하치는 상대방이 힘으로 임한다면 자신도 힘으로 저항하겠다고 결의했다.

산더미처럼 쌓아 놓은 인삼은 썩어 버렸다. 누르하치의 이 행동은 이해관계를 무시하고 민족의 자존심을 중히 여긴 것이라고 해석할 수 있을 것이다. 그러나 누르하치는 극히 현실주의적인 인물이었다. 틀림없이 조그만 이해는 무시했을 테지만, 시선은 장래의 커다란 이익 쪽으로 쏠려 있었다. 교역뿐만 아니라 모든 면에서 명나라와 대등한 입장에 서게 된다면, 거기서 태어나는 이익은 헤아릴 수 없이 큰 것이다.

교역의 장소를 통해서, 또한 세력권에 넣은 토지의 한족을 통해서 누르하치는 명나라의 내부 사정을 파악했을 것이라 여겨진다. 궁정에서는 기묘한 사건들이 연속해서 일어났고, 환관들이 세력을 떨치고 있었으며, 기개와 절개가 있는 사람들은 정치 무대에서 떠났다. 파벌 다툼이 심했고 정책에는 일관성이 없었다. 그런 명나라에 대해서는 분명하게 알 수 있는 '힘'을 보이는 것이 가장 유효한 관계유지법이라고 판단했을 것이다. 그의 판단은 옳았다고 하지 않을 수 없다.

현실주의자였기 때문에 누르하치는 통큰 방침을 결정하면 지엽적인 문제에는 그다지 연연하지 않았다. 명나라에 대해서 적의를 드러내지 않는 태도를 취하며 시간을 번 것이다. 누르하치가 선택한 것은 바로 '독립'이었다. 그를 위해서는 장래에 상당히 긴 시간에 걸쳐서 명나라와 항쟁해야 한다는 사실을 각오하지 않으면 안 되었다. 교역 정지가 몇 년 계속 되어도 그에 견딜 수 있는 체제를 만들 필요가 있었다. 그중 하나가 토지 개간이었다. 옛 하다부 남쪽의 시하(柴河), 무안(撫安), 삼분(三岔) 등의 각 지에서 상당히 대규모의 개간을 추진했다.

명나라도 드디어 누르하치의 의도를 깨달은 듯했다. 광녕(廣寧) 총병인 장승음(張承蔭)은 사자를 파견하여 새로 개간한 세 곳의 곡물을 수확해 서는 안 된다고 통고했다. 그에 대해서 누르하치는 저항했다.

바닷물은 넘치지 않고, 황제의 마음은 옮기지 않는다고 했다. 지금 (명은) 이미 예헤를 도왔고 또한 우리 백성으로 하여금 화도(禾稻, 벼) 를 예확(刈穫, 추수)하지 못하게 한다. 바야흐로 황제의 마음은 이미 옮겨갔는가?

상당히 강도 높은 반항이었다. 명나라는 대국이지만 어떤 성에도 1만 의 병사를 주둔시키지는 못할 것이다, 만약 1천 명밖에 주둔시키지 못한 다면 그것은 우리가 포로로 삼기에 아주 적당한 숫자다, 라고도 말했다. 힘으로 밀어붙이려면 밀어붙여라, 상대를 해 주겠다고 과감하게 말한 것 이다.

이는 만력 43년(1615)의 일이었으니, 누르하치가 팔기제를 비롯하여 독 립의 준비를 거의 갖춘 시기였다.

누르하치가 생각한 것은 어디까지나 독립이었을 뿐, 이 시점에서 대제 국 건설에 대한 구상은 아직 없었다. 만주족(여진족)은 명나라 초기 이후, 명나라의 지배 아래에 있었다. 거기에서 벗어나 명나라와 대등 또는 대등과 가까운 지위를 획득하고 싶다고 바란 것이다. 언제까지고 명나라가 시키는 대로 하지는 않겠다, 교역에서도 이대로라면 만주족에게 불리하다는 것이 독립의 이유였다. 가능하다면 명과 커다란 마찰을 일으키지 않고 독립을 인정받고 싶다는 마음이었을 것이라 여겨진다.

급속하게 힘을 키웠지만, 누르하치는 자신을 모든 만주(여진)족의 맹주이지, 제왕이라고는 생각하지 않았던 듯하다. 팔기제를 만들기는 했지만, 그 자신은 정황과 양황 두 기만을 직접 장악했을 뿐 나머지 6기는 다른 유력자의 지배하에 두었다. 뒤의 일이지만 누르하치는 죽음의 순간에 유훈을 남겨 자신의 사후 체제는,

　　　팔기병립(八旗竝立).

을 원칙으로 하기를 희망했다. 어디까지나 부족의 유력자 연합을 나라로 삼는다는 생각이었다. 중국의 제왕처럼 절대권을 가진 군주의 출현은 만주족의 정권에는 어울리지 않는다고 믿은 듯하다.

누르하치의 독립선언은 명나라의 만력 44년(1616) 정월의 일이었다. 국호는 '대금(大金)', 연호는 천명(天命)이라 정하고 국도를 흥경(興京)에 두었다.

어째서 금이라는 국호를 골랐는가 하면, 여진족에게 있어서 그것은 눈부신 과거의 금자탑이었기 때문이다. 12세기에 완안 아골타가 이끄는 여진족은 거란족(契丹族)의 요(遼)를 멸망시켰으며, 송나라를 남쪽으로 쫓아내고 백수십 년에 걸쳐서 중국의 북쪽 절반을 군림했었다. 그 정권이 국호를 금이라 했었다. 금나라는 전 중국의 주인이 되기 일보 직전까지가 있었지만, 칭기즈 칸의 몽골 때문에 멸망당하고 말았다.

'금', 곧 여진어로 아이신(愛新)이라는 말을 들으면 여진족은 피가 끓어

올랐다. 동족을 흥분시켜 그것을 건국의 에너지로 삼고자 같은 국호를 선택했을 것이다. 400년 전에 금이 멸망했기 때문에 아이신교로 씨 누르하치의 두 번째 금을 '후금(後金)'이라고 부르는 경우도 있다.

누르하치의 아들인 홍타이지 시대에 들어 금을 '청(淸)'으로 고쳤다. 틀림없이 동족을 분발케 하는 시대는 이미 끝났고 대명 정책이 가장 커다란 과제가 되었기 때문일 것이다. 예전에 금나라는 남송에 대해 여러 가지 압력을 가했다. 남송은 결국에는 몽골에 의해서 멸망했지만, 그 전에 금나라 때문에 국력이 피폐해져 있었다. 한족에게 '금'이라는 국호는 매우 불쾌한 느낌을 준다.

명나라는 동방의 이 새로운 정권과 교섭을 할 때, 금이라는 국호를 듣는 것만으로도 남송의 역사가 떠올라 아무래도 선입관을 씻어 낼 수가 없었다. 명나라의 조정에서도 걸핏하면,

다시 남송과 금의 역사를 되풀이할 것인가?

라는 목소리가 일었다.

홍타이지가 금이라는 국호를 버리고 청이라는 다른 국호를 사용하기로 한 것은 위와 같은 이유가 있었기 때문이라고 한다.

국호를 고침과 동시에 홍타이지는 동족들이 자신을 '여진'이라고 부르는 것을 금했다. 천총(天聰) 6년(1632)의 칙서에,

우리나라에는 예전부터 만주, 하다, 우라, 예해, 후이파 등의 이름이 있었다. 무지한 자가 때때로 제신(諸申, 여진을 말함)이라고 부른다. 제신은 곧 석북초묵륵근(席北超墨勒根)의 후예로 우리나라와는 관계가 없다. 앞으로 모든 사람에게 오로지 우리나라를 만주라는 원래 이

름으로 부르는 것만을 허용한다. 그 각 기의 패륵(貝勒, 버일러, 귀족)에 속한 자는 칭하여 모기(某旗) 패륵가(貝勒家)의 제신이라고 부르지 말라.

라는 대목이 나오는데, 이 칙서의 어조는 매우 엄격한 느낌이다. 여진은 우리와 관계가 없다고 단정했다. 대명(對明) 정책에 필요했기 때문이라는 이유만으로는 설명할 수 없는 부분이 있는 것 같다.

『명사』에는 건주여진이라는 말이 자주 등장한다. 누르하치가 그곳 출신이었다는 점은 분명한데 어째서 그렇게 여진이라는 칭호를 싫어했을까?

명나라 시절의 여진 사회는 정체되어 극히 봉건적이었다. 움직이지 않고 고정되어 있던 여진 사회에서 누르하치가 튀어나온 것이다. 누르하치가 그렇게 상층 출신이 아니라는 사실은 이미 이야기했다. 금이라는 국호나 여진이라는 족명(族名)을 쓰면 복고적인 기분이 농후해진다. 뿌리를 찾으려는 움직임이 시작될지도 모른다는 느낌이 든다. 가계 등을 조사해 보면 누르하치의 집안이 보잘것없었다는 사실을 알게 될 것이다. 홍타이지는 이와 같은 역행 현상에 제동을 걸려 하지 않았을까.

전혀 새로운 시대가 시작되고 새로운 황제가 군림하는 것이다. 그럴 때 금이나 여진과 같이 곰팡내가 풀풀 나는 것 같은 말은 방해만 될 뿐이다.

자신을 단지 맹주라고만 생각했던 누르하치라면 금이나 여진에 구애받지 않았을 것이다. 그러나 절대적인 군주를 목표로 삼은 홍타이지는 그런 말이 마음에 걸렸던 것이다. 만주 건국 초기의 두 주인인 누르하치

(태조)와 그의 아들인 홍타이지(태종) 사이에는 시대에도 커다란 변화가 있었지만, 인간으로서도 커다란 차이가 있었다고 생각된다.

명청 교체를 판가름 지은 사르허 전투

즉위 2년 후, 누르하치는 '칠대한(七大恨)'이라는 개전 이유를 내걸고, '벌명(伐明, 명을 토벌하겠다는 뜻)'의 군을 일으켰다. '칠대한'의 원문은 남아 있지 않지만, 할아버지와 아버지의 죽음, 명이 예혜부를 도운 일, 사신을 구류하고 죄를 물은 일, 개간한 토지의 수확을 허락하지 않은 일 등을 꼽았다. '칠대한'은 선전 문구였으니 각지에 배포되었을 텐데도, 어찌된 일인지 그 원본이 발견되지 않았다. 추측인데, 뒤에 홍타이지가 마음에 들지 않는 부분을 삭제하기 위해서 회수하지 않았을까 생각해 볼 수 있다. 홍타이지 시절에 목각판으로 찍은 것은 남아 있지만, 그것은 아마도 개정되었을 것이다. 마음에 들지 않는 부분이란, 아마도 누르하치는 그 문서에서 아직 명나라의 종주권을 분명하게 인정했을 것이다. 누르하치에게 그것은 당연한 일이었지만, 홍타이지에게는 마음에 들지 않는 부분이 되어 버린 것이다. 『태조실록』에 다음과 같은 내용이 있다.

> 하늘이 대국의 임금을 세움은 곧 천하의 공주(共主)로 삼으려 함이
> 다. 어찌 오로지 우리나라만 원한을 맺으려 하는가?

대국의 임금이란 명나라의 황제를 말하는 것인데, 그를 천하 제국의 공통의 주인이라고 인정한 것이다. 가만히 읽어 보면 이것도 명나라의 종

주권을 인정한 문맥이다.

부모에게 반항하여 하고 싶은 일을 인정토록 하려는 것처럼 보인다는 느낌이 든다.

만주팔기는 두 갈래로 나뉘어 무순을 공격했다. 무순성의 수장이었던 명나라의 유격(고급 군관) 이영방(李永芳)은 누르하치의 항복 권고문을 받자마자 깨끗하게 항복을 했다. 이영방은 후에 누르하치의 손녀를 아내로 맞았으며 총병으로까지 승진했다. 틀림없이 사전 공작이 있어서 이영방이 투항하리라는 사실을 알고 있었을 것이다. 이렇게 해서 누르하치의 만주팔기는 무순성을 간단히 함락시키고, 동주(東州), 마하탄(瑪哈丹) 등 각 성을 돌파했다.

무순은 교역지였으므로 산동, 산서, 강남, 절강의 각지에서 상인 16명이 와 있었다. 누르하치는 그들에게 '칠대한' 문서를 건네주고, 여비를 지급하여 돌아가도록 했다. 주민들은 모두 포로가 되었다.

만주팔기는 무순 성벽을 파괴하고 되돌아갔는데, 소식을 받은 명나라의 광녕 총병 장승음 등이 1만의 병사를 이끌고 추격해 왔다. 누르하치도 군대를 돌려 그에 맞섰다. 이때 하늘은 누르하치에게 행운을 가져다주었다. 갑자기 커다란 바람이 불었는데 그것이 서쪽으로 모래먼지를 일으켜 명나라 군사를 덮친 것이다. 명군은 만주팔기와 싸우기도 전에 강렬한 흙바람의 공격을 받은 셈이다. 만주팔기는 흙바람이 멈춘 후에 명나라 군영으로 들어가 이를 대파했다. 명군은 패배했고 총병 이하 간부 군인들은 모두 전사했다. 전사한 총병 장승음은 누르하치가 시하 등 세 지방을 개간했을 때, 사자를 파견하여 수확 금지를 명령했던 인물이었다.

이 전쟁 뒤, 광녕 순무 이유한(李維翰)이 사자를 보내 우선 포로 반환

을 요구했다. 이에 대해서 누르하치는,

> 정전(征戰)에서 사로잡은 것은 곧 나의 백성이다. 어찌 송환할 수
> 있겠는가?

라며 거절했다.

누르하치가 건국하기는 했지만, 최대의 고민은 백성이 적다는 점이었
다. 청나라 쪽 자료에 따르면, 건국 후,

> 나라는 부유하고, 백성은 번성해 귀부(歸附)하는 자가 나날이 늘었다.

라고 기록되어 있지만, 귀부하는 자 가운데 꽤 많은 부분이 납치당한 사
람이었다고 추정된다. 교역 정지 처분을 받고 개간 등으로 활로를 모색
하려 했던 누르하치에게 있어서 인구 부족은 커다란 문제였다. 명나라에
반항하려면 군대도 늘려야 했다. 그 무렵 누르하치는 각지로 군대를 보
냈는데 그것은 토지보다 사람을 취하는 것이 목적인 출병이었던 듯하다.
마을 주민을 모두 데려오고, 땅은 그대로 방치한 경우가 적지 않았다.

인간은 중요한 생산력이자 나라의 병력이기도 했다. 무순성의 주민들
을 모두 포로로 잡아 데려간 것은, 누르하치에게는 당연한 일이었다. 그
것을 위한 전쟁이었으니 반환을 요구한 이유한의 요구를 일소에 붙인 것
은 말할 나위도 없었다.

그 무렵 열 명의 한인을 사로잡기보다 한 명의 조선인을 사로잡아라,
열 명의 조선인을 사로잡기보다 한 명의 몽골인을 사로잡아라, 라는 말

이 있었던 듯하다. 강건한 사람이 노동력으로써 환영받았으며, 납치는 국가적 사업으로 장려되었을 것이라 여겨진다.

무순이 함락되었다는 소식을 접한 명나라의 조정도 경악하여 누르하치 토벌을 위해 동원령을 내렸다.

병부시랑인 양호(楊鎬)가 요동 경략(經略)에 임명되어, 사로총지휘(四路總指揮)로 심양(봉천)에 주둔하게 되었다. 명군은 사로(四路)로 나뉘어 누르하치를 공격했다. 사로의 사령관으로 동원된 총병(사단장)과 총병 경험자는 6명이었다.

이성량의 아들인 이여백(李如栢)은 퇴역해 있었는데, 이때 특별히 기용되어 요동 총병으로 임명되었다. 원래부터 요동을 잘 알고 있는 무장의 집안에서 태어난 인물이니 적임자라고 생각했을 것이다. 조선에서 고니시, 고바야가와와 싸웠던 이여송과는 친형제였다. 그러나 이 일가는 아버지 이성량을 비롯하여 고위 군직에 올랐지만, 야전 사령관으로서 유능한 인물을 배출하지 못했다. 이때의 기용도 실패라고 해야 할 것이다.

산해관 총병인 두송(杜松), 보정(保定) 총병인 왕선(王宣), 개원(開原) 총병인 마림(馬林), 요양(遼陽) 총병인 유정(劉綎) 등 사령관들의 면면은 참으로 쟁쟁했다. 유정은 남로(南路)의 사령관으로 그는 조선의 지원군 1만 명을 휘하에 두고 있었다. 히데요시의 조선 침략 때 명에서 이여송 등의 지원군을 보냈으니, 이번에는 그에 대한 보답이었을까? 그 밖에도 유격인 최일기(崔一琦)가 다른 조선군을 인솔하여 병력을 합치기로 되어 있었다. 한편 북로군인 마림의 휘하에는 해서여진 예혜부의 병사 1만 5천이 포함되어 있었다.

명군은 조선, 예혜부 등의 병사들을 산하에 둔 혼성부대로 그 수는

47만이라 호(號)했다. 호라는 것은, 보통 실제 숫자의 두 배가량이지만, 이때의 명군은 더 적어서 기껏해야 10만 정도였다고 한다. 양호가 누르하치에게 서신을 보냈는데, 그 속에서 47만이라 호했던 것이다.

명군은 3월 1일에 각 노(路)의 군을 집결하기로 되어 있었지만, 산해관 총병인 두송이 남보다 먼저 공을 세우려고 예정된 시기보다 일찍 혼하를 건넜다. 두송은 전쟁이란 용맹함만으로 승부가 결정되는 법이라고 생각하는, 단순한 군인에 지나지 않았다. 평소 자신의 몸에 있는 수많은 칼자국을 자랑스럽게 여겨, 무슨 일만 있으면 알몸이 되어 보이고 싶어 하는 인물이었던 모양이다. 자신의 공적을 위해서라면 부하들의 고생이나 희생 따위는 아무렇지도 않게 생각했다. 용맹하기는 했지만 사령관으로서는 부적격한 사람이었다.

혼하는 물살이 세기 때문에 뗏목이나 배로는 건널 수가 없다. 말을 타고 건너야 하는데, 이 도하 때 이미 많은 장병을 잃었다. 강을 건넌 후, 두송은 2만의 병사를 사르허(薩爾滸)에 머물게 하고 자신은 1만의 병사를 이끌고 계번성(界藩城)으로 향했다. 명군은 정찰을 통해서 누르하치가 계번에 성을 쌓고 있다는 사실을 알고 있었다. 1만 5천 명의 인부가 공사를 하고 있었는데, 그들을 호위하는 장병은 겨우 400명에 불과했다. 본대는 길림애(吉林崖)라는 곳에 있었다.

공사 중인 계번성을 노리겠다는 두송의 생각은 결코 나쁘지 않았다. 그러나 이러한 명군의 움직임도 누르하치 쪽에게 정찰을 당하고 있었다. 누르하치가 세운 작전은 아들 홍타이지에게 2기(旗)의 병사를 주어 계번성을 구원케 하는 한편, 자신이 6기(旗) 4만 5천 명의 병사를 이끌고 사르허를 공격하는 것이었다. 사르허에 있는 명나라의 본영은 대기하는 부대라는 생각이 있었기에 방심하고 있었다.

이때도 저녁이 되자 모래바람이 불어 한 치 앞도 내다볼 수 없는 어둠이 찾아왔다.

이와 같은 커다란 모래바람을 '매(霾)'라고 한다.

> 갑자기 크게 매(霾)가 일어 지척을 분간할 수 없었다.

라고 사서에는 묘사했다.

명군은 너무나도 어두워서 횃불을 밝히고 싸웠다. 누르하치의 6기는 어두운 곳에서 밝은 곳을 공격하는 것이니,

> 쏘아서 맞지 않는 것이 없었다.

와 같이 유효한 공격을 가할 수 있었다. 그에 반해서 명군은 밝은 곳에서 어두운 곳을 향해 발포했기 때문에 거의 맞지 않았다.

> 총포는 모두 버드나무에 맞았다.

이런 상태였기에 명군의 대패로 끝나고 말았다.

계번성으로 향했던 두송의 1만도, 복병을 만나 고전을 하던 중에 사르허에서 패전했다는 소식이 날아들어 전의를 상실하고 말았다. 게다가 사르허에서 승리한 6기가 가세했으니 싸움이 될 리가 없었다. 총병인 두송은 화살에 맞아 전사했고, 명군은 전멸했다.

> 횡시(橫屍)가 산야를 덮었으며 피는 흘러 도랑을 이루었고, 기치(旗幟), 기계(器械) 그리고 죽은 사졸들이 혼하를 덮으며 흘러 마치 물이 없는 듯했다.

사서는 이 싸움의 참상을 이렇게 적었다.

패전 소식을 접한 양호는 각 군에 격문을 띄웠지만, 그것은 패전에 다시 패전을 더하는 결과를 낳고 말았다. 마림은 도주를 했으며 유정은 전사했다. 이여백 군은 궤멸했고, 그는 일단 도망을 쳤지만 어차피 책임을 추궁당할 것이라고 체념했는지 자살해 버리고 말았다.

전투보다 환관의 입이 더 무섭다

이것이 역사적으로 유명한 사르허 전투다. 명나라가 쇠망하고 청나라가 흥기하여 그를 대신하게 된 단서가 이 전투에 있었다고 말한다.

하늘마저도 누르하치의 편을 들었던 모양이다. 흙먼지를 동반한 폭풍, 즉 매(霾)까지 몇 번이나 명나라 군영에 휘몰아쳤다. 그런 점을 생각해 보면 인간뿐만 아니라 민족이나 국가에도 행운이라는 게 있는 것 같다는 느낌이 든다. 흥기하고 있던 만주에는 행운까지 찾아와 그 상승하는 운명을 도왔던 것 같다.

이 전투를 분석해 보면 여러 가지 사실들을 알 수 있다. 행운이 찾아와도 그것을 잡느냐, 잡지 못하느냐는 단순한 우연이라고는 말할 수 없다. 잡을 수 있는 태세를 갖추고 있어야만, 비로소 행운을 내 것으로 만들 수 있는 것이다. 명군이 패전한 가장 큰 원인은 먼저 공을 세우려고 멋대로 진영을 이탈한 두송에게 있었지만, 이는 군율의 이완에서 온 것이다. 아무리 군율을 어겨도 승리를 거두기만 하면 죄가 되지 않는다는 기풍이 명군에 있었을 것이다. 그랬기에 두송은 3월 1일이라는 약속된 날짜 하루 전에 무순을 출발한 것이다.

명군이 47만을 호하기도 했기에 누르하치의 만주팔기가 소수의 군대로 많은 적을 이긴 것이라 생각하기 쉽다. 『성경통지(盛京通志)』에 만주가,

　　　500명으로 명나라의 병사 40만 명을 깼다.

는 과장된 표현이 나오는데, 역시 그것을 위원(魏源)이 『성무기』에서 인용했다. 『성무기』는 널리 읽혀진 책이었기 때문에 사르허 전투는 적은 수로 많은 수를 깼다는 선입관이 사람들의 마음속에 각인되어 있다. 그러나 500 대 40만은 지나친 과장이다. 명군은 기껏해야 10만에서 20만에 지나지 않았다. 500이라는 것은 계번성 건설을 위한 1만 5천 명의 인부를 지키던 병사 400명이 명나라와의 전쟁에 가장 먼저 동원된 사실에서 온 숫자일 것이다.

실제로 사르허에 대기 병력으로 남겨진 명군의 숫자는 2만 명이었다. 그것을 공격하기 위해 누르하치가 이끈 만주군은 6기 4만 5천이었다. 만주군은 배 이상의 병력으로 사르허의 명군을 공격했다.

두송은 1만의 병사를 이끌고 계번성으로 향했다. 잠복하여 이들을 기다리고 있던 것은 홍타이지 등이 이끄는 2기(旗)의 병력으로 그것은 1만 5천이었다.

만주군은 다수의 병력으로 소수의 명군에게 승리했다. 숫자의 단순한 계산으로 보자면 당연한 승리였다. 500 대 40만이라는 것은 신화에 지나지 않는다는 사실을 알 수 있다.

명군의 패인은 군율의 이완 외에도 병력을 지나치게 분산시켰다는 데 있다. 만주팔기는 공격 목표로는 그렇게 크지 않았다. 명군은 그에 대해서 병력을 집중해야만 했다. 그런데 모든 군사력을 네 방면으로 나누었다.

이 전투를 공평하게 비평하자면, 누르하치는 명나라의 실수 덕분에 승리했다는 결론이 나올 것이다.

신흥 누르하치에게 있어서 사르허의 전투는 실로 커다란 수확을 가져다 주었다. 이 세력의 가장 커다란 고민이 인구 부족에 있었다는 사실은 몇 번이고 이야기했는데, 이 전승으로 말미암아, 예를 들자면 유정 휘하에 있던 조선군이 전원 투항해 왔다. 그만큼 인구가 늘어난 셈이다.

또한 이 전쟁에서 승리한 여세를 몰아 누르하치는 개원과 철령을 탈취했다. 영토를 넓힘과 동시에 그 지역의 주민들까지 손에 넣은 것이다. 그리고 동족 가운데서 마지막까지 대적했던 예혜부를 이 기회에 평정할 수 있었다.

사르허의 전투는 명의 만력 47년(1619), 금의 천명 4년 3월의 일이었는데, 예혜부가 평정된 것은 같은 해 8월의 일이었다.

명에서는 패전의 최고 책임자인 요동경략 양호가 체포, 투옥되고 그 후임으로 웅정필(熊廷弼)이 기용되었다. 그는 요동을 순안(巡按)한 적도 있는 유능한 인물로 그 지방에 대해서도 잘 알고 있었기 때문에 등용되었을 것이다. 임명을 받으면서 그가 가장 두려워했던 것은 누르하치가 강하고 명나라의 병사가 약하다는 점이 아니었다. 조정의 정치와 군정이 언관(천자에게 진언하는 것을 직무로 삼는 환관)에 의해 좌우된다는 점이었다. 실무에 책임을 지지도 않는 언관은 그런 만큼 하고 싶은 말을 마음대로 할 수 있었다. 언관 제도는 운용에 따라서는 효과를 올릴 수 있지만, 사소한 트집을 잡느라 대국을 보지 못하는 경향도 있다. 무엇인가 진언을 하지 않으면 직무를 수행하지 못한다고 여겼으므로, 눈에 들어온 사소한 일을 파헤쳐서 탄핵하는 경우가 많았다. 언관은 '말하는 것'이 직무였다. 그 말들은 언제나 실무를 담당하고 있는 내각으로 향한 탓에 언관과 내각이 대립하고 있었다.

명나라 말기, 내각은 약화되었고 언관의 힘이 강해졌다. 장거정이 죽고난 뒤 유능한 재상은 없어지고 요동에서 이처럼 커다란 사건이 일어났을 때, 재상은 장기 결근 중이었다고 한다.

웅정필은 언관의 한 가지 일밖에 생각하지 못하는 탁상공론이 요동문제라는 국가의 중대한 '실무'에 나쁜 영향을 끼치지 않을까 걱정했다. 임명을 받은 그는 황제에게 상소했는데, 그 가운데서,

　　안에서 격(格, 논쟁)하여 신의 기를 꺾지 말라. 옆에서 요(撓, 어지럽
　　히다)하여 신의 발목을 잡지 말라.

라고 단단히 못을 박았다.

임지로 간 그는 앞선 전투에서 도망간 세 장수인 유우절(劉偶節), 왕첩(王捷), 문정(文鼎)을 군중(軍衆) 앞에서 참형에 처했다. 해이해진 군율을 바로잡기 위한 비상 조치였다. 뒤이어 전사한 장병을 정중히 제사하고 위령식을 거행했다.

웅정필은 굳게 지키며 함부로 싸우지 않는 것을 원칙으로 삼았다. 요동의 명군이 커다란 패배를 맛본 뒤였다. 전의는 회복되지 않았으며 적에 대한 공포심이 아직 남아 있었다. 무기, 마필, 전구(戰具) 등도 아직 정비되지 않았으므로 새로 사들이거나 수선하는 데에도 시간이 필요했다. 웅정필은 간신히 18만의 병력을 모았는데, 그는 그것을 각지에 배치하고 연락망을 만들어, 조그만 공격은 자력으로 물리치고 큰 공격에 대해서는

바로 원군을 요청하는 체제를 만들었다. 그리고 가려서 뽑은 유격대로 누르하치의 소부대를 공격하기도 하고 경목(耕牧, 경작과 목축)을 방해하기도 하면서, 이른바 실전에 대비한 사전 연습을 행했다. 누르하치 쪽은 웅정필의 포진이 두려워서 1년여 동안이나 싸움을 걸어오지 않았다. 웅정필도 '고수하기'와 '함부로 싸우지 않기'를 굳게 지키며 좋은 기회가 오기만을 기다렸다.

그런데 사르허에서 패전하고 웅정필을 요동경략으로 임명한 그 이듬해에 만력제가 죽고, 뒤를 이은 태창제도 급사하여 천계제가 즉위하자, 정치계에 부는 바람이 바뀌기 시작했다.

긴 안목으로 봐주었으면 한다. 도중에 잡음을 넣지 않도록 해 주기
바란다.

웅정필이 이렇게 못을 박아 놓았지만, 황제가 바뀜으로 해서 그 효력을 발휘하지 못하게 된 것이다.

웅정필은 요동에서 싸우지 않는다.

라고 탄핵하는 자가 나타나기 시작했다. 그가 가장 우려하던 일이었다. 웅정필은 염증이 나서 스스로 사직을 청해 허락을 받았다.

의욕을 불태우던 인물이 의욕을 잃었다면, 이는 분명 말기적 증상이라고 하지 않을 수 없다.

요동을 평정한 만주팔기

웅정필의 후임으로 요동경략이 된 사람은 원응태(袁應泰)라는 인물이었다. 유능한 관리라는 정평은 있었지만, 군사적 재능이 있었는지는 의심스럽다.

당시 몽골 각 부(部)에 기근이 들어 수만 명의 사람들이 명나라 영토로 들어와 먹을 것을 구걸했다. 원응태는 그들을 모두 받아들였다. 명나라가 그들을 수용하지 않으면 누르하치에게로 갈 것이었다. 인구 부족으로 골머리를 썩던 누르하치는 기꺼이 그들을 받아들여 생산력으로 삼고 병력으로 삼을 것이 뻔했다. 몽골의 굶주린 백성을 받아들인 원응태의 판단은 결코 잘못된 것이 아니었다. 그런데 굶주린 무리들 중에는 만주의 밀정이 적잖이 섞여 있었다. 원응태는 몽골의 굶주린 백성 수만 명을 요양과 심양 두 성으로 옮겼다.

그해 봄에 심양과 요양이 함락되었다. 굶주린 백성들 사이에 껴든 만주의 밀정이 어느 정도 활약을 했는지 정확히는 알 수 없다. 심양을 지키던 명나라의 총병 하세현(賀世賢)이 누르하치의 도발에 성 밖으로 나가 싸우다 복병을 만나 퇴각했는데, 성문에 걸려 있던 다리가 밀정들에 의해 절단되어 성 안으로 들어가지 못하고 전사하고 말았다. 누르하치 군도 고전하여 참장인 푸하(布哈), 유격인 란코시르타이(郎格錫爾泰) 등과 같은 군 간부들이 목숨을 잃었다.

심양에서의 전투는 성을 지키던 명군은 1만여 명이었던 데 비해서, 누르하치는 우익 4기(旗)를 동원했으니 거의 3만이었을 것이라 여겨진다. 이 전투도 다수로 소수를 이긴 셈이다.

심양을 함락한 지 5일 뒤, 누르하치는 전군을 소집하여 요동 공격에 나섰다. 승기를 몰아 말을 달려 나가려 했던 것이다. 그 무렵, 요양은 명나라가 요동 경영의 중심지로 삼고 있던 곳으로, 요동경략(총독)도 그곳에 주재해 있었다. 당연히 가장 견고하게 지켜지고 있었을 것이다. 그러나 명나라의 보병과 기병은 3만이었고 누르하치는 팔기 전군으로 공격을 했으니, 그 배에 해당하는 병력으로 압도한 것이다. 원응태는 불 속으로 몸을 던져 자살했다. 성 곳곳에서 불길이 치솟았는데, 모두 숨어든 밀정의 소행이라고 알려져 있다.

심장부인 요양이 함락되고 50개의 요새, 70여 개의 성이 익은 감처럼 누르하치의 손에 떨어졌다. 이제 요하 동쪽에는 명나라의 영토가 거의 없어져 버리고 말았다.

요동의 심장부인 요양과 커다란 성인 심양의 함락에 명나라의 조정은 동요했다. 그제야 비로소 웅정필의 사임을 수리한 것이 실수였음을 깨닫고, 그를 탄핵했던 사람들을 모두 좌천시킨 뒤, 그를 다시 기용했다. 동시에 왕화정(王化貞)을 광녕 순무로 임명했는데, 이 인사는 실패였다고 하지 않을 수 없다. 신중한 성격의 웅정필과 호언장담을 좋아하는 왕화정의 조합은 장단점을 서로 보완하면 좋았을 테지만 그것은 어려운 일이었다.

왕화정은 특별한 공로를 세울 비책을 가슴에 품고 있었다. 무순에서 누르하치에게 투항했던 명나라의 유격 이영방이 은밀하게 사자를 보내 내응하겠다고 말했다. 또한 피도(皮島)라는 곳에서 게릴라 활동을 펼치고 있던 모문룡(毛文龍)도 누르하치의 배후를 습격하겠다고 약속했다는 것이다. 몽골도 40만 원군을 보내겠다고 했다.

이렇게 됐으니 이제는 적수가 없을 것이라고 왕화정은 단순하게 생각했다. 그리고 그 공을 혼자서 독차지해야겠다고 결심한 것이다. 제도적으로는 경략 밑에 순무가 있는 것이니, 순무가 공을 독점하기 위해서는 그 공적이 경략의 것이 되지 않도록 손을 써 두어야만 했다. 어떤 방법이었는가 하면, '불화'라는 점을 분명히 밝혀 두는 것이었다. 논공행상 때 두 사람이 불화했었다는 사실이 분명해지면, 순무가 순무 자신의 의사로 작전을 수행한 것이라 입증될 것이다.

조정에서는 환관 위충현이 출현한 시기로, 왕화정은 그쪽 사람들과도 좋은 관계를 유지하고 있었다. 그랬기 때문에 광녕으로 향한 명군은 왕화정이 수만, 웅정필이 수천을 받았다. 웅정필은 왕화정이 하는 말은 꿈과 같은 이야기라고 충고했지만, 왕화정은 질투심에서 하는 말이라고만 생각했다.

애초부터 이영방은 누르하치가 공격을 하자마자 마치 기다렸다는 듯이 투항한 인물이었다. 분명히 사전공작이 있었을 것이다. 전쟁 끝에 투항한 장군과 달리, 그는 누르하치와 깊은 관계가 있었다고 생각하지 않을 수 없다. 웅정필의 입장에서 보자면, 그런 인물에게 기대를 건다는 것은 위험천만한 일이었다.

요동에서 오래도록 있었던 웅정필은 피도의 게릴라가 밀수를 본업으로 하는, 믿지 못할 무리라는 사실을 잘 알고 있었다. 게다가 몽골군 40만이라는 것은 꿈같은 얘기라고 하지 않을 수 없었다.

이렇게 두 사람은 하나에서부터 열까지 대립했다. 예를 들어서 군대의 명칭을 왕화정은 '평요군(平遼軍)'이라고 했는데, 요(遼)는 그 지방의 고유명사이니 그곳 사람들에게 불쾌감을 줄 것이었다. 민심의 동정을 아는 웅정필은 군대의 명칭을 '평동군(平東軍)'이라 하기로 했다. 자신의 주장에 반대하자 왕화정은 불만을 품었다. 이래서는 일이 잘될 리가 없었다. 아니나 다를까, 명군은 누르하치의 만주팔기에게 궤멸당하고 말았다.

이영방의 내응도, 피도 게릴라의 후방 교란도, 몽골의 40만도 무엇 하나 없었다.

웅정필과 왕화정은 모두 체포되어 사형을 선고받았다. 그러나 신기하게도 실제로 형의 집행을 받은 것은 웅정필 쪽이었다. 이는 환관 위충현의 분노를 샀기 때문이라고 알려져 있다. 명나라에서는 이미 문무 관원에 대한 공정한 평가가 불가능한 상태였다.

광녕의 명군은 패배하여 산해관 서쪽으로 물러났다. 누르하치는 그 뒤 국도를 요양에서 심양으로 옮겼다. 그리고 그곳을 성경이라 불렀다. 이곳이 바로 뒤에 '봉천부(奉天府)'라 불리던 곳이다.

누르하치가 이끄는 만주팔기는 요하를 건너 요서로 진출했다. 산해관을 넘으면 바로 북경이다. 이 무렵, 누르하치가 북경을 노리고 있었는지에 대한 분명한 증거는 없다. 산해관은 좀처럼 떨어뜨리기 어려운 견고한 성으로 그 앞쪽에 영원성(寧遠城)이 있었는데, 천하의 만주팔기도 그 성 공략에 애를 먹었다.

서양 대포에 부상당한 누르하치

영원성은 명장 원숭환(袁崇煥)이 머물며 지키고 있었다. 사실은 이 성을 쌓은 것도 그였다. 축성의 지점을 정한 것도 그였다. 그는 소부(邵部)의 지현(知縣)이었는데, 명나라 때의 지현은 낮은 직책에 지나지 않았다. 변경 사정에 밝다는 이유로 등용되어 병부의 주사(主事)가 되었다. 이는 파격적인 발탁이었다.

원숭환은 이 영원성을 견고하게 지키며 총병인 만주(滿柱), 참장인 조대수(祖大壽) 등과 마음을 합쳐 만주군에 맞섰다. 누르하치는 포로를 풀어 영원성으로 들어가게 해,

나는 병(兵) 30만으로 끌고 와서 이 성을 공격하겠다. 이는 필히 깨질 것이다. 너희 관리들이 만약 항복한다면 곧 고작(高爵)에 봉하겠다.

라고 항복을 권고했다. 원숭환은 물론 거부했다. 성 밖의 백성들을 모두 성 안으로 들이고 성 밖의 가옥을 불태웠다. 적의 거점이 될까 염려했기 때문이었다. 또한 성 안에 숨어 있을지도 모를 만주 쪽의 밀정을 엄격하게 적발했다.

거듭되는 패전으로 명나라도 정신이 바싹 들었다. 원숭환은 두송이나 왕화정처럼 호언장담을 좋아하는 '맹장(猛將)'이 아니었다. 현실을 직시하고 있었다. 지금까지의 전쟁은 만주팔기의 대군이 소수의 명군을 습격하여 승리를 거둔 사실을 냉정하게 분석하고, 그에 대한 대책을 강구했다. 소수로 다수를 이길 방법이 있을까? 병력의 부족은 무기로 보충해야 한다.

뛰어난 병기가 남방에 도입되었다는 사실을 원숭환은 알고 있었다. 포르투갈 사람이 가지고 온 대포는 '홍이대포(紅夷大砲)'라 불렸는데, 무시무시한 위력을 발휘했다. 원숭환은 복건의 군 당국에 명하여 포르투갈의 대포를 옮겨 오도록 했다.

서양의 거포(巨砲), 홍이대포가 영원성에 늘어섰다. 만주팔기는 그런

줄도 모르고 누르하치 스스로가 진두에 서서 영원성을 무너뜨리기 위해 공격해 들어갔다.

항복 권고문에는 30만이라고 호했지만, 실제로는 10만 정도였던 듯하다. 그래도 대군임에는 틀림없다. 누르하치는 영원성을 단번에 돌파하고 산해관을 탈취하여 명을 위협함으로써 대등한 입장에서 교역과 그 밖의 외교문제를 교섭하려 했을 것이다. 영원보다는 그것을 지나 후방에 있는 산해관에 마음이 가 있었을 것이다. 그런데 영원성에서 믿을 수 없을 정도로 무시무시한 불덩어리가 눈에 보이지도 않는 속도로 발사되어 나왔다.

한 발에 수백 명의 사람에게 상처를 입혔다고 되어 있는데, 아마도 만주팔기는 밀집한 대열로 성을 공격하려 했을 것이다. 지금까지의 공성전에서는 병력을 밀집시켜 힘의 초점을 강하게 한 다음, 돌격하는 데 성공을 거둬 왔다.

만주 쪽의 기록에 따르면, 이틀 동안의 공성전에서 유격(영관급) 2명, 비어(備禦, 위관급) 2명, 병 500명이 죽거나 다쳤다고 한다.

지금까지 단번에 승부를 결정지었던 만큼, 누르하치는 뜻밖의 고전에 기분이 상한 듯했다.

원숭환은 이미 순무로 승진하여 그는 절대적인 지휘권을 가지고 있었다. 또한 인격적으로도 부하를 잘 파악하고 있었다. 홍이대포 이외의 화기도 불을 뿜었으며, 돌과 화살도 일제히 쏟아져 내렸다. 누르하치는,

집은 25세부터 병을 일으켜 정벌한 이래 싸워서 이기지 못한 적이 없으며, 공격하여 극복하지 못한 적이 없었다. 어쩌 이 영원 한 성을

끝내 떨어뜨리지 못하는가. 어찌 하늘의 뜻이 아니겠는가?

라고 말하며 기뻐하지 않기를 여러 날, 마침내 병에 걸려 죽었다고 전한
다. 청의 기록에는 누르하치가 이처럼 병에 걸려 죽었다고 하지만, 사실
은 포격에 의한 부상이 사인이었다. 마지막 말은 이것도 천명이라는 의미
나 다름없다.

제국으로 가는 길

외교술에 뛰어났던 광해군의 밀지

누르하치는 68세에 죽었다. 당시로서는 상당한 고령이었다. 만주문자를 만들고 팔기제를 확립하는 등 상당히 면밀한 업적을 남겼으나, 이상하게도 가장 중요한 후계자는 지명하지 않았다. 그러나 누르하치의 마음의 궤적을 따라가 보면, 그것은 특별히 이상한 일도 아니라는 생각이 든다. 누르하치는 자신을 동족의 맹주라고 생각하고 있었다. 죽어 가는 아버지가 지명하기보다는 살아 있는, 앞으로의 협력자들이 지명하는 편이 훨씬 더 좋은 맹주를 만들어 낼 것이다. 그는 남겨진 사람들에게 모든 일을 맡긴 것이다.

누르하치에게는 16명의 아들이 있었다. 그 가운데서 그가 죽었을 때, 장남인 추엔(褚英)을 제외하고 15명이 살아 있었다. 가장 나이가 많은 아들은 차남인 다이샨(代善)으로 아버지가 죽었을 때 이미 44세였다. 가장 나이가 어렸던 피양크(費揚古)에 대해서는 홍타이지 시절에 큰 죄를 저질러 목숨을 잃고 기록이 말소되었기 때문에 나이조차 알 수가 없다. 그 위인 열다섯 번째 아들인 도도(多鐸)는 누르하치가 죽었을 때 13세였다.

결국 누르하치의 후계자가 된 것은 여덟 번째 아들인 홍타이지였다. 아버지가 죽었을 때는 35세였고, 생모는 예혜부의 나라 씨였다. 누르하치의 수많은 전투에서 홍타이지는 언제나 1개 기(旗)를 인솔하여 눈부신 공적을 세웠다. 후계자로서의 자격은 충분했으며, 아버지도 특별히 눈여겨보았던 듯하다.

여진족에 농후한 봉건사상이 남아 있었다는 사실은 앞에서도 이야기했지만, 누르하치의 열다섯 아들의 생모들 가운데 가장 명문 출신은 홍타이지의 생모였다. 물론 그녀가 속했던 예혜부 출신의 나라 씨는 명족(名族)이기는 했지만, 누르하치의 정복사업에 끝까지 저항했던 부족이었다. 그러한 일이 있었더라도 명족은 어디까지나 명족이었으며, 그런 의미에서 홍타이지는 처음부터 유력한 후계자 후보였던 셈이다.

누르하치가 살아 있는 동안에 '사천왕(四天王)' 또는 '사패륵(四貝勒)'이라는 말이 있었다. 패륵이란 유력 귀족을 말한다. 이 네 명이 국가 창업의 주석(柱石)이었는데, 세상에서는 누르하치의 차남인 다이샨을 대패륵(大貝勒), 누르하치의 조카(동생의 아들)인 아민(阿敏)을 이패륵(二貝勒), 누르하치의 다섯 번째 아들인 망굴타이(莽古爾泰)를 삼패륵(三貝勒), 그리고 홍타이지를 사패륵(四貝勒)이라고 불렀다. 그러나 이것은 나이 순서에 따른 호칭이지, 결코 유력한 정도에 따른 것은 아니다. 명나라와의 관계가 긴박한 상황에 있었으므로, 이 사천왕은 후계자 자리를 놓고 다투는 일이 일어나지 않았으며, 결국엔 다이샨과 그의 아들인 요토(岳託)가 옹립하는 형태로 일단 홍타이지가 제위에 올랐다. 제위에 올랐다고는 하지만,

나머지 사천왕 가운데 세 명 모두가 그보다 나이가 많았기 때문에 자리에 앉을 때도 형의 자리에 앉았으며, 홍타이지에게 신하의 예를 갖추는 일은 없었다. 따라서 실제로는 홍타이지를 좌장(座長)으로 하는 집단체제였다.

권력의 실체인 만주팔기는, 홍타이지가 양황(兩黃) 2기(旗)를 지배했으며, 다이샨이 정홍기, 아민이 양람기, 망굴타이가 정람기를 각각 지배했다. 이처럼 사천왕이 5기를 지배하고, 나머지 양홍, 정백, 양백 등의 3기는 누르하치의 유훈에 따라서 아지게(阿濟格, 22세), 도르곤(多爾袞, 15세), 도도(13세) 등 누르하치의 아들 중 열둘, 열넷, 열다섯 번째로 어린 아들들이 지배했다. 이 세 사람의 생모는 모두 우라나라 씨이니, 그녀가 누르하치로부터 큰 총애를 받고 있었는지도 모른다.

홍타이지는 한자로는 황태극(皇太極), 황태자(皇太子) 또는 황대길(黃臺吉)이라고도 쓴다. 황태자라는 글자를 썼으니 처음부터 후계자로 결정되어 있었다고 생각될지 모르나, 이것은 우연으로 단지 가명(佳名)에 지나지 않았던 것 같다.

즉위했다고는 하지만 그것은 합의제로, 아버지 누르하치가 생각했던 맹주에 가까운 것이었다. 그러나 중국의 황권 사상이 들어와 있기도 했으므로, 홍타이지는 어떻게 맹주에서 군주로 탈피하느냐를 자신의 과제로 삼은 듯하다. 앞 장에서 홍타이지의 문서 개찬에 관한 이야기를 잠깐 했는데, 그것도 그 일환이었다고 생각된다.

홍타이지는 청나라의 태종이지만, 동족들 사이에서는 누레 한, 즉 현명한 가한(可汗)이라고 불렸다. 그 이름에 걸맞게 홍타이지야말로 청 왕조의 실질적인 건설자라고 해도 좋을 것이다. 사려 깊고 거기다 과감한 결단력을 가진 인물이었다.

만주 정권의 앞길에는 여러 가지 어려움이 있었다. 원숭환이 홍이대포를 영원성에 배치해 놓고 산해관 바로 앞에서 가로막고 있었다. 홍이대포는 누르하치의 목숨을 앗아간 신병기인데, 만주족은 한동안 이 홍이대포 공포증에 걸려 있었다.

태종 홍타이지는 즉위 이듬해에 조선으로 출병했다. 명나라가 누르하치 토벌을 위해 낸 양호의 사로군 중에 조선군이 포함되었다는 사실은 앞에서 이야기했는데, 그들 모두가 누르하치에게 투항했다. 게다가 그것은 계획적인 투항이었다. 조선의 원군도원수(援軍都元帥)인 강공렬(姜功烈)은 국왕으로부터 "명군에 속해도 관망하다가, 우세한 쪽에 가담하라"는 밀명을 받은 탓에 그의 판단에 따라서 5천의 병사가 정연하게 누르하치에게 항복한 것이다.

그렇다면 조선은 만주의 친구가 아닌가 하는 생각이 들 것이다. 그러나 그 후에 조선에서 이 투항이 문제가 되었다. 원래 조선은 명으로부터 책봉을 받고 있었다. 형식적으로는 복속되었으나, 특별히 내정에 간섭을 받지는 않았다. 단지 긴급한 상황, 예를 들어서 도요토미 히데요시가 침략했을 때와 같은 경우에는 명나라에서 구원군을 파견하기로 되어 있었다. 명나라의 구원군에 의해 조선은 히데요시의 침략에서 벗어날 수 있었으므로, 그것을 '재조지은(再造之恩)'이라며 고마워하고 있었다. 그런데 국왕이 '관망'하라는 밀명을 내린 것은 명나라에 대한 배신이 아닌가 하는 문제였다. 밀지(密旨)의 표면화로 당시의 국왕(광해군)은 실각하고 인조(仁祖)가 대신 즉위했다. 지난날의 배신을 잘못이라 여기고, 명나라에 충실해야 한다고 생각하는 국왕이 즉위한 것이다. 이 인조는 당연히 반만주(反滿洲)였다. 물론 이 조선의 쿠데타는 틀림없이 권력투쟁이 얽혀 있어서, 광해군(光海君)의 밀지(密旨) 문제는 구실에 지나지 않았는지 모른다. 구실이었다 할지라도 그것으로 정권교체를 했으니, 인조 정부는 친명반만(親明反滿) 정책을 취하지 않을 수 없었다.

만주 정권에게 있어서 이것은 뼈아픈 일이었다. 명나라로부터 교역 정지 처분을 받았지만, 조선으로 돌아가는 길이 있었다. 조선에서 산동(山東)반도로 가는 해로는 매우 가까운 길이다. 압록강 하구인 피도에서 게릴라 활동을 하고 있다고 알려진 모문룡도 사실은 밀수꾼 두목이었을 것이라 여겨진다. 밀수를 안전하게 하기 위해 만주의 후방을 교란하겠다고 하여 명을 기쁘게 하고, 명나라는 그의 밀수를 적당히 눈감아 주었는지도 모른다.

홍타이지는 반만주적으로 변한 조선을 제압하고 모문룡의 게릴라를 토벌하여, 피도를 교역의 샛길로 삼으려 했다. 조선과의 교역도 조금은 있었고, 조선을 통해서 명나라의 물자를 들여올 수도 있었다. 조선이 친만적(親滿的)까지는 아니더라도 반만적은 아닌 상태가 바람직했다.

조선을 공격한 것은 아민의 양람기를 중심으로 한 부대였다. 아민은 우선 철산(鐵山)에서 모문룡의 군을 격파하고 의주(義州)의 각 성을 무너뜨린 뒤, 대동강(大同江)을 건너 국도로 말을 몰아갔다. 조선의 왕 인조 이종(李倧)은 가족을 데리고 강화도로 피했으며, 명나라에 구원을 요청했다. 350년쯤 전, 몽골의 공격을 받았을 때도 고려 왕조는 강화도로 피난을 갔었다. 몽골이나 만주처럼 수군을 가지고 있지 않은 침략군에 대해서는 강화도로 도망을 치는 것이 최선의 방책이었다. 아니나 다를까, 만주군에게는 배가 없었기 때문에 강화도를 공격할 수가 없었다. 명나라도 구원군을 보낼 여유가 없었으며, 모문룡도 만주군의 견제를 받아 손을 쓸 수가 없었다. 조선은 사자를 파견하여 아민에게 화(和)를 청하고, '형제의 나라'로 동맹을 맺었다.

조국을 버린 모문룡 부하들

만주의 조선 출병은 천총 원년(1627)의 일이었다. 태종 홍타이지에게 조선을 합병할 의사는 없었다. 합병을 해 버리면 조선은 이용 가치가 떨어져 버린다. 조선은 명을 종주국으로 하여 복속이라는 형식을 취하고 있었으므로, 조공과 그 외의 형태에 의한 교역이 활발했다. 요동을 판도에 넣은 뒤, 요서를 공격하고 있는 만주는 당연히 명과의 관계가 좋지 않았다. 그 때문에 몇 10만 근이나 되는 인삼을 썩혔으며, 또한 장병들과 백성들의 옷을 마련하는 데도 어려움을 겪고 있었다. 그때까지 직물이나 그 외의 생활필수품은 명나라에서의 수입에 의존하고 있었다. 조선의 형의 나라가 되면 동생을 통해서 마음먹은 대로 교역을 할 수 있게 된다.

여기서 아민이 조선을 침략하러 가는 길에 덤으로 격파한 모문룡에 대해서 약간 이야기하기로 하자. 난세에는 흔히 이와 같은 인물이 나타나는 법이다. 그중 하나의 예로 검토해 본다.

모문룡은 절강 사람인데, 원래는 하급 장교로 요동에 와 있었다. 히데요시의 조선 침략 때 파견한 명나라 원군의 일원으로 왔다고도 한다. 마침 건주여진이 흥기할 때, 모문룡은 압록강 부근에 있었던 듯한데, 그 배후를 위협하는 존재였다. 모문룡이 어째서 그런 곳에 머물고 있었는지 그 경위는 알 수 없지만, 틀림없이 거기서 비합법적인 교역을 하고 있었을 것이다. 모문룡이 때때로 게릴라전을 벌여 건주 여진의 후방을 교란한 것은 사실이었을지도 모른다. 그런데 북경에는 그 사실을 과장해서 보고한 듯하다. 광녕 순무 왕화정이 모문룡의 활약에 커다란 기대를 품었다가 결국 배신을 당했다는 사실은 앞에서 이야기했다.

거짓으로 꾸민 전공에 의해 모문룡은 총병으로 승진되었으며, 좌도독이라는 관(官)까지 받는 등 기세가 등등했다. 게릴라전을 전혀 펼치지 않았는가 하면, 꼭 그렇지만도 않았다. 압록강을 따라서 장백산에 있는 누르하치의 기지를 공격했지만 실패한 적도 있었다. 안산(鞍山)에서 게릴라전을 펼쳤을 때는, 모문룡의 부하인 유격 이량미(李良美)가 만주의 포로가 되었다. 사르허 성의 남문까지 공격해 들어간 적도 있었지만 바로 퇴각했다. 아무래도 게릴라전을 펼치고 있다는 사실을 가끔 보이려 했던 것 같다. 그렇게 함으로 해서 명나라로부터 향(餉, 군자금)을 얻을 수 있다. 모문룡은 명나라뿐만 아니라 조선에도 향을 요구했다.

모문룡이 근거지로 삼은 피도는 압록강 하구에 있고 그곳을 상선이 자주 지났는데, 그는 거기에 통행세를 부과했다. 또한 섬에는 상인이 있었는데, 사적으로는 금지되어 있는 상품을 매매하고 있었다. 물론 모문룡에게 몫을 떼어 주지 않으면 안 되었다. 명나라의 직물이나 요동의 인삼도 가지고 들어왔다. 명나라의 군대에는 문관이 파견되어 감독을 하는 일종의 문관 통제가 있었는데, 모문룡은 특수한 사정임을 주장하여 문관의 파견을 거부했다. 피도의 내정 사정, 즉 커다란 밀수 기지가 알려져서는 곤란하기 때문이었다.

그 대신 모문룡은 빈틈없이 북경 조정의 유력자에게는 뇌물을 보냈던 모양이다. 이와 같은 모문룡의 존재를 못마땅하게 생각하고 있었던 자가 영원성의 원숭환이었다. 만주의 배후를 위협한다고 큰소리를 쳐 놓고는 아민의 군대가 남하하자, 힘없이 패해 피도로 도망을 쳤다.

원숭환은 결국 모문룡을 처리하기로 결정했다. 이유를 만들어 불러들여서는 체포하고,

네게 12가지의 참죄(斬罪)가 있다.

라며 그 죄를 들었다. 그 첫 번째는, 대장이 바깥에 있으면 문신(文臣)의 통제를 받아야 하는데, 너는 전제(專制)하여 병마, 전량(錢糧)에 이르기까지 점검을 받지 않았다고 했다. 틀림없이 이것이 대죄(大罪)라고 여겼을 것이다. 두 번째는 인신(人臣)이면서 군주를 속였다는 것이다.

네가 올린 보고는 모두 거짓이다.

라고 단언했다. 조정에서 모문룡이 받고 있던 향은(餉銀)은 연간 수십만 냥이었지만, 그것을 병사들에게 나눠 주지 않았다는 증거가 있었다.

상선을 표략(剽掠)하여, 스스로 도적질을 했다.
난민을 내몰아 멀리 인삼을 훔치게 했고, 따르지 않으면 곧 굶겨 죽였다. 섬 위의 백골이 우거진 잡초와 같다.
철산에서의 패전으로 수없이 군을 잃었으나, 패전을 감추고 공으로 삼았다.
진압을 시작한 지 8년이 지났으나, 촌토(寸土) 하나 회복하지 못하

고 관망하여, 적을 키웠다.

　그 하나만 해도 죽을죄에 해당하는 것이 12개나 넘었다. 이미 천계제 시절의 위충현 전횡 시대는 지났으며, 숭정제 시절이었다. 위충현은 이미 주살되었다. 권세에 아첨하기를 일삼던 모문룡은 피도에 위충현의 소상(塑像)을 세웠는데, 그것도 참수에 상당하는 죄로 여겨졌다.

　어쨌든 더는 살아남을 수가 없었다. 원숭환은 모문룡을 주살했다. 모문룡은 부름을 받았을 때, 2만 8천의 병사를 데리고 갔다. 이만큼의 병력이 있으면 누구도 자신을 어쩔 수 없을 것이라고 지레 짐작했던 것이다. 그러나 원숭환은 모문룡의 부하 앞에서 주살 결정을 선언한 뒤,

　　주살은 문룡에 그치고, 나머지는 죄가 없다.

고 덧붙였다. 늘어서 있던 2만 8천의 장병들은 누구도 움직일 수 없었다고 한다.

　원숭환은 이 일의 경과를 상세히 조정에 보고하고,

　　문룡은 대장이므로, 신이 마음대로 주살할 수 없다. 삼가 석고대죄
　　(席藁待罪)하겠다.

라고 말미에 적었다. 제아무리 순무인 원숭환이라 할지라도 조정의 허가 없이 대장을 벨 수는 없었다. 긴급한 일이었다고는 하나, 거적에 앉아 흔쾌히 죄를 기다리겠다는 태도를 보인 것이다.

모문룡이 피도에서 행한 일 모두가 분명히 밝혀졌기 때문에 숭정제는 원숭환의 독단전횡을 용서하기로 했다. 따라서 이 일은 일단 그렇게 마무리되었지만, 실은 나중에 여파가 따르기도 했다.

명 왕조의 입장에서 보자면, 만주의 대군을 산해관 앞에서 가로막고 있는 원숭환은 참으로 듬직한 인물이었다. 적을 앞에 둔 급박한 상황이어서, 모문룡 주살과 같은 독단도 어느 정도 용서가 되었다. 그러나 이 사건에서도 볼 수 있는 것처럼 원숭환도 점점 지나친 자신감을 갖게 되었다. 자신감을 갖는다는 것은 결코 나쁜 일이 아니다. 그러나 그것은 자칫 자기 혼자서 나라를 지탱하고 있다는 오만함으로 이어질 수도 있다. 자신은 결코 오만해지지 않았다 생각할지라도 곁에서 보면 그런 식으로 보일 경우도 있을 것이다.

원숭환이 영원을 견고하게 지킨다는 것은, 홍타이지의 만주군에게 있어서는 두꺼운 벽이었다. 어떻게 해서든 그 벽을 무너뜨리기 위해서 홍타이지는 전투 이외의 방법을 생각하기 시작했다.

한편 모문룡의 부하 모두가 사면되었다고는 하나, 갑자기 대장을 잃은 탓에 원한을 품은 자도 당연히 있었다. 그 적지 않은 부분이 홍타이지에게 투항했다. 투항자는 가능한 한 훌륭한 선물을 들고 가려 하는 법이다. 그 가운데 홍타이지를 매우 기쁘게 만든 일이 있었다.

모문룡 휘하의 고급 간부였던 공유덕(孔有德) 등이 누르하치를 쓰러뜨리고 만주군을 공포로 떨게 한 그 홍이대포를 선물로 가져간 것이다. 뿐만 아니라 그것을 모델로 비슷한 대포를 만들 수 있다는 철장(鐵匠)도 투항군에 포함되어 있었다. 지금까지 만주군은 무시무시한 홍이대포의 위협에 노출되어 있었다. 앞으로는 같은 홍이대포로 적을 공격할 수 있었다. 공유덕 외에 모문룡의 부장으로는 경중명(耿仲明), 상가희(尙可喜) 같은 인물이 있었다. 모두 전쟁 경험이 풍부한 장군으로 명군에 소속되어서, 명군의 약점을 잘 알고 있었다. 홍타이지는 기꺼이 이 세 사람을 왕작(王爵)에 봉했다. 사람들은 그들을 한삼왕(漢三王)이라고 불렀는데, 과연 그 후에 명나라와의 전쟁에서 그들은 크게 활약했다.

원숭환의 모문룡 처분은 이런 의미에서도 커다란 문제가 있었다고 여겨진다.

모략으로 희생된 원숭환

전투 이외의 방법으로 영원성의 두꺼운 벽을 무너뜨린다는 것은 모략을 사용한다는 것이나 마찬가지이다. 이미 명나라의 마지막 황제인 숭정제 시대에 들어섰다. 숭정제는 의심이 많은 성격으로 재위 17년 동안에 50명이나 되는 관료를 파면하기도 하고 사형에 처하기도 했다. 지방 장관만 놓고 보자면, 7명의 총독과 11명의 순무가 사형을 받았다. 의심이 들면 바로 처분을 해 버리는 매우 성급한 황제였다. 태조 주원장이나 성조 영락제가 확립한 황제 독재권을 마지막 숭정제가 제멋대로 휘두른 것이다.

만주측에게는 가장 커다란 방해가 되는 원숭환을 실각시키기 위해서는 황제에게 그를 의심하게 만드는 것이 가장 좋은 방법이었다.

만주와 대치하고 있으면서 원숭환은 은밀하게 만주와 내통하고 있다.

소설과도 같은 반간책(反間策)이었지만, 숭정제는 거기에 걸려들고 말앗다. 적대하는 만주 쪽에서 원숭환이 적과 내통했다는 증거를 만드는 것이니 그것은 간단한 일이었다. 누르하치가 죽었을 때, 원숭환은 사자를 보내 조문하고 홍타이지의 즉위를 축하했다. 이는 직무에 따른 왕래였지만 원숭환이 만주와 연락을 주고받고 있으며, 그것이 '통적(通敵)'으로 이어졌다고 하는 것은 상당히 설득력이 있었다. 게다가 북경의 조정에는 원숭환이 권한을 넘어서 모문룡을 죽인 일에 반감을 가진 유력자들이 많았다. 짐작컨대, 피도에서 밀수업에 여념이 없던 모문룡은 조정의 유력자들에게 일찍부터 뇌물을 보내고 있었는데, 그의 죽음으로 인해 선물이 끊기자 원숭환이 쓸데없는 처형을 했다는 목소리가 높아졌던 것이다.

황제 주변에 원숭환에 대해 동정을 품은 자가 적고 반감을 가진 자가 많았다는 것은 그에게는 불행한 일이었다.

영원성과 산해관이 있기 때문에 대군이 지날 수는 없었지만, 그 밖에도 열하를 넘어서 만리장성으로 나가는 길과 또 다른 진입로가 있었기에 만주 기병(騎兵)은 종종 그 부근에 모습을 드러냈다. 그 월경의 목적은 사실은 사람을 납치하는 데 있었다. 만주가 여전히 인구 부족으로 고민하고 있었다는 사실을 알 수 있다. 이 납치를 위한 소부대의 침입에 대해서도,

원숭환이 만주와 통하고 있어서 침입을 묵인하고 있는 것이다.

라는 소문이 떠돌고 있었다. 소문을 만들고 퍼뜨린 것이 만주 진영이었다는 사실은 두말할 나위도 없다.

원숭환은 소환되어 투옥되고 말았다. 부하인 조대수(祖大壽)와 하가강(何可綱)은 1만 5천 기(騎)를 이끌고 산해관에서 나가 만주에 항복했다. 원숭환에게 적과 내통한 사실은 없었지만, 홍타이지의 반간책에 걸려서

만주에게는 가장 강적이었던 상대방이 살해되고, 거기에 조대수 등 전쟁 경험이 풍부한 명나라의 장군이 1만 5천 기를 이끌고 와서 투항했다. 거짓이 사실이 된 예 중 하나라 할 수 있을 것이다.

원숭환이 시장에서 책형에 처해진 것은 숭정 3년(1630) 7월의 일이었다.

산해관 방면의 총사령관으로는 손승종(孫承宗)이 임명되어 만주군에게 빼앗겼던 준화(遵化), 영평(永平), 천안(遷安), 난주(灤州) 등 네 성을 수복했다. 홍타이지는 병사를 물렀으나 이는 일시적인 휴식에 지나지 않았다. 사실은 이 기간에 홍이대포를 활발하게 제조하고 있었다. 일시적인 휴식기라 할지라도 열하와 그 밖의 길을 통한 만주의 관내 진출은 끊임없이 계속되고 있었다. 수확을 노리고 그것을 약탈한 경우도 있기는 했지만, 주요한 목적은 역시 사람에 있었다.

명나라는 훈련을 받은 정예 군대를 만주군과 대치하고 있는 산해관에 집결시켰는데, 그 때문에 후방은 텅텅 비어 버렸다. 군대도 그렇게 많지 않았지만, 있다 해도 그렇게 강하지 않았기 때문에 만주군 소부대는 제멋대로 날뛰었다.

만주에서 처음으로 대포가 주조된 것은 천총 5년(1631) 6월의 일이었다. 원숭환이 처형된 이듬해다. 명나라와의 전쟁이라는 관계를 통해서이기는 했지만, 만주는 기술면에서도 커다란 자극을 받아 급속도로 따라가는 자세를 보였다.

이는 퉁구스계, 중국에서 말하는 동이(東夷)에 공통되는 성격인 듯 보인다. 청대사(淸代史) 연구가였던 맹림(孟林)은 만주족에 대해서,

그 종족은 타인의 지식을 잘 접수하는 영민(靈敏)한 종족으로, 그

지식은 세력에 따라 진보하며, 그들이 입관하여 중국을 어루만져 다
스림에 있어서는, 제왕의 정도도 역시 역대 왕조의 명성(明盛)한 황제
들 밑에 있지 않다.

라고 말했다. 이는 같은 계열인 조선과 일본에게도 해당되는 말일 것이
다. 때로는 믿을 수 없을 정도의 신속함으로 선진문화를 받아들인다.

이 시기의 명나라 사람들도 동북에서 일어난 만주족의 흥륭에 틀림없
이 눈을 둥그렇게 떴을 것이다. 얼마 전까지만 해도 삼림 속을 달리며 수
렵생활을 하고 강에 들어가 진주를 캐고 산야에서 인삼을 채취하던 사
람들이 순식간에 부족 통일을 이루더니 명나라에 대항하며, 모조라고는
하지만 결국에는 홍이대포까지 만들어 냈다.

홍타이지도 탄복한 조선의 절조

내몽골의 각 부를 평정한 이듬해, 홍타이지는 대금이라는 국호를 대청
(大淸)으로 고치고 연호를 숭덕(崇德)이라고 정했다. 숭덕 원년은 1636년
에 해당된다. 명의 숭정 9년이다.

국호를 고친 경위와 추측에 대해서는 앞에서 이야기했다. 홍타이지가
스스로 만주는 여진이 아니라고 단언한 점은 주목할 만한 일이다. 이때
그의 마음에는 아버지 누르하치와 다른 구상이 샘솟고 있었을 것이다.

당시 홍타이지는 48세였다. 국호를 '청'으로 고친 이유는 여진 냄새를
청산하고 천하국가, 즉 세계 제국 건설을 목표로 삼았기 때문이라고 생
각된다. 그의 정권 밑에 있었던 한족과 몽골족은 전 인구 중에서도 상당
한 비율을 차지하고 있었다. 누르하치의 여진 부족연합에서 요동, 요서에

살고 있는 여러 민족연합으로 정권 구상이 발전했을 것이다. 산해관의 서쪽으로 이 여러 민족연합을 밀고 나가면, 당 왕조와 같은 세계 제국의 길이 열리는 셈이다.

이쯤에서 홍타이지를 청나라의 태종이라 불러야 할 것 같다. 숭덕 원년 4월 을유일(乙酉日), 천지에 제사를 지내고 즉위식을 거행했다. 신하들은 홍타이지에게 '관온인성황제(寬溫仁聖皇帝)'라는 존호(尊號)를 바쳤다. 각지에서 축하하는 사람들이 몰려들어 배례했지만, 이때 조선의 사신인 나덕헌(羅德憲)과 이곽(李廓)만은 배례를 하려 들지 않았다.

조선은 이전에 아민의 토벌을 받아 틀림없이 '형제의 나라'라는 맹(盟)을 체결했지만, 그것은 결코 군신의 맹은 아니었다. 조선은 명나라를 종주국으로 삼아 군신의 예로 대했는데, 두 군주를 섬기는 것은 유교 윤리에 어긋나는 것이다. 조선의 사신이 거기서 배례를 한다면, 조선은 두 임금을 섬겼다는 오명을 남기게 된다. 따라서 완고하게 배례하기를 거부했다. 그런 자는 죽여야 한다는 논의도 있었지만, 『청사고』「태종본기」에 따르면, 태종은,

그 국왕은 원한을 맺으려 하는데, 짐이 사신을 죽이면 그것을 구실로 삼으려는 것일 뿐이다. 그러니 그들을 풀어 주어라.

라며 석방하고 귀국시켰다. 그리고 조선 국왕을 책망하는 글을 보내고 자제를 인질로 보낼 것을 요구했다.

만주의 군주가 '한(汗, 칸)'을 칭하고 있는 동안에는 상관없었지만, '황제'를 칭하면 조선은 명나라와의 관계가 있기 때문에 두 황제를 추대할

수는 없는 일이었다. 인질을 보내는 것도 종주국 이외의 나라에 대해서는 하면 안 될 일이었다. 태종의 글에 대해서 조선은 묵살하는 태도를 보이기로 하고 답장을 보내지 않았다.

이렇게 해서 태종의 조선 친정이 이루어졌다. 즉위한 해 11월에 10만 대군을 일으켰다. 만주의 제2차 조선 공격이다. 남하한 태종의 군대는 한강을 건너 그 도성(都城, 한양)을 점령했다. 조선 국왕인 이종〔李倧, 인조(仁祖)〕은 남한산성으로 피해 명나라의 원군을 기다렸다. 명나라는 조선의 급보를 접하고 수군을 준비했지만, 바람을 기다리느라 배를 출발시키지 못했다. 태종의 군대는 남한산을 포위했으며 각 도(道)에서 보낸 원군을 모두 격퇴했다. 국왕의 가족은 강화도로 피난해 있었는데 만주군이 그를 사로잡았다.

이렇게 해서 조선은 결국 청에게 항복하고 말았다. 무장을 해제하고 명나라의 황실로부터 받은 봉책을 바쳐 두 마음이 없음을 보였다. 태종은 한강 동쪽 기슭에 있는 삼전도(三田渡)라는 곳에서 조선왕을 인견(引見)했다. 거기서 항복을 받아들이는 의식이 거행된 것이다. 조선 국왕 이종은 자녀와 군신을 데리고 하늘에 절한 뒤, 태종의 발밑 땅에 엎드려 죄를 청했다. 태종이 조서를 선포하여 이를 용서했기에 조선 국왕은 구돈수(九頓首)하여 은혜에 감사했다. 삼전도에 비석을 세워 조선은 청을 종주국으로 받들 것을 맹세했다.

이로부터 조선은 세세토록 신복이 되기를 240여 년이다.

라고 청나라 쪽의 사서에는 기록되어 있다. 조선국은 약속대로 왕자를 인질로 보내고 표면상으로는 공순한 태도를 가장했지만, 사실 국내에서는 한동안 여전히 명나라의 연호를 사용하여 그 절조가 강함을 보였다고 한다.

이로써 조선은 청에 신종하는 나라가 되었지만, 청나라의 영토는 아니었다. 그러나 위원의 『성무기』에는,

> 조선은 외번이지만 실은 내복(内服, 내국)과 같다. 강희(康熙) 이후
> 나라에 커다란 기근이 들면 곧 바다로 식량을 운반해 이를 구했으며,
> 나라 안에서 적(賊)을 토벌하면, 곧 공을 세운 장수에게 만금을 주어
> 이를 위로했다.

이라고 썼다. 내정에는 특별히 간섭하지 않았지만, 기근이 들면 구휼하고 내란 토벌에 공이 있는 조선의 장군에게는 청나라가 거금을 주었다는 얘기다.

만주에 복속한 각 부족 중에서 조선만이 홍타이지가 청나라의 황제에 즉위한 것을 마지막까지 인정하지 않았다. 그 때문에 태종이 친정에 나선 것이다. 그러나 조선의 '절조'에 청나라도 높은 경의를 보내며, 높이 평가했다. 태종의 손자인 강희제(康熙帝)는 칙론(勅論)에서,

> 외번은 오직 조선만이 문물을 성명(聲明)하여 중국에 가깝다. 태종
> 문황제(文皇帝)가 그 나라를 친정했을 때, 팔도 각 섭의 군(軍)이 달려
> 오지 않은 곳이 없었으며, 그 나라는 망했지만 여전히 존재한다. 그
> 나라 사람들은 비를 문황제가 주둔했던 땅에 세워 송덕(頌德)하여 지

금에 이르고 있다. 그 가운데 가장 가상한 것은 명나라의 말조(末造,
마지막 시기)에 임해 신절(臣節)을 고수했으며, 시종일관하여 지금껏 이
(貳)가 없었다.

이(貳)가 없었다는 것은 두 마음 없는 충성을 의미한다. 강희제는 그것
을 칭찬했다. 이 칙론은 강희 45년(1706)의 것이니, 태종의 조선 친정으로
부터 70년 후의 일이었다. 70년이 지나서 평가가 바뀐 것이 아니라, 아마도
친정 당시부터 조선의 굳은 마음에 만주 정권 사람들은 경탄했을 것이다.

속전을 고집한 병부상서의 실책

태종이 조선을 침공한 사실은, 태종이 이미 중원으로 군사를 전진시
켜 중화제국을 건설할 계획을 수립했다는 것을 의미한다. 이 계획에 따
라서 우선 기백이 있는 조선을 치지 않을 수 없었다.

태종은 아버지가 목표로 삼았던 부족연합 맹주의 영역을 넘어서고 있
었다. 넘어섰으니 아버지의 유훈이 그에게는 속박이 된 것은 당연했다.
예를 들어서 팔기제만 해도 각 기가 독립되어 있으며, 한(汗)은 그 가운
데서 유력한 기장(旗長)으로서 모두에 의해 맹주로 추대되는 형식을 취해
야 한다. 맹주는 결코 팔기 전체에 대한 절대적 명령자가 아니다.

예식(禮式)에 따라서 즉위하여 황제가 된 이상, 태종은 절대군주가 되
지 않으면 안 된다. 그전까지는 사천왕(사패륵)의 우두머리라는 형태로 만
주족의 수령이었지만, 이후로는 그래서는 안 되었다. 태종은 사천왕의 합
의제를 폐지하고 황제 독재의 체제를 새로이 만들어 내지 않으면 안 되

었다. 이와 같은 체제 만들기에는 귀순한 한족 지식인들이 가담한 것 같다. 그것은 말할 나위도 없이 중화제국의 전통을 이어받는 것이다. 그러나 절대적으로 만주족이 그 중추가 되어야 했다.

조선 친정과 함께 명나라 토벌전도 전개되었다. 이 숭덕 원년의 명나라 토벌전은 태종의 동생인 아지게가 지휘했다. 그는 양홍기를 맡고 있었는데, 대청제국(大淸帝國)이 되면서 영무군왕(英武郡王)에 봉해져 있었다. 이 부대는 독석구(獨石口)에서 거용관으로 들어가, 북경으로 진격하여 보정(保定)에 도달했다. 12성을 떨어뜨렸으며 56번의 전투에서 사로잡은 사람과 가축이 18만이라고 알려져 있다. 치고 빠지는 전술로 역시 명나라의 간담을 서늘하게 하고, 동시에 사람들을 납치했다. 제국을 건설하기에는 여전히 인구가 부족했던 모양이다.

숭덕 3년(1638)의 명나라 토벌전은 태종이 친정하여 산해관으로 향했으며, 태종의 동생인 도르곤이 밀운현(密雲縣)에서부터 침입했다. 도르곤은 정백기를 맡고 있는 중요 인물인데, 예친왕(睿親王)이라 불렸다. 산동까지 진격하여 제남(濟南)에서 명나라의 황족인 덕왕(德王) 주유추(朱由樞)를 사로잡아 왔다. 청군이 철수할 때 천진의 운하를 건넜는데, 명나라의 장군 왕박(王樸), 조변교(曹變蛟), 유광조(劉光祚) 등이 가까이에 있었으나, 서로 눈치만 살필 뿐 감히 움직이려 하지 않았다고 한다. 청군의 도하는 여러 날에 걸쳐서 계속되었다. 도하 중인 적을 치는 것은 전쟁의 상식인데 그것조차 하지 않았다니, 그 지역의 명군 수뇌는 겁쟁이들뿐이었다고 말할 수밖에 없다.

이때의 청나라 침공에서 산해관을 만든 공로로 은퇴해 있던 대학사(大學士) 손승종(孫承宗)이 가족 모두와 함께 절개를 지켜 순사(殉死)하고 말았다. 노상승(盧象昇)은 아버지의 상중이었지만, 2만의 병사를 이끌고 숭수교(嵩水橋)에서 싸우다 장렬하게 전사했다. 패인은 그와 의견이 맞지 않았던 병부상서 양사창(楊嗣昌)이 원군을 파견하지 않았기 때문인 것으로 알려져 있다. 명나라의 군부는 아마도 이미 겁을 먹고 있었던 모양이다.

청군도 이 싸움에서 우익대장군인 요토를 잃었다. 이 사람은 태종의 둘째 형이자, 태종을 추대했던 유력자이기도 한 다이샨의 장남이었다. 병으로 숨졌다고 되어 있으나 20세기의 국학자인 장병린(章炳麟)은 양정린(楊廷麟)의 『노공사실(盧公事實)』을 인용하여, 노상승이 은 투구를 쓴 대장을 쏘아 죽였다고 하는데, 그것은 틀림없이 요토일 것이라고 추측했다. 장병린은 열렬한 민족주의자이기 때문에 명군이 요토를 죽였다고 주장하고 싶겠지만, 은 투구만으로는 아직 정확하다고는 단정지을 수 없다.

이 침공 작전에서 얻은 청나라의 수확은 돌파한 성이 50, 항복을 받은 성이 8, 포로 46만여 명, 은 100여만 냥이었다. 공격했다가 물러나는 작전을 구사하며 성을 함락시켜도 점령하지는 않았다. 종종 중원으로 들어왔으나 한 치의 땅도 취하지 않았다. 땅을 점거할 수 없었던 것은 명나라에 산해관이라는 거대한 군사기지가 있어서, 다른 길로 관내에 들어가더라도 오래 토지를 점거하면 고립될 우려가 있었기 때문이다. 따라서 멀리까지 가서 약탈행위를 하더라도, 산해관에서 나온 원군에게 퇴로를 차단당할까 두려워 가능한 한 빨리 철수할 수밖에 없었다.

태종이 염원하는 중화적 세계 제국을 청나라가 실현하려면 산해관을 공격하여 함락시켜야만 했으나, 당시의 그곳은 난공불락의 견고한 성이었다. 청나라가 산해관을 함락시키려면, 우선 관 바깥의 네 성(금주(錦州),

송산(松山), 행산(杏山), 탑산(塔山))을 함락시켜야 했다. 산해관은 이들 네 성과 연락을 취하고 있었기 때문에 성 하나를 함락시키는 것조차 쉬운 일이 아니었다.

아무리 어렵다 할지라도 그 벽을 허물지 못하면 태종의 비원은 달성할 수 없었다. 이에 청군은 우선 금주성 한 곳의 공략에만 중점을 두기로 했다. 앞에서 이야기했듯이 손승종과 원종환에 의해서 구축된 이 군사 기지는 산해관과 이들 네 성이 서로 연결되어 있어서, 금주를 공격하려면 다른 성에서 원군이 바로 달려왔다. 금주의 경우는 특히 송산성과 행산성과 연락을 긴밀하게 주고받았다. 금주를 떨어뜨리려면, 송산과 행산을 잇는 연락망을 끊어야만 했다.

청군은 금주에 대한 원군 통로에 목책 등을 쌓아 막고 금주에는 포위 군대를 배치하여, 그곳을 고립시키는 작전을 세웠다.

이들 네 성에서 벌어진 전투에 대해 자세히 써 내려갈 여유는 없다. 금주를 포위한 결과, 명나라의 원군이 송산성에 집결하여, 그곳이 주요 전장이 되어 버렸다.

명나라가 이 방면으로 파견한 군대는 총독 홍승주(洪承疇), 순무 구민앙(丘民仰)이 이끄는 13만 병사였으며, 그것을 지휘하는 장수는 왕박, 당통(唐通), 조변교, 오삼계(吳三桂), 백광은(白廣恩), 마과(馬科), 왕정신(王廷臣), 양국주(楊國柱) 등 여덟 명의 총병이었다. 이 가운데에는 천진에서 강을 건너던 청군을 가만히 보고만 있어 이미 이름이 드러난 인물도 있는가 하면, 앞으로 수없이 등장하게 될 이름(오삼계)도 포함되어 있다.

태종 홍타이지는 송산에 명나라의 대군이 집결했다는 소식을 듣고 급히 그쪽으로 달려갔다. 국도는 이미 요양에서 심양으로 옮긴 뒤였지만,

밤낮을 가리지 않고 3일이나 말을 달렸다. 그 때문에 태종은 심하게 코피를 흘려 부하가 천천히 갈 것을 권유했으나,

행군의 제승(制勝)이나 이(利)는 신속(神速)함에 있다. 짐은 적이 이를 듣고 곧 달아날까 두려울 뿐이다. 만약 달아나지 않는다면, 이를 깨는 것은 개를 풀어 짐승을 쫓는 것처럼 얻기 쉬운 일이다.

라고 말하며 듣지 않았다. 틀림없이 청나라에게 있어서 이는 절호의 기회였다. 코피 때문에 이 호기를 놓칠 수는 없었다.

명나라의 현지군 수뇌인 홍승주 등은 군량과 군수품을 확보하여 철저히 '지키기'에 들어가는 것이 상책이라고 생각했다. 그러나 병부상서인 진신갑(陳新甲)은 싸움이 길어져 전비 지출이 많아질 것을 두려워했기 때문에 속전을 바랐다. 진신갑은 낭중인 장약기(張若麒)를 현지로 파견했는데, 이 인물은 지극히 광적인 성격으로 북경에 차례차례로 승전보를 보내 현지군이 싸우지 않을 수 없게 만들었다. 홍승주는 '지키기'의 원칙을 버리지 않을 수 없었기에 어쩔 수 없이 송산에 진을 펼쳤다.

아마도 태종은, 명군이 그다지 내키지 않는 마음으로 군을 송산에 집결시킨 사실을 첩보를 통해서 알고 있었을 것이다. 적의 사기는 그다지 높지 않았다. 그랬기에 코피가 흐르는 것도 신경 쓰지 않고 밤낮으로 달려서 6일 만에 송산의 척가보(戚家堡)에 도착했다.

명군의 대패로 끝났으며 송산성뿐만 아니라 산해관 밖 네 성 모두가 청나라의 수중에 떨어졌다. 남은 것은 알몸이 되어 버린 산해관성뿐이었다.

한족 투항자들을 받아들인 태종

이 전쟁을 되돌아보면, 명나라의 중앙과 현지와의 의사소통이 제대로 이루어지지 않은 것이 최대의 패인이었다. '견수(堅守, 수비)'야말로 최상책이었음에도 불구하고 중앙이 예산문제 때문에 작전을 변경하게 만든 셈이다. 전쟁에서 패하면 예산이고 뭐고 없을 텐데도, 관료들은 자신이 담당하고 있는 일밖에 생각하지 않는다. 대국을 보고 판단할 인물이 숭정제 주변에는 없었다.

이것은 숭정제의 책임이다. 조금이라도 과실이 있으면 좌천이 아니라 처형을 받게 된다. 황제의 측근에 있다는 것은 그야말로 목숨이 걸린 일이기에 모두가 그것을 멀리하고 싶어 했다. 죽음을 면하는 방법은 미리 황제의 의향을 물어 보는 것이다. 실패했다 할지라도 그것은 폐하의 뜻이었다고 말하면 우선 목은 붙어 있을 것이었다. 그런 무리들이 대국적인 판단을 하려 들 리가 없었다. 숭정제는 조급한 마음만 있을 뿐 경험은 부족했다.

국경의 네 성이 차례차례로 무너졌고, 명군의 최고 책임자인 계요 총독(薊遼) 홍승주가 청나라에 항복했다. 간부 중에서 전사한 것은 구민앙과 조변교였고, 총병인 오삼계와 왕박은 구사일생으로 탈출했다. 명군의 전사자는 5만 3천 7백여 명이나 되었다고 한다.

현지의 '주수(主守)'책을 '주전(主戰)'책으로 변경시킨 그 광적인 성격의 장약기는 어선에 숨어 수로로 탈출했다. 이 인물은 후에 서북의 모반집단에 항복했다가 다시 뒤이어 청나라에 항복하는 절조 없는 모습을 보인다. 이와 같은 인물이 일국의 운명을 좌우할 전쟁의 최고 방침을 바꿀 수 있을 정도였으니, 명나라의 병도 이미 뿌리 깊은 것이었다고 하지 않을 수 없다.

홍승주의 소식에 대해서 처음 북경의 조정에는 순직했다고 전해졌다. 도성에 단을 쌓고 그 영령에 제사 지내기를 16회, 숭정제가 친히 제사에 참석하기도 했다. 그 후에 포로가 되어 항복했다는 소식이 전해져 사람들을 놀라게 했다.

요동과 요서 대부분을 잃은 명나라에게 있어서 계요 총독은 예전의 요동경략 이상의 중직이었다. 그런 홍승주가 청나라에 투항했다는 사실은 조정의 신하들뿐만 아니라 일반인들까지도 믿을 수가 없었다. 그 때문에 항간에서는 여러 가지 설이 그럴 듯하게 떠돌았다.

홍승주의 재능을 아낀 태종이 자꾸만 항복할 것을 권했지만, 그는 그것을 거절하고 절식하여 죽으려 했다는 것이다. 태종은 투항한 사람들에게 여러 가지로 홍승주에 대해 물어 본 결과, 색을 즐기는 결점이 있다는 사실을 알아내고 미녀를 옥중으로 보내 인삼즙을 먹게 했다는 이야기가 있다. 절식하여 죽을 생각이었으므로 인삼즙 같은 것을 먹으면 안 되었지만, 미녀의 유혹에는 이길 수 없었다는 이야기다. 그리고 그 미녀는 태종의 애비(愛妃)이자 몽골 귀족의 딸인 사이손(塞桑)이라는 여성이었다는 이야기도 있다. 나중에는 애비가 아니라 대비(大妃)였다며 이야기는 점점 더 과장되어져 갔다. 물론 그런 일은 절대로 없었을 것이다.

만주 쪽의 문헌에 따르면, 태종은 원래 홍승주를 붙들어 기용할 생각이 없었으나, 홍승주가 먼저 항복을 청했으며, 범문정(范文程) 등 한족 신하들도 보증을 한 탓에 마침내 항복을 허락했다고 한다. 이것은 전설이 아니라 상주한 글이 남아 있으니 믿어도 좋을 것이다.

어제까지 적의 최고 책임자였던 자를 그대로 붙들어 중용한다는 것은 생각해 보면 위험한 일이기도 하다. 누르하치 시절에는 바깥세상에 대해 아는 자가 적었기 때문에 한족 투항자는 누구 하나 가리지 않고 받아들였다. 그리고 그들이 만주의 국력을 강하게 했다는 사실도 부정할 수 없다. 그러나 태종 시대에는 한족 투항자, 또는 납치되어 온 자가 헤아릴 수 없이 많아져서 이미 희소가치는 없어져 버렸다.

명에서 청으로의 교체기에 많은 사람들이 여러 가지 움직임을 보여 그것이 역사상에 전해지고 있다. 그러나 기록된 것만으로 간단히 평가를 내리는 것은 인간성의 복잡한 면을 무시하는 일이 될 수도 있다.

정말로 절조가 없었는지, 절개를 지켜 죽고 싶었지만 가족들을 생각해서 그럴 수 없었는지, 아니면 일단 항복했다가 기회를 봐서 저항을 할 생각이었는지, 또는 명·청의 교체를 피할 수 없다고 판단하고 그렇다면 억조 백성의 행복을 위해서 새로운 주권을 도와 보다 나은 정치를 하는 것이 자신의 임무라고 생각했는지. ……같은 투항자라 할지라도 여러 가지 경우가 있었을 것이다.

절조라는 것을 너무 좁게 해석하여 역사상의 인물을 평가하면, 역사의 밑바닥에서부터 끔찍한 신음소리가 들려올 것 같은 기분이 든다.

어쨌든 송산의 전투에서는 청나라가 대승을 거두었으며, 명나라는 그로 인해 커다란 타격을 입었다. 동북에서 가해진 청나라의 압박 때문만은 아니지만, 명나라는 그로부터 2년 뒤에 멸망하고 만다.

송산에서 청나라가 승리를 거둔 것은 숭덕 7년(1642. 명의 숭정 15년) 2월의 일로, 앞에서 이야기한 한군 팔기가 그 직후에 창설되었다. 이로써 청나라의 지배 밑에 수많은 한족이 있었다는 사실을 알 수 있다. 『청사

고』「태종본기」의 숭덕 7년 항에,

　　6월 갑진(甲辰), 한군 팔기를 설치했다. 조택윤(祖澤潤) 등 여덟 명
　　으로 도통(都統)을 삼았다.

라는 기록이 있다. 그러나 이 무렵 기(旗)의 책임자는 '구산에젠(固山額
眞)'이라 불렀다. 구산에젠을 한자 명칭인 '도통'으로 고친 것은 순치 17년
(1660년)이었다. 『청사고』는 사관에도 문제가 있지만, 이처럼 세부에도 약
간의 결점이 있다.

　참고로 청나라의 정사는 아직 편찬되지 않았다. 청나라의 유신(遺臣)
이 주로 편찬한 『청사고』가 일단 기전체 형식을 갖추고 있지만, 어디까지
나 '고(稿)'에 지나지 않는다. 『청사고』는 1928년에 완성되었는데, 이것은
청나라가 멸망한 지 겨우 17년 뒤의 일로, 말하자면 역사가 아직 김을
피워 올리고 있던 시기였다.

　청나라의 정사 편찬은 앞으로의 문제인데, 무엇보다도 커다란 고민은
문헌이 너무 많다는 점에 있는 듯하다. 『사기』에서 『명사』에 이르는, 이
른바 25사(二十五史)의 총량보다 훨씬 더 많은 실록, 주문(奏文)과 그 밖
의 문서가 남아 있어서, 그 취사선택만 해도 커다란 작업일 것이다. 한문
을 병기하지 않고 만주문자만으로 작성된 당안도 많기 때문에 신강 석
백족의 수재가 그 해독을 위해서 청사연구기관에 동원될 예정이다. 북경
의 고궁에 있는 그 기관은 인재를 갖추고 있으며, 청나라의 황족이었던
애신각라 부걸(愛新覺羅 溥傑) 씨도 그 일에 관여하고 있다. 그러나 청나
라 역사 연구가는 대만에도 많이 있고, 해외에서 연구하는 학자도 적지

않다. 보다 많은 사람들의 협력으로 청나라의 정사가 편찬되었으면 하는 바람이다.

첫 권부터 여기까지 이르도록 수많은 선인들의 저작과 논문을 참고했지만, 뭐니 뭐니 해도 『사기』에서 『명사』에 이르는, 정사인 25사를 좌우(座右)에 놓고 붓을 들었다. 또한 『자치통감』의 도움을 받은 부분도 적지 않다. 이는 정사를 편년체로 기술하고 사마광(司馬光)이 평을 덧붙인 것이다.

그러나 여기서부터는 정사에 의존할 수 없기 때문에 나는 머릿속에서 정사는 이와 같은 선에서 기술되어야 하지 않을까 내 나름대로 생각한 것에 따라서 붓을 쥐기로 했다.

이야기가 약간 옆으로 빗나갔는데, 청나라의 태종 홍타이지는 명나라가 멸망하기 1년 전에 갑자기 세상을 떠났다.

> 8년 8월 경오(庚午), 상(上, 태종)은 숭정전(崇政殿)에서 붕어했다.
> 이날 저녁 해시(亥時), 병 없이 쓰러졌다. 향년 52세, 재위 17년. 9월 임자(壬子), 소릉(昭陵)에 묻혔다.

라고 『청사고』는 기록했다. 병 없이 쓰러졌다고 하니 급사다. 아니면 심장 발작일지도 모르고, 졸중이었을 가능성도 있다. 그리고 보니 성경에서 송산으로 밤낮을 가리지 않고 달려갔을 때 코피를 심하게 흘렸다는 사실이 떠오른다. 한편 『청사고』의 8년 항에는 정월과 3월에,

> 상, 불예(不豫, 병)

라고 기록되어 있으니, 제국 건설을 목표로 동분서주하여 50세를 넘은

태종은 건강도 마침내 쇠하기 시작해, 때때로 병상에 누웠다는 사실을 알 수 있다. 너무 세세한 부분까지 들춰내는 것 같으나, 『청사고』 초간본은 소릉에 묻힌 것이 9년 임자라고 썼지만, 실제로 '연'은 '월'의 잘못이다.

태종 이후, 청나라는 그렇게도 바라던 입관을 이루고 북경을 국도로 삼았으므로, 그 뒤의 황제 무덤은 북경 교외인 동릉(東陵)과 서릉(西陵)에 만들어졌다. 입관 전인 태조 누르하치의 복릉(福陵)과 태종 홍타이지의 소릉은 성경(심양, 청나라 때는 봉천) 교외에 있는데, 시민들의 행락지가 되어 있다.

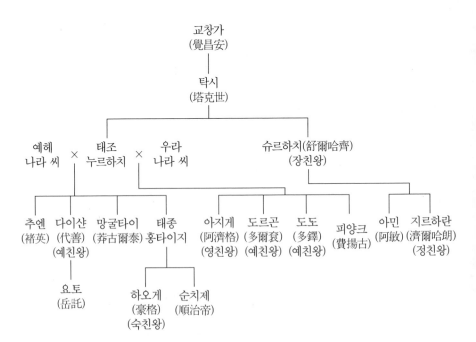

한편 태조가 국도로 정하고 태종이 이어받았던 심양에는 당시의 궁전이 거의 예전의 모습대로 남아 있어, 심양(또는 봉천)의 고궁이라 알려져 있다. 북경 자금성의 사람을 압도하는 듯한 고궁에 비하면, 심양 고궁은 아담하여 얼마간 친밀함이 느껴지기도 한다.

태조는 그곳에서 부족의 맹주가 되려 했으며, 태종은 그곳에서 나와 중화제국으로의 길을 걸으려 했다. 이들 부자는 서로 다른 꿈을 꾸었으면서도 조상들의 고지(故地)에 함께 잠들어 있다.

자금성의 황혼

1퍼센트 만주족이 구사한 통치 비결

태종 홍타이지와 태조 누르하치의 꿈이 달랐던 것은 대명제국(大明帝國)에 대한 인식의 차이에서 비롯되었다고 말해도 좋을 것이다.

누르하치 시절의 명나라는 아직 노회한 자의 관록을 가지고 있었다. 조선이 도요토미 히데요시의 침략을 받자, 대군을 동원하여 구원할 힘을 가지고 있었다. 누르하치는 조선에서 왜란이 일어나 명나라가 요동을 소홀히 한 틈을 잘 이용해서 자신의 세력을 키웠다. 사실 이 무렵, 명나라의 기둥에는 이미 금이 가 있었지만, 당시의 정보전달 능력으로는 그러한 실상이 누르하치에게 도달하지 않았던 것 같다. 거대한 명나라에게 저항은 했지만, 그것을 뒤엎을 생각까지는 미처 하지 못했다.

홍타이지 시대에는 약간 달랐다. 아버지 시대에 비해서 명나라의 쇠약한 모습이 또렷하게 눈에 들어왔다. 명나라에 대한 공포심이 상당히 줄어들었다.

누르하치는 부족을 통일하는 것이 염원이었으며, 명나라와의 싸움은 명나라로부터의 독립전쟁이었지 명나라를 대신하려는 것은 아니었다. 제국으로의 길을 걷기에는 무엇보다도 인구가 너무 적어서, 문제로 삼을 수도 없다고 생각했을 것이다.

홍타이지는 요동에서 요서로 진출했고 산해관의 정면을 피해서 관내로 들어갔는데, 그 주요한 목적은 사람을 납치하는 데에 있었던 듯하다. 인구는 점차로 늘어났다. 납치해 온 사람들은 농경민이었다. 홍타이지의 관내 침입은 사람을 납치하여 농노(農奴)를 늘리는 데 있었는데, 그것은 청나라의 식량문제를 해결하는 방법이기도 했다.

인구가 늘어난 것은 좋았지만, 늘어난 인구는 대부분 한족이었다. 만주 정권은 상당히 초기부터 민족 문제에 신경을 쓰지 않으면 안 되었다. 명나라가 이 지역의 지배권을 가지고 있었을 무렵, 이 지역 민족의 힘을 분산시키는 방침, 이른바 분할하여 통치하는 방침을 취했다. 건주와 해서 또는 야인으로 여진족은 처음부터 분할되었고 또 내부에서도 각 부족이 분할되어 있었다.

만주족이 제국으로 가는 데 있어서 가장 커다란 민족 문제는 한족에 있었다. 우선 비만주 각 민족(주로 몽골족과 조선족)이 한족과 협력하면, 만주 정권 정도는 단번에 뒤엎을 수 있다. 인구 면에서 맞설 수 없기 때문이다. 이들 세 민족의 단결을 막기 위해서 처우에 격차를 두었다. 이것도 극히 고전적인 민족대책이라고 할 수 있을 것이다.

몽골족이 가장 우대를 받았다. 거의 친척과도 같은 처우를 받았다. 다음으로 조선족이 한족보다도 우대를 받았다. 이 때문에 세 민족은 단결이 어려웠다. 같은 불만을 가지고 있어야 단결을 하지만, 이 세 민족은 불만의 정도가 같지 않았다. 몽골도 누르하치 시절부터 만주와 항쟁을 했으나, 몽골의 수장인 임단(林丹)이라는 자가 동족들 사이에서도 평판이 좋지 않은 탓에 그를 공격한 만주에 대한 적의도 그다지 품지 않았다는 사정이 있었다. 친족과도 같은 대접을 받는 자와 노예와도 같은 대접을 받는 자가 공통의 목적을 가지고 일어선다는 것은 거의 생각할 수 없는 일이다.

세력권의 확장과 관내에서 사람을 납치해 와서, 만주 정권 속의 한족 인구가 가장 많아졌다. 분할 통치의 원칙은 소수파를 우대하여 다수파에 흡수되지 않도록 하는 것이다. 영국제국이 인도를 영유했을 때도 다수파인 힌두 교도보다 소수파인 이슬람 교도를 더 우대했다. 예를 들어서 인도로 부임하는 관리의 어학시험으로 힌두교도가 사용하는 힌두어가 아니라, 이슬람 교도가 사용하는 우르두어를 과목으로 삼았다.

초기 만주 정권의 한족 정책에는 상당히 복잡한 부분이 있었다. 투항이나 연행으로 다른 사회에 던져진 한족에 대해서 선참인 만주족이 위세를 부리거나 욕을 퍼붓는 경우가 흔히 있었던 듯하다. 정부 내부에서도 만주어를 몰라 만주족에게 매를 맞은 한족 관리도 있었다. 태종이 그런 한족 관리에게 위로의 말을 건넸다는 사실이 기록되어 있다. 태종의 그러한 행동은 자연스러운 인정에서 나왔다기보다는 아마도 정책적인 것이라고 여겨진다.

만주 정권이 근본적으로 만주족을 지상으로 삼았다는 것은 말할 나위도 없다. 한족 관리가 한족을 감쌌다는 이유로 질책을 받고 무거운 처벌을 받은 경우도 있었다. 만주의 황제는 각 민족을 하나로 보고 같은 인(仁)을 베푸는데, 어째서 각각 자신의 민족만을 특별히 감싸느냐는 이유에서였다. 예를 들어서 축세창(祝世昌)이라는 관리가 전쟁에서 납치되어 온 양가의 한족 부녀를 악호(樂戶, 창가)에 파는 것을 금하게 해 달라고 주청(奏請)하자, 태종은 격노하여, 너는 몸은 청에 있지만 마음은 명에 있다며 엄중한 처벌을 내렸다. 태종의 말에 따르면, 한족인 명이 몽골족인 원을 멸망시켰을 때, 각지에 있던 몽골족 공신의 부녀를 창가에 넘기지 않았냐는 것이었다. 명나라 말기까지 각지의 창가에 그런 몽골 기녀의 후예가 있다는 말이었다. 그런데 너는 명나라의 관리로 있을 때, 몽골 공신의 후예가 창녀가 되는 것을 금지해 달라고 주청한 적이 있느냐고 질타한 것이다. 이러한 경위를 알면 태종의 말에도 일리가 있다는 생각이 든다.

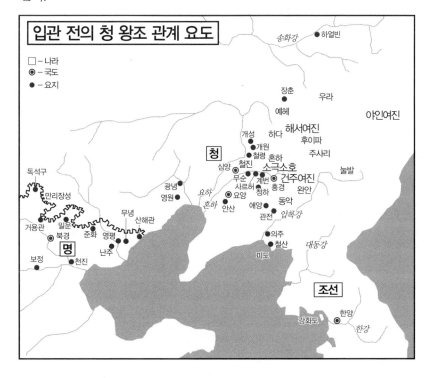

앞에서 이야기한 조선 사신의 『건주견문록』에 만주족은 수장에서부터 제자(諸子, 왕자), 하급 병졸에 이르기까지 모두 노비와 농장을 소유하고 있어 노비에게 경작을 시켰다고 기록한 부분이 있다. 그 노비는 틀림없이 연행되어 온 한족이었을 것이다. 한족 가운데서도 '한군팔기'로 군적(軍籍)에 편입된 사람들은 그나마 행복한 편이었다고 할 수 있다. 한족의 고난은 이제부터 시작이다. 그 책임은 주로 명 왕조와 정치에 참여했던 사람들에게 있다. 최고 책임자는 말할 나위도 없이 황제다. 즉위하자마자 죽은 태창제는 제외하고, 만력, 천계, 숭정 세 황제와 그들을 보좌했던 중신들, 그리고 대국을 보지 않고 밤낮으로 파벌 항쟁을 일삼았던 지식인들도 책임을 면할 수 없다.

농민 혁명군의 모델 이자성

최고 책임자인 숭정제는 자금성 안의 옥좌에 앉아서 끊임없이 초조함을 느꼈다. 앞의 '억조이심'에서도 이야기했지만, 명나라에는 증세 이외에 만주군과의 전쟁을 위한 전비 확보 방법이 없었다. 증세는 일반 백성들의 생활을 압박한다. 그런 시대였으니 세금을 내지 못하는 사람은 도망을 칠 수밖에 없었다. 도망자를 받아들이는 것은 모반인들의 집단밖에 없었다. 증세로 인해 명나라는 반란군의 세력을 키우고 있었던 셈이다. 전비를 짜내기 위해 역참제를 폐지하는 바람에 원래부터 조직을 가지고 있던 전국의 역부(驛夫, 숙소의 일꾼)를 일제히 실업자로 만들어 그들이 조직적으로 일어나 반란을 일으켰다는 사실도 이미 이야기했다.

명나라는 모반의 계절에 접어든 것이다.

농민이 도망치면 전원(田園)이 황폐해져 기근이 일어나는 것은 당연하다. 기근은 더욱 많은 사람들을 모반으로 치닫게 한다. 반란단체에 들어가기만 하면, 어떻게든 먹고살 수 있는 것이다.

　기근은 하남에서 섬서에 걸쳐서 가장 심각했다. 무거운 세금 외에도 요동에서의 전쟁으로 농촌의 일손인 장정이 다수 동원되었다는 점도 기근과 관계가 있었을 것이다. 섬서에서는 동원된 군대에 군량을 공급하지 못해 병란이 일어났다.

　농민군은 왕가윤(王嘉胤)이라는 인물이 이끌고 있었다. 그 밑으로 고영상(高迎祥), 장헌충(張獻忠), 마수례(馬守禮), 나여재(羅汝才) 등과 같은 간부가 있었다. 후에 두각을 드러내 명 왕조를 멸망시킨 이자성은 처음 고영상의 부하로 일하고 있었다.

　명 왕조는 그들을 '유적(流賊)'이라고 불렀는데, 남방 해상에도 명나라의 위령에 따르지 않는 해적 집단이 있었다. 조정에서는 해적이라고 불렀지만, 그 정체는 반상반적(半商半賊)이라고 해야 할 것이다. 그 가운데는 정성공의 아버지인 정지룡(鄭芝龍)도 있었다. 그런데 이 바다의 난폭자에 대해서 조정은 회유책을 써서 정지룡에게 유격이라는 관직을 주었으며 후에 부총병으로 승진시켜, 그럭저럭 해상의 파도는 잠잠해졌다. 그러나 뭍의 유적은 참으로 감당하기 어려운 상대로 성장했다. 그들이 섬서의 부곡현(府谷縣)을 함락시킨 것은 숭정 3년(1630) 6월의 일이었다. 만주의 반간책으로 원숭환이 목숨을 잃은 바로 그해다.

　명나라는 홍승주를 총사령관으로 하는 대군을 동원하여 토벌에 나섰다. 농민군의 숫자는 3만이라고도 4만이라고도 했지만 훈련이 부족했기 때문에 명나라의 대군에게 압도당했고, 왕가윤은 명의 부총병인 조문조

(曹文詔)에게 식량 공급로를 끊겨서 탈출하던 중에 살해되고 말았다.

수령이 전사했지만 반란군은 점점 늘어날 뿐이었다. 정치의 문란과 학정이 해결되지 않고서는 반란이 해결될 수는 없었다. 이후 고영상이 무리를 모았다. 상천룡(上天龍), 과천성(過天星), 혼세왕(混世王), 소지왕(掃地王) 등과 같이 누가 봐도 거짓 이름이 분명한 두목들도 포함하여 산서 지역에 36영, 20여만의 무리가 모였다고 한다.

이자성은 연안부(延安府) 미지현(米脂縣) 출신으로 본명은 이홍기(李鴻基)로 실직한 역부 가운데 한 사람이었다. 고영상의 조카라고도 알려져 있지만, 이자성의 아내가 고영상의 조카였던 듯하다.

고영상은 '틈왕(闖王)'을 칭했다. 틈(闖)이라는 것은 용맹하여 목숨을 아끼지 않는다는 정도의 의미인 것 같다. 같은 시대의 정부 측 장군 중에 황득공(黃得功)이라는 인물이 있었는데, 그 별명이 틈자(闖子)였다고 한다. 틈왕 고영상 밑에 있던 이자성은 처음에는 틈장(闖將)이라고 불렸다.

숭정 5년(1632) 8월, 총병으로 승진한 조문조는 평량(平涼)과 경양(慶陽)에서 반란군을 격파하고 소지왕을 살해했으며, 서호(西濠)의 요새에서 1천여 명의 목을 베었고, 각지에서 열 차례에 걸쳐 전투를 벌였다. 순무인 범복수(范復粹)는 조문조를 '수공제일(首功第一)'이라고 칭찬하는 주문을 보내려 했지만, 총독인 홍승주가 그것을 말려 북경에는 보내지 않았다.

조정에서는 각신파와 청의파로 갈려 밤낮으로 당쟁을 일삼았는데, 군부 속에서도 파벌 항쟁이 매우 심했던 모양이다. 수공제일이라도 보상을 받지 못하는 상황이니 명군의 전의가 고양될 리 없다.

그러나 수공제일에 대해서 홍승주는 그다지 높이 평가하지 않았을지도 모른다. 1천 수백 명을 죽였다고 해서 적을 섬멸한 것은 아니다. 9월에는 모반군이 네 갈래로 나뉘어, 산서의 대녕, 습주(隰州), 택주(澤州), 수양(壽陽) 등 각 주의 현을 연속해서 함락시켰다. 산서에서 많은 주현이 반란군의 손에 넘어갔는데, 수공제일이라며 들떠 있을 상황이 아니라고 판단한 것이라 생각해 볼 수도 있다.

홍승주는 후에 청나라에 항복한 탓에 불공평한 인물이라는 이야기가 전해졌는지도 모른다.

이듬해에 반란군은 산서에서 하남으로 들어갔다. 그러나 반란군은 네 갈래로 나뉘어 있었다. 힘을 집결하지 못한 것이다. 틀림없이 식량 문제, 지형의 제약, 두목들 간의 인간관계 등 여러 가지 이유가 있어서 분산되었겠지만, 명군은 각개 격파하는 작전을 취할 수 있었다.

뭐니 뭐니 해도 반란군은 전쟁 전문가가 아니었다. 명군의 장군은 직업군인이기에 전쟁에 능했다. 홍승주는 크게 포위하여 각개 격파하는 전법으로 반란군을 매우 괴롭혔다.

숭정 8년(1635)에 병부상서라는 직책까지 더해진 홍승주가 동관(潼關)에서 나와 반란군에게 대공격을 가했다. 반란군은 이에 대해서 분산했던 세력을 형양(滎陽)에 집결시키기로 했다. 13가(家) 72영(營)이라는 세력이었다. 이자성은 이 무렵부터 두각을 드러내기 시작했다. 정부군에 압도된 반란군은 섬서로 도망쳤으며, 거기서 숙적인 조문조를 살해했다. 이듬해인 숭정 9년, 반란군의 형세는 더욱 불리해졌으며, 7월에는 고영상이 섬서 순무인 손전정(孫傳庭)에게 사로잡혀 북경으로 보내져서 주살되었다.

이자성은 고영상의 부하들을 이어받아 2대째 틈왕으로 끝까지 정부군에 저항했다. 그는 정부군의 방어가 약한 곳을 노려 사천으로 들어가 총병인 후량주(侯良柱)를 살해하고 각지를 공격했다. 그러나 이자성의 고전이 거듭되어 그가 죽었다는 풍문이 전해졌고, 북경에서는 한때 그것을 믿었을 정도였다. 틈왕 이자성은 사천에서 활로를 열어 하남으로 나갔던 것이다. 이는 현명한 선택이었다. 왜냐하면 그 무렵 하남에는 대기근이 들었는데, 그에 대한 대책을 마련하지 못하는 정부에 대한 반감이 높아졌기 때문이었다. 먹을 것을 찾아서 이자성의 틈군에 참가하는 자들이 급증했다.

하남으로 진출한 숭정 13년(1640) 무렵부터 이자성의 반란군은 이전까지의 틈군의 성격을 조금씩 바꾸기 시작했다. 굶주린 농민, 실직당한 역부들이 정부에 반항한 것이 틈군이었지만, 이 무렵부터 자신의 정부를 만들 구상을 가지게 되었다. 하남에서는 명나라의 정부에 절망한 지식인이 새로운 정권 담당 자격자로 틈군을 인정하고, 거기에 참가하기 시작했다. 우금성(牛金星)과 이엄(李嚴) 같은 자가 주요한 예다.

다른 반란군 집단에 비해서 이자성의 집단은 규율이 상당히 엄격했다. 하남의 지식인이 적극적으로 참가할 마음을 품게 된 것도 이 틈군이 단순한 유적과는 약간 달리 엄격한 면을 가지고 있었기 때문이었을 것이다.

이자성에 대해서는 현대 중국의 작가 요설은(姚雪垠)이 『이자성』이라는 대하소설을 써서 1963년에 제1권이 출판되었는데 베스트셀러가 되었다. 살인을 금하고 은의 사유를 허용하지 않았으며, 간음을 범한 자는 참형하고 민가에 함부로 들어가는 것을 금한 외에도, 군기가 매우 엄정했던 틈군에게서 농민 혁명군의 원형을 구하려는 마음이 현재 중국의 독자들 속에 있었기 때문일 것이다.

지식인을 흡수한 이자성의 집단은 정신적인 강인성까지 겸비하게 되었다. 집단 내의 기구도 정비되어 정권으로서의 체재를 갖추어 가고 있었다.

구심점을 못 찾은 농민 반란군

　반란집단은 자연발생적으로 각지에서 출현하여 처음에는 수많은 집단이 있었다. 36영 20여만 명 또는 13가 72영이라 하던 것들이 점차 정리되어, 큰 집단은 고영상, 이자성의 틈군과 장헌충의 집단 두 개만 남았다. 장헌충은 이자성과는 다른 길을 걸었다.

　이자성은 농민적인 우직함을 가지고 있었으나, 장헌충에게는 교활한 면이 있었다. 협조성도 부족한 면이 있었으므로, 정부군은 그가 동료 장군들과 사이가 좋지 않다는 점을 이용하여 그를 고립시킬 수 있었다. 그런 식으로 몰리게 되자 정부군에 투항해 버렸다. 그랬다가 다시 정부군을 습격, 병사들을 몰아 사천으로 들어갔다. 이자성도 그 전에 군비가 허술한 사천으로 들어간 적이 있었는데, 장헌충도 사천의 병사가 섬서로 모두 출병하여 군대가 없는 빈틈을 이용한 것이다. 그런데 병부상서인 양사창이 사천으로 군대를 보내자 장헌충은 교묘하게 도망을 쳤지만, 숭정 14년(1641), 정부군의 좌량옥(左良玉)의 공격을 받아 진퇴양난에 빠져, 한때는 이자성 밑으로 들어갈까 생각한 적도 있었다.

　반란군이 단결하지 못했던 이유는 주로 장헌충에 의한 분파 행동 때문이었다. 이자성은 장헌충의 교활함을 알고 있었기 때문에 그를 받아들이면 자신의 자리를 빼앗길 우려가 있다고 경계하여, 군대의 지휘권을 박탈한다는 조건을 제시했다. 군대가 없으면 장헌충은 틈군 속의 일개 식객에 지나지 않게 된다.

장헌충은 그와 같은 굴욕을 받아들이느니 힘들어도 계속 자립해야겠다고 생각했다. 호북과 그 밖의 지역에 남겨진 조그만 반란집단이 몇몇 있었으므로, 그것을 끌어 모아 간신히 상당한 집단을 만들어 냈다. 이때의 자립에서 장헌충의 재능이 발휘되었다. 분파와 투항과 배신 등을 되풀이했기 때문에 동료들로부터도 신용을 얻지 못했지만 재능만은 상당했다.

숭정 16년(1643), 호북의 요충지인 무창(武昌)을 취하고 대서왕(大西王)을 자칭했으며, 이듬해에 사천으로 들어가 대서국(大西國)의 황제의 자리에 올라 연호를 대순(大順)이라 정했다.

시기적으로는 약간 뒤쳐졌지만, 장헌충도 사천을 나와서 이자성에게 거절을 당했을 무렵부터 정권 구상을 하기 시작했다. 군기도 엄정했고 농노를 해방했으며, 파자군(婆子軍)이라는 여성부대를 만드는 진보성도 가지고 있었다. 그 대신 토호(土豪)와 지주에 대해서는 철저하게 탄압을 가해 잔인한 행위도 적지 않았다.

장헌충은 지금까지의 중국 역사상에서는 흔히 볼 수 없는 살인귀로 알려져 왔다. 명나라에 반항하다 나중에는 청나라에 저항했던 장헌충은 역사를 기록하는 쪽에 의해 실제 이상으로 좋지 않게 기록된 듯하다. 사천에 들어갔을 때, 그는 살아 있는 모든 자를 몰살한 것으로 알려져 있다. 사서에서 든 살해 숫자를 모두 더하면, 당시 사천의 총 인구를 훨씬 뛰어넘는다. 틀림없이 지주에 대해서는 가차 없는 탄압을 가했지만, 병적인 살인귀라고 하는 것은 과장된 형용일 것이다.

명나라 말기의 농민 반란군이 결과적으로 성공하지 못했던 가장 커다란 원인은 단결을 하지 못했다는 데 있다. 그리고 그 책임은 이자성보다 장헌충에게 더 많았다고 생각된다.

이자성은 지식인, 중소 지주 등의 지지를 받고 있어서 장헌충의 정권보다 훨씬 더 안정적이었다. 숭정 14년(1641) 정월에 이자성은 낙양을 함락시켰다. 역사상 몇 번이나 국도, 부도(副都)가 되었던 중요한 도시다. 게다가 거기에는 만력제가 총애했던 정비(鄭妃)가 낳은 복왕 주상순이 번왕으로 살고 있었다. 만력제가 이 복왕을 가장 사랑하여 황태자를 폐하고 복왕을 후계자로 세울 것이라는 소문이 만력제가 이 세상을 떠날 때까지 사라지지 않았을 정도였다.

장헌충에 비해서 이자성은 잔학행위로 전해지는 일화가 적다. 대지주, 대관료(大官僚)야 어찌 됐든, 중소의 그들을 탄압하지 않았기 때문이다. 그러나 복왕만은 용서하지 않았다.

만력제는 생모의 반대도 있고 해서 복왕을 황태자로 세울 수 없었지만, 그 대신 황태자 이상으로 금은재보를 주었다고 알려져 있다. 복왕의 결혼식에 막대한 비용을 사용했다는 사실이 천하의 이야깃거리가 되어,

> 선제(만력제)는 천하를 어렵게 하여 왕(복왕)을 살찌웠다.

고 모두가 말했다. 천하의 사람들은 모두 복왕에 대해서 반감을 품고 있었던 모양이다. 이자성 군이 밀려들었을 때, 복왕은 성 밖으로 도망쳐 영은사(迎恩寺)에 숨어 있었으나, 발각되어 목숨을 잃고 말았다.

왕부(王府)에는 금전이 산더미처럼 쌓여 있었는데, 이자성은 그것을

굶주린 백성에게 나누어 주고 왕궁에 불을 질렀다.

이때 복왕의 피를 사슴 고기와 섞어서 '복록주(福祿酒)'라며 먹었다는 사실이 전해지고 있다. 사슴(鹿)과 녹(祿)은 발음이 같다.

거의 동시(2월)에 장헌충은 양양(襄陽)을 함락시키고 양왕(襄王) 주익명(朱翊銘)을 죽였다. 병부상서 양사창은 양양을 군사령부로 삼아 대군과 대량의 군수품을 가지고 있었으면서도 간단하게 성을 빼앗기고, 황족을 죽게 한 탓에 절식하여 자살하고 말았다. 후임인 정계예(丁啓睿)는 양사창보다 훨씬 능력이 떨어지는 인물이다. 이자성의 강력한 군단을 두려워하여, 조정에 우선 장헌충 토벌부터 시작하고 싶다고 주청했는데 그것이 받아들여졌다. 장헌충 군단 쪽이 이자성의 그것에 비해 약했기 때문에 대적하기 쉬울 것이라 생각한 것이다. 정부군의 좌량옥(左良玉) 장군이 신양(信陽)에서 장헌충을 격파하여 크게 사기가 올랐지만, 정작 중요한 대세력인 이자성에게는 손을 대지 못했다. 같은 해 11월에 이자성 군이 남양(南陽)을 함락하고 당왕(唐王) 주율막(朱聿鏌)을 죽였다.

이자성은 수시로 개봉(開封)을 공격했지만, 병부시랑인 손전정(孫傳庭)이 원군을 이끌고 와서 방위에 참가하여 건투했기 때문에 좀처럼 떨어뜨릴 수가 없었다. 개봉이 드디어 함락된 것은 숭정 15년(1642) 9월의 일이었다. 이자성은 이때 황하의 둑을 터서 개봉을 물에 잠기게 하는 비상수단을 썼다. 터져 나온 강물이 북문을 깨고 동남쪽의 문으로 분출하는 소리가 마치 천둥과 같았다고 한다.

명나라 정부는 이 고립된 개봉성에 식량조차도 보내지 못했다. 이 전투를 '시원(柿園)의 전투'라고 하는데, 굶주린 명나라의 병졸이 감나무 밭의 파란 감을 먹으며 이슬 같은 목숨을 연명했다는 데서 붙여진 이름이다.

개봉부 함락 2개월 후, 이자성은 여녕(汝寧)을 함락했다. 명나라의 여녕 총병 호대위(虎大威)는 전사하고 전 총독 양문악(楊文岳)은 사로잡혀 죽었다.

어린 황제를 보좌한 섭정 숙부들

숭정 16년(1643) 정월, 이자성은 승천(承天)을 점령했다. 양양을 양경(襄京)이라 개명하고 궁전을 지어 스스로 친순왕(親順王)이라고 불렀다. 우금성 등 지식인들이 정부 기구를 만들어 5영(營) 22장(將), 상상(上相), 좌보(左輔), 우필(右弼), 6정부(政府)의 관직을 두었다.

자금성의 숭정제는 모든 실패를 모두 대신이나 장군들 탓으로 돌렸다. 책임을 물어 총독, 순무, 장군이 차례로 처형되었다. 어차피 처형을 받게 될 것이라 알고 있었기 때문에 전쟁에서 지면 깨끗하게 자살을 하는 사람들도 적지 않았다. 적에게 투항하는 자도 많았다. 숭정제는 커다란 소리로 화를 낼 뿐, 냉정함을 완전히 잃었다. 숙부인 복왕이 목숨을 잃었다는 소식이 날아들었을 때는 눈물을 줄줄 흘리며 울었다. 황제로서의 자제심을 잃은 것이다. 황제 주변에 더 이상 인재는 없는 듯했다.

동북의 상황도 썩 좋지 않았다. 송산에서 순직한 것으로 알려졌던 홍승주가 사실은 투항했다는 사실을 알게 된 것도 이 무렵으로 숭정제의 정서는 더욱 불안해져 갈 뿐이었다.

청나라의 태종이 세상을 떠난 것은 장헌충이 좌량옥과 무창에서 혈전을 벌이던 시기였다. 장헌충은 그 뒤 사천으로 도망을 쳤다.

명나라는 동쪽과 서쪽 모두가 다사다단하여 숨을 돌릴 여유조차 없었다. 태종의 죽음으로 만주 정권의 내부에서 분쟁이 일어나 동쪽에서의 압박이 조금은 느슨해지지 않을까, 요행수를 바라는 마음도 있었을 것이다. 그러나 그것은 헛된 바람이었다. 태종의 죽음은 청나라 내부에 그렇게 커다란 파문을 일으키지 않았다. 깊숙한 곳에서는 갈등이 있었을지 모르겠지만.

태종이 죽은 뒤, 예친왕 다이샨이 황족, 귀족(제왕, 패륵)을 모아 앞으로의 일을 협의했다. 다이샨은 태종 홍타이지의 친형이다. 몇 번 이야기했지만, 태조 누르하치는 수장의 지위를 부족연합의 맹주 정도로밖에 생각하지 않아서 후계자를 지명하지 않았다. 필시 생모가 예헤나라 씨라는 명문 출신이었기에 홍타이지가 추대되었을 것이다. 그 주요한 추대자가 다이샨이었다. 누르하치는 팔기의 장을 지명할 때, 당시 15세였던 도르곤과 13세였던 도도 두 사람을 들었다. 순서대로 보면 열넷째 아들과 열다섯째 아들이고, 그 어머니는 똑같이 우라나라 씨로 누르하치의 총애가 깊었기 때문일 것이라 여겨졌다. 그러나 그뿐만 아니라 어린 소년이었으면서도 이 두 사람은 매우 뛰어난 자질을 가지고 있었기 때문이기도 했다. 단지 홍타이지가 35세로 부족의 맹주로서 적당한 나이였으므로 그 지위에 올랐을 것이다. 누르하치가 후계자를 지명하지 않았던 것은 어쩌면 도르곤을 지명하고 싶었지만, 너무 어려서 반대가 많아 내분이 일어날 것이 두려워 아무도 지명하지 않은 채 세상을 떠났을지도 모른다. 이것은 물론 하나의 추리에 지나지 않는다. 그러나 도르곤은 성장하여 역시 뛰어난 인물이 되었다.

태종 홍타이지가 죽었을 때, 도르곤은 32세였다. 형 홍타이지가 즉위했을 때와 거의 비슷한 나이로 흥륭기에 있는 청나라를 지도하기에 이상적인 나이였다. 제왕·패륵 회의에서는 모든 사람들이 도르곤을 의식했을 것이다.

의장인 다이샨은 태종이 숨을 거두었으니, 그의 장남을 세우고 싶다고 제안했다. 태종의 경우는 '병 없이 죽었다'고 하니 유언을 남길 여유도 없었을 것이다.

태종 홍타이지의 장남은 하오게(豪格)이었는데, 그는 무슨 이유에서인지 즉위를 고사했다.

> 호구(虎口, 하오게)는 복이 적고 덕이 없다. 감히 천위를 이을 수 없다.

라는 이유로 깨끗하게 자리에서 물러났다.

이것도 추리할 수밖에 없는데, 태종 홍타이지의 패업을 실제로 보좌했던 것은 도르곤으로, 태종이 죽은 뒤 그가 바로 최대의 실력자였다. 태종의 장남 하오게는 커다란 실력자인 숙부 도르곤을 두려워하여, 황위보다는 자신의 목숨을 소중히 여겼을 가능성도 있다.

의장인 다이샨은 난처해졌다. 각 장군들이 칼을 차고 앞으로 나서서, 우리는 선제의 은원을 입었으니 만약 선제의 아들이 위에 오르지 않는다면 차라리 지하의 선제를 섬기겠다고 말한 것이다. 지하의 선제를 섬기겠다는 것은 자살하겠다는 말이나 다름없었다.

이번에는 의장인 다이샨이 자리를 떠났다. 자신은 선제의 형이기는 하지만 오랫동안 정치에 관여하지 않았으므로, 이처럼 중대한 문제를 재결할 자신이 없다며 의장의 자리를 포기한 것이다. 무책임한 듯하지만 60세가 넘은 다이샨은 쓸데없는 일에 휩싸이고 싶지 않았을 것이다.

하오게가 자리에서 물러나 제위에 오를 권리를 포기한 것은 숙부인 도르곤을 두려워했기 때문이었다. 그런데 각 장군들은 선제의 아들이 제위에 오르지 않는다면, 집단 자결을 하겠다며 으름장을 놓았다. 이는 실력을 앞세워 도르곤이 방계(傍系)에서 억지로 제위에 오르는 것에 저항하겠다는 의사를 표명한 것이라 여겨진다.

다이샨이 자리에서 물러나자, 도르곤이 의장의 역할을 맡을 수밖에 없었다.

도르곤은 사후에 모반의 뜻이 있었다는 이유로 적을 박탈되었다가 건륭 시대에 명예가 회복되었다. 도르곤에게 정말 찬탈의 뜻이 있었는지는 알 수 없다. 다만, 이 자리에서 그는 자신이 제위에 오르기에는 문제가 너무 많다는 사실을 깨달았을 것이다. 그는 선제의 장남이 사퇴했으니 그 동생인 후린(福臨)을 세워야 한다고 제안했다.

후린은 그때 겨우 6세였다. 어린 황제이기에 당연히 섭정이 필요했다. 도르곤은 사려 깊은 인물이었다. 여섯 살짜리 어린 황제를 세우고 자신이 섭정을 한다고 하면, 거센 저항이 있을 것이라는 사실을 알고 있었다. 어린 황제를 허수아비로 세워 놓고 전권을 휘두르려 한다는 오해를 사는 것이 두려웠으므로, 두 명의 섭정을 둘 것을 제안했다. 또 다른 한 사람은 도르곤의 동복(同腹) 동생인 도도였다.

문제가 복잡해져서 이렇게 된 이상 어쨌든 빨리 해결하지 않으면 안 되었다. 두 주요 인물의 퇴장으로 청의 제왕과 귀족들도 타협하지 않으면 내전이 일어날 우려가 있다고 위기감을 느꼈을 것이다.

이렇게 해서 6세인 후린이 옹립되어 이듬해부터 연호를 순치(順治)로 하기로 결정되었다. 태종은 천총과 숭덕이라는 두 개의 연호를 사용했다.

그러나 후린의 순치 이후 청은 260여 년, 선통(宣統)에 이르기까지 명나라와 마찬가지로 1제 1연호제를 바꾸지 않았다. 지금부터 여섯 살인 후린을 순치제라고 부르기로 한다.

태종 사후의 후계자 문제는 결코 순조롭게 결정되지는 않았지만, 자금성의 숭정제가 기대했던 것과 같은 내분은 일어나지 않았다.

명나라에게 태종의 죽음은 오히려 더욱 위험해졌다고 하지 않을 수 없다. 태종 홍타이지는 틀림없이 걸물이었지만 그의 성격은 극히 신중했다. 조정에서 단번에 북경을 쳐서 자금성을 점령하자는 등의 용맹한 주장이 나오면, 그것을 막은 것이 태종이었다. 그는 현실주의자였으므로 한 걸음 한 걸음 전진하는 것을 신조로 삼았다. 사가들 중에는, 태조 누르하치는 동족의 통일을 염원했을 뿐이며, 태종은 동북 즉 요동, 요녕의 광대한 지역을 확보하기를 염원했을 뿐이었을 것이라 생각하는 사람도 있다. 중원에 걸친 대제국으로 청나라가 발전하는 것은 시세의 흐름이었다.

또한 순치제 즉위에 적지 않은 문제가 있었다고 한다면, 그로 인해 일어난 조정, 황족, 간부들의 균열을 잘 아우르고 다스리기 위해서라도 강렬한 공통의 목표를 만들 필요가 있었다. 그 목표를 위해서 일치단결하자고 외쳐, 이전까지의 대립 감정을 없애려 하는 것은 당연한 정책일 것이다.

산해관을 취하고 중원으로 들어가 만주족에 의한 중화 제국을 건설하자. 이보다 더 강렬한 목표는 없다.

그러나 동복형제 두 사람의 섭정은 좋지 않다는 의견이 나와, 여러 사람의 뜻에 따라서 도르곤과 새로운 황제의 사촌형인 지르하란(濟爾合郞)이 공동으로 보정(輔政)하기로 결론이 났다.

황운 덮이다

역졸에서 황제가 된 이자성

명의 숭정 17년(1644), 청의 순치 원년은 중국 역사상 중요한 해가 되었다.

이해 정월 초하루, 이자성이 서안(西安)에서 즉위식을 갖고, 국호를 '순(順)', 연호를 영창(永昌)으로 정했다. 바로 1년 전, 승천부(承天府)에서 신순왕(新順王)이라 불렸으나, 그때는 아직 유랑하는 정권이었다. 북경을 칠 것이냐 남경을 취할 것이냐 하는 논의가 내부에서 있었던 모양이나, 결국에는 관중(關中)으로 들어가기로 했다. 북경이나 남경은 국도와 부도이니 아무리 쇠약해졌다 할지라도 명나라의 방어는 튼튼했다. 이자성 군은 만약 대패를 당하게 되면 정권이 구름처럼 흩어지고 안개처럼 사라질 가능성이 있었으므로, 가장 병력이 약한 관중을 노려 동관을 격파하고 서안으로 들어갔다. 그리고 서안을 옛날 지명인 '장안(長安)'이라 고치고 서경(西京)이라 부르기로 했다.

뿌리 없는 풀처럼 이리저리 떠돌아다니던 이자성 집단은 어쨌든 고향인 관중에 뿌리를 내렸다. 이자성이 즉위했다는 소식이 북경에 전해지자, 숭정제는 격노하여 친정에 나서겠다고 말했다. 이때 대학사로 내각에 들어온 지 얼마 안 되는 이건태(李建泰)가 사재를 털어 병사를 모아 서쪽을 토벌하겠다고 나섰으므로 친정은 그만두게 되었다. 숭정제는 이건태의 출발을 정양문루(正陽門樓)에서 지켜보았는데, 이는 파격적인 일이었다. 애초부터 사재를 털어서 모병한다는 것은 좋지 않은 의미에서의 이례인데, 모은 것은 500명 정도뿐으로 그것으로는 어떻게 해 볼 수가 없었다. 이건태도 대단한 인물은 아니었으며 보정까지 가서 성 안에 들어앉아 버렸다.

이자성은 즉위하자마자 바로 동정(東征)군을 일으켜 예전에 싸운 적이 있었던 낯익은 산서로 들어갔으며, 2월에는 산서 최대의 성시(城市)인 태원을 함락했다. 지금도 산서는 석탄의 커다란 산지지만, 당시의 북경은 식량을 강남에 의지하고 연료는 산서에 의지하고 있었다. 태원의 함락은 북경의 조정에 커다란 충격을 주었다. 이자성은 태원에서 황족인 진왕(晋王) 주구계(朱求桂)를 포로로 잡아 군중으로 연행했다.

이자성 군은 태원 다음으로 대주(代州)를 공격했다. 그러나 그곳을 지키던 총병 주우길(周遇吉)은 강직한 인물로 대주를 견고히 지켰으며, 식량이 떨어지자 영무(寧武)로 물러나 수비를 굳건히 했다. 이자성 군은 여기서도 고전을 하다 시가전 끝에 간신히 점령했다. 시가전에서 주우길은 사로잡히고 말았는데, 적(賊)을 계속 욕하다 죽었다고 한다. 『명사』에 따르면, 이자성은 이곳에서 고전한 탓에 마음이 약해져, 이후부터는 대동, 양화, 선부 등 대군이 주둔한 곳이 많으니 무리를 모아,

(대동 등의 수비가) 만약 모두 영무와 같다면 어찌하겠는가? 잠시 돌아가 다시 거병하기를 기다리는 것만 못하다.

라고 관중으로 퇴각할 것을 상의하고 있었는데, 대동의 총병 강양(姜瓖)과 선부 총병 왕승윤(王承允)으로부터 항복을 청하는 서면이 오자, 크게 기뻐하며 마침내 많은 군사를 이끌고 동쪽으로 향했다고 한다.

이 후일담은 허무하게 무너진 명 왕조에 대한 사가의 일종의 봉사가 아닐까 짐작된다. 『명사』의 편찬은 청나라의 사업이었지만, 이자성은 청나라의 적이기도 했다. 이자성보다도 명나라를 더 좋게 보아주고 싶었을 것이다. 산서까지 갔는데 고전했다고 해서 퇴각하다니, 도저히 생각할 수 없는 일이다. 고전했다고는 하지만 승리했으며, 군사를 일으킨 후 이자성 군은 몇 번이고 고전을 거듭했다. 대동과 선부의 사단장이 항복을 청한 것은 아마 이자성의 군대가 이미 대적하기 어려울 만큼 강해져서 싸워도 승산이 없다고 생각했기 때문일 것이다. 총병은 직업군인이니 군사지식을 가지고 있었기에 항복밖에 달리 방법이 없다고 판단했을 것이다. 아마도 그 방면의 명군의 사기는 극도로 낮았을 것이다.

그 무렵 숭정제는 나를 벌하는 조서를 내렸다. 말하자면 자기비판이다. 탕금(帑金, 황실의 재산)을 털어 천하에 의군을 모집해 보기도 했다. 이를테면, 모두가 너무 늦은 일이었다.

좌도어사 이방화(李邦華)는 남경 천도를 청했고, 황태자가 강남에서 군대를 재건하자는 안을 냈지만, 이것도 역시 너무 늦어 시기를 놓친 대책이었다. 물론 실행되지 않았다. 그럴 여유도 없이 이자성 군의 진격이 너무 빨랐던 것이다.

자기비판을 하기는 했지만, 숭정제는 결코 자신이 잘못되었다고는 생각지 않았다. 그렇게 나쁜 황제는 아니었지만, 의심이 많다는 결점이 있었다. 일종의 피해망상이라 해도 좋을 것이다. 명나라의 멸망을 논한 역사가들은 그 원인으로 반드시 숭정제의 '다의(多疑)'한 성격을 들고 있다. 의심이 많았기 때문에 중신들을 차례차례로 주살했다. 청나라의 반간책에 간단히 넘어가 원숭환이라는, 당시의 명나라에게 있어서는 누구보다도 필요했던 명장까지 죽였다. 목숨을 잃은 중신의 숫자가 많기로 따지자면, 숭정제 시절을 뛰어넘는 시대는 없을 것이다. 적에게 투항한 사람들이 많은 것은 의심을 받아 죽게 되는 것을 두려워했기 때문이다. 숭정제의 '다의'는 병적이었으며, 그것이 망국으로 이어졌다고 해도 과언은 아닐 것이다.

> 군(숭정제 자신)은 망국의 군이 아니지만, 신(臣)은 모두 망국의 신
> 이다.

이것이 숭정제의 생각으로 죽을 때까지 그렇게 생각하고 있었다. 이처럼 신하를 의심하는 것도 이상한 일이지만, 명나라 시절의 신하들이 좋지 않았던 것도 사실이다. 숭정제 한 사람만을 탓할 수는 없다.
이자성이 서안에서 즉위한 조서 가운데,

> 군(명의 황제)은 그렇게 어리석지는 않았다.

이라는 말이 있다. 새로운 왕조의 성립을 알리는 선언문 속에서는 대체

로 앞선 왕조가 얼마나 나빴는지, 황제가 얼마나 포학했는지를 필요 이상으로 늘어놓는 법이다. 새로운 왕조가 만들어질 수밖에 없었다는 구실로 삼기 위해 과장된 표현은 어쩔 수 없는 것이다. 그런데도 이자성은 그렇게 어리석지 않았다고 말했다.

의심이 많고 성급하며 감정의 기복이 심한 인물이었지만, 그 나름대로 밤낮 명 왕조의 재건을 위해 고심했던 숭정제를 반란군 쪽도 어느 정도 평가를 하고 있었던 것 같다. 위의 조서에서는 명 왕조의 신하에 대해서,

> 신하들은 언제나 제 이익만 챙기고 비당(比黨, 파벌항쟁)하여, 공충
> (公忠)함이 끊겨 적어져 버렸다.

라고 극히 혹평했다.

뇌물이 횡행했고 정부의 위령은 시행되지 않았으며, 일부 특권자가 이익을 독점하여,

> 여좌(閭左, 민간)의 지고(脂膏, 몸에서 배어 나오는 고생에 의한 수익)는
> 거의 다했다.

이와 같은 상태로 "짐(이자성)은 이 초췌함을 목격하고는 살을 에는 듯한 아픔을 느껴 포의(布衣, 일개 민간인)에서 일어날 결심을 했다"고 말했다.

황제는 그렇게 어리석고 포학하지 않지만, 오랜 세월에 걸친 신하들의 당파싸움과 뇌물 횡행 등으로 왕조의 토대가 썩어 민간이 심하게 고통받고 있는 것이다. 이자성의 즉위 조서는 명나라 말기의 정치 사회 상황

을 상당히 공평하게 기술한, 자기 과장이 적은 글이라고 할 수 있다. 자신이 민간의 고통에 동정했다고는 말하고 있지만, 자신의 덕이 참으로 뛰어나고 참으로 유능하여 신과 같다는 등의 말은 언급하지 않았다. 재상에 해당하는 천우전대학사(天佑殿大學士) 우금성이 실제로 집필했겠지만, 이자성의 의향이 그 글 속에 반영되었으리라는 점은 말할 나위도 없을 것이다.

숭정제에게 자살을 권한 태감

대동과 선부의 군단이 항복했으니, 이자성 군—국호에 따라서 순나라 군이라 불러야 할 것이다—은 북경까지 거의 일사천리로 진격할 수 있었다.

북경에서는 '유적(流賊)'의 상황을 잘 알지 못했다. 대동과 선부의 사단장이 항복할 때, 조정과 상의할 리가 없었다. 조정에서는 물론 그러한 사실을 알지 못했다. 이자성측은 행상인으로 변장한 밀정을 끊임없이 북경에 풀어 놓아 수도의 상황을 훤히 꿰뚫고 있었다. 정보전에서도 이자성 쪽은 이미 압승을 거두고 있었던 것이다.

3월 12일에 이자성 군은 평창(平昌)에 도달했다. 명나라 역대 황제의 능묘가 있는 곳으로 12릉이라 불린 지방이다(이후 숭정제의 조그만 능묘가 만들어져 지금의 명칭은 13릉이다). 북경 바로 근처까지 반란군이 밀려든 것이다.

그 무렵 용감하게 북경을 출발했지만, 보정에서 우물쭈물하고 있던 이건태가 남경 천도를 청하는 주문을 보냈다. 숭정제는 궁정의 신하들을

모아 놓고,

> 국군(國君)은 사직에서 죽어야 한다. 짐이 어찌 갈 수 있겠는가.

라고 다시 남천(南遷)하자는 의견을 뿌리쳤다. 결점도 많았지만 기개도 있는 황제였다. 이제 와서 도망을 친다는 것은 그의 자존심이 허락하지 않았다. 그때 장덕경(蔣德璟)과 항욱(項煜)이 다시 황태자를 강남으로 보낼 것을 청했다. 강남의 군사를 감독하는 등의 명목을 붙였지만, 황제가 죽더라도 명나라의 황통을 이을 자를 남겨 두기 위해 남방으로 망명시키자는 뜻이었다. 이에 대해서 숭정제는 아무 대답도 하지 않았다.

명 왕조는 붕괴 위기에 직면해 있었다. 이것을 막을 수 있는 것은 조종(祖宗)의 천우신조(天佑神助)와 군대의 힘밖에 없었다. 이자성은 평창에 도달하자, 12릉의 건물을 불태웠다. 그것은 명나라 조종의 천우신조를 끊겠다는 행위다. 당시 사람들에게 있어서 조종의 가호는 결코 미신이 아니었다. 군대의 힘에 의지해야 할 때가 되어서야 지금까지의 대우가 그다지 좋지 않았다는 사실을 깨달았는지, 명의 조정에서는 유력한 총병 네 명을 백작으로 삼았다. 산해관의 오삼계, 거용관의 당통 그리고 종종 장헌충을 공격했던 좌량옥과 황득공 등 네 사람이었다.

우습게도 이제 막 백작이 된 당통이 거용관에서 이자성 군에게 항복하고 말았다. 거용관은 북경의 입구에 해당한다. 북경에서 적정을 살피기 위해서는 밀정이 이곳을 통해서 들어가야 하는데, 누구 하나 귀환하여 보고하는 자가 없었다. 그도 그럴 것이 이자성이 거용관에 들어온 자를 한 사람도 밖으로 나가지 못하게 했기 때문이다. 거용관에서 나온 것은 이자성 쪽의 밀정뿐이었다.

적정에 대해서는 전혀 모른 채 자금성에서는 매일 어전회의가 열렸다. 숭정제가 신하들에게 대책을 물었지만, 거기에 답할 수 있는 자는 아무도 없었다. 눈물을 흘릴 뿐이었다. 사실 연일 계속된 어전회의 모습은 밀정의 통보를 통해서 이자성에게 모두 전해지고 있었다. 궁정에 출입하며 잡무를 담당하던 환관들이 다음 주권자에게 아첨하여 기밀을 흘리고 있었을 것이다. 아니 환관뿐만이 아니었을 것이다. 3월 17일의 어전 회의가 열렸을 때는 자금성의 누상에서 적의 모습이 이미 보였을 것이다. 이튿날인 18일에 이자성은 성 아래의 창의문(彰儀門) 밖에 도달해 있었다.

선부에서는 총병과 함께 군대를 감독하기 위해 황제가 직접 파견한, 이른바 감시역인 태감(太監, 환관) 두훈(杜勳)도 투항을 했다. 이자성은 이 두훈을 군사(軍使)로 삼아 북경 성 안으로 파견했다. 각지에 감군(監軍)으로 파견되는 것은 황제가 신임하는 환관이다. 황제에게 말을 하기도 쉬운 관계에 있던 인물이었을 것이다. 그러나 두훈이 이자성으로부터 받은 명령은 명 왕조의 최후를 선언하게 하고 황제에게 자결을 권하는 내용이었다. 아마도 두훈은 죽을 각오였을 것이다.

> 이자성은 무릇 불신(不臣)의 마음은 없었다. 나라를 그르치는 간당(奸黨)이 조정에 가득하여 소제(掃除)하여 왕실을 돕기 바랐다. 그러나 지금 대세는 이미 기울었다. 청한다. 상(上, 황제)이여, 자재(自裁)하라.

황제 옆의 간당을 제거하기 위해 병사를 일으켰지만, 형세가 그것만으로는 감당할 수 없어 결국 어쩔 수 없이 새로운 왕조를 수립했다, 그러니 황제가 자결을 했으면 한다는 뜻이다. 숭정제가 열화와 같이 화를 낸 것도 당연했을 것이다. 그러나,

황제는 노하여 이를 질책하고 내보냈다.

라고 『명사』에 기록되어 있다. 죽이라고는 명령하지 않은 것이다. 숭정제의 심경은 복잡했을 것이라 여겨진다. 예전의 심복이 이자성의 정식 군사가 되어 자결을 권하러 왔다. 속이 뒤집어질 것 같았지만 지금 두훈을 죽여 버리면, 그것을 이유로 이자성 군이 북경 백성들에게 어떤 포학한 짓을 할지 알 수 없었다. 결점이 많은 황제였지만 백성의 주인이라는 자각은 잃지 않았던 모양이다. 두훈이 죽지 않고 무사히 귀환할 수 있었던 것은 숭정제의 자제심 덕분이었다고 할 수 있다.

두훈은 달변가였지 않았을까 짐작된다. 황제 앞에서 무사히 물러난 뒤, 동료 환관들을 설득했다. "어떤 왕조가 들어서더라도 환관은 필요하다. 우리가 명 왕조와 함께 목숨을 잃을 이유는 없다." 틀림없이 그의 말은 설득력이 있었을 것이다. 숭정제가 가장 신뢰하고 있던 환관인 조화순(曹化淳)이 설득당한 듯하다. 이자성이 그 성문 밖에서 대기하고 있던 창의문을 안에서 열어 반란군을 끌어들인 인물은 다름 아닌 조화순이었다.

태원을 출발했을 때 이자성 군은 50만이라고 주장했다. 그 절반이라 해도 대군이었다. 군기는 엄정했고 제복은 모두 황색이었으며 대오는 당당했다. 반란군으로 시작한 대순국(大順國) 동정군(東征軍)은 포병대까지

갖추고 있었다. 명나라 쪽의 기록(『명계유문(明季遺文)』)에,

> 적(賊, 이자성의 군)은 황갑(黃甲)을 입어 사방은 황운(黃雲)이 들판
> 을 덮은 것 같았으며, 요란한 포성 그치지 않았다.

라고 기록되어 있다. 조화순이 창의문을 여는 바람에 황운 같은 군대가 황하가 터진 것처럼 성 안으로 밀려들었다.

　명나라가 대책을 세우지 않았던 것은 아니다. 단지 매번 손쓰는 것이 늦었을 뿐이다. 이자성 군이 태원을 함락시켰을 무렵, 계요 총독 왕영길 (王永吉)은 관외사성을 버리고 최정예부대를 가장 유능한 총병 오삼계에 게 주어 북경을 지키게 하자고 제의했다. 그 방책에 따라서 오삼계는 영 원의 장병과 백성 50만을 이끌고 서쪽으로 출발했다. 이것도 한 발 늦었 다. 오삼계 군이 풍윤(豊潤)이라는 곳에 도착했을 때, 이자성이 이미 북경 을 함락했다는 소식이 전해져서 더 이상 전진을 할 수가 없었다.

그르친 신하 때문에 짐은 죽는다

　창의문으로 들어선 이자성 군은 성 안에서 그 밖의 각 문을 열어 황 색 제복의 우군을 맞아들였다. 북경에는 외성과 내성이 있어서 내성 안 에 자금성이 있었다. 이자성 군은 내성에서 외성을 격파하고 다시 자금 성으로 밀려들어 갔다.

　성 안에는 '순민(順民)'이라고 쓴 종이가 나붙었다. 저항할 뜻이 없는 순종적인 백성이라는 뜻뿐만 아니라 '순(順)'은 이자성 정권의 국호이기

도 했다. 이처럼 난전 가운데 명나라는 멸망했다. 명나라의 망국에 대해서는 여러 가지 문헌이 있다. 앞에서 이야기한 『명계유문』도 그렇지만, 『명계야사(明季野史)』와 『명계통사(明季痛史)』 등 소설과 같은 종류도 적지 않다. 난전 중의 자금성 모습을 정확하게 기록할 방법이 있을 리 없다. 숭정제는 경산(景山)에서 스스로 목매달아 이 세상을 버렸는데, 그가 데리고 간 것은 환관인 왕승은(王承恩) 오직 한 사람뿐이었다. 게다가 왕승은은 거기서 순사(殉死)하여, 황제의 최후의 모습을 자세히는 알 수 없다.

이자성 군이 성 안으로 들이닥치고 있을 때, 숭정제는 경산에 올라 봉화가 하늘을 태우는 듯한 모습을 보고,

　　내 백성을 괴롭히는구나.

라고 한탄했다고 전해진다. 이때는 수많은 신하들이 뒤따르고 있었으므로 틀림없는 사실일 것이다. 숭정제는 경산에서 일단 자금성으로 되돌아갔다.

경산은 자금성 북쪽 바로 뒤에 있는데, 궁전과 맞붙어 있을 정도로 야트막한 산이다. 산이라 하지만 약간 높다란 언덕으로, 자연적인 것이 아니라 인공적으로 쌓은 산이다. 일명 매산(煤山)이라고도 한다. 중국어에서 '매(煤)'란 석탄을 의미한다. 원나라 때, 이곳에 궁전을 세우면서 적에게 포위를 당해도 연료 부족을 겪지 않도록 석탄으로 산을 만들고 그 위에 흙을 덮어서, 풀과 나무가 자라 지금과 같은 형태가 되었다고 한다. 황금을 묻었다는 전설이었다면 누군가가 파헤쳤을지도 모르겠지만, 안에 석탄이 묻혀 있다고 해서 시굴(試掘)한 사람조차 없었던 모양이다. 북경 시가지를 한눈에 굽어볼 수 있는 곳이므로, 지금은 경산공원이라 불리는 관광 명소이다.

일단 경산에서 자금성의 궁전으로 돌아온 숭정제는 드디어 황태자를 탈출시킬 마음이 들었다. 자신은 이미 죽음을 각오하고 있었지만, 아마도 명나라의 황통을 생각했을 것이다. 태자, 영왕(永王)과 정왕(定王)은 아직 소년이었다. 숭정제는 자신의 세 아들에게 평민의 옷을 입힌 뒤, 난리 속으로 모습을 감추는 것이니 말투도 고치고, 나이 든 사람을 만나면 옹(翁)이라 부르고 장년에게는 백(伯) 또는 숙부(叔父)라 불러야 한다고 허리띠를 매 주며 간곡하게 타일러 그 자리에 있던 사람들이 오열했다고 한다. 세 사람은 외척인 주가(周家)와 전가(田家)로 보내졌다.

황후 주 씨는 그때 스스로 목을 매달아 죽었다. 비(妃) 중에서도 스스로 목을 매단 사람이 적지 않았던 모양이다. 숭정제에게는 아직 할일이 남아 있었다. 황자는 도망을 시켰지만, 황녀는 목숨을 끊지 않으면 안 되었다. 적에게 모욕을 당할 것이 두려웠기 때문이었다.

장평공주(長平公主) 휘착(徽妮)은 15세로 수녕궁(壽寧宮)에 있었다. 숭정제는 수녕궁에 칼을 빼든 채 들어가,

너는 어째서 우리 집에 태어났느냐!

며 칼을 휘둘렀고, 다음으로 소인전(昭仁殿)으로 들어갔다. 거기에는 6세가 된 소인공주가 있었다. 숭정제는 자신의 이 딸을 찔렀다.

어린 소인공주는 죽었지만, 15세인 장평공주는 죽지 않았다. 있는 힘껏 칼을 휘둘렀다고 생각했지만, 상대가 자신의 딸이었기에 힘이 들어가 있지 않은 것은 당연했을 것이다. 장평공주는 팔에 상처를 입은 것에 지나지 않았다. 몸종들이 그녀에게 도망치라고 권했지만,

> 부황(父皇)이 내게 죽음을 내리셨다. 내 어찌 감히 목숨을 훔치겠
> 는가. 또한 적이 오면 반드시 궁권(宮眷, 황족)을 찾을 것이다. 나는 끝
> 내 숨을 수 없을 것이다.

라며 말을 듣지 않았다. 몸종들이 억지로 그녀를 끌어냈다.

명나라 멸망 후, 청나라와 이자성의 싸움도 있었기 때문에 장평공주
는 무사히 몸을 숨길 수 있었다. 청나라의 세상이 된 이듬해, 그녀는 자
신의 신분을 밝히고 청나라 조정에 불문에 들어가겠다고 청했다. 그러나
청나라에서 그녀에게 평범한 여성처럼 결혼할 것을 권해 주세현(周世顯)
이라는 청년과 결혼했다. 이는 후일담이다.

두 딸을 자기 손으로 죽인 숭정제는 아마 망령과도 같은 몰골이었을
것이다. 19일 밤이 밝자, 숭정제는 스스로의 손으로 경종을 울렸다. 그것
은 백관을 집결시키는 신호였지만 사서는,

> 온 자가 없었다.

고 무정하게 기록했다.

숭정제는 이제 여기까지라고 생각하고, 환관 왕승은을 데리고 경산
에 올랐다. 자금성을 지키는 산으로 쌓여진 경산에는 황제의 장수를 기
원하는 '수황정(壽皇亭)'이라는 정자가 있다. 숭정제는 그곳을 죽을 장소
로 정했다. 이미 하얀 수의를 입고 있었다. 왼쪽은 맨발이었고 오른쪽에
는 붉은 신을 신은 채였다. 관을 벗고 기다란 머리카락을 앞으로 늘어뜨
린 모습으로 목을 매어 죽었다.

하얀 수의의 목깃에 적힌 유조는 다음과 같다.

집은 황위에 오른 지 17년, 위로 하늘의 죄를 받아 적에게 땅 잃기를 세 차례, 역적이 곧 경사(京師)에 이르렀다. 모두 제신(諸臣)이 집을 그르쳤기 때문이다. 집은 죽어 지하의 선제를 볼 낯이 없다. 따라서 머리로 얼굴을 가린다. 적이 집의 시체를 찢도록 하겠다. 문관을 모두 죽여도 상관없다. 다만 능침(陵寢)은 파괴하지 말라. 내 백성을 한 사람도 다치게 하지 말라.

이 유서를 보면 숭정제는 마지막까지 망국의 책임을 신하들에게 떠넘기고 있다는 사실을 알 수 있다.

경산의 다른 이름은 매산 외에도 '만수산(萬壽山)'이라고도 하는데, 그곳의 수황정과 함께 역설적인 이름이라고 하지 않을 수 없다. 만수산의 황제 곁에서 순사한 것은 왕승은 한 사람뿐이었다.

괘씸죄로 죽은 고관 800명

명나라는 건국 당초인 홍무제 이후부터 사대부에 대한 경의가 부족한 면이 있었다는 말을 듣는다. 홍무제가 대시인인 고계를 비롯하여 많은 문인을 죽였다는 것은 '문인수난'의 장과 다른 대목에서 이야기했다. 조정의 신하들에 대해서도 정장이라는 잔인한 처형을 종종 가했다. 문무 관료의 봉급이 적음은 역대 제일이라 일컬어질 정도였다. 영락제가 건문제 쪽 사람들에게 준 굴욕은 말로 형용하기 어려운 부분이 있었다. 방효유를 죽임으로 해서 명은 사대부들의 마음을 잃었다는 설이 있다. 이와 같은 조정에 의리를 지킬 필요는 없다는 생각이 문인들의 마음 깊은 곳에 있었던 것도 사실일 것이다. 위충현처럼 학문이 없는 환관이 정치를 좌지우지할 때의 사대부는 참으로 가여웠다. 사대부를 언론으로 죽이지 말라고 엄하게 경고한 송나라 시절과는 천양지차다.

그랬기 때문에 명나라가 멸망했을 때, 황제를 따라 죽은 사람은 환관인 왕승은 오직 한 사람뿐이라고 흔히들 말한다. 그러나 그것은 지나친 말인 듯하다. 숭정제가 경종을 울렸지만, 백관은 누구 한 사람 달려오지 않았다고 사서에 특별히 기록되어 있다. 그러나 그 무렵 북경 성 안은 이미 이자성의 순국군(順國軍)이 제압을 하고 있었다. 자금성으로 가려 해도 갈 방법이 없었다. 아마도 교통차단 조치가 취해져 있었을 것이다.

명 왕조가 사대부나 문인에 대해서 아무리 가혹했다 하더라도, 또 아무리 박봉에 고통을 받았다 하더라도 사도(士道)가 땅에 떨어진 것은 아니었다.

망국에 순사한 인물들의 이름은 기다란 목록을 이룬다. 그 주요한 사람들을 들어보기로 하자. 대학사인 범경문(范景文)은 숭정제의 죽음을 알고 쌍탑사(雙塔寺)의 옛 우물에 몸을 던져 죽었다. 상서인 예원로(倪元璐)는 북으로 아버지에게 절하고 남으로 어머니에게 절한 뒤, 스스로 목을 매었다. 좌도어사 이방화(李邦華)는 문천상(文天祥)을 기린 사당까지 가서 절명사(絶命詞)를 짓고 자살했다. 병부우시랑인 왕가언(王家彦)은 성벽에서 몸을 던졌지만 죽지 않아, 민가까지 가서 목을 매었다. 형부우시랑인 맹조상(孟兆祥)은 아들인 진사 맹장명(孟章明)과 함께 목을 매었다. 한편, 이 부자의 아내인 여(呂) 씨와 왕(王) 씨도 역시 스스로 목을 매었다. 일가를 들어 나라에 순사한 것이다. 좌부도어사인 시방요(施邦曜)는 목을 매었지만, 하인이 살려내자 그 직후에 독을 먹고 목숨을 끊었다. 대리

시경(大理寺卿)인 능의거(凌義渠)는 적(賊)의 손에 더럽혀져서는 안 된다며 자신의 장서 모두를 불태우고는 자살했다.

위에 든 것은 각료 및 차관급 인사들로 그 밖에도 수많은 순난(殉難) 의 선비들이 있었다. 비정아(費貞娥)라는 궁녀는 이자성의 부장인 나 모 (某)에게 주어졌는데, 그가 술에 취해 있을 때 사살하고 그 칼로 자신의 목을 찔러 죽었다. 굴대균(屈大均)의 『명계순난록(明季殉難錄)』과 그 밖의 문헌에 이들 열사들의 사적이 자세히 기록되어 있다. 서무(徐懋)도 『충정 일기(忠貞軼紀)』라는 열사전(烈士傳)을 썼는데, 청나라 때 명나라 충신을 현창(顯彰)할 수 있었던 것은 그들의 적이 청나라가 아니라 이자성이었기 때문이다.

국가가 멸망할 때, 순국의 열사만 나오는 것은 아니다. 얘기를 듣는 것 만으로도 구역질이 날 것 같은 인물들도 상당히 많았다.

예를 들자면 외척인 주규(周奎)가 그랬다. 그는 황후 주 씨의 아버지였 다. 주 황후가 낙성(落城) 직전에 훌륭하게 자살했다는 사실은 앞에서 이 야기했다. 숭정제는 태자와 영왕, 정왕을 우선 외척인 주규와 전굉우(田宏 遇)에게 맡기려 했다. 그런데 주규는 태자를 자신의 집에 받아들이지 않 았다. 새로운 정권이 발족되었을 때, 옛 정권의 태자를 숨겼다는 이유로 벌을 받거나 불리한 취급을 받게 될지도 모른다고 걱정했기 때문이다. 태 자와 두 왕을 자금성에서 탈출시킬 때, 숭정제는 그 호위를 주순신(朱純 臣)에게 의뢰했다. 주순신은 황족의 일원으로 성국공(成國公)에 봉해진 인 물이다. 그런데 이자성이 자금성에 입성하여 그 주인이 되자, 주규와 주 순신은 뻔뻔스럽게 성으로 들어가 눈치를 살폈다. 명 왕조의 고관이었으 면서도 새로운 왕조를 섬기려 이자성에게 인사를 간 인물에는 그 밖에도 대학사인 위조덕(魏藻德), 진연(陳演) 등과 같은 무리가 있었다.

그들은 백관을 이끌고 이자성에게 축하의 말을 하러 찾아갔다. 그리고 숭정제가 얼마나 어리석었으며, 조정의 신하들에 대해서 냉혹, 잔인했는지를 늘어놓았다. 어제까지 황제라고 받들던 인물에 대해서 단번에 변심한 듯 참으로 쉽게 말을 바꿨다. 그리고 이자성을 추대하고 싶다고 말하고 그러면서 취직 운동 같은 행동을 했다.

여기에는 이자성도 격노했다. 그는 역부, 즉 숙소의 인부 출신이다. 역부들 사이에도 동료들 간의 의리라는 것이 존재했다. 그 의리를 어긴 자는 동료들로부터 따돌림을 받고 제재를 받았다. 섬서 출신인 그는 반란군을 이끌고 각지를 돌아다니며 전쟁을 치렀지만, 북경은 태어나서 처음 오는 곳이었다. 그곳에서는 문무의 고관들이 살고 있고, 그 위에 황제가 군림하여 우아한 생활이 펼쳐지고 있었다. 이자성에게는 마치 구름 위의 세계와도 같았다. 그러나 구름 위에도 역부의 세계와 마찬가지로 훌륭한 사람도 있는가 하면, 썩은 인간도 있었던 것이다. 이자성은 틀림없이 구름 위의 세계에 일종의 동경과도 같은 것을 품고 있었을 것이다. 배신당했다는 마음이 그를 한층 더 격노하게 만들었는지도 모른다.

새로운 권력자에게 굽실굽실하며 새로운 정권에서 지위를 얻고 싶어 하는 듯한 말을 하는 무리를 이자성은 용서하지 않았다.

명나라의 높은 관료들은 대부분 나라를 망친 인물들이니 옥에 가두어 벌해야 한다는 것이 이자성의 결정이었다. 위조덕 등이 출두했을 때, 이자성은 만나 보지도 않은 듯하다. 그리고 그들을 유종민(劉宗敏)의 군영으로 넘겼다.

이자성 군에는 상극이 되는 군단이 둘 있었다. 그것은 이엄과 유종민의 군단이었다. 지식인 이엄은 사대부에 대해 경의를 품고 있어서, 예의를 지켜 그들을 대우했다. 그 군영 속에서 거친 행동은 거의 일어나지 않았다. 그에 비해서 유종민의 군단은 질이 매우 좋지 않았다. 사람을 죽이는 일 따위는 일상다반사였다고 한다. 이자성이 명나라의 대관들을 유종민에게 보낸 것은 "괴롭히라"고 명령한 것이나 다를 바 없다.

극단적으로 기질이 다른 군단이 대순국의 군대 가운데 나란히 있었다는 것은 이 대집단의 폭이 넓었음을 이야기해 준다. 그것은 이자성 자신의 도량의 크기를 반영한 것이리라. 그러나 진폭이 그렇게 크다는 것은 다른 면에서 보자면, 약점이기도 했다고 말할 수 있다. 대순국은 아직 일관된 것을 가지고 있지 않았던 것이다. 이 약점이 곧 대순국의 붕괴로 이어지게 된다.

어쨌든 고관들은 사디스트들의 집단과도 같은 유종민의 군영에서 고문을 받았고, 재물을 빼앗겼으며 결국에는 죽고 말았다. 다리를 부러뜨리기도 하고 살을 태우기도 하는 등 생각할 수 있는 모든 잔학행위를 저질렀다고 한다. 그러나 이와 같은 일들은 청나라 사가들의 붓에 의해서 기록된 것이니, 어쩌면 조금은 감안을 해서 생각해야 할지도 모른다. 이자성의 천하는 40일 정도밖에 되지 않기 때문에 자칫 간과하기 쉽지만, 명나라를 멸망시킨 것은 청나라가 아니라 이자성이었다. 그리고 청나라는 그 이자성을 멸망시켜 천하를 취한 것이다.

역사 만들기의 원칙은 멸망시킨 쪽이 자신들에게 정의가 있었다는 구실을 만들기 위해 멸망당한 쪽을 일부러 나쁘게 쓰는 것에 있다. 유종민 군영에서 행해진 고문의 정도는 그렇다 해도, 이자성이 명나라의 살아남은 고위 관료들에게 호의를 품고 있지 않았던 것만은 틀림없는 사실이었을 것이다.

유종민의 군영에서 괴롭힘을 당하다 죽은 고관들의 숫자는 800명이었다고 한다. 각료, 차관, 국장 이상에 해당하는데, 위계로 따지자면 3품관 이상이다. 4품관 이하는 보통 '서관(庶官)'이라 불렸는데, 이자성 정권은 그들에 대해서는 경우에 따라서 채용했다.

이렇게 해서 명나라를 대신하여 순(順)이라는 왕조가 탄생한 것처럼 보였다. 북경뿐만 아니라 산동, 하남의 주현도 차례차례로 복종을 맹세했다.

북경에서는 새로운 왕조 탄생을 위한 준비로 정신없이 바빴다. 자금성에서 전 중국의 황제로서 다시 즉위식을 올리기로 했기 때문에 그 준비가 대단했다. 예를 들자면 황금 새(璽, 황제의 도장)를 만들고, 연호에 따른 동전인 영창전(永昌錢)을 주조하는 등의 일에 눈코 뜰 새 없이 바빴다.

그러나 천하의 정세를 보자면 그런 일을 하고 있을 때가 아니었다. 이자성과 그 막료들의 판단이 너무 안일했다고 하지 않을 수 없다.

원원곡(圓圓曲)

사랑 때문에 나라를 판 한족 배신자

숭정제의 죽음으로 명 왕조는 멸망했지만, 그 시점에서 명나라의 최강 군단은 산해관에 건재해 있었다. 그것을 지휘하는 사람은 평서백(平西伯)이라는 작위를 가진 오삼계로 그 역시 명나라 군부에서는 최고 사령관이라 불리던 맹장이었다.

이자성의 자금성 점령으로 천하의 형세가 결정되었다고 판단한 각지의 군과 행정기관은 새로운 정권을 지지하고, 그에 복종하겠다고 맹세하는 문서를 보냈다. 새로운 정권인 순 왕조에서도 적극적으로 각지의 군에 투항을 권유했다. 실제로 군대를 보내 제압한다는 것은 새로운 왕조에게는 벅찬 일이었다. 투항을 권하는 것이 최상책이었으며, 산해관의 오삼계에게도 그런 투항 공작이 진행되었다.

오삼계의 아버지 오양(吳襄)은 북경에 있었다. 오가(吳家)는 원래 강소의 고우(高郵) 출신인데, 오양도 군무에 종사했으며 요동에 거주한 기간이 길어서 이미 적을 요동으로 옮겼다. 북경에서 은퇴 생활을 보내던 오양에게 이자성은 아들에게 항복 권고장을 보내라고 시켰다. 오삼계는 영원의 병민(兵民) 50만을 이끌고 북경 구원을 위해 행군하던 중, 북경이 함락되었다는 소식을 듣고 난주에 머물고 있었다. 그때 아버지의 권고장이 오삼계에게 도착했다. 편지 속에는 천하의 형세가 이미 결정되었다는 등의 내용이 적혀 있었다. 저항해도 소용없는 일이니 항복하라고 설득했으며, 오삼계도 아버지의 권유에 따를 생각이었다고 한다. 그런데 북경과 서신을 주고받는 사이, 북경에 남아 있던 애첩 진(陳) 씨를 유종민이 앗아갔다는 사실을 알고 격노하여 항복 의사를 바꾸고, 이전까지 대치하고 있던 청군의 힘을 빌려 이자성을 공격하기로 결심했다고 전해지고 있다.

후에 오삼계는 청나라에 대해서 반란을 일으켰으니, 청나라의 기록에 그가 좋지 않게 기록된 것은 당연한 일이다. 그래도 애첩을 빼앗겨 격노했다는 것은 사실일 것이다. 그가 청나라에 대해 반란을 일으키기 전의 문헌에도 이 내용이 보이니, 결코 나중에 날조된 것이 아니라는 사실을 알 수 있다. 가장 유명한 것은 청나라 초기의 대시인인 오위업(吳偉業)의 〈원원곡(圓圓曲)〉일 것이다. 오위업의 시나 민간의 이야기에 오삼계의 애첩의 이름은 진원원(陳圓圓)이라고 한다. 『명사』에는 진원(陳沅)이라고 나와 있다. 오위업의 그 시에는,

> 집은 원래 고소(姑蘇)의 완화리(浣花里),
> 원원(圓圓)은 아명이며 나기(羅綺)를 입은 모습이 교(嬌)했다.

家本姑蘇浣花里 圓圓小字嬌羅綺

라고 묘사되어 있다. 미인의 고장으로 유명한 소주 출신으로 아명이 원원이었다는 것이다. 얇은 비단(나기)을 입은 모습이 교(嬌, 아름답고 멋있음)하기로 유명했다고 한다.

한 여성 때문에 역사가 바뀐 예로 오삼계와 진원원의 일이 흔히 거론된다. 물론 이는 그렇게 단순한 일이 아니었을 것이다. 어쨌든 명나라의 장군이었던 오삼계였으니 숭정제의 자살에도 격분했을 것은 틀림없다. 아버지의 서신에 적힌 '천하의 형세'에 대해서도 오삼계에게는 그 나름대로의 해석이 있었을 것이다.

아버지의 항복 권고장에 대해서 오삼계가 보낸 답장이라는 글이 여러 종류 전해지는데, 어떤 것이 진짜인지 알 수 없다. 우선 처음으로 오삼계를 변호하는 느낌의 글을 소개하기로 하자. 이는 이자성에게 항복한 아버지를 질타하는 격렬한 글이다.

아(兒, 자신을 일컬음)는 아버님의 음덕을 입어, 죄를 기다려 출정했습니다. 이적(李賊, 이자성)의 창광(猖狂)함도 머지않아 곧 박멸될 것이라 생각했습니다. 뜻밖에도 우리나라에 사람이 없어 바람을 맞아 쓰러지고, 소문에 듣자 하니 성주(聖主)도 안가(晏駕, 죽음)했다 합니다. 눈가가 찢어지는 듯 견딜 수가 없습니다. 그러나 기쁨으로 여겼던 것은, 아버님은 망치를 휘둘러 일격을 가하셔서 맹세코 적과 생을 함께 하지 않으시고, 그렇지 않으면 곧 목을 쳐서 국난에 순사하시리라고 생각했습니다. 그런데 어찌 은인(隱忍)하여 목숨을 훔치시고, 가르치 시기를 의가 아닌 것으로 하십니까. ……아버님은 이미 충신이 아니시니, 아(兒)가 어찌 효자가 될 수 있겠습니까? 아(兒)는 아버님과 갈라서겠습니다. 어서 적을 도모하지 않으신다면, 아버님을 정조(鼎俎, 가마솥과 도마) 곁에 놓고, 삼계에게 회유를 권한다 할지라도 돌아보지 않을 것입니다.

가르치기를 의가 아닌 것으로 한다는 것은 항복 권고를 가리킨다. 예전에 항우(項羽)와 유방(劉邦)이 천하를 놓고 다툴 때, 항우는 유방의 아버지를 붙잡아 도마(俎) 위에 올려놓고 항복하지 않으면 죽이겠다고 협박했던 적이 있었다. 그와 같은 역사의 예를 인용하여, 아버지가 도마 위에서 목숨을 잃게 되거나 가마솥에 삶아지게 되더라도, 이 삼계는 적을 토벌하겠다는 뜻을 바꾸지 않겠다고 큰소리를 친 것이다.

그런데 같은 오삼계가 아버지에게 보냈다는 다른 문서에다가는 피난할 때 은 따위를 몸에 많이 지녀서는 안 된다, 땅에 묻는 것이 좋다는 등 세세한 주의를 적어 놓았다. 후자가 인간미가 있는 듯 느껴진다. 오위업의 〈원원곡〉은 다음과 같이 시작된다.

> 정호(鼎湖)는 이날 사람을 버렸다.
> 적을 부숴 경(京)을 진정시키기 위해 옥관(玉關)을 나선다.
> 육군(六軍)과 함께 통곡하며 호소(縞素)를 입고,
> 머리털이 관(冠)을 찔러 격노한 것은 홍안(紅顔) 때문이다.
> ……(중략)……

鼎湖當日棄人間 破敵收京下玉關

慟哭六軍俱縞素 衝冠一怒爲紅顏

……(중략)……

　정호란 전설의 땅으로 황제(黃帝)가 승천한 곳이라고 알려져 있다. 그 이후부터 천자가 붕어한 것을 뜻하는 말로 쓰이게 되었다. 숭정제가 죽었다는 소식을 듣고, 오삼계는 적을 무찔러 북경을 수복하기 위해 산해관을 출발했다는 것이다. 옥관이란 서쪽의 옥문관(玉門關)을 말하는데, 여기서는 바로 그 산해관을 가리킨다.

　육군이라는 것은 전군(全軍)이라는 정도의 뜻이다. 백거이의 〈장한가〉에도 양귀비(楊貴妃)의 처형을 강요하며 육군이 움직이지 않았다는 사실을 노래했다. 호소란 흰옷으로 중국에서 이는 상복이다. 황제가 죽었다는 소식을 접하자 전군이 상복을 입고 통곡했는데, 총대장인 오삼계가 노발(怒髮)하여 관을 찌른 것은 그 때문만이 아니었다. 그가 화를 낸 것은 사랑하는 진원원을 악명 높은 유종민에게 빼앗겼기 때문이라는 것이다. 홍안이란 젊은 가인(佳人)을 의미한다.

　황제의 원수를 갚는 것과 애인을 되찾는 것은 같은 행동이다. 이자성군을 격멸하면 두 가지 목적을 함께 달성할 수 있다. 그러나 이자성은 대군을 소유하고 있었다. 오삼계는 영원의 병민 40만, 또는 50만을 이끌고 있었지만, 이는 병사와 민간인의 숫자로 민간인의 숫자가 훨씬 많았을 것이다. 인구 부족으로 고민하던 만주 정권이 빈번하게 사람 사냥을 했다는 것은 이미 이야기했는데, 백성을 빼앗기지 않기 위해서 군대가 이동할 때는 수많은 민중들도 함께했던 모양이다. 전투원이 적어서 북경을 점령한 이자성 군에게 이길 자신이 오삼계에게는 없었다. 그래서 오삼계는 싸우고 있던 상대인 청나라에 원조를 요청하기로 했다.

어제의 적에게 원군을 요청한다는 것은 정상적인 일이라고는 할 수 없다. 상식적으로는 생각할 수 없는 일이지만 북경에서 돌발 사태가 발생한 것이다. 그에 대처하기 위해서는 과감한 방법을 쓰지 않으면 안 되었다.

오삼계가 단독으로 이자성과 싸워 봐야, 승세를 타고 있는 순나라의 군대에게 이길 수는 없을 것이다. 군주의 죽음에 대한 원수를 갚으려다 역공을 받으면, 그 목적을 달성하지 못할 것이다. 그렇게 되면 이자성을 초대 황제로 하는 순이 순조롭게 국가의 기초를 다지게 될 것이다. 적어도 한족 왕조가 중국에 군림하는 체제는 계속되었을 것이다.

원수를 갚겠다는 목적을 달성하기 위해서는 청나라 철기 군단의 힘을 빌릴 수밖에 없었다. 그리고 보기 좋게 군주의 원수를 갚았다. 오삼계는 그런 의미에서 멸망한 명나라의 충신인 셈이다. 그러나 복수는 성공했지만, 만주군을 관내로 끌어들여 만주족 황제가 중국에 군림하는 청 왕조의 수립에 협력한 결과를 낳고 말았다.

한족 지상주의라는 입장에서 보면, 오삼계는 민족의 배신자가 되는 셈이다. 그러나 지금처럼 중화민족에 만주족, 몽골족 또는 티베트족, 위구르족, 조선족까지도 포함된다고 한다면, 평가는 약간 달라질 수밖에 없다.

아니면 오삼계는 건주여진 출신인 만주족 정권이 중국에 수립되어도 그렇게 오래 지속되지는 않을 것이라고 생각했을지도 모른다. 무엇보다도 인구가 적고 또한 문화의 정도가 아직 일반적으로 낮았다. 문화 수준이 높고 인구가 헤아릴 수도 없이 많은 중원을 통치할 능력이 부족하다고 상대방을 과소평가했다고 생각해 볼 수도 있다. 예상과는 달리 만주족의 청나라 왕조는 중국에도 뿌리를 내릴 수 있을 것 같았다. 훗날 오삼계가 청나라에 반기를 든 것에 대해서는 청나라 중앙의 압박이나 또는 그의 개인적인 야심만으로는 충분히 설명할 수 없는 부분이 있다.

지원병 요청은 '하늘의 권고'

뜻밖에도 북경을 쉽게 함락시킨 이자성의 대순국은 약간 들떠 있었던 듯하다. 각지에서 항표(降表, 항복문서)가 차례차례로 들어오는 바람에 이제 전쟁은 끝났다는 분위기가 넘쳐 났다.

다시 장안(長安)이라 개명한 서안에서 일단 즉위식을 올렸지만, 자금성에서 한 번 더 전 중국의 황제로 등극(즉위)하기 위한 대전을 치른다는 방침에 따라, 이미 그 준비가 착착 진행되고 있었다.

우금성(牛金星)을 비롯한 순나라의 지식인들은 새로운 순 왕조의 기구 확립에 여념이 없었다. 그보다 앞선 해, 승천부를 함락시키고 신순왕(新順王)을 칭했을 때부터 그랬지만, 중국의 문인은 명칭을 중심으로 하는 기구 개편을 좋아했다.

중국의 행정부는 전통적으로 '육부(六部)'라고 일컬어져 왔는데, 순에서는 이를 '육정부(六政府)'라고 부르기로 했다. 황제의 비서인 한림원은 홍문관(弘文館)이라 고쳤다. 명나라에서는 지방장관을 순무라고 불렀지만, 순에서는 이를 당나라 시절의 직명인 절도사(節度使)로 바꾸었다. 지주(知州)라 불리던 주의 장관은 '주목(州牧)'이라 부르기로 했다.

새로운 명칭이 붙을 때마다 새로운 정권은 그만큼 내용이 풍부해진 것 같다는 착각을 사람들에게 주었던 모양이다.

이자성의 예상과는 달리 중요한 오삼계로부터는 항표가 오지 않았다. 뿐만 아니라 동북쪽에서 들어온 정보에 따르면, 오삼계는 산해관으로 돌아가 이자성과의 전투 준비를 갖추어 가고 있다는 것이었다. 이자성은 크게 노하여 스스로 10만의 군을 이끌고 '토벌'에 나섰다. 게다가 그 군 중에는 외척인 주규가 숨겨 주지 않아 이자성의 포로가 된 숭정제의 태자도 함께 있었다. 주군의 원수를 갚겠다고 하지만, 네 주군의 태자는 우리 진영에 있다고 시위를 할 생각이었을 것이다. 같은 군중에는 오삼계의 아버지인 오양과, 오삼계가 끔찍이도 사랑한 진원원도 있었다고 한다.

그때까지 오삼계와 청나라 사이에서는 몇 번이고 교섭이 있었다. 그의 구부(舅父, 어머니의 형제)인 조대수가 이미 청나라에 투항했으므로, 그를 통해서 항복 권고가 있었던 것이다. 그때까지 오삼계는 청나라에 투항하기를 완강히 거부해 왔다. 이제 그는 섭정을 하고 있는 도르곤에게 원병을 청하는 문서를 보냈다. 그 안에 다음과 같은 내용이 있다.

뜻밖에도 유적이 하늘을 거스르고 궐(궁전)을 범했다. 그 구루(笱偸, 좀도둑), 오합지졸로 어찌 능히 일을 이루겠는가. 그러나 어찌하랴, 경성(북경)의 인심이 굳지 않고 간당(奸黨)이 문을 열어 적을 들여서, 선제는 불행(죽음)했고, 구묘(九廟)는 재가 되었다. 지금 적은 존호를 참칭(僭稱)하고 부녀재백(婦女財帛)을 노략하여, 죄악이 이미 극에 달했다. 참으로 적미(赤眉), 녹림(綠林), 황소(黃巢), 녹산(祿山)과 같은 무리다. 천인공노하고, 민심은 이미 떠났다. 그 패망을 서서 기다리면 된다.

북경을 함락시킨 유적을 구투, 오합지졸이라 매도하고 서서 기다리는
사이에 그들이 패할 것이라고 말했다. 그렇다면 자력으로 싸우면 될 것
을 오삼계는 자신이 없었다. 이자성은 10여만의 병력을 이끌고 산해관을
향해 오고 있었고, 거용관의 총병으로 이자성에게 항복했던 당통이 다
른 부대를 이끌고 무녕(撫寧)에서 만리장성을 넘어 우회하여 협공하려는
움직임을 보이고 있었다. 틀림없이 청나라에서도 이와 같은 이자성 군의
움직임을 알고 있었을 것이다. 오삼계는 청원의 글에서,

  삼계는 국(國, 명나라)의 후은(厚恩)을 받았기에, 그 백성이 난에 환
  을 당하는 것을 불쌍히 여겨 변방의 문을 막아 지키고, 사(師, 군대)를
  일으켜 민심을 위로하고자 한다. 그러나 어찌하랴, 경동(京東)의 땅은
  작아 병력이 아직 모이지 않았다. 특히 피눈물로 도움을 청한다. 우리
  나라와 귀조(貴朝)는 좋은 관계에 있기를 200여 년, 지금 까닭없이 난
  을 만났다. 귀조는 이를 측은히 여기라. 또한 난신(亂臣)과 적자(賊子)
  는 귀조 역시 마땅히 받아들이지 않는다.

라며 드디어 본심을 드러내고, '원컨대, 망국 고신(孤臣)의 충의의 말을 생
각하라', '속히 정병을 골라'라는 등 애소(哀訴)하고, 마지막으로 조건을
제시했다. 그것이 가장 중요한 부분이었음은 말할 나위도 없다.

  힘을 합쳐 도문(都門)에 도달하여 유구(流寇, 유적)를 궁정에서 멸하
  고, 대의를 중국에 보이면, 곧 우리나라가 귀조에게 보답하는 것이 어
  찌 재백(財帛, 재물)에만 그치겠는가. 무릇 열토(裂土)로 보답하겠다. 결

코 식언이 아니다.

열토는 영토 할양과 같다. 섭정 도르곤은 오삼계의 글을 보고 대학사인 범문정, 항복한 장수인 홍승주와 상의한 뒤 답장을 보냈다. 주은(主恩)에 보답할 생각으로 유적과 한 하늘 아래서 함께 살지 않겠다고 하는 것은 참으로 충신의 의라고 칭찬하고, 청나라는 출병할 의사가 있음을 분명히 했다. 그러나 끝부분에는 다음과 같이 적혀 있었다.

> 지금, 백(伯, 오삼계)이 만약 무리를 이끌고 귀순하면, 반드시 고향
> 땅에 봉하고 번왕(藩王)으로 삼겠다. 하나는 곧 나라의 원수를 갚을
> 수 있으며, 하나는 곧 몸과 집안을 보존하여 세세 자손 오래도록 부귀
> 를 누리기가 산하처럼 오랠 것이다.

이것은 아무리 보아도 투항을 권유하는 글이다. 오삼계는 더 이상 그런 자질구레한 일을 이래저래 교섭하고 있을 시간이 없었다. 어쨌든 청나라의 병사를 빌리지 않으면 안 되었다. 주군의 원수를 갚기 위해서인지 진원원을 되찾기 위해서인지, 아마도 양쪽 다였을 것이다. 어느 쪽이 더 무거웠는지는 오삼계만이 알고 있는 일이다. 그는 뒤에 오위업에게 〈원원곡〉의 '머리털이 관을 찔러 격노한 것은 홍안 때문이다(衝冠一怒爲紅顔)'이라는 부분은 삭제해 주기 바란다며, 금품을 보내 간곡히 부탁했다고 한다.

병력이 필요한 때였다. 초미(焦眉)의 급선무란 이를 두고 하는 말이리라. 뒤의 일은 후에 다시 어떻게 해 보겠다는 마음이었을 것이다.

청나라에 대한 작전의 제일선에 있었던 오삼계는 청나라의 내정을 언

제나 주목하고 있어서 잘 알고 있었다. 태종 홍타이지가 죽은 뒤, 후계자 문제를 둘러싸고 석연치 않은 부분이 남아 있다는 정보가 있었다. 투항과 다를 바 없는 조건이었지만, 당장은 병력을 빌리고, 곧 청의 내부가 혼란해진 틈을 타서 이탈할 수도 있을 것이라 생각했음에 틀림없다.

변발한 한인은 죽이지 말라

도르곤은 중원을 향한 열의가 형인 태종 홍타이지보다 더 뜨거웠다. 그 정보가 오삼계에게 도달해 있었는지 어땠는지는 알 수 없다. 오삼계의 청원서를 본 섭정 도르곤은 내심 춤을 출 듯 기뻐했을 것이다.

산해관성은 천하의 요새였다. 명나라 시절, 만리장성의 동쪽 종점이 산해관이고, 서쪽의 그것이 가욕관(嘉峪關)이었다. 가장 중요한 땅이니 당연히 만반의 준비를 갖추고 있었다. 홍타이지조차 국경 너머로 병사를 전진시킬 때는 산해관의 정면을 피하곤 했다. 그런데 이번에는 싸움 한 번 하지 않고 산해관을 지키는 명나라 군대의 안내로 넘게 된 것이다.

중화 제국을 의식하고 있는 도르곤은 이 작전이 이전까지의 국경 공격전과는 성질이 다르다는 점을 전군에게 철저히 주입시켰다. 앞에서도 이야기했지만, 종전의 군사작전은 주로 사람 사냥을 목적으로 하여 재산 등도 약탈하는 것이었다. 그러나 전 중국의 정권을 목표로 삼으려면 그런 짓은 피해야만 했다. 이자성을 쳐서 중원의 땅을 취하는 것뿐만 아니라 민심을 얻는 것도 장래를 위해서는 중요한 일이었다. 도르곤이 내린 지령에,

지금 이 행군은 예전과 같지 않다. 하늘의 권고(眷顧, 돌보심)를 입

어, 바야흐로 나라를 진정시키고 백성을 안정시킴으로써 대업을 달
성해야 한다. 국경에 들어가는 날, 무릇 귀순하는 자 있으면 죽이지
말라. 치발(薙髮)을 제외하고는 추호도 범해서는 안 된다.

라고 나와 있다.

치발이란 정수리 부근의 머리를 깎아 변발(辮髮)하는 것을 말하는데,
이는 만주족의 풍습이었다. 한족은 이를 야만적인 풍습이라고 경멸했
는데, 도르곤은 그런 한족의 선입관을 반대로 이용하여 그것을 한족에
게 강요한 것이다. 치발하여 변발을 한 자는 귀순한 것이라 인정했다. 귀
순한 자에 대해서는 죽이는 것은 물론 집을 부수는 등의 일조차도 결코
해서는 안 된다. 그 대신 변발을 하지 않은 자는 귀순할 의사가 없는 것
이라 보고 무슨 짓을 해도 상관없었다.

머리카락을 남기는 자(변발을 하지 않는 자)는 목이 남지 않을 것이다.

라는 말이 있었다. 변발을 거부한 자는 목을 베겠다는 말이었다.

도르곤은 '대업 달성'을 생각하고 있었다. 이자성이 북경을 함락시키고
오삼계가 청나라에 구원병을 요청한 것은, 도르곤의 입장에서 보자면 그
야말로 '하늘의 권고'였다.

도르곤은 스스로 정예의 주력부대를 이끌고 출진했다. 그리고 양익(兩
翼)의 사령관으로 각각 영친왕 아지게와 예친왕 도도를 임명했다. 두 사
람 모두 도르곤과 같은 어머니에게서 태어난 형제였다.

태조 누르하치가 죽었을 때, 16명의 아들 중에서 15명의 아들이 건재

했었다는 사실은 이미 이야기했다. 여덟 번째 아들인 홍타이지가 후계자가 되어 재위 17년 만에 죽었을 때, 누르하치의 아들은 8명이었다. 8명 중에서 아지게, 도르곤, 도도 세 사람이 같은 어머니에게서 태어난 형제이고, 나머지 5명은 각각 생모가 달랐다. 태종 홍타이지의 형제 8명 가운데서 도르곤계(생모는 우라나라 씨로 누르하치가 죽었을 때 순사했다)가 얼마나 강했는지 알 수 있을 것이다.

어린 황제인 홍치제는 홍타이지의 아들이다. 홍타이지의 생모가 명문인 예혜부 출신이었다는 사실은 앞에서 이야기했다. 도르곤이 어린 황제를 허수아비로 세워 놓고 머지않아 그를 대신할 생각을 가지고 있는 것이 아닐까 의심하는 황족 간부들이 있었다는 점도 앞에서 이야기했다. 오삼계 구원이라는 청나라에게는 가장 커다란 운명적 전쟁에서 삼군을 지휘한 것이 모두 도르곤과 같은 어머니에게서 태어난 형제라는 점이 위와 같은 의심을 더욱 강하게 했을 것이다.

오삼계 구원을 기회로 청나라를 중화 제국으로 만들려 하고 있는 것이니, 그것은 그야말로 '대업'이었다. 게다가 그 대업을 3명의 동복형제가 행하게 되었으니, 문제가 있다고 하지 않을 수 없다. 어린 황제의 숙부 가운데서 아버지 홍타이지와 한 어머니에게서 태어난 사람은 한 명도 없었다. 예혜부 나라 씨는 홍타이지 한 명밖에 낳지 않았다.

누구의 눈에나 도르곤의 돌출은 두드러져 보였다. 그리고 아무래도 도르곤은 그 누구의 눈도 두려워하지 않았다. 오히려 억지로 기정사실을 만들어 나가려는 느낌이 강했다. 물론 황족 안에 불만은 내재되어 있었을 것이다. 오삼계가 청나라에 원병을 요청한 것도 청나라가 도르곤 문제 때문에 곧 내분에 빠져, 자신을 강하게 떨쳐 버리지는 못할 것이라고 관측했기 때문일 것이다. 저마다 자신만의 속셈을 품고 있었다.

이러한 상황 가운데서 청나라의 '입관 전투'가 벌어진 것이다. 도르곤 삼형제는 각각 자신의 '기'를 이끌고 참전했다. 이 전투에서 공적을 세우면 그들 기의 간부는 눈부신 승진을 하게 될 터였다. 청나라 전군의 수뇌부가 거의 삼형제에 의해서 점령된다면, 도르곤의 지위는 절대적인 것이 될 것이다.

그렇지만 그들은 이 전투에서 자기 기(旗)의 장병을 많이 잃어서는 안 되었다. 그들의 무력적 배경을 실질적으로 약화시키는 결과가 된다. 그것을 보충하기란 상당히 어려운 일이었을 것이다. 커다란 공을 세워야 했지만, 커다란 손해 또한 막아야 했다. 참으로 염치없는 생각이지만, 도르곤에게는 방책이 있었다.

오삼계가 지휘하고 있는 산해관의 명나라 군대와 이자성의 순나라 군대의 싸움이 치열하면 치열할수록 좋았다. 양자가 사투를 벌여 힘이 거의 다했을 때를 노려, 도르곤 형제의 철기병(鐵騎兵)이 돌격하는 것이다. 그렇게 하면 손해를 최소한으로 막을 수 있다. 게다가 그때는 오삼계의 군도 커다란 손해를 입은 뒤일 테니, 나중에 그를 제거할 때에도 유리하다. 또한 고전을 하고 있을 때 나타나는 구원병이 더욱 고맙게 느껴지는 법이다. 처음부터 구원 하면 나중에 "구원이 없었어도 이길 수 있었다"고 말할지도 모를 일이었다.

천하 대업을 놓친 이자성

산해관 부근에 일편석(一片石)이라는 곳이 있는데, 이자성의 선봉군은 거기까지 와 있었다. 도르곤의 주력군이 일편석을 돌파하자, 오삼계가 산해관성의 문을 활짝 열어 놓고 기다리고 있었다.

우군으로 산해관성에 들어온 도르곤은 오삼계 군에게 전 장병이 어깨에 하얀 천을 두르고 치발하여 변발할 것을 요구했다. 이제 오삼계는 더이상 도르곤의 요청을 거부할 수 없었다. 하얀 천과 변발은 피아를 구별하기 위한 표시라는 설명도 곁들였을 것이다. 청나라 쪽 문서에는 오삼계가 스스로 치발하여 맹세하고, '입관토적(入關討賊)'을 강하게 청했다고 하지만, 이는 믿을 수 없는 일이라 여겨진다.

도르곤의 입관은 4월 23일의 일이었는데, 전투는 그날부터 시작되었다. 도르곤은 오삼계에게 관성의 문을 열고 이자성 군의 중군을 치라고 명령했다. 격전이었다. 사투는 이튿날도 계속되었다. 도르곤을 비롯하여 청나라의 각 장군〔그 가운데는 항복한 장수 홍승주, 조대수, 공유덕, 상가희(尙可喜) 등과 같은 무리들도 있었다〕은 말 위에서 그 모습을 관찰할 뿐이었다.

이자성 군은 북방의 산에서 해안에 이르기까지 늘어섰는데, 총 병력은 20만에 이르렀다. 오삼계가 관성에서 출격하여 나오자, 이자성 군은 산에서 바다까지 늘어섰던 기다란 진의 양 날개를 갑자기 꺾어 포위 태세를 취했다. 양군은 수십 합의 충돌을 되풀이했고, 거듭되는 혈전에 양군은 지칠 대로 지쳐 버렸다.

오후에 갑자기 열풍이 흙먼지를 일으켰는데, 그 소리가 천둥소리와 같았다고 한다. 청나라의 홍릉기에는 신기하게도 흙바람이 청나라 편을 들었다. '매(霾, 모래바람)'가 청군을 도왔다는 사실은 지금까지 몇 번 이야기했다. 산해관에서의 이 결전의 때에도 그랬다. 시기가 왔다고 판단되어 출격 태세를 마쳤을 때, 천둥 같은 열풍이 불었으니 마치 그것이 신호라도 되는 양 노도처럼 공격해 들어갈 수 있었다.

　　만마(萬馬)가 뛰어오르고, 활이 빗발처럼 날았다.

라고 사서에서는 이 출격을 형용했다.
　　머지않아 흙바람이 잦아들었다. 시야가 열리자 이자성은 자신의 눈을
의심했다. 그 부근에 가득 들어차 있는 철기의 장병은 모두 만주풍의 갑
주를 입고 변발을 하고 있는 것이 아닌가. 이 싸움을 기록할 수 있었던
것은 청나라 쪽뿐이었는데, 그에 따르면 이자성은 '만주군이 이르렀다!'
고 외치고 말에 채찍을 더해 제일 먼저 도망을 친 것으로 되어 있다. 이
처럼 세세한 부분이야 어찌됐든 만주군의 갑작스러운 출현은 이자성 군
을 경악시켰으며, 심리적으로도 헤아릴 수 없는 동요를 주었을 것이다.
거기다 피로에 지칠 대로 지쳐 있는데, 충분히 휴식을 취한 새로운 적이
출현했으니, 전의를 상실한 것을 말할 나위도 없을 것이다.

　　자기들끼리 서로를 밟아 죽은 자를 헤아릴 수 없었다.

　　이러한 참패로 서쪽을 향해 달아났다. 오삼계는 보병과 기병 2만 명으
로 이들을 추격했다. 이자성은 영평까지 달아났고, 거기서 왕칙요(王則堯)
와 장약기(張若麒) 두 사람을 사자로 삼아 오삼계에게 보내 화친을 제의
했다. 이자성은 군중에 오삼계의 아버지인 오양을 데리고 있으니, 그 인
질로 화의 가능성이 있을 것이라 생각한 듯하다. 그러나 일이 이렇게 되
었으니 오삼계는 더 이상 화의를 받아들일 수 없었다. 그 제의를 거절하

고 추격을 계속했다. 이에 이자성은 오양을 죽였다.

화의를 거절당한 이자성은 북경까지 단걸음에 도망쳐 돌아갔는데, 우습게도 거기서는 우금성 등이 열심히 준비한 등극의 대전을 당장이라도 치를 만큼 채비를 갖추고 기다리고 있었다. 북경으로 돌아온 이자성이 가장 먼저 한 일은 북경에 있던 오삼계의 가족을 몰살한 것이었다. 남녀노소를 불문하고 30여 명을 죽였다.

이제 한 고비만 넘기면 천하의 주인이 될 수 있었을 텐데, 단번에 뒤엎어 버린 것이 바로 오삼계였다. 명나라의 충신으로서 저항한 것이라면 모르겠지만, 치발하고 만주족에 투항하여 이자성의 '대업'을 방해한 것이다. 이자성에게는 용서할 수 없는 일이었다. 자신에게 항복을 하라고 이자성은 권고장을 보냈다. 그것을 거절하고 이적(夷狄, 오랑캐)에게 항복한 사실은 이자성을 격노시키기에 충분했다.

오삼계가 이자성이 아니라 도르곤을 선택한 것은 진원원을 빼앗겼기 때문이었을까? 인질로 잡힌 아버지의 운명조차 돌아보지 않으면서, 애인을 위해서는 민족의 배신자가 된 것이다. 당시 사람들에게는 그렇게밖에 생각되지 않았다.

그 밖에도 이유는 있었을지도 모른다. 조대수, 홍승주 등 그의 친척이나 상사들이 이미 청나라에 항복한 상태였다. 명나라 말기의 조정, 정부의 부패는 뜻있는 사람들을 절망시켰다. 대신이나 장군들은 사소한 죄 때문에 목숨을 잃었다. 명나라 말기에 국가의 간부급 인사들이 대량으로 적-이자성이든 만주 정권이든 상관하지 않고-에게 투항한 것은 결코 이상한 일이 아니었다.

북경 점령 후의 이자성 집단에도 문제가 있었다. 해방군으로 입경했으면서도 수뇌부가 가장 먼저 손을 댄 것은 즉위 대전과 기구 개편이었다. 정부의 지위를 둘러싸고 암투가 있었을 것이다. 거기에 더해서 이 집단은 잡다한 요소로 구성이 되어 있었다. 이엄과 송헌책(宋獻策) 군대는 기강이 매우 엄정했으며, 적에 대해서도 관용적이었다. 유종민은 전공이 가장 큰 장군이었지만, 그 집단은 잔학행위가 많았던 것 같다. 명나라의 대관들이 유종민에게 보내져 온갖 괴롭힘을 당하다 죽었다는 사실은 앞에서 이야기했다. 북경을 취한다는 가장 커다란 목적이 달성되기까지는 서로 힘을 합쳤지만, 이후부터는 자리를 놓고 싸움이 벌어졌다. 우금성과 이엄 사이에도 미묘한 마음의 갈등이 있었다. 이와 같은 상태에서 북경 백성들의 마음을 얻기란 불가능한 일이었을 것이다. 산해관에서 패배를 맛본 이자성은 북경에 머물며, 다시 한 번 힘껏 싸워 보겠다는 마음은 들지 않았다. 북경의 백성들이 자신들에게 호의를 가지고 있는 것만은 아니라는 사실을 그도 잘 알고 있었다.

이자성은 4월 29일, 자금성의 무영전(武英殿)에서 즉위 대전을 거행하고 황제를 칭했다. 자금성에는 수많은 금세공의 관과 장식품, 도구들이 있었는데, 그것은 부피가 커서 운반하기 힘들었다. 이자성은 그것을 녹여 금괴로 만들어 버렸다. 다시 한 번 서쪽으로 돌아가서 재기를 꾀할 생각이었는데 그러기 위해서는 군자금이 필요했다. 아마도 유명한 세공사(細工師)가 혼을 담아 만들었을 황금 장식품이 아무런 멋도 없는 금괴로 변해 버렸다. 즉위 대전이 거행되는 동안 녹여져 금괴가 된 보물들이 수레에 실렸다. 그날 밤, 이자성은 불을 질러 궁전과 성루를 태우고, 이튿날인 30일에 군대를 이끌고 서쪽으로 향했다.

북경을 거저 얻은 청나라 해방군

이자성이 북경을 떠난 이튿날인 5월 1일, 청군이 대신 북경으로 들어 갔다. 이틀 늦은 것은 패주하는 이자성 군이 갑옷과 군수품을 버려 가벼 워진 몸으로 정신없이 도망쳤기 때문일 것이다.

명나라의 문무 관리들은 성 밖 5리(2.5킬로미터)까지 나가, 거기에 늘어 서 새로운 권력자의 입성을 맞이했다. 40일쯤 전에 이자성을 맞이했고, 이번에는 도르곤이 이끄는 청군을 맞아들였다. 명나라의 관리들도 참으 로 바빴다. 도르곤은 조양문(朝陽門)으로 입성했으며, 사람들은 향을 피 우고 무릎을 꿇고 앉아 맞아들였다.

북경으로 출발 할 때, 도르곤은 부하 각 장군들에게 다음과 같은 훈 령을 내렸다.

> 이번 출사(出師)는 폭(暴)을 제거하여 민(民)을 구하고, 유구(流寇)
> 를 멸하여 천하를 안정시키기 위함이다. 지금 관(關)에 들어와 서정
> (西征)함에 있어서 무고하게 살인을 하지 말며, 재물을 약탈하지 말
> 며, 여사(廬舍, 가옥)를 태우지 말라. 약속을 지키지 않는 자는 이를 벌
> 하겠다.

청군도 또한 해방군의 모습으로 북경에 들어왔다. 도르곤은 무영전으 로 들어가, 거기서 조하(朝賀)를 받았다. 이틀 전, 이자성이 즉위식을 올 린 곳과 같은 장소였다.

이튿날, 숭정제를 위하여 상을 발하고 신민(臣民)에게 3일 동안 복상

할 것을 명령한 뒤, 예에 따라서 다시 장례를 치르고 그 능묘를 '사릉(思陵)'이라고 명명했다. 또한 명나라의 관리들에게 옛 직에 복귀할 것을 명령했다. 그러나 명 왕조가 부활한 것은 아니었다. 복직한 명나라 관원들은 만주의 관원들과 함께 공동으로 사무를 보았으며, 관청의 인장에는 한자와 함께 만주문자가 새겨졌다. 새로이 만주의 청 왕조가 들어서고, 명나라의 옛 관리들은 거기에 복종할 것을 강요받았다. 각지에 초무(招撫)를 위한 사자가 보내지고,

삭발투순(削髮投順)

을 요구했다. 청나라에 투항하여 순종하는 자는 용서를 받지만, 거부하는 자에 대해서는 단호히 조치를 취할 것임을 밝혔다.

만약 항거하여 따르지 않는 자가 있으면, 대병이 단번에 가서 옥석(玉石)을 함께 태우고, 모두 도륙(屠戮, 욕을 보이고 죽임)해 버릴 것이다.

귀순하지 않는 지방은 옥석, 즉 선인과 악인을 함께 태워서 용서하지 않겠다는 말이니 참으로 무시무시한 협박이다.

오삼계는 평서왕(平西王)에 봉해졌다. 그가 명나라로부터 받은 작위는 고작 백(伯)이었으니, 이때의 공적을 높이 평가받은 셈이 된다. 그러나 그는 부모를 비롯하여 일가가 모두 죽고 말았다. 또한 천하를 만주족 정권에게 팔아넘겼다는 오명을 쓰게 되었다. 청 왕조 아래에서는 그러한 사실을 공공연히 입에 담을 수 없었지만, 모든 사람들이 마음속으로는 오삼계를 한족의 배신자라고 생각하고 있었다.

모든 것이 진원원을 사모하는 마음 때문이었다고 당시 많은 사람들이 믿었다. 만약 그녀가 이자성 집단에게 정중한 보호를 받았다면, 오삼계는 이자성의 투항 권고를 받아들이고 대순 왕조의 고관이 되어 중원은 한족 정권에 의해 유지되었을 것이라 상상한 것이다.

오삼계가 투항했다 할지라도 이자성의 순 왕조가 순조롭게 정권을 유지했을지는 의심스럽다. 만주족의 에너지를 그때 산해관에서 과연 끝까지 막아 낼 수 있었을지, 이자성 정권 안에도 분열의 조짐이 있었으니 내부 붕괴가 있었을지도 모른다. 역사에서 '만약……'은 금물이지만, 이자성 진영에는 어딘가 인재가 부족했다는 느낌이 든다.

절세 미녀 진원원은 어떻게 됐을까? 정사나 그와 같은 종류의 문헌에 그녀에 대한 자세한 기록은 없다. 위원의 방대한 『성무기』에도 오삼계가 청나라에 투항한 동기를 '가인(家人)이 적(賊)에게 사로잡혔다는 말을 듣다'라고 되어 있을 뿐, 나머지 일에 대해서는 언급하지 않았다. 이자성은 원원을 죽이려 했지만 원원이 자신을 살려 두면 오삼계를 설득하여 추격을 늦추겠다고 말해, 그녀를 남겨 두고 떠났다고 한다. 오위업의 〈원원곡〉도 오삼계와 원원의 재회를 그렸다.

처자가 어찌 대계에 관여하겠는가,
영웅의 다정함은 어찌할 수가 없다.

妻子豈應大計 英雄無奈是多情

시인 오위업은, 원래 아녀자가 천하 국가의 대사에 관여해서는 안 되지만, 원원이라는 젊은 미녀가 나라의 운명을 바꿨다고 한탄했다. 그것은 결코 원원의 잘못이 아니다. 그녀는 무측천(武則天)처럼 이 씨의 당나라 천하를 무(武) 씨의 주(周)나라 천하로 바꾼 것이 아니다. 그렇다고 양귀비처럼 자신과 연이 있는 사람을 재상의 자리에 앉혀 안녹산의 난을 초래한 것도 아니었다. 가난한 집에서 태어난 원원은 돈에 팔려 소주에서 북경으로 끌려갔으며, 연회석에서 시중을 들다 오삼계의 눈에 띄었을 뿐이다. 영웅다정(英雄多情), 다시 말해 영웅호색(英雄好色)만은 어쩔 수 없는 일이라고 시인은 한숨지었다. 그 뒤에 이어 다음과 같은 구절이 나온다.

전가(全家)의 백골은 회토(灰土)가 되고,
일대의 홍장(紅粧)은 한청(汗青)을 비춘다.

全家白骨成灰土 一代紅粧照汗青

전가의 백골이란 오삼계 일가가 몰살된 것을 가리킨다. 그들이 목숨을 잃은 것은 오삼계가 원원 때문에 이자성에게 투항하기를 거부했기 때문이었다. 그의 집안사람 30여 명은 원원 때문에 목숨을 잃었다고 할 수 있다. 목숨을 잃은 사람들은 불쌍하다. 백골은 재가 되어 그 이름도 재와 함께 묻혀 버렸다.

그런데도 일대의 홍장(미녀)인 원원만은 한청(역사책)을 비추고 있지 않은가.

창업의 시대

도르곤의 못 말리는 영웅색

청나라는 뜻밖의 사건으로 중국의 주인이 되었다. 이는 도르곤이라는 영명하고 과감한 인물이 섭정으로 국정을 지도하고 있어, 그 기회를 정확하게 잡을 수 있었기 때문이다.

그렇다면 어째서 도르곤은 실력으로 어린 황제를 폐하고 제위에 오르지 않았을까? 이는 역사가들이 종종 논하는 문제다.

도르곤은 원래부터 제위에 올라야 할 인물이었다고 보는 설이 상당히 유력하다고 생각된다. 아버지 누르하치는 후계자를 지명하지 않았다고 하지만, 조선 쪽 자료에 따르면, 누르하치가 죽기 전에 가장 나이가 많은 아들인 다이샨(당시 44세)을 불러, "도르곤을 세우고 싶지만 아직 나이가 어리니(15세), 네가 한동안 섭정을 한 뒤 그에게 정권을 물려줘라"고 유언한 것으로 기록되어 있다. 그렇지만 소심한 다이샨은 막중한 임무가 두려워 적극적이었던 홍타이지에게 양보했다는 것이다. 『조선왕조실록』에 태종(홍타이지)의 즉위는 '빼앗아 오르다'라고 기록되어 있다.

후계자를 지명하지 않은 것으로 알려진 누르하치가 비정상적인 유언을 남겼다. 그것은 자신이 죽은 뒤에 대비인 우라나라 씨를 순사시키라는 것이었다. 그녀는 아름다웠을 뿐만 아니라 머리도 명민했던 것으로 알려져 있다. 유능한 여성이 만주 정권을 어지럽힐 우려가 있다고 생각했기 때문이라는 설도 있다. 그러나 그녀는 바로 아지게, 도르곤, 도도 삼형제의 생모였다. 누르하치는 자신의 뒤를 이을 칸으로 도르곤을 정했는데, 그 칸에게 아름답고 명민한 어머니가 있으면 국가를 위해서 좋지 않다고 생각했을지도 모른다. 그녀는 20세 때부터 누르하치를 섬겼으며 순사할 당시는 37세였다.

순사를 요구한 누르하치의 유언은 건륭 시절에 실록에서 삭제되었다. 아무리 실록에서 삭제했다 할지라도 그 사실까지 없어지는 것은 아니다.

도르곤의 머릿속에는 아름다웠던 어머니의 모습이 언제나 깃들어 있었을 것이다. 그리고 아버지 누르하치의 칸 위(位)를 이어야 할 자가 사실은 형 홍타이지가 아니라 자신이었다는 사실을 알고 있었는지도 모른다.

산해관을 넘어 북경을 함락시키고 청나라를 중화 제국으로 만든 가장 커다란 공로자는 도르곤이었다. 그때 제위에 오르려 했다면 그렇게 어려운 일이 아니었다. 그러나 순치제 즉위 때의 응어리가 아직 남아 있어서, 시기상조라고 본 것이다. 황족 내의 사정은 복잡했다. 서두를 필요는 없다고 생각했던 것일까? 그는 순치 7년(1650)에 죽었는데, 그때 불과 39세에 지나지 않았다. 자신이 그렇게 빨리 죽으리라고는 생각지 못했을 것이다. 약간 병약한 데도 있었지만 때가 오기를 기다리지 못할 마음이 들 이유도 없었을 것이다.

추측을 할 수밖에 없으나, 도르곤이 제위에 오를 마음이 없었다고 나는 생각한다. 오삼계에 대해서 이야기할 때도 이야기했지만, 오위업이 말한 '영웅의 다정함은 어찌할 수가 없구나(英雄無奈是多情)'가 도르곤의 경우에도 해당될 것이다. 그는 여성에 대한 사랑에 약한, 어떤 의미에서는 강한 인물이었다. 여성미의 숭배자라고 해야 할지도 모르겠다. 조선에 미녀가 많다는 소리를 듣자 바로 조선에 비를 골라 달라고 청했으며, 그는 일부러 연산(連山)까지 맞으러 가서 그날로 '성혼'했다. 형 홍타이지의 장남인 하오게가 죄를 지어 옥사하자 그 아내를 자신의 비로 삼았다. 조카의 아내를 빼앗은 셈이다. 그뿐만 아니라 형 홍타이지가 죽자 그의 비 가운데 한 사람을 받아들였는데, 그녀는 순치제의 생모인 여성이었다.

도르곤이 제위에 오르지 않았던 이유를 만주족의 가족 풍습 때문이라고 보는 설이 있다. 만주족에는 씨족공동사회의 관습이 짙게 남아 있었다. 형제의 아들인 조카는 자신의 아들과 같다고 생각했다. 거기에 더해서 도르곤은 순치제의 생모의 두 번째 남편이었다. 또한 색을 즐기는 영웅이었던 도르곤에게는 아들이 없었다.

이미 황제의 '아버지'였으니 친자식이 없는 도르곤이 제위에 오른다 해도 순치제를 황태자로 삼게 될 것이다. 그렇다면 찬탈과 같은 거친 행동을 할 필요가 없다. 『청사고』의 「후비전(后妃傳)」에 따르면, 태종 홍타이지는 몽골계인 보르지긴(博爾濟吉特) 씨의 여성을 5명이나 데리고 있었다. 정위중궁(正位中宮), 즉 정황후(正皇后)인 단(端)황후도 그렇지만, 그녀의 두 조카(자매 사이)도 그랬으며, 순치제를 낳아 황후의 자리에 오른 장(莊)황후와 그녀의 언니인 민혜공화원비(敏惠恭和元妃)도 그랬다. 홍타이지가 죽었을 때, 장황후가 황족 가운데서 가장 유력한 도르곤에게 자기 아들

(순치제)의 즉위에 협력해 줄 것을 요청했다는 이야기가 있다. 다정한 영웅이었던 도르곤은 제위보다 아름다운 31세의 장황후를 고른 것이 아니었을까?

순치제가 즉위했으니, 장황후는 황태후다. 황태후가 망부(亡父)의 동생과 재혼한 셈이 된다. 새외(塞外) 민족에게 이와 같은 일은 흔히 있는 일이다. 흉노(匈奴)의 풍습을 이야기할 때도 이야기했지만, 아버지가 죽으면 자신의 생모 이외의 아버지의 처첩을 자신의 처첩으로 삼는 것이 일반적이었다. 비극의 여주인공인 왕소군(王昭君)도 흉노왕이 죽자 그 아들의 아내가 되었다. 그녀가 한(漢)나라에 그 일의 가부를 묻자, 시집을 갔으니 흉노의 풍습에 따라야 한다는 대답이 돌아왔다. 수시로 이동을 하는 민족이니, 남편을 잃은 여성은 바로 새로운 남편의 보호 밑으로 들어가지 않으면 안 되었다. 이런 이유로 청나라 초기에 만주족이 씨족 사회의 풍습을 아직 농후하게 가지고 있었던 시절, 황태후의 재혼은 그렇게 기이한 일이라고는 생각하지 않았을 것이다.

그런데 청 왕조의 기록에는 이러한 사실이 전혀 기록되어 있지 않다. 그러나 민간에서는 '태후하가(太后下嫁)'에 대한 이야기가 입소문을 타고 널리 퍼져 있었던 것 같다. 예를 들어서 장황언(張煌言)의 시에,

춘관(春官, 의례를 관장하는 관리)이 어제 올린 새로운 의주(儀注, 식순을 적은 문서).
대례(大禮)로 공손히 맞는 태후의 혼례.

春官昨進新儀注 大禮躬逢太后婚

라는 구절이 나오는데, 이것엔 모든 사람들이 알고 있는 사실이라는 점이 전제되어 있다. 물론 장황언은 남방에서 반청운동을 하고 있었으니, '만주의 야만적 풍습'을 일부러 끄집어내어 이야기했을 것이다.

도르곤과 황태후의 재혼 문제에 대해서 맹삼(孟森)이 〈태후하가고실(太后下嫁考實)〉이라는 지극히 상세한 논문을 썼는데, '확증은 없다'고 결론을 내렸다. 그러나 도르곤의 칭호가 '숙부 섭정왕(叔父攝政王)'에서 '황숙부(皇叔父)'로, 다시 '황부(皇父)'가 되었다가, 사후에는 '의황제(義皇帝)'로 추존되어 '성종(成宗)'이라는 묘호까지 받았다는 사실에 이르러서는 심상치 않은 분위기가 느껴진다.

맹삼은 역사상 군주가 노신을 '상부(尙父)'나 '중부(仲父)'라고 부른 예가 있다며, '황부'도 역시 그와 같은 맥락이라고 주장했다. 그러나 '황(皇)'이라는 글자가 갖고 있는 무게는 상부나 중부에 견줄 바가 아니다. 또한 만주족의 풍습에서 형수가 시동생과 재혼하는 것이 기이한 일이 아니라고 한다면, 실록에 그 전례(典禮)에 관한 내용이나 은사(恩赦) 등 관련 사항이 기재되었을 터인데, 그것이 전혀 보이지 않는다고 맹삼은 덧붙였다. 그러나 황숙부가 황부로 바뀐 것은 순치 5년(1648)부터이며, 입관하여 한족에 군림하기 시작할 무렵이었으니, 국민의 대다수를 차지하고 있는 한족의 윤리관을 감안하여 공식행사를 거행하지 않았는지도 모른다. 그리고 청나라의 실록에는 종종 삭제하는 경우가 있었다는 사실을 지금까지 몇 번이나 예를 들었다.

맹삼의 '증거 없음'이라는 설에 대한 호적(胡適)의 비평도 있었으나, 이는 전문 분야에 속하니까 너무 깊이 다루지는 않도록 한다. 다만 조선왕조실록에도 인조 27년(순치 6년)에 청나라에서 온 문서에 '황부'라고 되어 있는데 어찌된 연유인지를 인조가 하문하자, 김자점(金自點)이 "사자에게 물은즉, 이제는 숙(叔)자가 없어졌다고 대답했습니다"라는 기사가 보인다. 맹삼은 청나라의 사절이 태후 재혼이라 답하지 않았다며, 이 일도 '증거 없음'의 근거로 들고 있다. 그러나 숙자가 없어졌다는 것은 질문에 대한 답이 전혀 되질 않는다. 유교 윤리가 본고장인 중국보다 훨씬 더 엄격했던 조선이었으니, 태후가 재혼했다는 사실을 차마 말할 수 없었을 것이다.

황태후와 몰래 결혼한 죗값

도르곤과 황태후의 재혼은 중요한 문제가 아니라고 생각할지는 모르겠으나, 중국을 지배한 초대 군주인 청나라 순치제의 심경과 커다란 관계가 있기 때문에 언급하기로 한 것이다.

순치제는 6세에 즉위하여 이듬해에 북경으로 들어가 자금성의 주인이 되었다. 이름은 후린이다. 더 자세히 말하자면 아이신교로 후린(愛新覺羅福臨)이다. 그는 재위 18년 만에 죽었는데, 유언에서,

　　또한 점차 한(漢)의 풍속을 익혔으나, 순박한 구제(舊制)를 나날이
　새롭게 고쳤다.

라고 자기비판을 한 것처럼 극히 한화(漢化)되었던 황제였다. 죽기 직전에 만주 구제의 순박함의 좋음을 재인식한 듯하지만, 이전까지는 마음속으로 그것을 야만적인 풍습이라고 싫어했던 것 같다.

순치 7년(1650) 12월에 도르곤이 죽자 이듬해 정월부터 순치제가 직접 정무를 보기 시작했다. 아직 13세로 어렸다. 그렇게 강한 비판력은 가지고 있지 않았을 것이다. 심양의 아담한 궁전 속에서 소박한 생활을 하던 소년이 갑자기 휘황찬란한 자금성에 던져졌으니 현혹된 것은 당연했을 것이다. 그는 순식간에 한 문화의 포로가 되어 버렸다. 그리고 아무리 생각해도 만주의 풍습이 불쾌하게 느껴졌다. 그런 때에 섭정인 숙부와 자신의 생모가 결혼했다면, 그가 받은 마음의 상처는 뼈아플 정도로 깊었을 것이다. 만주족 사이에서는 평범한 일인지는 모르겠지만, 한 문화의 세례를 받은 소년 순치제에게는 성인의 가르침에 어긋나는 결합이 불륜으로 생각되었을 것이다.

섭정 도르곤은 물론 독재자였다. 독재자의 죽음은 곧 정변이다. 도르곤 시대에는 목소리를 낼 수 없었던 무리들이 마치 때를 만난 듯 도르곤의 죄를 들추어냈다. 순치제가 즉위한 경위를 이야기할 때도 언급했지만, 도르곤에게 반대하는 사람들도 있었다. 도르곤 측에서는 가장 유력했던 동복동생인 도도가 1년 전에 죽었다. 동복형인 아지게는 형이면서도 동생 도르곤에게 주도권을 넘겨 줘야 했을 정도로 무력했다. 오랜 세월 엎드려 있던 정적들이 일어나, 이미 죽어 의황제라 추증(追贈)된 도르곤을 끌어내리려 한 것이다. 아니, 정적뿐만이 아니었다. 도르곤의 측근으로 가까이서 모시던 수크사하(蘇克薩哈)가 가장 먼저 딸이 순사를 강요받았다고 호소했다. 또한 관 속에 황제밖에 쓸 수 없는 팔보황포(八補黃袍)와 대동주조주(大東珠朝珠) 등을 넣었다는 고발도 있었다.

순치제가 즉위할 때, 도르곤은 정친왕인 지르하란과 공동으로 보좌하기로 했지만 그것을 거의 무시했다. 말할 나위도 없이 정친왕은 불만을 품었다. 그는 죽은 도르곤의 모반을 증명하는 역할을 자청해서 맡았다. 영평에 두 기(旗)를 배치하고 도통인 호라파(和洛輝)와 함께 모반을 꾀했지만, 약속한 기일이 늦어져 실행에 옮기지 못했다고 말하는 자까지 나타났다. 도르곤이 황제가 되려 했다면, 그런 번거로운 짓을 할 필요가 없었을 것이다. 숙친왕 하오게를 모함하여 그 비를 빼앗은 것은 사실이었다. 팔기의 제도를 위반하고 미녀를 뽑았다거나, 새로이 복속한 하르하(喀爾喀) 부족의 유부녀를 취했다는 호소도 도르곤의 호색을 감안하면 아마도 사실이었을 것이다.

도르곤은 죽은 지 2개월도 안 되어 온갖 죄상을 뒤집어쓰고 묘(廟)를 철거당하고 가산을 몰수당했으며, 후계자인 도르보(多爾博)는 습작(襲爵)을 인정받지 못했다. 1년 전에 죽은 동복동생 도도까지 왕에서 군왕(郡王)으로 격하되었다. 아지게에게는 마침내 죽음이 내려졌다. 도르곤 당(黨)은 황족뿐만 아니라 이부상서인 담태(譚泰)와 같은 고관까지 죽었다. 어제까지의 영화도 그야말로 일장춘몽이었다고 하지 않을 수 없다.

이 정변은 예친왕 도르곤 당의 몰락, 그리고 정친왕 지르하란이 그를 대신한 것처럼 보인다. 그러나 13세라고는 하지만 순치제는 이미 친정을 하고 있었다. 도르곤 사후에 취해진 조치는 황제가 최종적으로 동의한 일이다. 순치제는 어쩌면 도르곤을 '불륜' 때문에 용서하지 못했는지도 모른다.

도르곤은 사후 120년쯤 지나서 명예가 회복되었다. 건륭 38년(1773)의 상유(上諭)에서 도르곤의 공적이 언급되었으며, 그 묘가 황폐해져 있으니 복원하라는 지시가 내려졌다. 그로부터 5년 뒤인 건륭 43년에는 도르곤의 예왕(睿王)이라는 봉호가 회복되었으며, '충(忠)'이라는 시호가 내려졌

다. 익호가 충인 이상 그에게 모반의 뜻은 없었다는 말이 된다. 이때 건륭제의 상유에는,

가령, 당시 왕의 역적(逆蹟)에 약간의 증거가 있다 할지라도 삭제의 죄가 정말로 우리 세조(世祖, 순치제)의 성재(聖裁)에서 나온 것이라면, 짐이 어찌 감히 성안(成案, 이미 판결된 사건)을 다시 엎을 수 있겠는가? 실은 곧 소소(宵小, 하찮은 자)의 간모(奸謀)에 의해 원옥〔冤獄, 무고한 의옥(疑獄)〕을 구성한 것이다. 그리고 왕의 정적(政績)은 실록에 있는 것 모두가 커다란 공이며, 반역의 흔적은 없다. 또한 어찌 이를 위하여 소설(昭雪, 무고한 죄를 씻음)하지 않을 수 있겠는가?

라고 나와 있다. 다른 곳에는 죽은 뒤에 입혀진 것이 비록 금지된 황제의 옷이라 하더라도 본인의 모반과는 관련이 없을 것이라고 말했다고 기록되어 있다. 틀림없이 청나라의 황실에서는 도르곤 문제가 현안이었을 것이다. 도르곤의 가장 커다란 죄는 황태후와의 결혼에 있었다고 생각된다. 실록에도 그 사실이 기록되었을지도 모른다. 그러나 그것은 한 문화 숭배자였던 순치제의 지나친 생각이었지, 만주족의 당시 풍습으로는 큰 죄가 되지 않았다. 그러한 반성이 있었고, 건륭제가 최종적으로 결단을 내렸을 것이다. 그와 동시에 '태후하가'와 관련된 사항을 모두 실록에서 삭제했다는 추측이 가능하다. 아무래도 건륭제는 상습적으로 실록을 삭제한 듯하다.

추측에 지나지 않는 일들만 늘어놓은 듯하지만, 간소한 씨족사회 생활에서 완전히 탈피하지 못했던 만주족이 난숙기에 있는 문명을 가진

중국으로 들어가서 사상, 윤리, 생활문화 등의 면에서 여러 가지 문제를 일으키는 것은 피할 수 없었다. 우연히 순치제라는 한 문화 지상론자가 가정 내의 문제에 소년답게 고집스러운 재결을 내린 것은 있을 수 없는 일이 아니다.

한족을 통치하기 위한 회유책

한 문화에 심취했던 만큼 순치제는 문화인이었다. 한자로 된 어려운 고전에서부터 야사, 소설류까지 그는 애독했다고 한다. 그러나 이 문화인 황제 시절에 청나라는 중국 지배의 기초를 다졌다. 그것이야말로 도르곤의 공적으로, 정변 후 정치 담당자가 정친왕으로 바뀌었지만, 역시 도르곤이 깔아 놓은 궤도를 달릴 뿐이었다.

도르곤의 정책은 우선 청 왕조가 중국의 정통 왕조로 명 왕조의 뒤를 이은 것이라는 사실을 확고히 하는 것이었다. 앞에서 이야기했듯이 숭정제 및 순사한 황후를 위해 상을 발하고, 백성들에게 복상을 명령한 것은 그 커다란 방침의 일환이었다.

명나라는 이자성이라는 유적에 의해 멸망한 것이며, 청나라는 의로써 유적을 토벌했으니, 결과적으로는 명나라의 정통 후계 왕조가 된 것이라는 논법이었다. 그랬기 때문에 명나라의 관리 중에서 항복한 자는 원직보다 승급시켜 쓰는 회유책을 취했다. 후에 복종의 증거로 치발하고 변발할 것을 강요했지만, 순치제 초기에는 일단 강제한 후에 마음대로 하게 했다. 이것도 민심을 얻기 위한 잠정적인 조치였을 것이다. 또한 명나라 말기의 난에서 순난한 사람들을 현창하여, 시호를 주기도 하고 유족을 우대하기도 하고 묘를 세워 기리기도 했다. 그리고 명나라 왕실의 제왕에게 원래의 작위를 허락했다.

만주족은 인구의 절대수가 부족했기 때문에 강제적인 일은 불가능했다. 한족을 자신들의 편으로 만들지 않으면, 정권을 유지하기가 곤란했다. 산림에서 은거하고 있는 재능 있는 사람을 초빙하여 우대하는 정책도 취했다.

명나라 말기에는 만력제의 사치와 그 후의 동란에 들어간 전비 때문에 증세에 이은 증세를 단행했다. 청나라는 명나라가 정액이라고 정한 것 외의 '가파(加派, 증세)'를 모두 폐기했다. 민심을 얻는 데 이 정책이 가장 효과적이었다.

팔기의 사람(즉 만주족)들은 공상(工商)을 해서는 안 된다는 방침도 세워졌다. 이는 한족의 직업을 지켜 준다는 의미보다 인구가 적은 만주족을 관리나 장병에만 한정시킴으로 해서 정치력과 군사력을 약화시키지 않기 위해서였다.

북경에 수립된 만주족의 정권인 청나라는 아직 이자성의 토벌과 장헌충 군과의 전쟁을 계속해야만 했다. '가파'를 폐지한 도르곤은 어디서 그 전비를 짜내려 했을까? 기인에게 상공을 행하지 말라고 명령했지만, 사실 만주족이 건주, 해서 및 주변 각 부를 통일할 수 있었던 원동력은 교역의 이익에 의한 것이었다는 점은 앞에서 이미 이야기했다. 기본적으로는 수렵민이었지만, 누르하치의 대두는 이성량으로부터 교역권을 받은 것이 발단이었다. 그 이후 만주족은 교역의 이익이 얼마나 중요한지를 실감했다.

입관하여 북경의 주인이 되어 증세분을 삭감했지만, 요동에서 교역을 하던 상인, 주로 산서상인과 관계를 맺어 그들과 공존공영하기로 했다. 누르하치와 이성량의 관계와 비슷하다.

산서상인은 정부로부터 이권을 얻는 대신, 예를 들어서 염세 징수를 대행하는 형식으로 서로 협력했다. 명나라 중기쯤부터 화폐로 납세를 하게 되면서 상인의 대두가 눈에 띄었다. 그중에서도 산서상인과 신안상인의 실력은 상상 이상이었다. 도르곤은 그들과 협력해서 세입의 충실을 기할 수 있었다.

행정조직은 거의 명나라의 제도를 답습했다. 단, 행정부인 육부의 간부로는 한족 외에도 만주족이 더해진 사실은 앞에서도 이야기했다. 현재의 행정부 조직과 비교하는 것은 부정확하겠지만, 육부의 분담은 대략 다음과 같았다.

이부(吏部, 내정, 인사)

호부(戶部, 재정)

예부(禮部, 문교, 전례, 외교)

병부(兵部, 군사)

형부(刑部, 사법)

공부(工部, 건설, 기술)

육부의 장관은 상서다. 예를 들어서 병부상서는 국방부 장관에 해당하는데, 거기에 만주족과 한족 두 사람이 있었다. 차관은 시랑인데 좌시랑과 우시랑으로 복수였다. 양쪽 모두 만주족과 한족 한사람씩 있었기에 모두해서 4명이었다.

처음에 만인 상서는 1품관, 한인 상서는 2품관으로 같은 상서라도 차이가 있었지만, 순치제 말기에 양쪽 모두 2품관으로 하여 차이를 없앴다. 후에도 일시적으로 차이를 둔 적이 있었지만 바로 바꿨다.

육부는 행정부인데, 명나라 때는 황제의 고문인 전각대학사(殿閣大學士)가 있어서 그것을 내각이라 불렀다는 사실은 앞에서도 이야기했다. 청나라도 그 제도를 답습했다. 자금성의 육부가 사용하는 전각의 이름을 따서 중화전(中和殿) 대학사, 보화전(保和殿) 대학사, 문화전(文華殿) 대학사, 무영전(武英殿) 대학사, 문연각(文淵閣) 대학사, 동각(東閣) 대학사를 두었다. 그것도 만주족과 한족 두 명이었는데, 육부의 상서처럼 반드시 임명했던 것은 아니다. 고문이므로 결원인 채로 두었던 경우도 있었다.

내각인 대학사는 후에 명예칭호처럼 되었고, 황제가 비서로서 정치의 주요 상황을 상의하는 군기대신(軍機大臣) 집단이 사실상의 내각이 되었다. 군기대신은 5명에서 6명 정도였는데, 여기에도 정원은 없었다. 군기대신이 황제와 상의하여 결정한 것을 육부에 전하여 집행토록 했다. 군기처 안에도 만주족과 한족 양쪽이 있었다.

명나라 때 일시적으로 강한 힘을 가지고 있었던 언관은 도찰원(都察院)에 속한다. 장관인 도어사(都御史)도 만주족과 한족 각 한 명씩이었다. 국립 대학교 총장에 해당하는 국자감 좨주(國子監祭酒)도 만주족과 한족 한 사람씩이었다.

그러나 거란족(契丹族) 요(遼) 왕조의 이중 정치와는 다르다. 요에서 북면관(北面官)은 오로지 거란족의 행정에만 관여했으며, 남면관(南面官)이 한족지구의 행정에 관여했다. 그에 비해서 청나라 만·한의 두 장관제는 반드시 분업하지는 않았다.

청나라 초기에 지방은 18성이었다. 직례, 산동, 산서, 하남, 강소, 안휘, 강서, 절강, 복건, 호북, 호남, 섬서, 감숙, 사천, 광동, 광서, 운남, 귀주 등

각 성이었다. 그리고 만주족의 발상지는 특별구로 정했다. 청나라 말기까지 대만, 신강 두 성이 더해져 특별행정구가 성경(盛京), 길림, 흑룡강 세 성으로 나뉘었다. 현재와 거의 같은데, 직례성이 지금의 하북성, 성경성이 지금의 요녕성에 해당한다. 성 밑에 부(府), 주(州), 현(縣)을 각각 두었다.

가래에 맞아 죽은 대순 황제

청나라가 입관하여 북경으로 천도했을 무렵, 그 지배 지역은 그 일대에 한정되어 있었다.

이제는 북경에서 퇴각한 이자성 집단의 운명을 살펴보기로 하자. 그들이 북경을 지켜 내지 못했던 것은 오삼계와 청군의 무력에 압도되었기 때문만은 아니다. 민심을 확실하게 잡지 못했던 것도 원인 중 하나였다. 북경을 취하고 숭정제를 자살시키고 나서 마음이 놓였을 것이다. 이자성 집단은 농민을 기초로 하여 지식인의 참가로 정권을 만들었는데, 그런 성격도 있는 탓에 상인에 대한 대우가 좋지 않았다. 농민으로부터 징세하지 않는 것을 원칙으로 한 이 정권은 상인을 착취했다. 북경처럼 상인이 많은 도시에서 이 정권은 평판이 좋지 않아 강한 지지를 얻지 못했다.

명나라 말기의 모반 집단은 정부군의 토벌이 있으면, 흩어지기도 하고 모이기도 하고 이동하기도 하여 전체적으로 단결력이 부족했다. 여러 가지 계통의 집단에 의한 혼성집단인 탓에 질이 좋은 것에서부터 질이 떨어지는 것까지 포함되어 있었다. 질이 좋지 않은 집단에서는 북경을 취하자마자 곧 사치가 시작되었다. 눈앞에 늘어서 있는 관직의 쟁탈전으로 지금까지의 단결이 느슨해지고 대립이 심해졌다. 그런 상태로 그들은 북경에서 퇴각했다. 이미 분해가 시작되었다고 보아도 좋을 것이다. 같은 이동이라 할지라도 승리한 뒤에는 통제하기가 쉽지만, 패주할 때는 분해 작용이 급속하게 진행된다.

이자성 군이 하남까지 도망쳤을 때, 부장인 이엄이 2만의 병졸을 이끌고 중주(中州)를 회복하자고 청했다. 이자성의 상의를 받은 우금성은 "하남은 이엄의 고향이니 대병(大兵)을 주면, 구름을 얻은 용처럼 제어하기 어려워진다. 그는 일찍부터 이반(離反)을 생각하고 있었으니, 지금 제거하는 것이 좋다"고 대답했다. "그럼, 네가 처리해라"라고 했으므로, 우금성이 이엄을 죽였다. 그 일로 해서 유종민이 화가 나 우금성을 죽이겠다고 격분했다. 최고 간부가 이런 상태였으니 절망적이었다.

이자성은 산서의 부호를 강제적으로 섬서로 연행했다. 산서는 소금 장사 등 호상이 많은 땅인데, 만주 정권도 산서상인을 크게 이용했다는 사실은 앞에서도 이야기했다. 이자성은 강제연행 정도의 일밖에 할 수 없었다. 섬서에 들어서면서부터 군기는 더욱 해이해져 갈 뿐이었다. 추격전을 펼치는 청군은 대포를 가지고 있었는데, 그것이 큰 위력을 발휘했다.

청나라는 영원성에서 홍이대포 때문에 뼈아픈 타격을 입었는데, 곧 자력으로 대포를 주조할 수 있게 되어 그것을 적극적으로 활용했다. 그에 비해서 이자성 군은 이른바 무력의 근대화를 게을리했다. 그 원인 중하나는 많은 수의 군사를 모을 수 있었다는 데 있었다. 퇴각할 때도 수십만의 병사를 데리고 있었다. 인해전술로 압도할 수 있었기에 병기의 개선이나 채용에 그다지 열의를 가지지 않았다고 생각된다. 청나라는 인구 부족으로 고민하고 있어서, 어떻게든 궁리를 해야겠다는 마음이 있었고 그것이 창의를 낳았다. 그것은 병기뿐만이 아니었다. 정치에서도 소수파로서 언제나 궁리가 요구되었으며, 그것에 답하려 노력했다.

이자성이 그곳에 머무르려 했던 동관도 예친왕 도도와 항복한 장수인 공유덕의 청군에게 주로 대포로 무너지고 말았다. 청군은 두 갈래로 나뉘었는데, 영친왕 아지게, 오삼계, 상가희 등이 이끄는 별군은 대동에서 북쪽으로 돌아 연안을 지나 섬서로 들어갔다. 협공을 받게 된 이자성 군은 서안에 불을 지르고, 무관에서 양양을 지나 무창으로 도망쳤다. 무창의 명군은 좌량옥의 지휘를 받아 동쪽으로 이동해 있어서 성이 비어 있었다. 이자성은 아직 '남경을 취하겠다'는 기세 좋은 면을 보이고 있었지만, 추격해 오는 청군에 때때로 패해 구강(九江)으로 몰리게 되었다. 『청사고』에 따르면, 아지게는 이자성 군에게 13연승 했으며, 이자성은 구궁산(九宮山)으로 도망쳐 스스로 목을 매고 죽은 것으로 기록되어 있다. 부하들을 산 밑에서 기다리게 하고 혼자서 산 위에 있는 현제묘(玄帝廟)에 참배할 때, 마을 사람들의 습격을 받아 목숨을 잃었다는 설도 있다. 위원의 『성무기』는 '향민의 가래에 맞아 죽었다'고 기록했다. 가래에 맞아 머리가 으스러졌기에 얼굴을 알아볼 수가 없어서 생존설이 떠돌기도 했다.

수령을 잃은 이자성 군은 이제 전의를 잃은 듯했다. 유종민 등은 청군에 사로잡혀 죽었으며, 이자성의 아들들과 부하 대부분은 명나라의 호광총독인 하등교(何騰蛟)에게 투항했다. 청군이 동관을 깬 것이 순치 2년 정월이고, 이자성의 죽음은 같은 해 윤6월이니, 청군의 소탕전은 쾌조의 진격이었다. 이자성의 측근 제1호라고 할 수 있는 우금성이 그의 아들과 함께 청나라에 투항하고, 게다가 중용까지 되었다는 것은 참으로 의외의 일이었다.

청나라의 상약주(常若柱)라는 급사중은 이에 분개하여 우 부자는 공의(公義)를 분명히 하기 위해서 처형해야 한다고 진언했다. 그런데 그에 대해서,

> 유적의 위관(偽官)이라 할지라도 투항한 많은 자들이 힘을 잘 발휘한다. 약주의 이 주(奏)는 특히 이치에 맞지 않는다. 응당 처벌을 논해야 한다.

라는 결론이 내려져, 오히려 상약주가 면직처분을 받았다. 사람들은 이를 도르곤의 '옹치선후(雍齒先侯)'의 계책이라고 생각한 모양이다. 한나라 초기에 논공행상이 늦어져 공신들이 동요하고 있을 때, 장량이 고조(高祖) 유방에게 "폐하가 가장 미워하는 인물 중 공로를 세운 자를 먼저 후에 봉하면 동요는 가라앉을 것입니다"라고 진언하여 받아들여진 것은 유명한 이야기다. 옹치라는 인물은 유방의 거병에 참가했으나, 일단 배신하고 떠났다가 다시 투항했으므로, 유방은 불쾌하게 생각하고 있었지만 공적은 있었다. 유방이 장량의 진언에 따라서 옹치를 가장 먼저 후에 봉했기 때문에 다른 공신들은 "옹치조차 후에 봉해졌으니, 나는 문제없다"며 안심했다고 한다.

실제로 우금성 부자는 유능했을 것이다. 이자성의 모반 집단을 유적에서 해방군으로, 그리고 정권 집단으로 바꾼 것도 우금성의 수완에 의한 것이 컸으니, 도르곤은 그것을 평가했을 것이다.

선전도구로 이용된 도촉(屠蜀) 사건

청나라는 중화 제국을 창업하는 데는 기세를 몰아가야 한다고 생각한 모양이다. 공격에 공격을 거듭하여 전 중국을 지배하려 노력했다. 손을 늦추면 반청 세력에게 유리한 상황으로 바뀔 터였다.

이자성 집단을 토벌하자 마침내 사천에 거점을 두고 있는 장헌충 토벌을 위해 군대를 움직였다. 숙친왕 하오게를 정원대장군(靖遠大將軍)으로 삼았으며, 평서왕인 오삼계도 출정했다.

장헌충은 부장인 유진충(劉進忠)을 보녕(保寧)에 파견하여 지키게 했으나 그 군대가 모두 청나라에 투항해 버렸다. 장헌충 정토(征討)에 관한 조서가 나온 것은 순치 3년(1646) 정월의 일인데, 우금성 등이 투항하여 우대를 받고 있다는 이야기는 이미 사천에 도달해 있었을 것이다.

청군이 도착할 때까지 장헌충은 유진충의 배신 사실을 모르고 있었다고 한다. 정확한 정보가 상층부에 도달되지 않는 것은 그 조직에 중대한 결함이 있다는 사실을 이야기해 주는 것이다. 무엇보다도 민심을 얻지 못했다는 것이 최대의 이유일 것이다. 선정을 베풀어 주는 소중한 정권이라면, 사람들은 보고 들은 정보를 온갖 수단으로 보내려 할 것임에 틀림없다. 그것이 없었다는 것은 장헌충의 사천 경영이 성공하지 못했다는 사실을 의미한다.

똑같이 농민 봉기에서 일어난 군단이지만, 이자성은 중소 지주로부터 지식계급까지 받아들였으나, 장헌충은 그것을 적으로 간주했다. 따라서 살육은 이자성보다 심했으며, 역사상 살인귀라는 악명을 남겼다. 청군의 공격에 대해서도 장헌충을 지지하여 방어전에 참가한 층이 극히 얇았다.

이자성 집단보다 약체였지만, 장헌충 군은 선전을 했다고 하지 않을 수 없다. 『청사고』에는 순치 3년 11월에,

> 장헌충을 진영에서 베고, 또 병사를 나누어 여적(餘敵, 잔당)을 쳤
> 다. 130여 영(營)을 격파하여 사천을 평정했다.

라고 기록되어 있다. 그러나 여적 소탕은 그렇게 순조롭지 않았던 듯하다. 청군이 유성(渝城, 중경(重慶))을 공격하여 함락시킨 것은 13년 뒤인 순치 16년(1659)에 들어서였다. 이 집요한 저항에 대해서 청군은 철저한 학살로 보복을 했다. 그것은 적(賊)이든 민(民)이든 가리지 않고 섬멸해 버린 방법이었다.

> 민·적이 서로 섞여 옥석을 가리기 어렵다. 또는 성 전체를 모두 죽
> 이고, 또는 남자를 죽이고 여자를 살려 두었다.

이것은 순치 6년에 나온 기록인데, 이와 같은 잔인한 탄압이 사천에서 오래도록 계속되었다. 아무래도 청나라는 청군이 자행한 학살까지도 모두 장헌충에게 떠넘긴 것처럼 보인다. 장헌충의 '도륙'으로 사천에서는 거의 사람의 모습이 사라졌다는 등의 과장된 표현이 있으나, 그렇게 사람이 적은 곳에서 어떻게 10여 년이나 저항을 계속할 수 있었는지 이상한 일이다. 아마 청군의 도륙은 장헌충의 그것보다 훨씬 심했을 것이다.

순치 3년 11월에 '사천 평정'이라 선언한 것은 사실과 다르며, 남은 유적이 매우 많았다. 그러나 청나라에서는 평정 선언을 서두를 필요가 있

었다. 각지에 있는 저항자들의 의지를 꺾어 저항을 포기하게 만들기 위해서도 평정 선언은 빠르면 빠를수록 좋았다.

장헌충의 포학함을 과장하면 과장할수록 청나라가 정당화되는 효과를 올렸을 것이다. 장헌충의 도륙이 전혀 근거 없는 것만은 아니었다. 상당히 끔찍한 짓을 했을 것이라 여겨지지만, 그것이 정책적으로 과장된 것도 사실이다. 그 증거 가운데 하나가 장헌충의 '칠살비(七殺碑)'에 대한 전설일 것이다. 그가 학살을 자행한 곳에 세운 비석에는 다음과 같은 글이 새겨져 있다는 것이다.

하늘은 만물을 낳아 사람을 기르는데,
사람은 하나의 덕으로도 하늘에 보답하지 않는다.
죽여라, 죽여라, 죽여라, 죽여라, 죽여라, 죽여라, 죽여라.

天生萬物以養人 人無一德以報天
殺殺殺殺殺殺殺

하늘의 은혜를 잊은 인간 따위 죽여 버리라고 '살(殺)'자를 일곱 번이나 늘어놓은 섬뜩한 비문이다. 그야말로 살인귀의 이론처럼 생각된다. 그러나 후에 광한(廣漢) 지방의 일만인총(一萬人塚, 공동묘지)에서 장헌충의 '성유비(聖諭碑)'가 출토되었다. 그 비문엔,

하늘은 만물을 낳아 사람에게 주었고,
사람은 일물(一物)도 하늘에 주지 않았다.

귀신이 분명하니,

스스로 생각하라, 스스로 헤아려라.

天生萬物與人人無一物與天

鬼神明明 自思自量

라고 씌어 있었다. 하늘의 자비에 대한 인간의 왜소함을 반성하는 글이
다. 각지의 공동묘지에 같은 의미의 글을 새긴 비를 세웠을 것이다.

　청나라의 지혜 많은 사람이 앞부분은 그대로 두고 뒤의 글을 일곱 개
의 '살(殺)자'로 바꾸어, 선전하고 돌아다니지 않았나 생각된다.

남으로 부는 바람

환관당이 장악한 망명정부

명나라는 남경을 부도로 삼고 거기에 소형 정부기관을 두었다. 처음 홍무제가 명 왕조를 세웠을 때, 남경을 수도로 삼았다. 영락제 때 천도했는데, 아버지인 홍무제의 능(효릉)이 있는 땅이기도 했으므로 남경을 특별하게 취급했다. 원래부터 있던 기관을 그대로 두고, 축쇄판과 같은 정부를 남겨 둔 것이다. 문인화가로 유명한 동기창(董其昌)은 남경 예부상서로 취임한 적이 있었다. 예부상서는 문화부장관에 해당하는 고관이지만, 북경의 그것은 전국적인 것이고 남경의 그것은 일종의 명예직과 같았다.

그 축쇄판 정부는 북경의 중앙정부에 무슨 일이 일어나면, 그것을 대신하는 기능도 고려되었을 것이다. 혹시 그럴 일은 없겠지만 만일 그때에는, 이라는 상정일 것이다. 실제로 토목보의 변 때에는 남경으로 천도하자는 논의도 있었다.

이자성의 북경 함락과 청군의 북경 진주로 말미암아 그 만일의 사태가 벌어졌다. 당연히 남경이 술렁거렸을 것이다. 여기서 '물정소연(物情騷然, 세상이 시끄러운 모습)'이라는 표현을 피하고 술렁거렸다고 말한 데는 그럴 만한 이유가 있다.

수도가 함락되고 황제가 자살했다는 소식이 전달되었는데, 남경에서 가장 먼저 시작된 것은 파벌다툼이었기 때문이다. 명나라 당쟁의 화는 병입고황(病入膏肓, 병이 고치기 어렵게 깊이 듦)의 상태였다. 청류(淸流)와 탁류(濁流), 동림당과 환관당 등과 같은 다툼들이 여전히 계속되고 있었다.

남경에 정부, 즉 조정을 만드는 데도 과연 누가 황제가 될 것이냐가 문제였다. 그 무렵 난을 피해 남방으로 옮겨온 황족 중에서 황통에 가까운 두 인물이 가장 유력한 후보로 거론되고 있었다. 복왕인 주유숭(朱由崧)과 노왕(潞王)인 주상방(朱常淓)이다. 전자는 이자성에게 살해당한 복왕 주상순의 장남이다. 아버지가 살해될 때, 그는 알몸으로 도망쳐 목숨을 건졌다. 그의 아버지는 만력제가 총애하던 정귀비가 낳은 아들로 그 때문에 후계자 문제가 복잡해져서 명나라의 운명을 재촉한 한 원인이 되기도 했다. 복왕은 만력제의 손자이고, 노왕은 융경제의 손자이니 만력제의 조카가 된다.

황통에 가까운 것은 복왕이었지만, 그 사람에게는 여러 가지 문제가 있었다. 예부시랑인 전겸익(錢謙益) 등은 복왕에게는 칠불가(七不可)가 있다며 그 옹립에 반대했다. 일곱 가지 불가란 탐욕, 음란, 주란(酒亂), 불효, 학하(虐下, 아랫사람 학대), 부독서(不讀書), 유사(有司, 관리)에 간섭하는 것 등을 말하는데, 무릇 생각할 수 있는 온갖 악덕을 한몸에 모아 놓은 것 같은 인물이었다. 또한 그는 아버지가 즉위하지 못했던 것은 만력 말기의 정격, 이궁, 괴문서 등의 사건 때문이라 생각하고 있었기에 그에 대한 보복을 단행할지도 몰랐다. 그에 비해서 노왕은 번듯한 인물로 현명하다는 평가를 받고 있었다.

친(황통과 혈연이 가까운 것)을 세워야 하는지, 현(賢)을 세워야 하는지를 놓고 명나라의 특기인 당쟁이 시작되었다. 환관당이 전자를 선택했으며, 동림당 계통이 후자를 선택하려 했다. 환관당은 무능한 군주를 세우면 조종하기 쉽고 속이기 쉬우리라 생각했을 것이다.

환관당이라 했지만, 자신이 환관인 것은 아니었다. 예전에 환관에게 접근하여 승진하려 했던 관료들이다. 마사영(馬士英)이라는 인물은 만력 말기의 진사였는데, 뇌물 사건으로 실각한 뒤, 환관 위충현에게 아첨하며 부활해 병부시랑이 되었다. 그를 위충현에게 연결시켜 준 이는 같은 진사 출신인 완대성(阮大鍼)이었다. 위충현의 몰락으로 그도 실각하여 남경으로 옮겨 살았다. 인연이 있는 이 두 사람이 손을 잡고 복왕 옹립을 꾀했다. 완대성은 절조가 없는 인물의 대명사가 된 사람인데, 문재(文才)에 뛰어나서 훌륭한 희곡을 몇 편 썼다. 그와 같은 연문학(軟文學) 기질 때문에 정의를 주장하며 성인인 양 하는 동림계 사람들을 싫어했는지도 모른다. 물론 동림계 사람들은 완대성을 사대부라 볼 수 없는 인물이라 하여 철저하게 싫어했다.

노왕 옹립을 주장한 사람들이 동림계였다는 점은 말할 나위도 없다. 전겸익 외에도 사가법(史可法)이라는 인물도 열심히 노왕을 옹립하려 했다. 노왕을 옹립하려 했다기보다 복왕 옹립을 저지하려 했다고 하는 편이 옳을 것이다. 사가법은 남경의 병부상서였다. 축쇄판 내각의 국방부 장관인데, 국가 유사시에 그 자리는 명예직이 아니다. 군대를 이끌고 장헌충의 토벌에 나서기도 했다. 그리고 이자성이 북경으로 진격한다는 소식을 듣고 서둘러 구원을 떠났지만, 도중에서 북경 함락 소식이 날아들어 어쩔 수 없이 남경으로 돌아왔다.

옹립을 놓고 벌어진 다툼은 마사영의 승리로 끝났다. 그는 봉양 총독을 겸하고 있어서 군대를 배경 삼아 억지로 복왕을 옹립했다. 사가법이 타협한 형국이 됐지만, 그는 국난 앞에서 내분은 좋지 않다고 생각하고 눈물을 머금고 양보했을 것이다. 또한 숭정제가 죽은 뒤, 태자의 생사를 알 수가 없었다. 이자성이 산해관까지 데리고 갔지만, 그 뒤 소식이 없었다. 살아 있다면 명 왕조의 정통 황사(皇嗣)이니, 다른 황족은 즉위할 수 없다. 복왕은 옹립되었지만, 처음에는 황제가 아니라 '감국(監國, 황제 대신 국사를 감독하는 직으로 황제 친정 때 황태자가 취임한 예가 있었다)'이라 불렀다.

이렇게 해서 남경에 명나라의 망명정부가 탄생했지만, 감국은 마치 기다리기라도 했다는 듯이 놀아났으며, 엽관(獵官) 운동이 치열하게 펼쳐졌다. 처음부터 부패한 정권이라고 할 수 있을 것이다. 머지않아 복왕이 즉위하여 황제가 되었고, 염증이 난 사가법은 정쟁의 소용돌이를 피해 강북(江北)의 군무를 보기 위해 양주로 옮겼다.

청군이 이자성을 추격하여 언제 남하할지 몰랐는데도, 복왕은 즉위하자 '숙녀를 고르는' 행사를 집행했다. 황비를 고르기 위해 민간의 혼인을 금지했으며, 적령기 여성이 있는 집에 황색 종이를 붙여 미녀를 뽑았다. 환관 이국보(李國輔)가 그 임무를 맡아 소주와 항주로 향했다. 민간이 동요한 것은 말할 나위도 없다. 남경 망명정권은 지역의 인망마저 잃은 것이다.

베스트셀러가 된 양주 학살 기록

북경으로 들어간 청나라의 섭정 도르곤과 남경의 망명정권 사이에서 문서가 오갔다. 천하의 도르곤도 처음에는 강남까지 원정할 수 있을지 생각이 복잡했던 모양이다. 만약 청나라에 그만한 실력이 없다면, 지난날의 금과 남송의 관계처럼 천하의 북쪽 반을 지배하고 남쪽에서 세폐를 징수하며 병립하는 방법도 있었다. 그러나 남경 정권의 부패와 무능함을 알고 결연하게 전 중국을 지배하겠다는 방침을 굳혔다.

도르곤은 남경 정권을 인정하지 않기로 했다. 청나라는 명나라를 위해서 숭정제의 원수를 치고 이자성의 뒤를 쫓고 있는데, 남경에 있는 명은 병사 한 명 내지 않다니 어찌된 일인가, 복왕 주유숭이라는 자가 즉위했다고 들었는데 그와 같은 유조가 있었는가, 하고 힐문했다. 유조 없이 즉위한 것이라면 그것은 명나라 조정이라고 인정할 수 없다는 자세였다. 경산에서 목을 매달아 죽은 숭정제의 유조는 백의의 목깃에 적혀 있던 것뿐으로 후계자에 대해서는 언급하지 않았다.

청나라는 남정(南征)을 위한 군을 일으켰다. 예친왕 도도를 정국대장군(定國大將軍)으로 삼아 대군을 남하시키기 시작한 것이다. 남경 쪽은 강북의 4개 진(鎭)으로 이를 막았다. 회북(淮北)에 유택청(劉澤淸), 사수(泗水)에 고걸(高傑), 임회(臨淮)에 유량좌(劉良佐), 여주(廬州)에 황득공(黃得功), 네 총병이 주둔해 있었다. 그런데 남경도 남경이지만 강북도 강북으로 세력 다툼만 하고 있었다. 사가법이 황득공을 의진(儀眞)으로 옮기려고 하자, 고걸이 복병을 배치했다가 공격하여 300기를 죽였다. 황득공도 틈자(闖子)라 불리던 난폭한 사람이었다. 남경에 고걸과 사투를 벌이겠다고 호소했다. 사가법이 열심히 중재하여 간신히 난을 가라앉혔지만, 이래서는 청나라의 남정군에 맞서 싸울 수 있을 것 같지 않았다.

명나라의 하남 총병인 허정국(許定國)은 사실 자신의 아들을 인질로 보내 청나라에 투항한 상태였다. 순치 2년(1645) 정월, 허정국은 고걸을 연회에 초청했다. 복병(伏兵) 사건으로 고걸은 황득공에게 보상금을 지불했으며, 서주로 옮겨가 있었다. 속으로 몹시 화가 났던지, 고걸은 술에 취해서 간단히 허정국에게 살해되고 말았다.

청나라의 남정군은 가는 곳마다 적이 없었다.

지나는 곳마다 나와서 항복하여, 하남 땅 모두를 평정했다.

『청사고』 본기의 순치 2년 3월 항에 위와 같은 글이 보인다.

4월, 대군은 양주로 밀고 들어갔다. 강북의 총군을 통솔하는 사가법이 양주에 있었다. 총병 유조기(劉肇基) 휘하의 2만밖에 군병은 없었다.

허정국의 꼬임에 넘어가 목숨을 잃은 고걸 휘하에는 10여만의 병사가 있었다. 고걸이 죽은 뒤, 복왕은 그 10여만 병사를 양주 사가법의 지휘 아래에 두라고 명령했다. 그러나 서주 근방에 있던 10여만의 군대는 북쪽의 통태(通泰)와 남쪽의 과주(瓜州), 의진 등의 각지에 분산되었다. 위원의 『성무기』에 따르면, 10여만 군대가 정적인 사가법 밑에 모이는 것을 두려워한 마사영이 헛소문을 퍼뜨려, 그들을 사방으로 분산시켰다는 것이다.

국가가 곧 망할지도 모르는데, 이 대체 무슨 일이란 말인가? 국가의 운명보다도 파벌싸움이 중요했던 무리들의 집단이니, 남경 정권은 멸망할 만해서 멸망했다고 보는 게 마땅할 것이다.

양주 수비인 명나라의 총병 유조기는 높은 둑을 무너뜨려 청군을 물에 잠기게 하는 전법을 건언했으나, 사가법이 "백성을 귀히 여겨야 한다. 사직은 그다음이다"라고 물리쳤다. 청군은 물에 휩쓸리겠지만, 회양(淮揚) 백성들도 대량으로 익사하게 된다. 사가법이 인용한 말은 『맹자』에 있다.

양주 공방전은 7일 밤낮으로 계속되었으며, 포성이 은은하게 울려 퍼졌다. 청군은 수많은 전사자를 내고 성 안으로 쳐들어갔다. '적시(積尸, 시체의 산)를 밟고 (성으로) 들어갔다'고 사서에 기록되어 있다. 『성무기』에는,

우리 병(청병)이 머물기를 10일, 그리고 이를 도(屠)했다.

라고 간략하게 기록되어 있을 뿐이다. 도(屠)했다는 것은 몰살했다는 말이다. 사령관 도도는 부하들에게 10일 동안의 학살과 약탈을 허락했다. 이에 청나라 병사들은 음학(淫虐)의 극치를 달렸다. 분시부(焚尸簿, 화장한 사람의 명부)에 따르면, 10일 동안 80만여 명이 죽었다는 사실을 알 수 있다. 병사는 2만이었으니, 대부분은 비전투원이었을 것이다. 아무리 저항이 심해서 시체가 산더미처럼 쌓였다 할지라도 그것은 이 대학살의 이유가 되지 않는다. 구사일생으로 살아남은 왕수초(王秀楚)라는 사람이 이 대학살의 모습을 은밀하게 기록했다. 『양주십일기(揚州十日記)』라는 제목의 이 책은 청나라 때는 물론 공공연하게 간행될 수가 없었다. 아마도 몰래 출판되었던 듯한데, 나중에 설명하겠지만 청나라 때 '문자옥'이라 불리는 언론탄압이 행해져, 중국에서는 이 지하 출판물도 몰래 숨겨지거나 불에 태워져서 일반인은 읽을 수 없었다. 그런데 에도 시대에 아마

나가사키(長崎)를 통해 전해져 일본에서 간행되었다. 메이지 시대에 청나라 유학생이 도서관에서 이것을 발견하여 필사한 것을 바탕으로 도쿄(東京)에서 출판되었다. 그런데 이 책은 청나라에 대한 적개심을 젊은 유학생들에게 심어 주어 반청혁명으로 치닫게 했다. 이에 대해서는 노신(魯迅)도 그의 수필문집 『무덤(墳)』의 〈잡억(雜憶)〉이라는 글에서 언급했다.

> 또한 (유학생의) 일부 중에는 명나라 말기 유민의 저작이나 만인(滿人)의 잔학 기록을 모으는 데 전심(專心)하는 사람도 있었다. 그들은 도쿄와 그 밖의 도서관에 들어앉아 글을 베껴 와서는 인쇄하여 중국에 들여와, 잊혀진 옛 원한을 부활시켜 혁명 성공에 일조하려 했다. 이렇게 해서 『양주십일기』, 『가정도성기략(嘉定屠城紀略)』, 『주순수집(朱舜水集)』, 『장창수집(張蒼水集)』 등이 번역, 인쇄되었다.

사가법은 굴하지 않고 싸우다 결국에는 자살하고 말았다. 백성을 귀히 여겼던 그의 의사와는 상관없이 수많은 백성이 그의 투항 거부 때문에 목숨을 잃었다. 사가법은 만주군이 그렇게 야만적이라고는 생각지 않았을 것이다. 한편, 『양주십일기』에는 사토 하루오(佐藤春夫, 1872~1964, 일본 소설가-옮긴이)의 번역문이 있다〔일본 시사교양지 「중앙공론(中央公論)」 1927년 12월호에 게재되었다. 한편 평범사에서 간행된 중국 고전문학대계 『기록문학집』에는 마쓰에다 시게오(松枝茂夫, 1905~1995, 와세다 대학 교수-옮긴이)의 번역문이 있다〕.

양주까지 무인지경을 달리듯 진격했지만, 거기서 격렬한 저항을 받았다. 청나라의 남정군은 앞으로 이 같은 저항이 되풀이될까 봐 두려워했을 것이다. 본보기로 양주를 지옥으로 만들어 다시 그와 같은 저항이 일어나지 않기를 기대했다. 칭기즈 칸도 같은 수단을 동원했다. 칭기즈 칸과 이 양주의 도도 등은 그 나름대로 학살 효과를 보았지만, 역사에는 인간의 탈을 쓴 야수라는 추명(醜名)을 남겼다.

가무단 실력을 걱정한 망명 황제

남경이 함락된 것은 순치 2년(1645) 5월 병신(丙申, 15일)의 일이었다. 복왕이 감국의 지위에서 황제가 된 것이 우연히도 1년 전인 5월 15일이었으니, 즉위 1주년 기념일이었다. 물론 남경이 함락되었을 때, 복왕은 이미 국도를 버리고 도망한 뒤였다.

청군이 수전에 익숙하지 않을 것이라고 생각한 것은 남경의 일시적인 위안거리에 지나지 않았다. 청군이라고 하지만 투항해 온 한족 장병들이 적지 않았다. 강남을 지키던 남경 쪽의 수군 각 장군(그 가운데는 정성공의 숙부인 정홍규(鄭鴻逵)도 있었다)들은 청군에게 완전히 속아 그들의 도강을 용납하고 말았다. 청군은 강북에서 등불을 실은 빈 뗏목을 몇 개의 강으로 흘려보내, 강남의 남경군이 그것을 공격하는 동안 멀리 떨어진 지점에서 안개를 틈타 도강에 성공했다.

청군의 도강 소식이 전해졌을 때, 복왕은 연회에 정신이 팔려 있었다. 매일 밤, 이원(梨園, 왕실의 가무단. 당나라 현종이 장안 궁정의 배 밭에 설치해서 그렇게 불렸다)에서 가무의 명수가 불려 와 잔치에 흥을 돋우었다.

다음과 같은 일화가 전한다. 청군이 남하하고 있을 때, 복왕이 불만스럽다는 듯 고민하는 표정을 짓고 있었다. 측근이 물으니 "아무리 생각해봐도 이원에는 예술에 뛰어난 자가 없어. 어떻게든 찾아내서 데려오고 싶은데. ……"라고 대답했다고 한다. 국난이 한창인데, 황제의 가장 커다란 고민은 왕실 가무단이 충실하지 않다는 점에 있었다. 참으로 기가 막혀서 말도 나오지 않는다.

청군의 도강 소식이 전해졌을 때, 복왕은 술에 취한 채 말에 걸터앉아 통제문(通濟門)을 나와 도망쳐 태평(太平)이라는 곳으로 달아났다. 『명사』 「간신전(奸臣傳)」에 따르면, 마사영은 이튿날 도망쳤다고 한다.

다음날, 사영은 왕모와 비를 모시고 검(黔, 귀주)의 병사 400명으로 하여금 호위케 하여 절강으로 달아났다.

라는 기록이 바로 그것인데, 〈원원곡〉의 작자인 오위업에 따르면, 복왕의 어머니라는 말은 새빨간 거짓말이고, 사실은 마사영 자신의 어머니였다고 한다. 왕모라고 하지 않으면 위병이 지켜 주지 않았을 것이다. 마사영은 동각대학사로서 재상직에 있던 인물이었다.

마사영의 동료였던 완대성은 병부상서의 자리에 있었는데, 거의 육부를 장악하여 엽관 운동을 하던 무리들로부터 돈을 받고 관직을 팔았다고 한다. 남경 정부는 환관당의 그것이었기에 환관인 위충현의 명예를 회복하고, 그의 저서라 알려진(위충현은 문맹이었기에 저술이 가능할 리 없다) 『삼조요전』을 다시 간행하기로 했다. 이는 위충현의 '공적'을 늘어놓은 것이다. 당연히 위충현뿐만 아니라 그에 연좌되어 처형받거나 실각한 사람들의 명예도 회복되었다. 그리고 위충현을 실각시킨 동림파 사람들의 죄도 논했다. 물론 그런 사람들은 남경 정부에 그다지 참가하지 않았다.

청나라에서는 전쟁 준비에 여념이 없었는데, 남경에서는 궁전 조영에 바빴다. 이자성이 불태운 자금성의 전각들을 청나라가 재건한 것은 순치 3년 이후였다.

남경이 함락되기 2개월 전에 자살한 숭정제의 태자를 자칭하는 자가 나타났다. 사실이라면 큰일이 아닐 수 없었다. 남경 정부는 환관당이어서 위충현을 죽인 숭정제에 대해서 그다지 호감을 가지고 있지 않았다. 마사영과 완대성은 숭정제 시절에 실각했다. 숭정제의 묘호는 '사종(思宗)'이라 정해졌는데, 이 황제는 위충현을 죽이고 환관당을 물리치는 등 사려가 부족했으므로, 그 묘호는 부적당하다는 논의까지 있었다. 어쨌든 선제의 태자에 대한 생사가 불분명하여 복왕은 유조 없이 즉위한 것이니, 태자의 출현은 남경 정부의 근본을 뒤집어엎을지도 몰랐다. 조사 결과 본명을 왕지명(王之明)이라 하는 가짜임이 판명되었다. 그러나 항간에서는 진짜라는 설이 유력했다. 남경 정부는 그 정도로 신용이 없었다.

무창에 있던 장군 좌량옥은 투옥된 왕지명이야말로 진짜 태자이고 마사영은 역적이니, 토벌하겠다며 군대를 움직였다. 이것이 4월의 일이었으니, 청군은 북쪽에서 공격해 내려오고, 아군인 좌량옥은 서쪽에서 장강을 타고 공격해 들어온 것이다. 나이 든 좌량옥은 구강까지 와서 병으로 죽고 말았다. 그러나 아들인 몽경(夢庚)이 상(喪)을 숨기고 안경(安慶)을 점령한 뒤, 남경으로 들이닥칠 기세를 보였다.

황제가 도망쳤다는 사실을 알고 난 뒤, 군중은 감옥에 난입하여 가짜 태자로 감금된 왕지명을 데리고 나와 그를 옹립하는 장면도 연출했다고 한다.

청군이 성 밑에 도달했을 때, 남경 정부는 이미 붕괴한 상태였다. 예부상서인 전겸익이 항표(降表, 항복문서)를 만들고, 동각대학사인 왕탁(王鐸), 위국공인 서윤작(徐允爵) 등 문무의 훈척(勳戚)이 모두 나아가 항복하며 맞아들였다.

전겸익은 남경 정부의 요인으로는 보기 드물게 동림파 사람이었다. 위충현 시대에는 실각했었으니, 마사영이나 완대성과는 그다지 맞지 않는 인물이었다. 그의 측실로 예전에 명기라 칭송을 받았던 유여시(柳如是)가 절개를 지켜 투신자살하라고 권했지만, 그는 물이 차가울 것이라며 그만두었다는 유명한 이야기가 전한다. 청나라에 투항하여 고위에 올랐기 때문에 그 같은 일화가 만들어졌는지도 모르겠다. 그의 인격을 싫어한 건륭제가 그의 작품을 금서로 지목해 그다지 높은 평가는 얻지 못했지만, 시문에서는 오위업과 함께 청나라 초기에 쌍벽을 이뤘다.

왕탁은 설산도인(雪山道人)이라 칭한 문화인이었다. 숭정 17년(1644) 3월, 예부상서에 임명되었는데, 부임 도중에 북경이 함락되자 남경으로 가서 동각대학사가 되었다. 항복한 뒤에 청나라에 등용되어 명사부총재(明史副總裁), 예부시랑을 거쳐 예부상서로 승진했다. 화가로서는 시원시원한 필치로 산수화훼(山水花卉)를 잘 그렸으며, 글씨는 당대에 그를 따를 자가 없을 정도로 명필이었다. 이도 역시 두 왕조를 섬긴 이른바 '이신(貳臣)'이어서, 중국에서는 그의 실력만큼 평가가 높지 않았다. 오히려 무시당하는 경향이 있었지만, 최근에 작품 자체에 대한 재평가 작업이 시작되었다.

남경 정부의 요인 모두가 깨끗하게 투항한 것은 아니었다. 절개를 지켜 순사한 사람도 적지 않았다. 형부상서인 고탁(高倬), 이부상서인 장첩(張捷), 부도어사인 양유원(楊維垣) 등과 같은 각료급 요인이 순사했다. 그중에서도 장첩과 양유원은『삼조요전』의 복간에 열을 올리던 사람들이었으니, 순사한 것은 그들 나름대로 일관성 있는 행동이었다고 해야 할 것이다.

망명 집단들이 벌인 정통성 논쟁

무호(蕪湖)까지 도망친 복왕은 거기서 청군에게 붙들려 남경으로 연행되었다가, 9월에 북경으로 보내져 이듬해 생을 마감했다. 복왕이 의지하여 찾아간 총병 전웅(田雄)이 무호에서 그의 신병을 선물로 바치고는 청나라에 항복했다.

감국 후보로 사가법 등에 의해 추대되었지만, 그 자리를 복왕에게 빼앗겼던 노왕(潞王) 주상방(朱常淓)은 항주로 거처를 옮긴 상태였다. 예전의 경쟁자라 하여 어리석은 복왕이 무슨 짓을 할지 몰랐기 때문에 중앙을 떠나 있었던 것이다. 항주 근방의 선비 중에는 복왕이 몰락한 뒤, 노왕을 명나라의 주인으로 추대하고, 그 밑에 결속하여 명 왕조 부흥 사업을 진행하려 생각한 자도 있었다. 그러나 노왕은 이미 대사는 끝났다며 그들을 타일렀다. 그는 순무인 장병정(張秉貞)과 진홍범(陳洪範) 등과 함께 청나라에 항복했다. 전당(錢塘) 지현인 고함건(顧咸建), 임안(臨安) 지현인 당자채(唐自綵), 소무(邵武) 동지인 왕도혼(王道焜)처럼 노왕을 따르지 않고 죽음을 선택한 사람들도 있었다.

청나라에 대한 복종의 표시인 변발은 처음에는 강제적이었지만, 입관 후 그것은 자유 의사에 맡겨졌다. 그런데 남경 함락 이후, 강제적인 치발령이 떨어져 변발하지 않는 자는,

죽여 용서치 않는다.

는 엄격한 처벌을 받게 되었다. 이 때문에 한때 가라앉았던 반청(反淸) 감정이 갑자기 끓어올라 격렬한 저항운동이 일어났다.

특히 절강은 옛 남송의 국도를 가진 땅이었기에 이적에 대한 반감이 전통적으로 강했다. 반청 운동을 유효하게 펼쳐 가기 위해서는 심벌이 필요했다. 남경 정부는 복왕이라는 어리석은 심벌을 받들었지만, 절강의 반청 집단은 노왕(魯王)인 주이해(朱以海)를 소흥(紹興)에서 받들어 감국으로 삼았다. 노왕 주이해는 명나라 태조 9대손인 노왕 주수용(朱壽鏞)의 아들이다. 노왕의 자리는 형인 주이파(朱以派)가 물려받았는데, 연주(兗州)에서 남하한 청군에 포위되어 자살했다. 동생인 주이해가 도망쳐 절강의 대주(臺州)에 와 있었던 것이다.

소흥에서 장국유(張國維)가 반청 운동을 위해 일어났으며, 여요(余姚)에서 급사중인 웅여림(熊汝霖)이 호응했다. 대주에 있는 노왕 주이해를 맞이하러 간 인물은 거인(擧人)인 장황언(張煌言)이었다. 이 집단에는 금화(金華)에서 온 총병 방국안(方國安)과 왕지인(王之仁)이 참가해 있었다. 장국유를 무영전대학사와 병부상서로 하는 소정권이 여기에서 탄생했다. 노왕 정권은 절강의 중심인 항주를 취하려고 군사행동을 일으켰지만, 청나라의 총독인 장존인(張存仁)에게 대패하여 퇴각하고 말았다.

노왕 정권 이외에도 명나라의 망명 정권이 태어났다. 그 주인은 당왕 주율건(朱聿鍵)이었다. 그는 명나라 태조의 8대손에 해당하는 인물이다. 태조에게는 26명의 황자가 있었는데 노왕은 그 10번째 아들의 계통이고, 당왕은 그 23번째 아들의 계통이다. 건국 이후 280여 년이 지났기 때문에 초대에서 갈라진 두 왕가는 꽤나 먼 관계였다. 선제와의 관계가 조금 더 가까운 황족도 많았을 테지만, 이 두 왕이 우연히 현장 가까이에 있었기 때문에 상징으로 사용된 느낌이다. 노왕이 대주(台州)에 있다는 소문이 있어서 장황언이 파견되었을 것이다. 황족이기만 하다면 누구라도 상관없었을 것이라 생각된다.

그렇게 사용되었다고는 하지만, 당왕 주율건은 그 상황에 꼭 맞는 인물이었다. 당왕은 280년 내내 이어온 황족인데, 하남의 남양에 봉해졌으며 주율건은 숭정 5년(1632)에 왕의 자리에 올랐다. 형인 노왕이 살해된 뒤, 다섯 번째 동생인 주이해가 멋대로 노왕을 칭하고 있었던 데 비하면, 당왕은 약간 품새가 좋아 보이는 듯하다. 그러나 그는 법률을 위반했다는 죄를 얻어 왕에서 폐해졌다. 그래도 정상이 참작되어 가문의 폐절(廢絶)만은 면했으며, 동생인 주율막(朱聿鏌)이 당왕이 되었다.

그의 죄라는 것은 남양에서 수천의 군대를 모아 이자성 반란군과 싸운 일이었다. 반란군과 싸운 것이 나쁜 것이 아니라 멋대로 군대를 모집한 것이 잘못되었던 것이다. 황족이 병사를 모집하여 황위를 찬탈한 사례가 영락제가 연왕 시절이었던 때에 있어서, 재발 방지를 위해 일체 금지되어 있었다. 적군(賊軍)이 공격해 들어오면 조정에서 병사를 빌려야 했다. 조정의 군대라면 찬탈전에는 쓸 수가 없다. 반란군이 다가왔을 때 앞에서 이야기한 노왕은 조정에서 3천의 병사를 빌렸다. 당왕 주율건도 노왕처럼 3천의 병사를 빌리고 싶다고 청했지만, 조정에는 이미 그럴 만한 여유가 없었어서 거절을 당하고 말았다. 어쩔 수 없이 그는 자신이 병사를 모집했는데, 그것이 법률을 위반한 것이다. 왕가가 폐절되지 않고 동생이 왕위를 이을 수 있었던 것은 모병이 분명하게 토적(討賊)을 위한 것이고, 조정에도 파병을 요청했으므로 정상이 참작되었기 때문이다. 그러나 그 자신의 행위는 대죄에 해당되기 때문에 봉양의 옥에 갇혔다. 이것은 숭정 9년(1636)의 일이었다.

운명은 신비한 실에 의해 조종되는 법이다. 숭정 14년, 이자성이 남양을 함락하고, 당왕이었던 동생 주율막은 목숨을 잃었다. 전 당왕인 주율건이 유폐된 봉양은 남경 정부의 재상이 된 마사영의 임지였다. 출옥한 그는 동생의 죽음으로 공석이 된 당왕의 자리에 다시 올랐다. 원래의 지위에 돌아온 것이니, 노왕과는 사정이 다르다고 생각했을 것이다.

당왕 주율건은 남경 붕괴 후, 항주로 가다가 도중에서 총병인 정홍규와 호부시랑(내무부 차관) 하해(何楷) 일행을 만났다. 우연이었던 듯하다. 정홍규는 강남의 수군 사령관으로 청군의 도강을 용납한 인물이었다. 복건 천주(泉州) 남안현에서 잘 알려진 해상(海商) 호족인 정(鄭) 씨 일가의 일원이었다. 또한 하해도 복건 장주(漳州) 출신이었다. 청군에게 패해 그들은 일단 고향으로 돌아가려던 참이었다. 그 집단도 심벌을 필요로 했는데, 거기서 우연히 당왕 주율건을 만난 것이었다.

노왕을 받든 절강의 반청 집단은 점차로 청군대에게 밀려, 후에 설명하겠지만 해상으로 도망쳐 망명정권을 만들었다. 한편 복건의 집단에 의해 추대된 당왕은 복주에서 제위에 올랐다. 예부상서 황도주(黃道周), 복건 순무 장긍당(張肯堂), 남안백(南安伯) 정지룡(정성공의 아버지) 등은 우선 감국이라 칭하고, 관(關)을 나와 강남 부근에 도달한 뒤부터 제(帝)를 칭해도 늦지 않을 것이라는 의견이었다. 그러나 정홍규는 민심을 다잡는 의미에서라도 제위에 오르는 편이 좋다고 주장했다. 며칠에 걸쳐 협의를 한 결과 즉위하기로 했다.

연호를 융무(隆武)라 정하고 임시 국도인 복주를 천흥부(天興府)라고 개명했다. 명나라의 관습에 따라서 당왕 주율건은 지금부터 융무제라고 불러야 할지도 모른다. 분명히 망명정권이었으나, 황제가 존재했던 것이다. 절강의 집단에 의해 추대된 노왕은 여전히 감국을 맡고 있었다.

그 무렵 계림(桂林)에서도 정강왕(靖江王) 주형가(朱亨嘉)가 감국으로 있었다. 이 인물은 양광총독(兩廣總督) 정괴초(丁魁楚)의 공격을 받고 사로잡혀 복주로 이송되었다. 복주의 융무제는 정강왕을 폐하고, 서인(庶人)으로 만든 다음 죽여 버렸다.

청나라가 복건 출신인 홍승주를 강남 각 성의 초무(招撫)를 위해서 파견했는데도, 명나라의 망명 집단들은 이처럼 정통성을 놓고 싸웠다. 복주의 융무제와 절강의 감국 노왕과의 관계도 좋지 않았다. 광서의 오주(梧州)에는 계왕(桂王) 주유랑(朱由榔)이 있었다. 만력제의 손자이니 황통에 가깝기로 따지자면, 복건에서 황제를 칭한 당왕보다 훨씬 더 가까운 셈이다. 이들 세력들은 힘을 합치지 못했다. 당왕이 제를 칭한 것도 하나의 이유가 될 것이다.

황통에 얼마나 가까운가 하는 것보다 명 왕조 부흥을 위해 얼마나 공헌했느냐가 더 중요했다. 융무제는 그렇게 생각했을 것이다. 국법을 어기면서까지 토적을 위한 병사를 모집한 열혈한(熱血漢)이었다. 하루라도 빨리 출관(出關)하여, 적어도 강남을 회복하지 않으면 안 되었다. 출관이란 복건 북부에 위치한 선하관(仙霞關)을 나서는 것을 말하는데, 그곳은 절강성과 경계를 이루고 있다. 경계선이 되는 산맥을 선하령(仙霞嶺)이라 하고, 그 안에 6개의 관이 있는데 선하관이 가장 컸다.

반청 투쟁의 영웅 정성공

복주의 임시 궁전은 예전의 포정사서(布政司署)였다. 어느 날 평국공(平
國公)이라는 작위를 받은 정지룡이 아들을 데리고 융무제를 알현했다. 미
목수려(眉目秀麗), 참으로 듬직스러워 보이는 22세의 청년 정성공을 보고,
융무제는 상당히 마음에 들었던 모양이다. 사위로 삼고 싶지만 짐에게는
딸이 없으니 참으로 안타깝다, 그 대신 짐의 성(姓)을 내리겠다는 말을
건넸다. 명 왕조의 국성(國姓)은 말할 나위도 없이 주(朱)였다. 이후 정성
공은,

　　　　국성야(國姓爺)

라고 불리게 되었다. '야(爺)'란 양가(良家)의 나리 정도의 뜻이지, 노인을
말하는 것이 아니다. 주 씨 성을 써도 좋다는 허락을 받았지만, 정성공은
그 뒤에도 정 씨 성을 계속 사용했다.

잘 알려진 것처럼 정성공은 일본의 히라도(平戶)에서 중국인 정지룡
과 일본 여성 사이에서 태어났는데, 아명은 후쿠마쓰(福松)였다. 7세 때,
아버지의 고향인 복건으로 돌아갔다. 동남아시아의 향료와 도자기, 비단
등을 구하기 위해 유럽의 상인들이 아시아로 몰려오던 무렵이었다. 스페
인과 포르투갈의 시대는 끝났고, 영국과 네덜란드가 그를 대신하고 있었
다. 스페인과 포르투갈은 가톨릭 신부가 함께 오기 때문에 동방 사람들
에게 경계를 받았다.

영국이 동인도회사를 창립한 것은 정확히 1600년의 일인데, 일본에
서는 세키가하라 전투가 있었던 해다. 명나라는 해금책을 취하고 있었기
때문에 유럽 상인은 중국의 생사를 일본으로 수출하는 중개무역으로 이

익을 얻고 있었다. 해금 따위는 무시하고 일본으로 건너가 장사를 하는 중국인도 적지 않았다. 정지룡도 그중 한 명이었다. 복건의 정가(鄭家)는 무역으로 번성한 일족이었다. 원래는 금지된 대외무역을 하는 것이니, 정부에서 단속을 하지 않으면 안 되었지만 그러면 저항을 받는다. 관(官)에 저항하는 자는 '적(賊)'이나 '도(盜)'라고 불렸다. 정 씨 일족은 해상(海商)이지만 단속에 대해서는 맞서 싸웠으므로, 정부에서는 도(盜)라 간주하고 있었다. 또한 해상은 바다 위에서 경쟁자의 배를 발견하면, 약탈행위를 하는 경우도 있었기 때문에 어느 배나 무장을 하고 있었다. 정 씨 일족도 그런 의미에서는 사적인 무장집단이었다.

명나라는 왜구 때문에도 골머리를 썩고 있어서, 반상반도(半商半盜)인 정 씨의 간부를 명나라 수군의 장군으로 임명하여 그 대가로 동남 연해의 평화를 얻었다. 청나라의 남하에 대비하여 남경 정부의 수군 사령으로 정 씨 일족의 정홍규가 강남에 진을 펼친 데도 그런 경위가 있었던 것이다.

정 씨 일족 중에서는 정지룡이 가장 유력했으며, 그의 아들인 성공은 이른바 정 씨 집안의 유망주였다. 일본에서 돌아온 그는 보기 드문 수재로 지방 예비시험에 합격했고, 남경에 있는 국자감의 학생으로 수록(收錄)되어 연찬(硏鑽)을 쌓았다. 숭정제가 자살했을 무렵, 그는 아직 남경의 태학에서 수학하고 있었다. 일본 이름인 후쿠마쓰를 고쳐 정삼(鄭森)이라 쓰고 있었다. 그 무렵 태학에서 교편을 잡고 있던 전겸익(錢謙益)은 이 청년에게서 매력을 느꼈는지, 특별히 관심을 쏟았던 모양으로 '대목(大木)'이라는 자(字)를 주었다. 북경이 함락되어 풍전등화의 위기에 놓이자, 정삼은 일단 남경을 떠나 귀향했다. 이 무렵부터 그는 성공(成功, 공을 이룸)

이라는 이름을 쓰기 시작했다. 융무제로부터 국성을 받은 것과 거의 같은 시기였다.

융무제의 복건 정권은 정 씨 일족의 무력에 의해 지탱되고 있었다. 일족의 우두머리 정지룡의 아들인 정성공은 이미 중요 인물이었다. 정지룡은 누가 뭐래도 해상이었기에 망명을 온 사대부 중에는 해적과 다를 바 없다고 경멸하는 자도 있었을 것이다. 어쩌면 융무제 자신이 그렇게 생각하고 있었는지도 모른다. 정지룡에 비하면, 아들 정성공은 수재에 지식인 청년으로 남경 태학에서도 전겸익으로부터 인정을 받았을 정도로 성적이 우수해서 사람들의 기대를 한몸에 받았을 것이다. 융무제가 성을 내린 것도 사대부 계층의 그런 기대를 반영했다고 생각한다.

융무제는 북벌을 서둘렀다. 절강의 노왕 세력을 손에 넣으려고 사자를 보냈는데, 명 왕조 부흥이 선결과제이며 거기에 성공한 자가 군주가 되어야 한다고 융무제의 즉위를 비난하는 듯한 투의 대답을 받았다. 또한 각지에서 북벌을 요청하는 문서가 도착했다. 이자성 군을 수용한 호광 총독 하등교(何騰蛟)는 부디 호남으로 와 달라고 청했다. 각 장군들로부터는 구주(衢州)로 와 달라거나, 감주(贛州, 강서)로 와 달라는 등 각각의 요청이 있었다. 어쨌든 복주에서 움직이지 않을 수 없었다. 부하 각 장군들은 정 씨 일족의 세력권인 복주에 있는 한, 그 전횡을 막을 수 없다고 생각했다. 이런 때에도 파벌 다툼이 있었던 것이다. 융무제는 우선 소관생(蘇觀生, 예부시랑)을 감주로 파견하여 병사를 모으기로 하고, 복주에는 동생인 주율월(朱聿鐭, 제위에 오른 형을 대신하여 당왕이 됨)과 정지룡 등을 남겨두고, 스스로는 북쪽으로 향하여 12월에 건녕(建寧)으로 들어갔다. 그러나 이 북벌군에는 억지스러운 부분이 있어 식량조차 충분하지 않았다.

그 때문에,

민심이 흩어져 거의 군이라 할 수 없었다.

와 같은 상태였다.

이듬해—복건의 집단은 융무 2년이라 칭했지만 청의 순무 3년—2월, 융무제는 연평까지 나아갔다. 강서로 나가 호남의 하등교 세력에 의지할 생각이었다. 정지룡은 황제가 자신의 세력권 밖으로 나가는 것을 원하지 않아 의식적으로 태업에 들어갔다.

6월, 청나라의 정남대장군인 박락(博洛, 포로)이 항주를 나와 소흥에서 노왕 집단을 격파했다. 장국유는 절명시(絶命詩) 세 편을 남기고 자살했으며, 노왕은 간신히 배를 타고 해상으로 도망쳐 주산(舟山)열도로 향했다. 그러나 주산의 수장인 황빈경(黃斌卿)은 융무제 쪽에서 관작(官爵)을 받았으므로 그의 상륙을 거부하여, 노왕은 배를 탄 채로 하문(厦門, 아모이)에서 남오(南澳) 방향으로 떠났다.

해구(海寇, 해적)가 침범할 것이다. 마땅히 가서 지켜야 한다.

정지룡은 노왕의 가엾은 해상 표류를 자신을 위해서 이용했다. 북벌에 종군 중이던 자기 계열의 군대를 위와 같은 이유로 불러들이기로 했다. 이 무렵 그는 이미 청나라에 투항해야겠다고 생각하고 있었던 듯하다. 어차피 투항할 바에는 패배한 몸으로 항복하기보다 대군을 이끌고 항복하는 편이 나중에 대우가 더 좋아진다는 점은 말할 나위도 없다. 그 때문에 북벌 중이던 정군(鄭軍)을 해안인 안평까지 물러나게 했다.

정군의 주력부대는 절강과의 경계선인 선하령에 있었다. 정홍규가 대원수(大元帥)였고, 정채(鄭彩)가 부원수로 있었다. 국성야 정성공도 선하령에 있었다. 정홍규는 그의 숙부였고, 정채는 그의 사촌형이었다. 우두머리인 정지룡으로부터 퇴각하라는 명령이 도착했을 때, 청군은 이미 선하관 밖까지 와 있었다. 정군은 물론 싸우지 않고 한 걸음에 도망을 쳤다. 복건 경계는 곧 청군들로 넘쳐났다.

융무제는 선하관의 패전 소식을 듣고 연평에서 나와 정주(汀州)로 향했지만, 거기에도 청군이 나타났다. 청나라의 정남군은 압도적인 병력으로 각 방면에서 남하했으므로 복건은 마치 던져진 그물에 걸린 것과 같은 상황이었다. 융무제는 정주에서 사로잡혀 복주로 연행되었고, 시장에서 처형되었다. 아내인 증(曾) 씨도 같은 때에 사로잡혔지만, 틈을 타서 탈출하여 물에 몸을 던져 목숨을 끊었다.

강일승(江日昇)이 저술한 『대만외기(臺灣外記)』에는 정주의 싸움에서 구사일생으로 살아남은 육곤형(陸昆亨)이 80여 세가 되어 이야기한 목격담이 기록되어 있는데, 융무제는 청군의 활에 맞아 정주에서 전사한 것으로 묘사되어 있다. 황제가 시장에서 처형을 받아 목숨을 잃은 것은 너무나도 가슴 아픈 일이므로, 그와 같은 이야기가 만들어졌을 것이다. 『청사고』 본기에서는 청나라 장군이 '쫓아가 이를 베었다'고 전사인지 형사(刑死)인지 분명하지 않게 기술했다. 『명사』에는,

융건은 복주에서 죽다.

라고 기록되어 있다. 형사가 아니라 절식사(節食死)라는 소리도 있다. 『청사고』에서는 복건 평정을 이해 11월이라고 적었는데, 정지룡의 투항이 복건 평정의 결정타가 되었다. 아들인 정성공이 통곡하며 투항을 말렸지만, 정지룡의 투항할 뜻은 굳건해서 그것을 뒤엎을 수는 없었다. 정지룡은 북경으로 향했으며, 정성공은 해상으로 나가 반청 활동을 계속했다.

출발을 할 때, 정성공은 그때까지 몸에 두르고 있던 유관(儒冠)과 유복(儒服)을 벗고 군복으로 갈아입은 뒤, 공자묘에 참배했다고 한다. 투항한 아버지와는 다른 길을 가기로 결심한 것이다. 반청 투쟁에 건 그의 결의를 이야기해 주는 일화로 그는 배에,

살부보국(殺父報國, 아버지를 죽여 나라에 보답한다)

라고 크게 쓴 기를 달았다고 전해진다. 아무리 유관유복을 벗었다고 하지만, 이 문구로는 유교 윤리가 강한 중국인에게 반감을 살 것이다. 아마도 '살부'는 '구부(救父)'가 잘못 전해졌을 것이다. 청나라에 항복한 아버지를 포로로 보고 그를 구출하겠다는 발상이 아니고는 안 된다.

마치 융무제의 죽음을 기다리기라도 했다는 듯 같은 해 11월에 병부상서 정괴초 등이 광동의 조경(肇慶)에서 계왕(桂王) 주유랑(朱由榔)을 추대하여 황제의 자리에 앉혔다. 연호를 영력(永曆)이라 정했으니, 편의상 영력제라 부르기로 하겠다. 영력제는 오주에서 조경으로 모셔졌다. 영력제는 비밀경찰인 동창의 폐지, 궁녀를 받아들이지 않는 등 정치 숙청(肅淸) 방침을 선언했다. 약간은 늦은 개혁이라는 느낌이 든다. 영력제는 이때 오주, 계림, 전주(全州), 유주(柳州), 상주(象州)를 전전하며 도망 다녔고, 조경으로 복귀한 적조차 있었다. 그 반청 활동은 참으로 집요하기 짝이 없었다.

융무제의 동생인 당왕 주율월은 광주로 도망쳐 소관생 등에 의해 추대되어 제위에 오르고, 소무(紹武)라고 연호를 정했다. 이것이 11월의 일이었는데, 명나라는 이 광주와 바로 가까이에 있는 조경에 두 황제가 있었던 셈이다. 게다가 두 사람은 곧바로 전쟁을 시작했다. 한심하기 짝이 없다.

청나라 병사가 바로 코앞까지 와 있었다. 소무제가 즉위한 다음 달, 청군은 복건에서 조주(潮州), 혜주(惠州)를 돌파하고 마침내 광주(廣州)에 돌입하여 곧 점령해 버렸다. 소무제는 사로잡혀 자살한 것으로 알려져 있다.

조경의 영력제는 바로 오주로 달아났다. 저항은 여전히 계속되었지만 비슷한 무렵 사천에서 장헌충이 살해되었으니, 청나라는 거의 중국을 지배할 태세를 갖추었다고 할 수 있을 것이다.

병마(兵馬) 이후

하문도 점령

정지룡은 청나라에 투항하여 북경으로 갔지만, 그 일족은 복건 남부의 섬인 하문도(廈門島, 아모이)와 금문도(金門島)에 남아 있었다. 정홍규를 비롯하여 정채(鄭彩), 정연(鄭聯) 형제 등 일족의 간부도 머물고 있었다. 아마도 그들은 가업인 해상무역을 계속한 듯하다. 정지룡이 투항한 후의 상황을 지켜보고 있었을 것이다.

반청 자세를 가장 분명하게 드러낸 것은 정성공이었다. 그는 복건과 광동의 경계 해상에 있는 남오도(南澳島)까지 갔다. 그가 어째서 고향 연해의 섬에 머물 수 없었는가 하면, 아직 나이도 어리고 일족 가운데서는 그다지 실력이 없었기 때문인지도 모른다. 또는 상황에 따라서 청나라와도 적당한 관계를 맺어 어쨌든 무역업을 계속하기를 바라고 있던 정 씨 일가의 주류파에게 있어서 반청 자세를 너무 분명하게 드러내고 있는 정성공은 방해가 됐다고 생각해 볼 수도 있다.

광주의 소무 정권이 맥없이 붕괴되고 조경의 영력 정권이 오주로 피해 있는 동안, 정성공은 남오에 있었다. 맞은편인 조주, 혜주를 청군의 인마가 분주하게 지나는 것을 정성공은 정찰을 통해서 알고 있었다. 그러나 그에게는 달리 해 볼 수 있는 일이 없었다. 일족 중에서도 나이가 어린 그를 따라서 온 사람은 숫자가 그다지 많지 않았다. 예전에 아버지 밑에 있던 대부분의 사람들은 숙부나 사촌형이 실제로 지휘하고 있었다. 원래대로 하자면 그것은 직계인 정성공이 장악해야 할 병력이었다.

국성야(國姓爺) 정성공의 빛나는 경력 중에서도 아버지의 투항 4년 후인 청나라 순치 7년(1650)의 하문도 점령은 하나의 오점으로 여겨지고 있다. 그는 하문도의 맞은편에 있는 고랑서(鼓浪嶼)라는 조그만 섬에 간신히 복귀해 있었다. 하문도의 20분의 1 정도밖에 되지 않으며 바위투성이인 곳이다. 열강의 중국 침략 시절, 이 조그만 섬은 별장지대로 외국인이 거주하고 있었다. 지금 그곳에 정성공 기념관이 서 있다. 정성공은 여기서 대안인 하문도를 습격하여 사촌형 정채, 정련을 죽이고 그 군대를 빼앗았다. 그 방법이 속임수를 써서 죽인 것이나 다름없어서, 정성공을 위해 이 행위를 안타까워하는 사람들도 적지 않았다. 나도 그런 사람 중한 명이지만, 하문도를 점거하여 정 씨 일가의 군단을 지배하지 않는 한, 그가 이상으로 삼은 반청복명(反淸復明, 청나라에 반대하고 명나라를 부흥시키는 것)의 대업은 불가능했다.

정성공은 이때 드디어 정가(鄭家) 군단을 장악했다. 숙부인 정홍규도 나이가 들어 정성공을 막을 수 없었다. 정성공은 결코 가업을 소홀히 했던 것은 아니다. 일본에 생사를 파는 일도 계속했다. 나가사키에는 영파(寧波)에서 오는 당선(唐船) 외에도 남쪽에서 국성야선(國姓爺船)이라 불리는 무역선이 종종 내항했다. 그것은 북벌, 반청복명 사업의 주요한 자금원이 되었을 것이다.

정성공이 북벌을 감행한 것은 하문을 점거한 지 8년 뒤인 순치 15년 (1658)의 일이었다. 이 준비기는 결코 평온한 것이 아니었다. 일시적으로 청군이 하문도를 점령한 적조차 있었다. 노왕 주이해는 주산(舟山)에 머물러 있었는데, 그곳도 청군에게 점령되어 그는 하는 수 없이 하문도의 정성공을 의지해 갔던 것이다. 그러나 정성공은 광서 각지를 전전하고 있는 영력제(계왕 주유랑)를 정통으로 받들어 연평군왕(延平郡王)에 봉해져 있었다. 따라서 그는 자신을 의지해 찾아온 노왕을 보호하는 조건으로 '감국' 칭호를 쓰지 말라고 요구했다.

예전에 감국이었던 노왕을 섬기던 문인 주순수(朱舜水, 1600~1682)가 종종 일본으로 건너가 일본에 원조를 요청했고, 후에 도쿠가와 미쓰쿠니 (德川光圀, 1628~1700, 에도 시대의 다이묘-옮긴이)의 부름을 받아 일본에서 생을 마감했다는 것은 잘 알려진 사실이다. 고베(神戸)의 미나토가와(湊河) 신사에 있는 구스노키 마사시게(楠木正成, 1294~1336, 남북조 시대의 무장-옮긴이)의 '오호 충신(嗚呼忠臣) 구스노키 마사시게의 묘'라는 비문은 주순수가 지은 것이다. 1982년은 주순수 사후 300년이 되는 해였기 때문에 일본과 중국 모두에서 기념행사가 열렸다.

일본에는 주순수만큼 이름이 잘 알려져 있지는 않지만, 중국에서는 그 이상으로 유명한 황종희(黃宗義, 1610~1695)도 노왕 정권에서 감찰어사를 맡은 대학자로 나가사키에 와서 일본에게 원병을 의뢰한 적이 있었다. 이는 정성공이 하문을 점거하기 한 해 전인 일본의 경안(慶安) 2년(1649)의 일이었다.

황종희는 청나라 초기의 대학자다. 전제 군주제를 비판한 『명이대방록 (明夷待訪錄)』은 그 당시에 민권을 논한 진보적인 저서였다. 근대에 들어서 그는 '중국의 루소'라 불리게 되었고, 이 저서는 '중국의 민약론(民約論)'이라 불릴 정도였다. 청나라 말기, 혁명파 청년들에게 이 책은 필독서였다. 일본 방문에 대해서는 〈일본걸사기(日本乞師記)〉라는 제목의 글이 있다. '걸사(乞師)'란 사(師, 군대)의 파견을 요청하는 것인데, 이것은 실패했다. 일본의 쇼군(將軍)인 이에미쓰(家光, 1604~1651, 도쿠가와 막부의 3대 쇼군-옮긴이)는 상당히 적극적이었던 것으로 알려졌지만, 결국 원병은 보내지 않기로 결론지어졌다. 황종희는 걸사 실패의 이유에 대해서 다음과 같이 이야기했다.

그러나 일본은 관영국(寬永國)을 받은 지 30여 년, 모후〔母后, 메이쇼 텐노(明正天皇)〕가 이를 받고, 그 아들이 복위(復位)하여 개원(改元)하기를 의명(義明)이라 하고, 오랫동안 평화로웠다. 그 많은 사람들이 시서(詩書), 법첩(法帖), 명화(名畵), 고기기(古奇器), 이십일사(二十一史), 십삼경(十三經)을 즐겨, 예전에 값 천금인 것을 곤재(捆載, 수입)한 것이 이미 많아 12백금에 지나지 않았다. 고로(故老)는 병혁(兵革, 전쟁)을 보지 못했으며, 이 나라는 대부분 대비를 잊었다. 어찌 능히 바다를 건너 타인을 위해 원수를 갚겠는가?

일본은 이미 천하태평으로 학예와 미술을 즐겼으며, 너무 많이 수입하여 그 가치가 하락해 있을 정도였다. 더는 전쟁을 경험한 고로도 없었으며, 무비(武備)를 게을리했기에 이웃나라를 도와 원수를 갚아 준다는 것은 불가능한 일이라고 판단했다. 틀림없이 세키가하라 전투로부터 50년이 지나 일본은 그 무렵 평화를 구가하고 있었다. 해외파병이 가능할리 없었다. 뿐만 아니라 이미 쇄국 태세에 들어가 있었다.

물론 일본이 이미 무비를 완전히 잊고 있었다는 말은 극단적인 견해일 것이다. 황종희는 나가사키밖에 보지 않아 위와 같이 말했으리라 여겨진다.

걸사(乞師) 쪽도 분열되어 있었다. 융무(당왕)파는 이미 붕괴되었지만, 영력(계왕)파와 노왕파는 합작을 하지 못했다. 또한 외국에 원병을 요청하는 것에도 강한 거부감이 있었다. 오삼계의 전철을 밟는 것이 아니냐는 반대론이 있어도 당연했을 것이다.

북벌 나선 철인부대

정성공의 북벌군에는 8천에서 1만 명 정도의 '철인부대(鐵人部隊)'가 있었다. 철면을 쓰고 철갑옷, 철치마를 입고 철사슬로 고정했는데, 얼굴은 단지 눈, 귀, 입, 코를 드러낼 뿐이라고 했으니, 아마도 일본의 갑옷을 도입한 것 같다. 모두 수입한 것이 아니라 그것을 샘플로 만들게 했을 것이다. 일본으로부터 원군은 없었으나, 일본의 무구(武具)는 도입되었던 모양이다.

순치 15년(1658) 5월에 북벌군이 출발했다. 병력은 17만 5천이라 알려져 있다. 군율이 준엄해서 살인, 간음, 민가를 파괴한 자, 밭 가는 소를 죽인 자까지 효수(梟首)하고 그 상관도 연좌하겠다고 포고했다. 7월 초에 주산에 도착하여, 거기서 한동안 훈련을 하다 8월 9일에 출발했다. 얼마

후, 전 함대가 양산(羊山)에 도착했으나, 거기서 풍랑을 만나 300척의 군선 가운데 약 100척이 피해를 입었다. 죽은 자는 8천에 이르렀으며, 정성공의 측실과 몇 명인가의 아들들도 익사한 것으로 전해진다. 음력 8월이니 태풍이 오는 계절이다. 이래서는 북벌을 계속할 수 없었다.『종정실록(從征實錄)』에는 정성공이,

　　　한 번 웃고는 각 시체를 거두어 매장토록 했다.

라고 했다지만, 마음속으로는 아마도 눈물을 흘렸을 것이다.

　북벌은 연기되었다. 하문까지 돌아가는 것은 큰 일이므로, 온주(溫州) 부근의 반석위(盤石衛)라는 곳을 군의 재건 기지로 선택했다. 그곳은 구강(甌江) 하구에 있는데, 상류에서 벌목한 목재가 뗏목으로 묶여 도착하는 곳이다. 따라서 조선(造船)의 기지로는 최적의 장소였다.

　이듬해 3월 25일, 각지에 흩어져 있던 각 군이 반석위에 집결했다. 미리 기일을 정해 두고 늦으면 엄벌에 처한다고 해 놓았기 때문에 어느 부대도 늦지 않았다고 한다. 정(鄭) 군단은 영파를 장악하던 정관포성(定關砲城)을 시험 삼아 공격하여 점령했다. 그 뒤, 정성공은 주산열도의 역항(瀝港)에 간부를 모아 놓고,

　　　각 제독과 통진(統眞)은 10여 년 동안 즐목신근(櫛沐辛勤, 온갖 고생
　　　을 다 겪음)했으나, 공명을 떨칠 사업은 바로 이번 일에 있다.

라고 훈시했다. 더욱 북상하여 전년도의 악몽이었던 양산 해상을 지났으

나, 믿을 수 없을 정도로 잠잠했다고 한다. 항주만 입구를 종단하여 장강으로 들어간 뒤, 그곳을 거슬러 올라가 남경으로 향했다.

최종적으로는 북경의 청 왕조를 뒤엎는 것이 목적이었지만, 우선은 남경을 공략하는 것이 정군(鄭軍) 북벌의 첫 번째 목표였다.

도중의 숭명도(崇明島)는 그대로 두고 장강 남안에 위치한 단도현(丹徒縣) 동쪽의 초산(焦山)에서 정군은 엄숙하게 제사를 올렸다. 명나라의 역대 황제에게 지금부터 남경을 공격하겠다는 사실을 알린 것이다. 이른바 전승 기원인데 3일에 걸쳐서 진행되었다. 마지막 날에는 전원이 하얀 호복(縞服, 상복)을 입고, 모든 군선에 백기를 달고, 하얀 천으로 감싸 "이를 바라보면 눈과 같았다"고 말할 정도였다. 약간 연극 같아 보이지만, 정성공은 이와 같은 행사를 함으로 해서 사기를 고양시키려 했다.

그야말로 전군이 분발하여, 과주(瓜州), 진강(鎭江) 등 청군의 기지를 차례차례로 함락시키고 남경으로 진군했다. 각지에서는 압도적인 대승을 거두었지만, 나중에 생각해 보면 그것이 정군에게는 오히려 좋지 않았다. 정성공 자신이 이 무렵 다음과 같은 시 〈군사를 내어 만이(滿夷)를 쳐 과주에서 금릉(金陵)에 이르다(出師討滿夷自瓜州至金陵)〉를 지었다.

> 호소(縞素, 상복의 흰빛)가 강에 머물러 맹세코 오랑캐를 멸하려 한다.
> 웅사(雄師) 10만의 기백은 오(吳)를 삼킨다.
> 한번 보라, 천참(天塹, 천연의 참호. 장강을 말함)에 채찍을 던져 건너면,
> 중원이 주성(朱姓, 명 왕조)이 됨을 어찌 믿지 않을 수 있겠는가.

縞素臨江誓滅胡 雄師十萬氣吞吳 試看天塹投鞭斷 不信中原不姓朱

틀림없이 의기에 넘쳐서 삼국 시대 오(吳)나라의 수도였던 금릉(남경)을 집어삼킬 기세였다.

그러나 정군은 여기서 크게 패했다. 숭명도를 그대로 지나친 것이 실수로, 거기에 주둔해 있던 청군이 남경 구원을 위해 정군의 뒤를 따라올 수 있었던 것이다.

정군은 압도적인 대승을 몇 번이고 경험한 탓에 자만하기 시작했다. 사실 이 원정에는 후에 일본과 깊은 인연을 맺게 되는 주순수도 종군했는데, 남경 공격 때의 정군에 대해서,

소승(小勝)에 익숙해져, 상명(上命)을 따르지 않았다.

라고 표현했다. 소승이란 과주와 진강처럼 남경에 비해서 훨씬 조그만 성시를 함락시킨 승리를 말한다. 승리한 군병이 적을 가볍게 보는 것이야 관계없지만, 자칫 상관의 명령까지도 듣지 않게 되기 쉽다. 상관도 공을 세운 부하를 그렇게 엄하게 대할 수는 없다. 상관이 조심을 하면 병사는 기어올라 자신이 멋대로 싸우면 이길 수 있다는 생각을 하게 되는 법이다. 잘 통제된 가운데서 전투를 할 수 없다.

정성공의 작전에도 억지스러운 부분이 있었다. 7월 22일은 그의 생일이었는데, 그 길일에 무슨 일이 있어도 남경을 함락시키려 했던 것이다. 그럴 때 숭명도의 청군이 구원을 하러 왔다. 게다가 배신을 하겠다고 약속했던 청군이 배신하지도 않았다.

그리고 생각지도 못했던 곳에서 성 안의 청군들이 돌격해 나왔다. 남경 성의 신책문(神策門)은 상당히 오래전에 막혀서 평범한 성벽과 같았으

므로 누구도 그것을 깨닫지 못했다. 그러나 회반죽을 벗겨 내자 비교적 쉽게 원래의 문이 다시 모습을 드러냈다. 정군은 성문 앞에 진을 펼치고 있었지만, 보이지 않는 성문 앞에는 아무런 방비도 해 두지 않았다. 그 옛 신책문을 통해서 한꺼번에 쏟아져 나온 청군이 의표를 찔려 당황하는 정군에게 커다란 타격을 주었다.

정성공의 북벌군은 남경성 밑까지 이르렀지만, 거기서 뜻밖의 대참패를 당하고 말았다. 정성공의 오른팔이라 할 수 있는 감휘(甘輝)가 사로잡힌 것을 시작으로 장영(張英), 임승(林勝), 진괴(陳魁), 만례(萬禮), 남연(藍衍), 이필(李泌), 반경종(潘庚鐘) 등과 같은 장군들이 한꺼번에 전사했다. 청군은 자신들이 건진 적병의 익사체만 4천 5백이었다고 북경에 보고했다. 이는 퇴각할 때 장강에 빠져 죽은 장병이 적지 않았음을 이야기해 주는 것이다.

대만을 내준 네덜란드 동인도회사

주순수는 일본에 귀화한 이유를 다음과 같이 말했다.

> 성세(聲勢, 청 왕조의 기운)는 적으로 삼을 수 없고, 괴지(壞地, 잃어버린 국토)는 회복할 수 없고, 패장은 힘을 쓸 수 없음을 잘 알고 있었기 때문이다.

패장은 말할 나위도 없이 정성공을 일컫는 것이다. 북벌 실패로 정성공은 더 이상 복명(復明) 사업을 위해 일어설 수 없다고 주순수는 냉엄하게 판단했다. 노왕계의 인물이었던 탓도 있었는지, 정성공을 바라보는 주순수의 눈은 그렇게 호의적이지 않았던 것 같다. 주순수 자신은 정성공의 두 번째 북벌에 종군했는데, 일본에서는 잘 알려진 이 두 사람이 얼굴을 마주한 적은 없었다. 주순수는 물론 다른 배에 타고 있었지만, 명함 한 장 교환하려 하지 않았다고 나중에 일본 친구인 안도 세이안(安東省庵, 1622~1701, 에도 시대의 유학자-옮긴이)에게 보낸 편지에서 밝혔다.

하문[정성공은 이 지방을 '사명(思明, 명을 생각함)'이라고 개명했다]에 돌아온 정성공은 운남에 있던 영력제에게 사자를 보내 왕작(王爵)을 사퇴했다. 그는 영력제로부터 연평군왕에 봉해졌고, 뒤이어 조왕(潮王)에 봉해져 있었다. 스스로 왕작을 박탈하여 자신을 벌한 것이다. 그 뒤부터 그는 오로지 초토대장군(招討大將軍)이라는 칭호만을 사용했다. 자신을 처벌한 뒤, 그는 충신묘를 건립하여 북벌에서 전사한 사람들의 위령제를 올렸다.

북벌을 포기한 정성공은 대만으로 군대를 움직여 그곳을 근거지로 삼았다. 그의 대만 경략이 과연 복명 기지로 삼기 위한 것이었는지, 아니면 그곳에 정가 정권을 새로이 만들기 위한 것이었는지, 네덜란드를 추방하고 대만의 주인이 된 뒤, 정성공이 곧 죽었기에 잘 알 수가 없다.

대만은 예전부터 40년 가까이 네덜란드의 동인도회사가 점령하고 있었다. 정성공은 네덜란드에서 해고당한 통역 하빈(何斌)이라는 자로부터,

     대만은 옥야천리, 패왕의 땅이다.

라고 점거를 권하는 말을 듣고 출병하게 된 것이라 한다.

그러나 정가와 대만의 관계는 훨씬 더 오래되었다. 정지룡의 두목에 해당하는 안사제(顏思齊)는 대만에서 죽었다. 오늘날의 대남(臺南) 부근은 당시 무역기지였다. 네덜란드는 스페인사람들을 추방하는 형태로 대만의

주인이 되었다.

토지의 넓이에 비해서 인구가 적었기 때문에 노동력이 부족하여, 네덜란드도 맞은편에 있는 복건에서 이민을 받아들여 개발을 진행했다. 그러나 한족 이민이 너무 많아지면, 네덜란드로서도 다루기 어려운 부분이 있었다. 그들이 일제히 결기를 하면 네덜란드의 동인도회사에 의한 통치도 한순간에 뒤집힐 우려가 있었다. 실제로 곽회일(郭懷一)이라는 자가 몇 년 전에 반란을 일으킨 적이 있었는데, 네덜란드는 고생 끝에 간신히 탄압한 지 얼마 지나지 않았다. 곽회일처럼 이민의 불평분자를 결집시켜 놓은 것만으로도 무시무시한 사태가 일어났다. 만약 정 군단처럼 본격적인 군사 세력이 정면으로 대항해 오면, 동인도회사는 거의 손을 쓸 수가 없을 것이었다. 그 때문에 회사는 가능한 한 하문의 정 군단과 우호 관계를 맺기에 노력했다.

정성공의 시선이 북쪽으로 향해 있는 동안에는 아직 괜찮았다. 북벌에 실패하여 다른 곳에서 활로를 모색하려 한다면, 그의 시선은 반드시 대만으로 향할 것이었다. 특별히 하빈의 세 치 혀에 놀아나서 출병한 것이 아니었다. 어쩌면 남경에서 패하여 돌아오는 중에 이미 대만 진출을 생각하고 있었는지도 모른다.

정성공이 대만 공략에 나선 1661년은 격동의 해였다고 할 수 있다.

청나라의 순치 18년인데, 이해 정월에 순치제가 겨우 24세의 나이로 죽었다. 중국의 관습에 따라서 정월에 죽었지만, 그해가 끝날 때까지 순치라는 연호를 쓰고, 이듬해부터 강희(康熙)라고 개원하기로 했다.

망명한 명나라 정권의 영력 15년에 해당하는데, 영력제는 운남에서 미얀마(緬甸)로 도망쳤으며, 청나라의 평서왕 오삼계가 그를 추격하고 있었다. 미얀마사람이 영력제 주유랑을 사로잡아 오삼계에게 바친 것은 이해 12월의 일이었다. 네덜란드가 대만의 젤란디아 성에 백기를 걸고 정성공의 군문에 항복한 것도 역시 이해 12월이었다. 정군이 대만으로 건너간 것이 4월이었으니, 네덜란드는 9개월이나 농성한 셈이 된다.

정성공이 젤란디아성을 포위하고 있을 때, 청나라는 그의 아버지인 정지룡을 영고탑(寧古塔)이라는 곳에서 죽여 버렸다. 아들이 남경까지 공격해 들어오는 것을 막지 못했던 인질을 청나라로서도 용서할 수 없었을 것이다.

같은 해 청나라는 '천계령(遷界令)'을 내렸다. 이는 해금(海禁)의 일종이다. 이전까지는 상인이 바다로 나가 교역하는 것을 금해 정 군단을 고립시키려 했는데, 이때 내린 해금은 더욱 철저했다. 산동, 강소, 절강, 복건, 광도 등 5개 성의 연해 주민을 해안에서 30리 뭍으로 강제 이주시킨 것이다. 30화리(華里)는 15킬로미터에 상당한다. 이 천계령의 실시는 매우 어려웠을 것이다. 어쨌든 정성공은 하문과 금문의 연해 소도에 고립된 탓에, 어쩔 수 없이 대만으로 시선을 돌릴 수밖에 없었다.

미얀마에서 포로가 된 영력제는 이듬해 4월, 운남의 곤명으로 연행되어 거기서 살해되었다. 그 자신도 세례를 받았는지는 모르지만, 계왕 일가는 일찍부터 가톨릭에 입신해 있었다. 영력제의 생모인 마(馬)태후는 마리아(瑪利亞)라는 세례명을 가지고 있었으며, 왕(王)태후(아버지의 정처)는 헬레나(烈納)였다. 영력제의 황후인 왕(王) 씨는 안나(亞納), 그리고 황태자인 자훤(慈煊)은 탄틴(當定, 콘스탄티누스)이었다. 영력제를 옹립한 병부상서 정괴초도 누가(路加)라는 세례명을 가진 신자였다. 이 망명정권은 로마에도 걸원(乞援, 원조를 요청함)을 위한 사자를 파견했다.

영력제의 뒤를 따르듯 정성공은 5월 초에 대만에서 눈을 감았다. 하문에 남겨 둔 장남 정경(鄭經)의 불미스러운 소식을 듣고 격앙하여 죽었다고도 알려져 있다. 정성공에게 은밀히 몸을 의지하고 있던 예전의 감국 노왕 주이해는 같은 해 12월에 금문에서 죽었다.

영력제가 오삼계의 포로가 된 1661년은 영력 15년으로 이듬해에 살해되었으니, 더 이상 명나라의 주인은 없었다. 그래도 대만에서는 이 영력이라는 연호를 계속해서 썼다. 대만의 정 씨가 모두 청나라에 항복한 것은 강희 22년(1683)인데, 이해를 대만에서는 영력 37년이라 불렀다.

삼번의 난

청나라에 반항하던 세 개의 지방 망명정권(당왕, 노왕, 계왕)을 삼번(三藩)이라 부르기도 하고, 전삼번(前三藩)이라고 부르기도 한다. 이는 모두 명나라 황족이 추대된 정권이다. 이것이 전삼번이라 불리는 것은 '후삼번(後三藩)'이 있었기 때문이다. 일반적으로 삼번, 또는 '삼번의 난'이라고 하면, 후삼번을 가리킨다.

후삼번은 예전에 명나라를 섬기던 장군이 청나라에 투항하여 큰 공을 세워 왕으로서 각지에 봉해진 세력이다. 오삼계는 평서왕, 상가희는 평남왕(平南王), 경중명은 정남왕(靖南王)에 봉해져 있었다. 세 사람 모두 요동의 한족인데, 오삼계에 대해서는 이미 이야기했다. 상가희는 피도(皮島)의 명나라 무장이었으나, 일찍부터 청나라에 항복했는데 그의 군대는 천조병(天助兵)이라 하여 용맹하기로 유명했다. 이자성 추격에서 공적을 세웠다. 경중명도 피도의 모문룡 군대에 있던 군인이다. 모문룡이 원숭환에게 살해되자, 그 부하인 공유덕 밑에 배속되어 역시 이자성을 쫓아 호남으로 나가 계왕의 세력권이었던 광동을 평정하라는 명령을 받았다. 광동 평정은 경중명과 상가희 두 사람의 협력으로 행해졌고 경중명이 죽은 뒤, 아들인 경계무(耿繼茂)는 복건으로 옮겼다.

오삼계가 운남, 상가희가 광동, 경계무가 복건에 각각 번을 만든 셈이다. 자신의 군대를 거느리고 관리를 임명하고, 징세도 했으니, 반독립(半獨立) 정권이라고 할 수 있을 것이다.

그 가운데에서도 가장 강했던 것은 말할 나위도 없이 오삼계였다. 다른 두 사람이 일찍부터 청나라에 항복한 것에 비해서, 오삼계는 이자성이 북경을 함락시키기 직전에야 드디어 청나라에 원조를 청했다. 그러나 청나라는 오삼계 덕분에 산해관을 무혈 돌파하여 관내로 들어와 중국의 주인이 되었으니, 그 공적은 최고라는 평가를 받았다. 계번(桂藩, 영력제 집단)을 다른 두 사람이 잡지 못했으나, 오삼계는 미얀마까지 쫓아가 결국 사로잡아 죽여 명 왕조를 완전히 멸망시켰다. 오삼계는 명 왕조 멸망의 단서를 제공했으며, 거기에 결정타를 가한 인물이라고 할 수 있다.

명기 원원과의 로망스를 배경으로 도르곤이 이끄는 청군을 관내로 인도했을 때, 오삼계는 33세의 젊은 장군이었다. 미얀마에서 사로잡은 영력제 주유랑을 운남에서 죽였을 때는 51세였다. 이때 영력제의 생모인 마태후 마리아는 오삼계를 역적이라고 욕하며, 자신은 지하에서 눈을 부릅뜨고 너의 시체가 만단(萬段)으로 부서지는 것을 지켜보겠다고 말했다고 전해진다. 명나라에 최후의 일격을 가한 이 공적에 청나라는 그를 왕에서 친왕으로 봉하는 것으로 보답했다. 황족이 아닌 사람을 친왕으로 삼는 것은 이례적인 일이라고 하지 않을 수 없다.

그로부터 11년이 지나서 삼번의 난이 시작되었다. 오삼계는 62세였다. 강희 12년(1673)의 일이었다. 그는 운남에 일대 제국을 만들었다. 태종 홍타이지의 딸을 자기 아들의 아내로 맞아들여 청나라 황실과도 관계를 맺고 있었다. 티베트와의 교역과 광산의 개발 등으로 경제적으로도 커다란 힘을 축적했다. 동전을 주조했는데, 이러한 것은 독립국 정권의 행위라고 할 수 있을 것이다.

청나라의 조정이 변경에 커다란 세력, 그것도 한족에 의한 세력이 만들어지는 것에 경계심을 품었던 것은 당연한 일이었다. 중앙에 상의도 하지 않고 군사·재정과 같은 중요한 일까지 독단으로 전행할 수 있게 되면, 머지않아 중앙에서 완전 독립으로 발전하게 될지도 모른다. 삼번, 특히 오삼계의 전횡에 제동을 걸어야겠다고 젊은 강희제는 생각하고 있었을 것이다.

제동을 걸어야 한다지만, 그렇게 강력해진 힘을 그렇게 간단히 제거할 수는 없었다. 무력을 사용할 각오를 했을 것이다. 오삼계도 북경이 경계하고 있다는 사실 정도는 감지하고 있었다. 거기에 저항하기 위해서는 더욱 강해질 수밖에 없었다.

순치제는 24세로 죽고, 셋째 아들인 현엽(玄燁)이 8세로 즉위했다. 강희 6년(1667), 14세 때부터 친정을 시작했는데, 측근 권신의 전횡을 멋지게 제압했다고 하니 뛰어난 천성을 타고난 황제였다. 60년이 넘는 긴 재위 기간이기도 했기에 그는 손자인 건륭제와 비교되곤 하는데, 강희제 쪽을 훨씬 더 높이 평가해야 할 것이다. 건륭제의 경우는 안정되고 부강한 제국이 처음부터 주어져 있었다. 강희제는 아직 청 왕조의 기초가 굳건하지 않은 시기에 어린 나이로 즉위했으니, 분명히 문제가 많았을 것이다. 그 가장 커다란 문제 중 하나가 삼번을 억누르고, 가능하다면 그것을 소멸시키는 것이었다.

삼번의 난의 단서는 평남왕 상가희 일가의 불화에 있었다. 상가희와 아들인 상지신(尚之信)은 그다지 사이가 좋지 않았다. 또한 나이 들어 망향의 정이 깊어졌는데 요동으로 돌아가고 싶어서 아들을 광동에 남겨 두고 자신은 귀향하여 은거하고 싶다고 조정에 청했다. 그에 대한 조정의 결정은 '철번(撤藩)'이라는 강경한 조처였다. 상지신의 광동 잔류를 허락하지 않고 그 부하도 물러나라는 것으로 '번' 자체를 폐지하겠다는 말과 같았다.

말할 나위도 없이 다른 두 번이 놀랐다. 복건은 경중명의 손자인 경정충(耿精忠)의 대에 들어서 있었는데, 영지와 왕작은 당연히 세습되는 것으로 여기고 있었다. 운남의 오삼계와 복건의 경중명은 이 결정이 예외적인 것인지, 다른 번에도 적용되는 원칙인지를 살펴보기 위해 함께 북경에 철번을 청했다. 살펴보는 외에도 '해 볼 테면 해 보라'는 위협의 의미도 있었던 것 같다.

이 문제에 대해서 어전회의가 열렸다. 강희제는 이미 스무 살이었다. 철번을 허락하면 큰일이 벌어질 것이다, 위류(慰留, 달래어 보류함)해야 한다는 의견이 대세를 점했다. 철번 소청(疏請) 가운데 위협이 숨겨져 있음을 제왕과 대신들이 읽어 낸 것이다.

삼번에 대해서 중앙의 이부(내무), 호부(재무), 병부(국방)는 일체 관여를 할 수가 없었다. 삼번이 임명하는 관리는 '서선(西選)'이라고 불렸는데, 중앙에서는 그 인사에 참견을 할 수가 없었다. 군대도 삼번은 자신들의 것을 가지고 있었다. 뿐만 아니라 변경 수무(綏撫)를 구실로 중앙에서 해마다 2천만 냥의 보조금을 받았다. 이는 국가 재정의 절반을 차지할 정도였다. 이와 같은 특권을 오삼계 등이 포기할 리가 없었다. 철번 소청은 위류(慰留)될 것이라는 자신감을 가지고 감행한 것이 틀림없었다. 어전회의에서도 오삼계의 예상과 같은 의견이 대부분이었다.

이에 대해서 소수 의견이 있었다. 호부상서인 미사한(米思翰), 병부상서 명주(明珠), 형부상서 막락(莫洛, 모로) 등 세 사람이 그들이었다. 철번하면 모반하겠다고 하는데, 철번하지 않으면 삼번의 독립성이 더욱 강해져 완전 독립이 될 테니, 이 역시도 같은 모반이 아닌가, 어떤 경우에도 상대방이 모반을 할 테니, 과감하게 철번 소청을 인정하는 것이 어떻겠는가 하는 의견이었다. 강희제는 결연하게 이 소수 의견을 받아들였다.

삼번에 등 돌린 민심

철번 승인이 결정된 것은 강희 20년(1673) 7월의 일로 각 번에 칙사가 파견되었다. 오삼계는 위류를 예상하고 있었기 때문에 모반 준비가 되어 있지 않았다. 이에 우선은 공순을 가장하여 시간을 벌었다. 모반을 일으키는 데도 명분이 필요했다. 특히 중국에서는 그것이 중히 여겨지고 있었다. 오삼계는 명나라의 후예를 찾아내서 그를 추대하려 했지만, 그에 합당한 인물이 없었다. 영력제를 곤명에서 죽인 자가 오삼계이니 참으로 염치없는 생각이었다.

오삼계가 모반을 일으킨 것은 11월 21일의 일이었다. 후에 천하도초토병마대원수(天下都招討兵馬大元帥)라 칭했지만, 이 시점에서 그는 단지 주왕(周王)을 칭했을 뿐이었다.

운남·귀주 등과 같은 그의 세력권은 산지가 많고 토지가 좁기 때문에 일거에 장강으로 진격하여, 사천에서 호남으로 나가 원주(沅州), 상덕(尙德), 악주(岳州), 형양(衡陽) 등의 각 부를 점령했다. 이것은 이듬해 정월의 일이었다. 조정은 삼번이 협력할 것을 두려워하여 분단작전을 썼다. 광동과 복건의 철번을 취소하기로 결정했다. 그렇게 함으로써 오삼계를 고립시키려 한 것이다. 조정에서는 이와 같은 오삼계 모반을 초래한 철번론자(撤藩論者), 곧 앞에서 이야기한 세 사람의 소수파를 참형에 처하여 오삼계를 달래자는 의견까지 나왔다. 그러나 강희제는 그 의견을 일축했다. '없애도 반역한다. 없애지 않아도 반역한다'는 것이 철번론자들의 의견이었으니, 모반은 그들 책임이 아니다. 게다가 소수론을 채택하기로 결정한 것은 강희제 자신이었다. 그는 자기 자신의 결정에 신념을 갖고 있었다.

청 왕조는 결연한 태도를 취했다. 이 난을 결국에는 진압했는데, 강희제가 이러한 자세로 일관한 점이 주요한 승인이라고 여겨진다.

각지에 오삼계의 편을 든 유력자는 있었다. 예를 들어서 광서 장군(廣西將軍)인 손연령(孫延齡), 섬서 제독인 왕보신(王輔臣) 등과 같은 인물들이다. 그러나 배반을 했던 이 두 사람도 곧 청나라에 투항해 버렸다. 오삼계가 보인 초기의 순조로운 진격에 현혹되어 강한 쪽에 붙어야겠다고 기회주의자들이 호응한 것이다. 그러나 오삼계 토벌에 대한 청나라의 자세는 확고부동했다. 게다가 민중이 오삼계를 신뢰하고 있었던 것만도 아니다. 그것은 당연한 일일 것이다. 오위업의 〈원원곡〉이 사람들에게 애송되어 오삼계가 사랑하는 여인을 위해서 만주군을 관내로 끌어들였다는 사실은 누구나 아는 이야기가 되었다. 곤명에서 명나라의 영력제를 죽인 것도 불과 얼마 전의 일로 사람들의 기억에 아직 새로웠다. 영력제를 불에 태워 죽였다고도 하고 활시위로 목을 졸라 죽였다는 말도 있었다. 잔인한 살해 방법이었다. 오삼계가 아무리 '만주족을 쳐서 한족 천하를 만들자'며 변발을 그만두고 명나라의 의복제를 부활시켰다 할지라도 전혀 설득력이 없었다. 가장 먼저 변발을 하고 청군의 선도를 맡아 한족인 이자성 정권을 쓰러뜨린 자가 다름 아닌 오삼계였다.

복건의 정남왕 경정충에게는 철번을 그만두겠다는 소식이 도착했지만, 그것이 오삼계를 고립시키기 위한 작전이라는 점은 너무나도 분명했다. 이것저것 생각을 했을 테지만, 결국에는 오삼계에게 호응하여 모반을 감행하기로 했다. 강희 13년 3월의 일이니 오삼계의 모반에 바로 뒤를 이어 일어선 것이라고 할 수 있을 것이다. 복건에서 반란이 일어나자 그 맞은편에 있는 대만의 정경(정성공의 아들)도 호응하여, 바다를 건너와 장주(漳州)를 점령했다.

광동에서는 상 부자의 불화가 계속되고 있었다. 청나라에서는 아버지인 상가희를 친왕으로 봉하여 붙들어 두고 있었다. 상가희도 오삼계로부터 모반을 권하는 문서가 오자, 그것을 그대로 조정에 보내 모반할 뜻이 없음을 내보였다. 그러나 광포한 상지신은 강희 15년 2월에 아버지를 유폐시키고 모반하기로 했다. 나이 든 상가희는 유폐 중에 죽고 말았다.

삼번 가운데 두 개의 번이 배반을 했으므로, 상지신은 자신이 고립될까 우려했을 것이다. 이렇게 해서 삼번 모두 중앙에 반기를 들게 된 것인데, 모반 개시의 시기부터 보아도 그다지 손발이 잘 맞았다고는 여겨지지 않는다.

삼번의 최고 전성기에는 장강 남쪽 모두가 반란군의 손에 떨어져 청 왕조도 최대의 위기를 맞이한 것처럼 보였다. 그러나 청군은 예상한 것보다 훨씬 선전했다. 이는 민심이 삼번 쪽보다 오히려 청 왕조 쪽에 있었던 것이 최대의 이유 아니었을까 여겨진다. 만주족의 절대인구가 부족한 탓도 있었지만, 삼번의 난 토벌에 참가한 것은 대부분 한족 군대였다. 그들이 삼번의 '민족의 대의'라는 부르짖음에 동조하지 않았다. 삼번이야말로 민족의 대의를 배신한 원흉으로, 그들이 벌을 받고 있다는 생각조차 있었다. 또한 명나라 말기의 혼란스럽기 짝이 없었던 정치, 그리고 백성을 파멸시킨 중세(重稅)에 이은 중세의 착취에 비하면, 청나라 정치는 훨씬 더 좋았다. 청나라의 정치가 좋았다기보다 명나라 말기의 정치가 너무 좋지 않았다고 하는 편이 적당할지도 모르겠다. 삼번 토벌에 동원된 한족 부대는 현재의 체제를 지키는 편이 자신이나 자신들의 가족을 위해 행복한 일이라고 생각했을 것이다.

오삼계는 군을 동서 두 갈래로 나눴는데, 이것도 실패의 한 원인일 것이다. 두 갈래로 나눈 것은 청군을 가볍게 보았기 때문이다. 이런 경우에는 대군을 집중시켜 압도적인 힘으로 적의 거점을 하나하나 격파해 나가야 한다. 그 기세를 보고 각지에서의 호응도 기대할 수 있었을지 모른다. 청군의 준비가 충분하지 않았을 시기에는 삼번 군도 기세가 나쁘지는 않았지만, 강희제가 기정방침을 견지하여 한 발짝도 물러서지 않겠다는 결의를 내보이고 있었다. 오삼계의 아들인 오응웅(吳應熊)은 태종 홍타이지의 딸과 결혼하여 북경에 있었는데 강희제는 이를 죽였다. 삼번 토벌에 대해서는 조금도 타협하지 않겠다는 점을 분명히 한 것이다.

두 갈래로 갈린 오삼계 군은 양쪽 모두 승리를 얻지 못했다. 청군의 선전으로 진격은 저지되었으며, 패색이 점점 짙어져 갔다.

이렇게 되었으니 처음부터 결합이 약했던 삼번 연맹에 이반(離反) 현상이 일어나는 것은 당연했다. 같은 모반이라 할지라도 굶주린 백성을 규합하여 일어났던 명나라 말기의 이자성 집단 등과는 성격이 달랐다. 압정에 반발하여 결기한, 생사의 문제를 가늠하는 모반이 아니었다. 실권을 빼앗기지 않으려고 자신의 이익을 위해서 병을 일으킨 것이니, 이는 이념이 없는 거병이라고 할 수밖에 없다. 그런 집단에 패배의 기운이 감돌기 시작하면 이반도 연쇄반응을 일으키는 것은 당연한 일일 것이다.

2월에 반기를 들었던 광동의 상지신이 12월에 벌써 청나라에 귀순을 청했다. 그보다 조금 앞서 경정충도 항복했는데, 왕작은 그대로 유지되었으며 복주에 머무는 것도 허락이 되었다. 상지신은 그 소식을 듣고 귀순하기로 결심했을 것이다. 오삼계가 종종 반청 전쟁을 원조해 달라고 상지신에게 출병을 요청했지만, 그는 거의 움직이지 않았다. 청나라에 대해서 모반 선언을 했지만, 오삼계를 별로 돕지 않아서 죄가 가볍다고 여겼던 모양이다. 그런데 이번에는 청나라에서 오삼계 토벌을 명했으나, 이리저리 핑계를 대며 애매한 태도를 취할 뿐 움직이려 하지 않았다. 전형적인 기회주의자였다.

통일 제국의 탄생

기껏 끌어들인 두 번이 이반했기 때문에 오삼계는 호남에서 고립되어 버렸다. 그래도 오삼계는 천군만마의 장군이니, 젊은 강희제가 전쟁 지도를 하고 있는 청군을 언젠가는 격파할 수 있을 것이라 생각했던 모양이다. 이반한 자들도 내가 세력을 회복하면 다시 따라올 것이다. 그 자신이 그런 인간이었기 때문에 거기에 기대를 걸고 있었다. 그 증거로 청나라에 귀순하여 오삼계 토벌 명령을 받은 상지신은 북상을 위한 동원을 할 기미가 보이지 않았다.

기세를 내보일 필요가 있다고 오삼계는 통감했다. 청군의 예상 밖의 선전에도, 광동·복건 두 번의 이탈에도 결코 타격을 받지 않았음을 내외에 내보이지 않으면 안 되었다. 오삼계의 생각으로는 즉위식을 올려 황제가 되는 것이 최선책이라 생각했다.

강희 17년(1678) 3월, 이전까지 거점으로 삼고 있던 장사(長沙)에서 형주(衡州)로 옮겨, 그곳을 정천부(定天府)라 부르고 엄숙하게 즉위 대전을 치렀다. 국호는 '주(周)'로 하고 연호는 소무(昭武)로 정했으며, 백관을 두고 각 장군을 봉했다. 운남과 귀주에서 과거 시험을 행해 인재를 모으는 등 이른바 인기 얻기 정책을 차례차례로 발표했다.

이 즉위 연극의 효과를 오삼계는 천천히 확인할 수가 없었다. 왜냐하면 3월에 즉위한 오삼계가 8월에 죽었기 때문이다. 이 5개월 동안에 대만의 정경이 대륙으로 병사를 진출시켜, 해징성(海澄城)을 공격하여 떨어뜨리고 천주성(泉州城)을 포위했다. 그러나 오삼계에 의해 살해된 영력제의 연호를 그대로 사용하고 있는 대만은 결코 오삼계를 돕기 위해 복건의 각 성을 공격한 것이 아니었다.

오삼계는 67세였다. 중추(8월 15일)의 달맞이 잔치에서 죽었다고 한다. 그 자리에는 진원원도 있었다고 하는데, 그녀도 상당한 나이였을 것이다. 일설에 따르면, 오삼계의 사위인 호국주(胡國柱)가 청나라에 항복하려 한다는 소식을 잔치 자리에서 듣고, 너무 분개한 나머지 죽었다고도 한다. 각 장군은 운남에서 오삼계의 손자인 오세번(吳世璠)을 맞아들여 형주에서 옹립했다. 그리고 홍화(洪化)라고 개원했다.

경험이 풍부한 오삼계가 군을 통솔했기에 비로소 모반이 가능했을 것이다. 안 그래도 형세가 나날이 기울어가고 있었는데, 그가 죽고 손자가 모반 집단의 우두머리가 되었으니 앞길은 암울하기만 했다. 참으로 약삭빠르게도 그때까지 청나라의 출병 요청을 적당히 회피하고 있던 광동의 상지신은 대세는 이미 기울었다고 판단하고, 오군 토벌을 위해 병사를 움직였다.

청군은 이 기회를 놓치지 않고 공격에 나섰다. 오삼계가 죽은 이듬해 정월에 악주와 장사, 상덕 각 부를 탈환했다. 그리고 2월에 오삼계가 수도로 삼았던 형주를 점령했다. 모반 왕조의 황제 오세번은 귀주로 도망쳤다가, 이듬해에 운남으로 달아났다.

강희 20년(1681) 정월, 대만에서는 정경이 죽고 그의 아들인 정극상(鄭克塽)이 연평왕의 자리를 이었다. 정성공을 연평왕으로 봉한 황제도 그 왕조도 더 이상 존재하지 않았으나, 대만에서는 여전히 정 씨가 왕을 칭하며 영력을 연호로 쓰고 있었다. '왕이 있는 땅에는 백수의 왕인 호랑이도 있어야 한다.' 그런 말이 있었던 것인지 아니면 어떤 도사와 같은 사람이 그런 말을 했는지는 모르겠지만, 대만에는 호랑이가 없었으므로 일부러 대륙에서 호랑이를 잡아와서는 산에 풀었다고 한다. 그러나 대만의 산지에는 날래고 사나운 원주 민족이 있어서, 호랑이 정도는 바로 죽였기 때문에 아무리 보충을 해도 소용이 없었다고 한다. 사람들은 은밀하게 "대만은 왕이 군림할 땅이 아니다"라 속삭였다고 한다. 정성공이 죽은 뒤, 대만에서 정가(鄭家)의 힘도 그렇게 강력하지는 않았을 것이다. 정가에 내분이 일어나, 극상도 형이 살해된 뒤에 옹립되었다. 대만의 정가도 이미 사양길로 접어들고 있었다.

운남으로 달아난 모반 왕조의 주인 오세번은 같은 해 10월, 청나라 대군에 포위되어 거기서 자살했다.

이렇게 해서 9년에 걸친 '삼번의 난'은 끝났다.

평남왕인 상지신은 오삼계가 죽자 드디어 병을 움직여 광서의 무선(武宣)을 공격했지만, 이 극단적인 기회주의자는 청 왕조에 심한 불신감을 품게 했다. 평소부터 난폭한 행동이 많았던 상지신의 평판은 안 그래도 좋지 않았으므로, 그를 죽여도 백성은 기뻐할 뿐일 것이다. 그는 체포되어 북경으로 이송되었으며, 아직 오세번의 모반이 계속되던 강희 19년 9월에 처형되고 말았다. 이로 인해 광동에서 번은 사라지고 말았다.

최대의 번이었던 운남이 오세번의 자살로 소멸된 뒤, 남은 것은 복건의 정남왕 경정충의 번뿐이었다. 경정충은 때때로 바다를 건너오는 대만의 정군을 비롯하여 복건의 반청 세력과 싸워, 청나라에 대한 충성을 인정받으려 노력했다. 그러나 두 번을 소멸시킨 청 왕조가 복건의 번만을 남겨 둔다는 것은 있을 수 없는 일이다. 물론 청 왕조로서도 삼번을 없앨 기회를 놓칠 수는 없는 일이었다.

오세번이 자살한 이듬해의 정월, 경정충은 살해되고 말았다. 예전에 모반한 적이 있어서 죽일 이유는 얼마든지 있었다. 죄상 5개조라고 하는데, 청 왕조는 여기서 삼번을 완전히 없애는 데 성공한 것이다.

이후 청 왕조에서 번은 다시 만들어지지 않았다. 완전한 중앙 집권 제국이 된 것이다.

강희 22년(1683) 8월, 청나라의 수사제독(水師提督)인 시랑(施琅)이 대만으로 들어갔고, 연평왕인 정극상은 결국 항복했다. 이렇게 해서 강희제는 중국을 통일하는 데 성공했다.

청 왕조는 삼번에 대해서 엄격한 처분을 내렸다. 그러나 대만의 정가에 대해서는 관대했다. 항복한 정극상은 북경으로 보내졌다. 복건에 사는 것은 허락되지 않았지만, 그는 정황기(正黃旗) 한군공(漢軍公)에 봉해져 일족과 함께 북경에 살았으며, 동생인 극균(克均) 등도 4품관을 받는 등 우대받았다고 할 수 있다. 또한 극상은 강희 38(1699), 대만에 있던 할아버지 성공, 아버지 경 등의 관을 받들어 고향 복건 남안현(南安縣)에 이장해도 좋다는 허락을 받았다. 그러나 이장을 마치고 나면 바로 북경으로 돌아오라는 명령을 받았다. 청 왕조는 아직 정 가의 복건에 대한 영향력을 두려워하고 있었던 듯하다.

대만의 정가가 삼번과는 달리 주살 등의 극형을 면할 수 있었던 것은 그 반청 운동이 일관된 것이었기 때문이다. 삼번은 한족 장군으로서 일단 청나라에 항복한 뒤, 다시 청나라에 반기를 들었다. 정가는 명나라의 유신으로서 끝까지 저항한 것이며, 그것은 '충의'라고 인정되는 행위였다. 청 왕조는 정성공을 청나라의 역적이라 보기는커녕 그 충의를 현창하기까지 했다. 청나라도 왕조로서 사람들의 충성심을 필요로 했던 것이다.

3대의 봄

수학을 배우고 사전을 잘 만든 강희제

강희라는 연호는 61년 동안이나 계속되었는데, 이 연호를 책 이름으로
단 『강희자전(康熙字典)』은 지금까지 독서인들에게 친숙한 사전이다. 부수
(部首)로 분류하여 획수(劃數)로 찾는 획인자전(劃引字典)은 명나라 시절 매
응조(梅膺祚)가 엮은 『자휘(字彙)』가 최초인데, 그것을 완성한 것이 『강희자
전』이다. 오늘날 시판되고 있는 한자사전의 원조라고 할 수 있을 것이다.

연호가 곧 자전을 연상시키니, 강희라는 시절에는 문운(文運)이 활발
하지 않았을까 누구나 생각할 것이다. 분명히 그랬지만, 삼번의 난 진압
이 전기에 있었으며, 후기에는 외정이 있었는데, 양쪽 모두에서 성공을
거두었다. 강희제는 문무 양쪽에서 번창하여 청나라의 황금시대를 만들
었고, 아들인 옹정제(雍正帝)와 손자인 건륭제에 이르기까지 '성세(盛世)'
를 전한 명군(名君)이다. 세 사람 모두 명군이지만, 황금시대를 연 강희제
가 가장 높은 평가를 받는다. 옹정·건륭 두 황제는 강희제로부터 커다란

유산을 물려받았지만, 사실 강희제도 아버지 순치제로부터 적잖은 은혜를 입었다.

순치제는 한 문화에 심취한 인물인데, 유조에서 그것을 반성했다는 사실은 앞에서도 이야기했다. 한 문화에 심취했다고는 하지만, 명나라 멸망의 커다란 원인이 환관의 화에 있다는 사실을 알고 그 화근을 제거했다. 오량보(吳良輔)라는 환관이 정부의 고관들과 교제했다는 이유로 사형에 처해졌다. 또한 환관들의 관청인 십삼아문(十三衙門)을 만들었으나, 금중(禁中)에 철패를 세우고, 환관으로 외사(外事, 정치적인 일)나 관리의 현부(賢否)를 함부로 말하는 자는 '능지처사(陵遲處死)'형에 처하겠다고 명시했다. 능지처사란 한 치 단위로 잘라 마지막까지 고통을 주며 죽이는 것을 말한다. 명나라의 홍무제도 철패를 내걸었지만, 환관의 지지를 얻어 찬탈에 성공한 영락제가 그것을 무시했다. 강희제가 즉위하자 십삼아문도 폐지되고 청나라 전체를 통해서 환관으로 정치에 커다란 영향을 준 인물은 나타나지 않았다.

순치제는 24세로 죽었지만, 대중들 사이에서는 출가하여 오대산(五臺山) 청량사(淸凉寺)에 들어갔다는 소문이 상당히 뿌리 깊게 퍼졌던 모양이다. 순치제는 격정가로 사랑하는 동(董)귀비의 죽음을 슬퍼하여 출가할 결심을 바꾸지 않았기 때문에 어쩔 수 없이 세상을 떠날 수밖에 없었다고 전해진다. 아들인 강희제는 열렬한 주자학 신봉자였음에도 오대산에 다섯 번이나 갔었다는 사실, 그때 태황태후와 황태후를 동반했다는 사실, 그리고 그 시기(순치제가 정말로 죽었다고 여겨지던 때) 이후 오대산에는 전혀 가지 않았다는 사실 등이 소문의 근거들이다. 또한 중국의 유명한 소설 『홍루몽』에서 주인공인 가보옥(賈寶玉)이 출가하는 대목이 있는데,

거기에는 순치제의 출가가 반영되어 있다는 설도 있다.

　도르곤의 독재적인 섭정에 고민했던 순치제는 여러 명의 중신들에게 어린 아들의 보좌를 맡겼다. 유조에 따라서 오바이(鰲拜), 소닌(索尼), 에빌룬(遏必隆), 스크사하(蘇克薩哈) 등 네 대신이 보정대신(輔政大臣)이 되었다. 한 사람의 전제는 피할 수 있었지만, 네 사람이나 되자 의견이 맞지 않아 대립했다. 소닌은 강희 6년(1667)에 죽었고, 같은 해 오바이와 수크사하의 대립이 극단으로 치달아 정쟁에서 진 수크사하가 사죄(死罪)를 받았다. 그 후부터는 오바이의 보정 독점이 계속되었고, 그 도당이 횡행하여 차마 눈뜨고 볼 수 없었다. 강희 8년, 16세가 된 강희제는 참내(參內)한 오바이를 체포하여, 죄상 30개 조를 들어 사형을 선고했다. 그러나 그의 무공을 고려해서 종신금고로 감해 주었다. 강희제의 참모습을 잘 볼 수가 있는데, 세력을 키워 가고 있던 만주 귀족이 이때부터 조용해졌다. 오바이의 도당도 일망타진되어 처벌을 받았다. 오바이 자신은 44년 동안 금고형을 살다가, 강희 52년에 간신히 풀려났다.

　삼번의 난 진압에서도 볼 수 있듯이 강희제는 과감한 결단력을 가졌으나, 한편으로는 토혈을 할 때까지 공부에 힘쓴 학구파이기도 했다. 8세에 즉위했으니, 제왕의 지위에 있으면서 제왕학(帝王學)을 배운 셈이 된다. 한인 유학자로부터 배운 학문 가운데서 특히 주자학이 마음을 사로잡았다. 또한 당시 중국에 와 있던 예수회 신부들로부터 수학 등 자연과학을 배웠다.

　강희제의 문화 사업으로는 『강희자전』이 가장 유명하지만, 그 밖에도 『대청회전(大淸會典)』180권, 『패문운부(佩文韻府)』106권, 습유(拾遺) 106권, 『역대제화시류(歷代題畫詩類)』120권, 『전당시(全唐詩)』900권 등이 있다. 『전당시』는 그 이름대로 당나라 시대의 시를 모두 모은 것이다. 『패문운부』는 시를 짓는 사람에게 없어서는 안 될 참고서다. 과거(科擧)에는 반드시 시가 출제되었기 때문에 관료와 관료 지망자는 시인, 적어도 시를 지을 줄 아는 사람이 아니면 안 되었다. 이 『패문운부』는 강희 50년(1711)에 편찬되었는데, 장옥서(張玉書), 진정산(陳廷敬) 등 76명이 편찬했다. 거의 같은 멤버에 의해서 칙명에 따라 『강희자전』 편찬 사업이 강희 49년(1710)에 개시되어, 6년 후인 강희 55년에 완성되었다. 수록된 글자 수는 4만 9천여 자라고 알려져 있다.

강희제가 주자학에 경도되었다는 사실을 언급했는데, 대성전(大成殿) 안에 십철(十哲) 중 한 명으로 주자를 모신 것도 그의 시절부터였다. 『주자전서(朱子全書)』와 『성리대전(性理大全)』 등 주자학과 관계된 저작도 강희제의 명령으로 만들어졌다.

중국사 연구자에게 커다란 은혜를 베푼 『명사』는 순치제 무렵에 이미 착수하여 완성한 것은 옹정 13년(1735)이지만, 그 대부분은 강희제 시절에 편찬되었다. 『명사』 편찬은 명나라 유신을 청나라 조정이 흡수하기 위한 정책적인 측면도 있었다. 충신은 두 왕조를 섬기지 않는다는 것이 유학의 도덕이었는데, 명나라를 섬겼던 사람이라도 『명사』를 쓰기 위해서라면 청나라를 섬길 구실이 부여되었다.

청 왕조로서도 영향력이 있는 사람을 가능한 한 재야에 남겨 두지 않도록 하기 위해 출사(出仕)를 장려했다. 구실을 얻어 청나라를 섬긴 저명인도 있다. 정성공의 스승이었던 전겸익과 오위업이 그랬다. 끝까지 청나라를 섬기지 않고 명나라의 유신으로 생애를 마친 사람도 적지 않았다. 앞에서 이야기한 황종희가 그랬으며, 『일지록(日知錄)』의 저자이기도 한

대학자 고염무(顧炎武)도 그중 한 사람이었다. 그가 지은 〈해상(海上)〉이라
는 제목의 오언절구가 있다.

　　바닷가에 눈 깊을 때,
　　먼 하늘에 기러기 한 마리 없구나.
　　평소의 이소경(李少卿)이
　　술을 가지고 와 서로 권한다.

　　海上雪深時 長空無一雁 平生李少卿 持酒來相勸

이 시는 한나라 소무(蘇武)의 이야기에 빗댄 것이다. 해상이란 바닷가
를 의미하지만, 흉노의 포로가 된 소무가 끌려갔던 바이칼 호수를 말한
다. 소무는 한나라의 사절로 흉노에 갔다가 억류되어 항복을 권고받았으
나 따르지 않고, 바이칼 호반에서 양을 치며 생활했다. 눈이 내려 식량
을 얻을 수 없으면, 전(旃, 펠트의 섬유)을 눈에 섞어 먹었다고 한다. 그런데
흉노와 격전을 치른 끝에 포로가 되어 항복하여 흉노의 고관이 된 이릉
(李陵, 자는 소경)이 찾아와 귀순을 권했다. 그러나 소무는 뜻을 굽히지 않
고 그것을 거절했다. 이릉은 하는 수 없이 식료와 주거용 천막을 남겨 놓
고 떠났다. 흉노와 한나라는 나중에 화약을 맺었지만, 소무는 이미 죽었
다고 흉노는 한나라에 전했다. 소무의 생존이 한나라에 알려진 것은 그
가 남쪽으로 돌아가는 기러기의 다리에 '소무는 북해 부근에 있다'고 적
은 서신을 묶었기 때문이라고 한다. 그 기러기가 황제의 사냥터인 상림원
(上林苑)에서 화살에 맞아 떨어져 생존이 확인되어, 한나라의 요구에 따

라서 소무는 19년 만에 귀국할 수 있었다고 한다.

고염무의 시는 소무의 일화를 읊은 것 같지만, 사실은 자신의 일을 이야기하고 있는 것이다. 소무는 기러기에 서신을 묶어서 생존을 알릴 고국이 있었지만, 자신에게는 이제 그것이 없다는 비장한 기분이 나타나 있다. '먼 하늘에 기러기 한 마리 없구나' 등과 같은 구절은 눈물 없이 읽을 수 없다. 평소부터 친하게 지내고 있던 친구로 청나라에서 벼슬을 살고 있는 인물이 술을 들고 와서 관직에 오를 것을 권했을 때, 이 시를 지었을 것이다.

온몸으로 저항한 기인 예술가들

청나라를 섬겨 이신(貳臣, 두 왕조에 근무한 신하)이 된 오위업도 관직에 오른 것을 뼈저리게 후회한 듯하다. 그의 아호는 매촌(梅村)이었는데, 자신의 무덤에는 청나라의 관작 등을 새기지 말고 단지 '시인 오매촌의 묘'라고 하라는 유언을 남겼다.

변발이라는 이민족의 풍습을 강요당한 굴욕을 모면하는 유일한 한 가지 방법이 있었다. 삭발하여 승려가 되는 것이다. 머리카락이 없는 승려는 말할 나위도 없이 변발을 할 수가 없다. 출가하여 저항한 사람들도 적지 않았는데, 그런 사람들 가운데 유명한 화가인 팔대산인(八大山人)이 있었다.

팔대산인의 본명은 주답(朱耷)이며 홍무제의 열일곱 번째 아들로 영왕(寧王)에 봉해진 주권(朱權)의 9대 손이라고 한다. 홍무제 아들의 후예라는 점은 노왕이나 당왕(융무제)과 같다. 누군가가 추대를 하면 반청복명의 상징이 될 수도 있는 입장에 있던 사람이었다. 그러나 그 가계에서는 방랑벽이 있거나 시가를 즐기거나 술을 한없이 좋아했던 인물이 많이 나왔다. 명 왕조의 황족 각 집안 가운데서도 그런 쪽으로 유명했던 듯하다. 천계 6년(1626) 출생이니 숭정제가 자살했을 때는 이미 19세였다. 출가한 것은 23세 때였다고 한다. 변발을 거부하고 저항했지만, 그 직전에 아버지와 아내를 잇달아 잃어 무상관(無常觀)도 깊어져 있었을 것이다. 기행이 많았으며, '갑자기 크게 웃고, 갑자기 통곡했다'라는 기록으로 봐서, 감정의 기복이 매우 심한 인물이었던 것 같다.

팔대산인의 작품은 격렬한 저항 정신의 표현이라고 할 수 있다. 예를 들어 그가 그린 새는 매우 전투적으로 보인다. 의연하고 무엇인가에 맞서려는 듯 날카로운 눈을 반짝이고 있다. 나는 가끔, 팔대산인은 단지 그 눈을 그리고 싶어서 화승(畵僧)이 된 게 아닐까 생각하곤 한다. 풍경을 그려도 인물을 넣지 않았다. 그의 눈앞에 보이는 것은 모두 망국의 백성이니, 그들을 그린다는 것은 견딜 수 없었을 것이다.

황족 출신 화승으로는 그 밖에도 석도(石濤)가 있었다. 본명은 주약극(朱若極)이고 아버지는 계림에 봉해진 정강왕 주형가였다. 이 왕가의 시조는 홍무제의 종손(從孫)이니 팔대산인보다는 황통에서 상당히 멀다고 하지 않을 수 없다. 그러나 석도의 명나라 유민으로서의 감정에는 더욱 굴절된 것이 있었을 것이다. 남경 정부가 붕괴된 뒤, 각지에서 황족이 추대되기도 하고 자칭을 하기도 했는데, 석도의 아버지도 계림에서 감국을 칭했다. 정 가 일족에 의해 옹립된 융무제(당왕) 주율건이 석도의 아버지를 참칭자(僭稱者)로 간주하고, 복주로 연행해 죽였다는 사실은 앞에서 이야기했다. 청나라에 의해 멸망당한 명나라 황족 출신의 유신이었지만,

자신의 아버지는 명나라의 자칭 황제에게 목숨을 잃었다.

석도는 불문의 두 스승과 함께 두 번이나 북경으로 가서 강희제를 만났다. 저항의 자세를 조금도 굽히지 않았던 팔대산인과 비교하여, 석도의 그 '노안비슬(奴顔婢膝, 노예 같은 얼굴로 하인처럼 무릎을 굽히는 것)'은 비난받는 경우가 흔히 있었다. 그러나 아버지의 원통한 죽음을 생각하면, 일방적으로 비난만 하는 것은 가혹하다는 생각이 든다.

망국의 유민으로서의 예술은 격정이 그 속에 감춰져 있는데, 그것이 강렬한 개성으로 표현되어 있는 듯하다. 팔대산인의 독특한 작풍은 양주팔괴(揚州八怪)와 청나라 말기의 오창석(吳昌碩)과 근대의 제백석(齊白石)에게 이어진다.

양주팔괴 가운데 한 사람인 정섭〔鄭燮, 호는 판교(板橋), 1693~1765〕은 팔대산인이나 석도 등 유민의 산수화를 보고, 다음과 같은 시를 지었다.

> 나라는 깨지고 집은 망해 머리가 죄다 세어
> 한 주머니의 시화(詩畫)로 두타(頭陀, 탁발)를 하네.
> 가로로 칠하고 세로로 바르기를 천천(千千) 폭.
> 묵점(墨點)은 많지 않으나 누점(淚點)은 많구나.

國破家亡鬢總旛 一囊詩畫作頭陀 橫塗豎抹千千幅 墨點無多淚點多

이와 같은 어두운 그늘을 갖고 있었으면서도, 강희제는 삼번의 난을 극복하고 청나라의 통치를 안정시켜 문화가 번창하는 시대를 열었다. 그리고 황제 자신이 그 시대 최고의 문화인 중 한 사람이었다. 이후의 옹정

·건륭 두 황제도 마찬가지였다. 황제가 문화인이니 문화가 가지고 있는 힘을 잘 알고 있었다. 그런 만큼 문화에 의한 모반, 사상의 모반에 필요 이상으로 경계심을 품고 있었다.

문화의 황금시대라 불리는 이 강희·옹정·건륭 3대에 '문자옥'이라 불리는 필화사건이 빈발했는데, 그것은 언제나 피비린내가 나는 처형을 동반하곤 했다. 원나라 때는 몽골의 황제를 비롯하여 상층부가 한 문화에 관심을 갖지 않아서, 필화사건은 오히려 그렇게 많지 않았다. 청나라 때에는 순치제를 시작으로 한 문화에 정통한 황제들이 줄을 이었는데, 문화 쪽에 이상할 정도로 날카로운 시선을 보냈다.

순치 말년에 이미 비평가인 김성탄(金聖嘆)이 처형되었다. 김성탄은 이색적인 인물로 중국 문학의 최고 걸작을 『장자』, 『이소』, 『사기』, 『두시』, 『수호전』, 『서상기』 등 육재자서(六才子書)로 보고 비평을 가했다. 『수호전』과 같은 소설, 『서상기』와 같은 희곡을 굴원의 『이소』나 사마천, 두보의 작품과 동등하게 취급한 까닭에 예의를 아는 독서인으로서는 생각할 수도 없는 일이었다. 반속(反俗), 반정통(反正統), 반체제적인 사상의 소유자로 당시 문단의 총아였지만, 체제 쪽에서는 좋지 않게 보았을 것이다. 순치제가 죽은 직후, 추도라는 명목 아래 학생들 사이에서 불온한 움직임이 있었는데, 김성탄은 그 수모자 중 한 사람으로 체포되어 처형당했다.

강희 2년(1663)에는 장정롱(莊廷鑨)이 편집한 『명사집략(明史輯略)』에 청 왕조를 비방하는 기사가 있다고 하여, 관계자 74명이 사형에 처해졌다. 편집자 가족뿐만 아니라 교정을 본 사람, 서점, 판목을 만든 각공(刻工)까지 목숨을 잃었으며, 그 부녀를 변방의 군대에게 주어 버린 엄격한 처분이었다. 변경 수비군의 위안부로 삼은 것이니, 사대부에게는 가장 커다란 굴욕이었다.

강희 50년(1711), 대명세(戴名世)가 지은 『남산집(南山集)』에서 청나라가 인정하고 있지 않은 영력이라는 연호를 쓴 부분이 적발되어, 저자는 일족과 함께 사형에 처해졌다.

네르친스크 조약과 티베트 점령

삼번의 난 이후, 강희제는 여력을 변경으로 돌려 쓸 수가 있었다. 러시아가 남하할 기색을 보이고 있던 무렵이었는데, 더구나 그것이 청 왕조의 발상지에서 가까운 흑룡강 방면으로 향해 있었다. 대만의 정가가 항복한 강희 22년, 흑룡강의 아이훈(璦琿)에 성을 쌓고 흑룡강 장군을 주둔시켰다. 휘하의 군대는 그 부근의 러시아 군대보다 훨씬 강력했다. 이와 같은 무력을 배경으로 하여 강희 28년에는 네르친스크 조약을 러시아와 체결했다.

이 시대에는 러시아 제국이 시베리아를 점령하고 남하를 목표로 삼았다. 신흥 청나라와의 사이에서 여러 가지 문제가 일어나는 것은 당연한 일이다. 러시아는 청나라 입관 후, 거듭 사절을 북경에 파견하여 국교와 통상을 요청했지만, 모두 성립되지 않았다. 그것은 궁정의 의례 문제와 흑룡강 방면의 국경이 분명하게 정해져 있지 않은 것 등이 방해가 되었기 때문이다.

네르친스크 조약에 대한 평가는 여러 가지지만, 러시아가 점거한 아르바진 성을 탈환하고, 아르군 강과 대흥안령(大興安嶺) 남동쪽 땅이 청나라 영토임을 인정하게 한 것이니, 청나라에게 유리한 조약이었다고 생각된다. 그러나 러시아 측은 이전까지 거부당했던 통상을 청나라가 인정하도록 하여, 관영대상(官營隊商)을 1년에 한 번 북경에 파견하는 데 성공했다. 공평하게 말해서 이것은 대등한 조약이었다. 조약 체결을 할 때, 통역을 맡은 예수회 신부가 라틴어로 교섭했다는 일화가 있다. 실제로 이 조약은 라틴문(文)을 정문(正文)으로 하고 있다.

천하 국가인 청나라가 '조공'이 아니라 '통상'을 허용했다는 사실은 역시 양보였다고 보는 견해도 있다. 그러나 시베리아를 제압한 러시아는 청나라와의 사이에 기다란 국경선을 가지고 있기 때문에 변경의 안정을 꾀하기 위해서라도 청나라는 러시아와 우호관계를 유지할 필요가 있다고 생각한 것이다. 아마도 예수회 신부들의 충고도 있었을 것이다. 실제로 몽골 서부의 준가르부(部)는 청나라에 복속되어 있지 않아, 언제 러시아와 손을 잡고 청나라의 변경을 침범할지 알 수 없었다. 준가르부의 갈단(噶爾丹)이라는 수장은 몽골을 통일하여 제2의 칭기즈 칸이 되기를 꿈꾸고 있었기 때문에 극히 위험했다. 청나라에 복속되어 있던 몽골의 하르하부(哈爾喀部)는 계속되는 갈단의 침입에 골머리를 썩고 있었다.

네르친스크 조약을 체결한 이듬해, 강희제는 스스로 군을 이끌고 나가 준가르부의 침입군을 격퇴했다. 6년 후에도 강희제는 친정하여 준가르부를 철저하게 격파했다. 갈단은 자살하고 말았다.

준가르부는 수장 갈단을 잃었지만, 새로운 수장 밑에서 재기를 꾀해 강희 56년(1717)에는 곤륜(崑崙)을 넘어 티베트를 점령했다. 전 몽골을 통일하려면 몽골사람들이 믿고 있는 라마교를 장악해야 한다는 발상이었던 듯하다. 당시 이는 참으로 유효한 방법이었다. 청나라에게는 중요한 문제였으므로 티베트로 출병했지만, 이 작전은 실패로 돌아갔다. 그러나 바로 2년 뒤인 강희 59년(1720)에 청군은 청해(靑海)와 사천, 두 갈래 길로 티베트를 공략하여 준가르부를 이 지방에서 추방하는 데 성공했다.

오삼계의 손자인 오세번은 청군에게 쫓길 때, 티베트의 달라이 라마에게 원조를 요청한 적이 있었다. 그러나 강희 말년에 달라이는 정권에서 멀어진 존재였다. 준가르 세력을 티베트에서 소탕한 청나라는 준가르의 공격을 받아 살해된 라싼 칸의 대신인 칸체네와 포라네 두 사람에게 이 지역의 정치를 맡겼다.

강희제의 뒤를 이은 옹정제 시절에 티베트의 반정부 세력이 칸체네를 죽이고, 다시 준가르 세력을 규합하려 했다. 이때 포라네가 반정부군을 진압하여 탈 없이 사태를 마무리했다. 포라네는 그 공을 인정받아 청나라로부터 티베트의 왕으로 봉해졌다. 그러나 청나라는 정·부(正副) 두 명의 주티베트 대신(駐藏大臣)을 보내 왕을 감독했다.

그런데 포라네의 아들인 규르메 시절이 되자, 다시 준가르부를 티베트에 규합하려는 움직임이 보였다. 그것을 억누른 것이 제7대 달라이 라마였으며, 청 왕조에서는 이후부터 달라이 라마에게 정권을 주었고, 무엇보다도 준가르와의 왕래를 금지했다. 티베트는 이렇게 해서 청나라의 보호국이 되었고, 건륭제 시절의 준가르 평정으로 문제가 없는 지역이 되었다. 티베트가 다시 문제의 땅이 된 것은 제국주의 열강 시대에 들어서면서부터다. 인도를 손에 넣은 영국이 곧 티베트 문제에 등장하기 시작한다.

강희제는 티베트를 평정함과 동시에 투루판 분지를 공격하여 청나라의 판도에 넣었다. 준가르와 티베트의 관계를 끊는 하나의 작전이기도 했다. 티베트 평정 2년 뒤에 강희제는 69세로 죽었다.

이 유능한 황제에게도 약점은 있었다. 그것은 후계자 문제였다. 35명이나 되는 황자가 있었는데, 황태자로 세운 둘째가 그다지 신통치 않은 인물이어서 아버지를 고민하게 만들었다. 강희제는 그를 폐했지만, 신하들의 간언으로 다시 복위시켰다. 그러나 강희 51년(1712)에 강희제는 생각한 바가 있어서 다시 황태자를 폐했다. 그 이후 그는 황태자를 세우지 않았다. 그리고 그 이후부터 황태자를 세우지 않는 것이 청나라의 관습이 되었다. 후계자는 유조에 따라 정해졌다. 넷째 아들인 윤진(胤禛)이 황사로 지명되어 그가 옹정이라 불리는 황제가 되었다.

이처럼 유조로 알 수 있을 때까지 후계 황제를 알 수 없는 관습은 결과적으로 봐서 청 왕조에게 다행스러운 일이 아니었을까 생각된다. 강희제의 둘째에게 비행이 많았던 것은 자질 때문에도 그랬겠지만, 황태자라는 지위가 많은 추종자를 불러 그를 타락시켰다는 일면이 있었을지도 모른다.

황제가 죽을 때까지 후계자를 알 수 없기 때문에 황태자파라는 아첨하는 무리가 생겨나는 것을 막을 수 있었다. 황자들은 아버지에게 인정받기 위해서 문무 양면으로 노력했을 것이다. 이는 뛰어난 황제를 낳게 된다. 황제가 갑자기 죽어 말로 유언을 남길 수 없을 때에 대비해 건청궁(乾淸宮)의 옥좌 뒤, '정대공명(正大公明)'이라는 편액 뒤에 황제가 평소 마음에 담고 있던 황자의 이름을 적어서 금갑(錦匣)에 밀봉해 두었다고 한다. 태자 후보자를 아무도 모르게 지명하는 이 '태자밀건(太子密建)' 제도는 옹정제에서 시작되어 청 왕조가 끝날 때까지 지켜졌다.

지식인 입에 재갈 물린 문자옥

할아버지 강희, 손자 건륭은 각각 세상을 다스린 기간이 60년을 넘었으며, 그 사이에 낀 아들 옹정은 13년에 지나지 않아서, 어딘지 눈에 잘 띄지 않는 시대였다. 또한 전후 대에 비해서 아무래도 어두운 인상이 있다. 그의 황위 계승에도 약간은 개운하지 않는 구석이 있다. 강희제의 죽음은 상당히 급작스러웠기 때문에 유조를 받은 것은 강희제 황후의 동생인 룽고도(隆科多) 오직 한 사람뿐이었다. 옹정제는 넷째 아들인데, 원래의 유조는 열넷째 아들이었던 것을 십(十) 자를 지워 버린 것이라는 이야기도 전해진다. 아마도 룽고도가 옹정제의 비의 오빠인 천섬(川陝) 총독 연갱요(年羹堯)와 손을 잡고 옹립한 것이 진상일 것이다.

옹정제만큼 정무에 힘쓴 황제도 드물 것이다. 강희제도 열심이었지만, 옹정제는 그것을 뛰어넘어, 자는 시간도 4시간에 지나지 않았다고 한다. 황제라는 자는 완전한 독재자가 되어야 하며, 그를 위해서는 사사로운 정을 버려야 한다는 것이 그의 신념이었던 듯하다. 육친에 대한 냉혹함, 자신을 옹립한 중신에 대한 가혹한 처분을 보면, 옹정제가 정치에 열심이었던 모습 속에서 병적인 것이 느껴진다.

원래 황태자였던 둘째 형 윤잉(胤礽)은 기현(祁縣)의 정가장(鄭家莊)이라는 시골로 옮겨졌다. 병정을 주둔시켰다고 하니 감금이나 같았다. 애초부터 이 폐태자(廢太子)는 아버지 강희제에 의해서 함안궁(咸安宮)에 감금되어 있었다. 폐태자는 아버지로부터 '불효불의, 포학도음(不孝不義 暴虐慆淫, 효성과 의리가 없고, 횡포하고 방탕함)'이라는 판정을 받아,

귀신이라도 붙은 것 같다.

라는 말을 들을 정도로 이상한 인물이었다. 그 성격도 성격이지만 황태자에게 아첨하는 무리가 생겨, 조정에 황태자파와 반황태자파의 대립, 곧 붕당(朋党)의 화가 일어난 것이 강희제를 격노시켰다고 추측해 볼 수 있다. 공부하기를 좋아했던 강희제는 명나라 멸망의 커다란 원인 중 하나가 붕당의 화에 있었다는 사실을 알고 단호한 조치를 취했을 것이다.

태자를 폐할 때, 강희제는 스스로 천지, 태묘, 사직에 그 사실을 알리는 글을 지었다. 그 가운데 자신이 얼마나 정무에 힘썼는가를 이야기하며,

> 또한 단지 국궁진췌(鞠躬盡瘁, 국사를 위해 몸을 바침)하기가 죽은 후에 그칠지언정, 하루를 황위에 있다 할지라도 힘써 정사를 다루는데 조금도 게으르지 않았다. 모름지기 신(강희제)에게 무슨 죄가 있어, 윤잉과 같은 자식을 낳았는지

라는 격렬한 표현을 늘어놓았다. 이 글 속에 나오는 국궁진췌의 출전은 제갈공명의 〈출사표〉인데, 이는 신하가 쓰는 말이지 황제가 쓸 말은 아니라고 간언한 대신에게 강희제가 자신을 하늘의 신복(臣僕)이라고 대답한 유명한 이야기가 있다.

이와 같은 강희제의 후계자로서 옹정제는 확실히 이상적이었다고 하지 않을 수 없다.

붕당의 화를 일으킬 우려가 있었던 것은 그 밖에 여덟째 동생인 윤사(胤禩), 아홉째 동생인 윤당(胤禟) 등이었다. 옹정제는 이 두 사람을 감금하고, 전자를 아기나(阿其那, 개), 후자를 사스헤(塞思黑, 돼지)라고 이름을

바꾸도록 했다. 너무 심하다는 생각이 든다. 그래도 『청사고』에는 제왕과 대신이 주살하라고 청했지만, 죄를 용서하고 감금과 개명에 그쳤다고 기록되어 있다.

옹립의 가장 커다란 공로자인 롱고도와 연갱요도 온갖 죄명을 뒤집어썼다. 롱고도는 옹정 5년(1727)에 종신 금고 처분을 받은 이듬해에 죽었다. 연갱요에게는 자결을 명령했다. 주살하지 않은 것은 옹정제의 마지막 온정이었을지도 모르겠지만, 우리에게는 독재 정치의 괴물 행위로밖에는 보이지 않는다.

군기대신(軍機大臣)을 둔 것도 옹정제 때였다. 전각대학사가 내각에 상당하는 것이었지만, 그것을 넘어서 황제의 비서인 군기대신이 황제 독재의 조수 역할을 수행한 것이다. 원래는 준가르부와의 전쟁 때 전선에 대한 명령을 결정하고, 그것을 전하는 기관으로 이른바 합동참모본부와 같은 존재였다. 그 어떤 말단에도 기밀이 새어나가지 않고 명령이 전달되어서, 군사 이외에 지방행정의 감독에도 이 군기대신단(軍機大臣團)이 쓰였다. 군기처(軍機處)는 건청문 서쪽에 있었다고 하는데, 소재가 정해져 있는 것이 아니라 군기대신이 모이는 곳이 곧 군기처였다는 설도 있다.

옹정기의 어두움에는 그 스파이 정치에도 원인이 있을 것이다. 지방의 행정관을 신용하지 않고, 군기처를 이용하여 말단까지 친정의 형태를 취한 외에도, 변장한 황제의 시종이 각지로 숨어들어 여러 가지 일들을 염탐했다. 그것은 명나라 때의 비밀경찰망을 떠오르게 할 정도였다.

3대에 걸친 황금시대의 암흑 부분인 '문자옥(文字獄)'은 옹정제 시절에는 섬뜩함을 느끼게 할 정도였다. 가장 잘 알려져 있는 것이 여유량(呂留良) 사건이다. 사건이라지만 여유량 본인은 강희 22년(1683)에 죽었다. 변발을 거부하고 출가하여 법명을 내가(耐可)라 칭한 인물이다. 그는 주자학자로 화이(華夷)가 다르다는 것을 분명히 밝힌 이론을 전개했다. 강렬한 민족주의와 복고사상을 고취했다. 팔고문에 능했기 때문에 그의 저작은 과거 준비생들의 참고서가 되기도 해 상당히 널리 읽혔다. 여유량의 사상에 공명한 호남의 증정(曾靜)이 사천 총독인 악종기(岳鍾琪)에게 반청운동에 결기하라고 밀사를 보낸 것이 사건의 발단이었다. 악종기는 남송의 충신인 악비(岳飛)의 자손이었는데, 너의 조상이 싸웠던 여진족 금나라의 후예인 청나라에 대해서 당연히 싸워야 한다고 촉구한 것이다. 악종기는 망설이지 않고 그 밀사를 체포했다. 증정도 호남에서 체포되어 북경으로 보내졌다. 옹정제는 스스로 증정을 취조했는데, 그 문답은 『대의각미록(大義覺迷錄)』이라는 제목으로 간행되었다.

황제가 신하와 논쟁하는 것은 흔치 않은 일인데, 옹정제는 굉장한 자신감을 가지고 있었을 것이다. 증정은 논파되고, 전향을 밝혀서 사형을 면했다. 그런데 이미 죽어 이 세상에 없는 여유량은 무덤을 파헤쳐 목이 내걸렸으며, 일족도 각각 처분을 받았다. 그의 저술이 금서가 된 것은 두말할 나위도 없다.

증정에 대한 처분은 상당히 관대했다고 생각된다. 그러나 강서성의 향시(과거의 예비시험)에서 사사정(查詞庭)이라는 인물이 '유민소지(維民所止, 이는 백성이 머무는 곳)'라는 시제를 낸 것이 문제가 되어 그는 투옥되었고, 옥사하자 그 시체를 내걸었으며, 아들은 살해되고 일족은 투옥되었다. '유(維)'라는 글자는 '옹(雍)'이라는 글자의 머리를 떼어낸 글자이고, '지(止)'라는 글자는 '정(正)'이라는 글자의 머리를 떼어낸 글자라는 것이었다. 옹정제는 증정처럼 정면으로 부딪쳐 오는 자에게는 자신감에 넘친

『대의각미록』으로 응하고 관대한 조치를 취했지만, 사사정처럼 비비꼰 저항에는 가차 없는 성격이었던 모양이다. 물론 사사정이 출제한 것이 정말 '옹정'의 머리를 친다는 풍자를 의식한 것인지는 알 수가 없다.

옹정기의 밝은 부분을 말하자면, 이전까지 중국에서는 천민으로 여겼던 산서의 낙호(樂戶, 집시와 같은 음악사 집단), 절강의 구성어호(九姓漁戶, 구씨 성의 어부), 안휘의 세복(世僕, 대대로 노예를 직업으로 하는 집단)을 양민으로 전환시켜 준 것이다. 노예와 천민의 해방이었다. 이는 아마도 옹정제의 불교사상에서 유래한 정책이 아닐까 생각된다. 세상을 떠난 것이 아니라 출가하여 둔세(遁世)한 것이라 여겨졌던 순치제와 더불어, 청나라의 황제 가운데서 옹정제는 가장 깊이 불교에 귀의한 인물이었다. 스스로 원명거사(圓明居士)를 칭했으며, 『어선보벌정화(御選寶筏精華)』와 같은 불교 관련 저작까지 있다.

'태자밀건'의 법에 따라 건륭제 아이신교로(愛新覺羅) 홍력(弘曆)이 옹정제의 후계자로 선택받았다.

옹정제는 58세의 나이로 죽었다. 즉위한 것이 45세였으니 그 치세는 짧았지만, 강희에서 건륭으로 이어지는 황금시대의 가교로서 중요한 역할을 그 나름대로 훌륭하게 수행했다고 할 수 있다. 아마도 그의 죽음은 과로 때문이라고 추측된다. 옹정제는 수많은 상주문에 일일이 주비(朱砒, 주필(朱筆)에 의한 가부와 그 밖의 기록)를 달았으며, 건륭제는 아버지의 업적인 『주비론지(砕砒論旨)』를 간행했다. 이는 참으로 방대한 양이다. 이렇게 근면한 황제도 또 없을 것이다. 검소하게 생활해서, 간단한 기록에는 반고(反故, 쓰다 남은 헌종이)를 사용했다고 한다. 군기대신의 집무실도 가건물이나 다름없는 건물이었다.

강희제는 오대산 행행(行幸) 외에도 여섯 차례나 남순(南巡, 남방 순찰)을 했는데, 지방에는 한 푼의 경비도 요구하지 않았다. 삼번을 치고, 흑룡강으로 출병하고, 몽골 초원에서 준가르부를 공략하고, 티베트로 출병했지만, 이들 원정 비용도 모두 평소의 세입으로 충당했다. 전시라고 하여 특별히 증세하지 않았다.

이처럼 강희·옹정 두 황제의 건전한 재정 정책의 뒤를 이어받아 건륭제는 국고에 막대한 잉여금을 가지고 통치를 시작할 수 있었다. 할아버지 강희제와 마찬가지로 60년 동안 세상을 다스렸는데, 할아버지의 경우 여덟 살에 즉위하여 보정대신이 정치를 도맡아 관리한 기간이 한참 되었지만, 건륭제는 25세에 즉위했다. 물론 처음부터 정무를 직접 챙겼다.

강희 60년이 통일, 창업, 흥륭의 시대였다면, 옹정 13년은 계승, 보전의 시대였다. 그리고 건륭 60년을 한마디로 표현하자면, 완숙의 시대라고 해야 할 것이다. 건륭제는 참으로 행복한 출발을 했다고 하지 않을 수 없다.

『사고전서』 편찬에 숨은 교활한 사상 통제

옹정 13년(1735) 9월에 즉위한 건륭제가 그해에 한 일은 아버지 옹정제가 사면했던 증정을 사형한 것이다. 이렇게 해서 아직 남아 있는 한족의 반청 저항자들에게 추호의 용서도 하지 않겠다는 태도를 분명하게 밝힌 셈이다. 새로 즉위한 황제는 우선 위엄을 내보이지 않으면 안 된다. 건륭제는 증정 처형을 명령하여 모든 사람들에게 그것을 분명히 보여 주었다. 당당한 청년 황제의 등장이다.

관습에 따라, 즉위한 이듬해에 개원되어 건륭 원년(1736)이 되었다. 그는 이해에 일찌감치, 아버지가 시작한 관습에 따라서 '정대공명'이라는 편액 뒤에 후계자의 이름을 쓴 금갑을 밀봉해 두었다. 26세였지만 황제는 천하의 주인이니, 만일의 사태에 대비하지 않으면 안 된다.

상을 벗은 건륭 3년(1738), 건륭제는 원명원(圓明園, 북경의 서쪽 외곽)으로 행차했다. 사실 옹정제는 즉위 이후 13년 동안 별장에 간 적조차 없었다. 건륭제는 아버지의 정치를 계승했지만, 이와 같은 부분에 뉘앙스의 차이가 나타난다. 검약만을 주로 하는 시대가 아니라, 앞선 시대에서는 볼 수 없었던 화려함을 일찌감치 엿볼 수 있었다.

건륭제의 문화 사업으로 가장 빛나는 것은 뭐니 뭐니 해도 『사고전서(四庫全書)』의 편찬 사업일 것이다. 『명사』 편찬은 건륭제가 즉위한 해에 끝났다. 그러나 그가 고금의 책들을 모으라고 명령한 것은 건륭 37년(1772)이 되어서였다. 아버지와 할아버지를 닮아서 그도 정근한 황제로 내정과 변경 등의 문제가 거의 순조로워지기를 기다렸다가 문화 사업에 착수했다고 생각된다.

고금의 서적 가운데서 정선한 양서를 필사토록 하고, 그에 버금가는 양서라 인정된 것은 그 제목을 밝히고 해설을 가했다. 이렇게 해서 필사된 『사고전서』는 3천 458종이고, 권수로 따지면 거의 8만 권이다. 그것을 일곱 부씩 작성했으니, 5십수만 권의 책이 필사본으로 제작되었다. 제목과 해설만 기록한 것(이를 존목(存目)이라 한다)은 6천 788종, 9만 3천여 권에 이른다. 존목은 『사고전서』에 비해 그 두 배 정도가 되는데, 현재의 평가에서는 존목에 있는 책이 전서에 수록된 것보다 뛰어나다고 평가받는 것도 있다. 저작에 대한 평가는 시대에 따라서 달라진다는 사실을 이것으로도 알 수 있다.

『사고전서』는 정신이 아득해질 정도로 커다란 사업이어서, 건륭제는 자신의 생존 중에 완성하지 못할 것을 우려하여, 그 일부인 471종을 『사고전서회요(四庫全書薈要)』라 하고 1만 2천 책으로 장정하여, 내정의 이조당(摛藻堂)과 원명원의 미유서옥(味腴書屋)에 비치해 두었다. 이것이 완성된 것은 건륭 45년(1780)의 일로 건륭제가 정확히 70세 때의 일이었다. 그는 89세까지 살았기 때문에 특별히 걱정할 필요도 없이 『사고전서』 전체가 완성되는 것을 자신의 눈으로 볼 수 있었다.

일곱 부 가운데 네 부는 개화방지(開花榜紙)를 사용한 호화판이고, 나머지 세 부는 약간 소형으로 종이의 질도 약간 떨어지는데, 남방 민간학자의 열람을 위해 제공하려 했던 것이다. 『사고전서』라는 방대한 저작집을 수용하기 위해서 7개의 커다란 서고가 만들어졌다. 호화판으로 제작된 네 부는 궁정 보관용으로 각각 다음과 같은 명칭이 붙여졌다.

문연각(文淵閣) - 자금성 안
문소각(文溯閣) - 심양 고궁
문진각(文津閣) - 열하의 피서 산장
문원각(文源閣) - 원명원

이상은 내정 사각이고, 민간 보존을 위한 삼각은 다음과 같다. 역시 문이라는 글자로 시작되며, 다음으로 삼수변이 붙은 글자를 골랐다.

문란각(文瀾閣) -항주 성인사(聖因寺)

문회각(文匯閣) -양주 대관당(大觀堂)
문종각(文淙閣) -진강 금산사(金山寺)

　다음으로 이 『사고전서』의 그 뒤의 운명에 대해서 이야기해 보자. 일
곱 부 중 세 부는 이미 지상에서 소실되었다. 원명원 문원각의 것은
1860년에 영불연합군이 불태워 버렸다. 양주 문회각의 것과 진강 문종
각의 것은 함풍(咸豊) 3년(1853)에 태평천국의 난 때 소실되었다. 태평천
국의 난 때는 항주 문란각의 것도 반쯤 소실되었으나, 그 후 보사(補寫)
가 행해져 1925년 무렵에 완성되었다.

　자금성 문연각의 것은 1933년에 일본군의 열하(熱河) 작전에 위기감
을 느낀 중국 측에 의해서 고궁의 수많은 서화, 골동품 등의 문물과 함
께 남방으로 옮겨졌고, 중일전쟁 중에는 오지로 피난했다. 전후, 포장을
풀 시간도 없이 내전이 시작되어 『사고전서』는 고궁의 문물들과 함께 대
만으로 옮겨졌다. 따라서 지금 자금성 문연각은 비어 있는 상태다.

　열하의 문진각에 있던 『사고전서』는 청 왕조가 멸망되어 황제가 피서
를 올 일도 없어져서, 그 후 이용자가 많은 북경으로 옮겨져 지금은 북경
도서관에 소장되어 있다. 심양 문연각의 것은 부근에 민가가 밀집되기
시작했기 때문에 만일의 경우를 고려해 교외에 서고를 새로 지어 소장하
고 있다.

　중일전쟁 때 『사고전서』가 피해를 입지 않은 것은 기뻐해야 할 일이
다. 사실 『사고전서』에는 일본인의 저작, 야마이 곤론[山井崑崙, 이름은 가나
에(鼎)]가 지은 『칠경맹자고문보유(七經孟子考文補遺)』와 다자이 슌다이[太宰
春台, 이름은 준(純)]가 교정한 『고문효경공자전(古文孝經孔子傳)』, 네모토 부

이[根本武夷, 이름은 손시(遜志)]가 교정한 『논어의소(論語義疏)』등도 포함되어 있다. 또한 『사고전서』에는 이탈리아 선교사인 마테오 리치[이마두(利瑪竇), Matteo Ricci]의 『건곤체의(乾坤體義)』와 『기하원본(幾何原本)』, 독일인 선교사인 아담 샬[탕약망(湯若望), Johann Adam Schall] 등의 『신법산서(新法算書)』, 벨기에인 선교사인 페르비스트[남회인(南懷仁), Ferdinand Verbiest]의 『곤여도설(坤輿圖說)』등 서양인 저작도 포함되어 있다.

아담 샬은 순치제 때 흠천감(欽天監, 국립 천문대장)이 된 인물이다. 서양인이 중국의 고관이 되는 것은 이례적인 일로, 만주족과 한족 관료들이 질투하여 순치제 사후에 투옥되어 비참한 죽음을 맞이했다. 이는 강희제가 어렸을 때의 일로 강희제와는 관계가 없는 일이었다. 강희제 자신은 페르비스트 등으로부터 수학과 천문학 등을 배웠으며, 서양인에 대한 차별은 없었던 듯하다. 옹정제 때에는 정부에서 일하고 있는 기술자 외의 신부는 모두 추방했다. 가톨릭을 포교하는 관계자의 언동이 청나라의 정치에 저촉되거나 의심을 받는 내용이 있었던 것 같다.

『사고전서』 사업을 지나치게 칭찬한 것 같지만, 이 편찬이 일종의 사상통제, 곧 위험사상을 적발하여, 그것을 주장한 저작을 소멸시키려는 목적을 가지고 있었다는 사실을 잊어서는 안 된다. 청 왕조에 위반되고 장애가 되며, 패역(悖逆)이 있는 책을 조사하라는 상유(上諭)가 종종 있었다. 2년 동안 조사를 하고 그 후에도 소장하는 자가 있으면 중죄에 처한다거나, 책 이름을 밝히고 광패불법(狂悖不法, 사리에 안 맞고 불법임)하니 당장 불태워 없애라는 상유도 있었다. 판목이 있는지를 조사하라는 명령을 내기도 했는데, 금서는 판목을 태우는 근본대책으로 폐기했다.

아버지가 용서한 증정을 죽인 것만 봐도 만주족 황제로서의 건륭제가 사상에 대해서 얼마나 엄격했는지를 알 수 있다. 건륭제는 평생 4만 2천 420수나 되는 한시를 지은 문화인 중의 문화인이었지만, 그의 시대에 있었던 문자옥에도 끔찍한 면이 있었다. 아버지 옹정제가 증정을 논파한 『대의각미록』까지 건륭제는 금서로 삼았다. 논박을 가한 책이기 때문에 거기에는 증정의 생각도 인용이 되어 있어서, 그것을 위험하다고 간주했던 것이다.

건륭제 시절에 가장 컸던 문자옥은 호중조(胡中藻)의 그것일 것이다. 그의 시집 속에 불경한 말이 많은 점이 문제가 되었다. 예를 들어,

일세(一丗)에 일월(日月)이 없다.

라는 구가 문제가 되었다. 일과 월을 합치면 '명(明)'이 되니, 명나라의 세상이 아님을 슬퍼한 내용이라 해석된 것이다. 또는,

일파(一把)의 심장, 탁청(濁淸)을 논하다.

라는 구절도 불경하다고 여겨졌다. 자신의 이 한 줌 기개로 맑은지 탁한지를 논하겠다는 뜻으로 받아들여진다. 보통 '청탁을 가리지 않고 받아들인다'처럼 청(淸)이 먼저 오지만 한시에는 평측(平仄)과 각운(脚韻)의 법칙이 있어서, 그것을 합칠 때 글자 순서를 바꾸는 경우가 많다. 그런데 청탁을 반대로 하여 '탁청'이라고 하면, '탁한 청(왕조)'라는 의미로도 받아들일 수 있다. 이 밖에도 그런 구절이 많아서, 호중조는 사형에 처해졌다. 건륭 20년(1755)의 일이었다. 시인 건륭제가 시인 호중조에게 베푼 온정은 능지처사라는 굴욕적인 극형을 참형으로 바꿔 준 것뿐이었다.

포정사(성의 행정장관)라는 높은 지위에 오른 적이 있었던 팽가병(彭家屛)도 『일본걸사서(日本乞師書)』 등 명나라 말기의 책을 소장하고 있다고 해서 자결을 명령받았다. 그는 족보 속에서 명나라 만력(萬曆)의 연호를

그대로 쓴 것도 문제가 되었다. 건륭제의 이름이 홍력(弘曆)이므로, 이 시대에 '역(曆)'이라는 글자는 모두 '역(歷)'으로 바꿔 써야만 했다. 만주족을 호(胡), 이(夷), 적(狄) 등으로 표현하는 것도 엄금되고 있었다.

메이지 시대에 일본은 청나라 유학생을 대량으로 받아들여, 가노 지고로(嘉納治五郎)가 교장으로 있던 동경고등사범학교에 그들을 수용하는 학교를 만든 적이 있었다. 그 교명(校名)이 홍문학교(弘文學校)였는데, 유학생들 사이에 그런 교명의 졸업증서를 가지고 돌아가면 문제가 될지도 모른다며 두려워하는 학생이 있어서, '굉문(宏文)'이라는 이름을 사용했다는 일화가 있다. 청일전쟁 당시, 조선의 요인 중에 김홍집(金弘集)이라는 사람이 있었는데, 중국 측 자료에는 김굉집(金宏集)이라고 표기되어 있다.

건륭제가 금서로 삼은 숫자는 2천 5백여 종, 수만 책에 이른다. 『사고전서』 편찬이라는 문화적 대사업을 완성시켰지만, 분서(焚書)를 명령한 진(秦)나라의 시황제(始皇帝)와 더불어 건륭제는 미증유의 문화 파괴자이기도 했다.

그러나 생명의 위협을 무릅쓰면서까지 은밀하게 금서를 숨긴 사람도 있었다. 청 왕조가 멸망한 뒤, 금서가 세상에 많이 나왔다. 지금도 『찬집금서목록(纂輯禁書目錄)』에 들어 있어, 지상에서 사라졌어야 할 책들이 다수 발견되고 있다. 사형이라는 극형으로 소장을 금했지만, 중국의 독서인들은 목숨을 걸고 자신들의 문화유산을 지켰다. 건륭제와 같은 인물도 자신의 마음에 들지 않는 문화를 모두 파괴하지는 못했다.

해는 서쪽으로 기울다

10차에 걸친 외국 정벌

천하 그 자체인 국가에 만족(蠻族)이 사는 변경은 있어도 국경은 없으며, 조공은 있어도 대등한 국교나 통상은 없다는 것이 중화 제국의 전통이었다.

그런 의미에서 러시아와 국경을 정하고 통상을 허락한 강희제의 조치는 획기적이라 할 수 있었다. 아마도 예수회 신부들의 조언에 따랐을 것이다. 거기서 세계 제국 가운데 한 국가라는 인식이 태어났으면 좋았을 테지만, 강희제 이후엔 앞으로 나아가지 못하고 다시 천하국가적인 사고 방식으로 되돌아가 버렸다.

건륭 이후, 유럽 열강의 동방 진출이 활발해졌지만 국가 의식이 역행한 청나라는 그에 대한 유효한 대책을 취하기 어려웠다. 그러나 건륭 시절의 외정은 변경의 '굴복하지 않는 오랑캐'에 대해서만 행해졌을 뿐, 본격적인 대외문제는 건륭 이후부터 일어났다.

건륭제는 스스로 십전노인(十全老人)이라는 호를 썼기 때문에 그의 어제시문(御製詩文)은 십전집(十全集)이라는 이름이 붙여졌다. 십전이란 건륭제 시기의 열 번에 걸친 원정을 말하는데, 준가르 두 번, 회부(回部) 한 번, 금천(金川) 두 번, 대만 한 번, 미얀마 한 번, 안남 한 번, 구르카(廓爾喀, 네팔) 두 번을 가리킨다.

이 가운데 준가르와 회부는 오늘날의 신강 위구르 자치구에 해당한다. 청나라 때에는 신강의 북부를 '준부(準部)', 남부를 '회부'라고 불렀다.

준가르라는 말은 몽골어로 '좌(左)'라는 의미인데, 몽골의 좌익군단을 가리키는 것이다. 몽골 초원을 중심으로 동서로 나누면 준가르는 서쪽에 위치한다. 동방의 몽골족은 청 왕조 창업시대부터 만주족 거주지구 가까이에 있었고, 청나라와 우호적인 관계를 맺었다. 만주족도 동방 몽골족의 협력을 얻은 후에야 비로소 그 패업을 이루었다고 말할 수 있을 것이다.

순치제에 대해서 이야기할 때도 언급했지만, 제(帝)의 생모를 비롯해서 태종 홍타이지의 후비(后妃)는 『청사고』「후비전」에 실려 있는 5명 모두 몽골 보르지긴(博爾濟吉特) 출신이었다. 순치제의 후비 중에도 몽골족 출신자가 몇 명 있었다. 청나라 초기의 궁정에 몽골 여성이 많았던 이유는 세계 정복자인 칭기즈 칸을 배출한 몽골족을 만주족이 자신들보다 고귀한 혈통이라고 생각하여 그것을 받아들이려 했기 때문이라는 설도 있다. 산해관을 지나 북경에 들어가기 전의 군단인 니루(牛彔)에는 만몽(滿蒙) 혼성부대가 많았다는 사실도 앞에서 이미 이야기했다.

동쪽의 몽골은 이처럼 청나라의 친척이었지만, 서쪽의 몽골은 청나라와 그다지 친밀하지 않았다. 때때로 동서 몽골의 통일을 꾀하는 인물이 나타나면, 몽골 초원의 서쪽에서부터 압력을 가하여 청나라의 변경을 시끄럽게 만들곤 했다. 갈단이 그 대표적인 인물로 동서 몽골의 통일을 위해서 몽골족이 믿는 라마교를 이용하여 티베트까지 군대를 진출시켰기 때문에 강희·옹정 두 시대에 티베트 원정이 있었다.

청나라의 원정으로 갈단은 자살했는데, 어째서 그 정도의 영걸이 허무하게 알타이 산중에서 자신의 목숨을 끊었을까? 준가르부로 돌아가 재기를 꾀하고 싶었지만, 그곳은 이미 조카인 체완 아라브단에게 빼앗기고 말았기 때문이다.

그 무렵의 준가르는 강력해서 남강(南疆, 신강 남부)까지 출병했다. 남강은 회교도가 많았으므로 '회부(回部)'라 불렸는데, 마호메트의 후예를 칭하던 호자(和卓) 일족이나 칭기즈 칸의 후예인 차가타이 한국의 후계 칸(汗)을 자칭하는 무리들이 있었다. 호자(Khoja, 和卓) 가(家)에 실력은 있었지만, 그 무렵에는 흑산파(黑山派, Qarataghlyq)와 백산파(白山派, Aqtaghlyq)로 나뉘어 형제끼리 밤낮 싸움을 일삼았다. 그 틈을 이용해 출병한 준가르는 남강의 유력자를 모두 사로잡아 준가르의 본거지인 이리(伊犁) 지방으로 연행했다.

그러나 라마교인 준가르가 이슬람권인 남강을 직접 통치하기는 어렵다는 사실을 알았다. 이슬람권에는 아무래도 종교 방면의 지도자가 필요했다. 이에 흑산파인 다니야르를 남강으로 돌려보내고, 그의 장남을 인질로 잡아 두었다. 말하자면 간접통치였다. 따라서 당시의 신강은 하미, 투르판, 우루무치까지가 청나라의 세력권이고, 나머지는 준가르에게 지배되어 있었던 셈이다. 그 강력했던 준가르도 건륭제 시절에 내홍으로 인해 결국 쇠퇴하기 시작했다.

준부(準部)는 갈단 이후 3대 모두 효웅(梟雄, 용감한 영웅)으로 그 무리를 잘 다스렸다. 건륭 10년에 이르러 갈단 첼링(策零)이 죽었다. 이에 그 부(部) 마침내 어지러워졌다.

이는 위원의 『성무기』의 「건륭탕평준부기(乾隆蕩平準部記)」 첫머리에 나오는 글이다. 갈단 첼링이 죽은 뒤, 유족들 사이에서 다툼이 일어 다와치라는 자가 간신히 칸의 자리에 올랐다. 그러나 그를 옹립한 아무르사나(Amursana, ?~1757)가 전횡을 휘둘러서 다와치가 그를 치려 했다. 아무르사나는 도망쳐 청나라에 투항하고, 준가르 토벌을 권하는 책략을 진언했다. 이것이 건륭 19년(1754)의 일이다.

이듬해, 건륭제는 원정군을 준가르로 보냈다. 내분 때문에 결속되어 있지 않은 준가르가 청나라의 대군에 이길 리 없었다. 거의 한 번의 공격으로 준가르는 평정되었다.

이것이 제1차 준가르 원정이다. 청나라에 이번 원정을 건의하고 스스로도 청나라 북로(北路)의 부장군으로 종군한 아무르사나는 전후 청나라의 조치에 불만을 품었다. 그는 이번 공적으로 준가르의 칸이 될 수 있으리라 생각했다. 그런데 청나라는 이전까지의 준가르부의 집요한 저항에 넌덜머리가 나서 그 지방에 강력한 정권이 만들어지는 것에 불안을 느껴 분할하기로 했다. 아무르사나는 칸의 자리에 오르는 것이 허용되었지만, 그것은 몇 개로 분할된 토지 일부의 지배자에 지나지 않았다. 아무르사나는 화를 내며 청나라에 반기를 들었다.

청나라는 조혜(兆惠)를 총사령관으로 삼아 제2차 준가르 원정군을 보냈다. 이때도 싸움다운 싸움은 거의 없었다. 배신자인 아무르사나가 준가르부 백성들의 지지를 얻지 못했던 것은 당연한 일이다. 그는 패주하여 시베리아에서 죽었다. 이때 그 지방에 악성 전염병이 돌기도 했지만, 청군이 여기서 철저하게 공포정책을 취해 준가르부족인 오이라트 몽골족은 몰살당했는데, 이리 지방에 60만 명 정도 살았던 사람들이 한 명도 남지 않게 되었다고 한다. 악성 전염병에 의한 죽음과 학살에 의한 죽음의 비율을 알 수는 없지만, 청군이 잔학하기 짝이 없는 행동을 한 것은 사실이다. 건국 이후 청나라는 준가르부 때문에 골머리를 앓아서, 이번 기회에 일소해야겠다는 생각이 들었을 것이다.

십전 중 한 번인 회부로의 원정은 건륭23년(1758)에 있었다. 이는 준가르부 토멸(討滅)의 일환이라고 봐도 좋을 것이다. 준가르부는 흑산파인 다니야르를 이 지방의 종교적 지도자로 삼아, 회부를 간접적으로 지배했다는 사실은 앞에서 이야기했다. 제1차 준가르 원정으로 칸이 된 아무르사나는 이번에는 백산파 형제를 대신 보내 놓았다. 제2차 준가르 원정에서 아무르사나를 친 청나라는 아무르사나의 허수아비였던 백산파 호자를 남강, 즉 회부에서 격파하지 않으면 안 되었다.

백산파 호자의 형인 부르하누딘은 카슈가르에, 동생인 호자 지한은 야르칸드에 거점을 두고 저항했다. 그러나 조혜가 이끄는 청군을 격퇴할 힘은 없었다. 형제는 파미르 산중으로 도망쳤다. 파미르의 바다크샨에 있던 술탄 샤는 의지해서 온 형제를 죽이고, 그 목을 청나라에 바쳤다. 마호메트의 후예라 칭하던 호자 형제를 죽이는 데는 이슬람교도인 술탄 샤도 망설임이 있었던 듯하다. 그러나 그렇게 하지 않으면 바다크샨을 유린하겠다고 청군이 협박했으니 어쩔 수 없었을 것이다.

청군은 준부에서는 공포 정책을 펼쳤지만, 회부에 대해서는 전혀 반대가 되는 태도를 취했다. 반항하던 호자 형제 일당 이외에는 모두 사면해 주었다. 회부의 주민은, 준가르가 용맹한 오이라트 몽골이었던 것과는 달리, 온순한 투르크계 위구르족이었다. 게다가 예전부터 청나라에 특별히 반항한 적도 없었다. 이렇게 해서 준가르에 참찬대신(參贊大臣)을 두게 되었고, 신강 전체가 청나라의 지배하에 들어갔다.

건륭제가 사랑한 서역 미녀

향비(香妃) 전설은 이때의 회부 원정과 관계가 있다. 백산파의 동생인 호자 지한의 아내가 절세미인이라는 소문이 북경의 궁정에까지 퍼졌다고 한다. 건륭제는 조혜가 출정할 때, 호자 지한의 아내를 데려오라고 명령했다고 한다.

청나라의 조정에 있던 이탈리아인 화가 카스틸리오네(郎世寧, Giuseppe Castiglione, 1688~1766, 선교사 겸 궁정화가–옮긴이)가 그린 것으로 알려진 〈향비융장상(香妃戎裝像)〉이 있다. 투구를 쓰고 군장한 여성을 그린 것이다. 이 그림에는 지은이를 알 수 없는 '사략(事略)'이라는 글이 있는데, 다음과 같이 시작된다.

> 향비는 회부의 왕비다. 자색(姿色)이 아름다웠다. 태어났을 때, 몸에 이향(異香)이 있어 훈목(薰沐, 향수 목욕)을 하지 않았다. 나라 사람들은 그를 향비라 불렀다. 어떤 자가 그 아름다움을 중토(中土, 북경)에서 칭찬했다. 청의 고종(건륭제)이 이를 듣고, 서역으로 원정을 가는 장군 조혜에게 부탁하여 그 아름다움을 한 번 살펴보게 했다. 회강이

평정되자, 조혜는 마침내 산 채로 향비를 잡아 경사(京師, 북경)로 데려 왔다.

香妃者 回部王妃也 美姿色 生而體有異香 不假熏沐 國人號之曰
香妃 或有稱其美於中土者 淸高宗聞之 西師之役 囑將軍兆惠一窮其
異 回疆旣平 兆惠果生得香妃 致之京師

전설에 따르면, 향비는 언제나 칼을 지니고 다니며 죽음으로 황제를 거부하려 했다고 한다. 건륭제의 어머니인 성헌황태후(聖憲皇太后)는 걱정이 되어, 그런 위험한 여자는 죽음을 내리거나 고향으로 송환하라고 자신의 아들에게 권했다. 그러나 건륭제는 미련이 남아서 그럴 수가 없었다. 이에 성헌황태후는 아들이 제사 때문에 자리를 비운 사이에 환관에게 명하여 향비를 목 졸라 죽였다고 한다. 그 사실을 안 건륭제는 통곡했다는 것이 대략의 줄거리다.

『청사고』의 「후비전」을 보면, 용비(容妃)는 회부 호자(和卓) 씨의 딸인데, 귀인에서 비로 승격시켰다고 기록되어 있다. 다른 기록에는 용비가 비로 승격된 것은 건륭 33년(1768)이며, 건륭 53년(1788)에 죽었다고 나와 있다. 건륭 42년에 86세로 세상을 떠난 성덕황태후보다 오래 살았으니, 용비는 이 전설의 주인공이 아니다. 그러나 카슈가르 시 외곽에 있는 호자가의 묘에는 향비의 무덤이라고 전해지는 것이 있는데, 이슬람 교도가 아닌 한족까지도 향랑랑묘(香娘娘廟)라 부르며 참배한다고 한다. 나는 그 묘를 세 번 찾아간 적이 있는데, 그 지역에 전해지는 말에 따르면, 향비는 29세로 죽었으며, 건륭제는 120명의 위병과 가마꾼을 동원해 3년에 걸쳐서 관을 카슈가르로 옮겼다고 한다. 관을 옮긴 관교(棺轎)도 묘 안에 보존되어 있었다. 비까지 승격한 용비 이외에도 호자 가의 여성이 자금성의 후궁에 머물면서 향비라 불렸을 가능성은 있을 것이다.

자금성 무영전의 서북쪽에 있는 욕덕전(浴德殿)은 하얀 타일을 바른 터키식 욕실인데, 이것은 건륭제가 향비의 환심을 사기 위해서 만든 것이라고 한다. 무영전은 왕실의 출판소인데, 거기서 발행된 책을 무영전본(武英殿本)이라고 하여 우리가 커다란 은혜를 받고 있다. 그곳에서 일하는 사람들은 인쇄를 위한 먹으로 더러워질 테니, 욕덕전이란 그들을 위한 시설이 아니었을까 여겨진다. 만약 향비를 위한 것이라면, 궁궐 안에 있어야 하는데 바깥에 있으니 조금은 이상하다.

향비 전설이 이야기해 주는 것은 자금성의 깊숙한 곳이 국제적이 되었다는 것뿐만 아니라, 건륭제 시절이 강희·옹정제 시절보다 훨씬 더 화려해졌다는 사실이다. 화려한 것은 궁정뿐만이 아니었다. 국력이 충실해져서 화려함은 아래에까지 침투해 있었다.

청나라 말기의 시인 공자진(龔自珍)은 건륭 57년(1792) 출생인데, 물론 사리를 분별할 수 있게 되었을 때는 이미 가경(嘉慶) 시절이었으며, 30세 때에는 도광(道光) 시절이었다. 가경과 도광 모두 청나라가 사양길에 접어들었을 때였다. 공자진의 시 가운데,

> 나의 태생은 건륭 오십칠,
> 너무 늦어 전수(前修, 전대의 사람)를 보기에 이르지 못했다.

我生乾隆五十七 晚矣不及瞻前修

라는 구절이 있고, 또 '건륭의 봄을 보는 복이 없구나'라고 읊기도 했다.
건륭의 봄은 사양길에 접어든 중국인에게 있어서는 동경의 시절이었다.
그러나 청나라의 사양은 사실 건륭제 시절부터 시작되었다고 보아도 좋
을 것이다. 앞에서 완숙이라는 형용을 사용했는데, 그것은 퇴폐의 전조
이기도 하다.

건륭제는 89세까지 살았다. 85세 때가 건륭 60년이었다. 그는 할아버
지인 강희제의 치세(治世)를 넘어서는 안 된다는 이유로 그해에 퇴위하
고, 황위를 열다섯 번째 아들(가경제)에게 물려줬다. 태상황제(太上皇帝)를
칭하고 은거한 것으로 되어 있지만, 아직 영향력을 가지고 있었다. 건륭
제가 가장 신임하던 화신(和珅)이라는 대신은 사실은 겉과 속이 다른 인
물이어서 자신의 배를 채우기에 여념이 없었는데, 건륭제는 그것을 눈치
채지 못했다. 다른 사람들은 알고 있었지만 건륭제가 생존해 있을 때는
차마 손을 댈 수가 없었다. 가경 4년(1799) 정월, 건륭제가 죽자, 가경제는
바로 화신의 죄 20가지를 들어 자살을 명령했다.

화신은 정홍기(正紅旗) 출신이지만 그렇게 높은 작위를 가진 집안이 아
니었으며, 삼등경차도위(三等輕車都尉)라는 중급의 봉(封)을 세습한 것이
건륭 34년(1769)의 일이었다. 호부시랑에서 군기대신 겸 호부상서가 된 건
륭 45년에 그는 아직 31세였다. 어떤 이유에서인지 건륭제는 이 인물에
게 이상할 정도의 신임을 보여, 화신의 아직 어린 아들과 6세인 자신의
딸을 결혼시켰다. 이렇게 해서 화신은 황실과 연을 맺었다.

건륭 46년(1781), 감숙성 이슬람 교도의 난 진압에 그는 용장인 아계
(阿桂)와 함께 파견되었다. 청나라 때에는 군공에 의한 승진이 가장 빠른
길이었다. 건륭제는 그에게 군공을 세울 기회를 준 것이다. 그에 화답하

려 한 것인지, 화신이 다른 사람의 공을 자신의 것으로 삼은 것이 판명되어 엄격한 처분을 받게 되었다. 그러자 건륭제는 그를 즉각 불러들여 병부상서에 임명했다. 또한 관찰어사(観察御史)인 조석보(曹錫寶)가 화신의 신분에 어울리지 않는 사치를 탄핵하자, 건륭제는 오히려 조석보를 해임했다. 이렇게 되면 누구의 눈에나 화신은 건륭제의 '총신'으로 보일 것이다.

정치적 수완이 특히 좋았던 것도 아니고 성격이 탐욕스러워서 사복만 채우고 있었으며, 건륭제도 탄핵을 통해 그 사실을 알고 있었겠지만, 어째서 그를 늘 가까이에 두었는지 참으로 알 수가 없다. 딸을 화신의 아들에게 강가(降嫁)시키기로 결정했을 때, 건륭제는 이미 70세였다. 나이에 의한 정신의 흐림이 이 명군이라 불리는 인물에게도 나타나기 시작한 것이라고 밖에는 해석할 길이 없다.

건륭제의 죽음으로 인해 화신의 운명도 결정되었다. 그에게서 몰수한 가산을 조사해 보니, 황금 150만 냥, 적금 580만 냥(은으로 환산하면 1천 700만 냥), 사금 200여만 냥, 은원보(銀元寶) 1천 개(1개 100냥), 원보은(元寶銀) 940만 냥, 단계연(端溪硯) 700여 개, 커다란 홍보석(紅寶石, 루비) 180여 개, 작은 홍보석 980여 개, 남보석(藍寶石, 사파이어) 크고 작은 것을 합쳐서 4천 70여 개…… 등 기다란 목록이 계속된다. 그 커다란 구슬은 황제용보다 더 컸다고 한다. 평가의 산정에 따라서 달라지기도 하겠지만, 화신이 권력을 얻은 이후 10여 년 동안 국가 세입의 10년치 정도를 착복했다고 한다. 국가로 들어와야 할 수입의 절반이 총신의 주머니로 들어갔으니, 건륭제도 여기에 대해서는 책임이 없다고 할 수 없다.

껍데기만 남은 만주팔기

화신의 가산 목록 가운데 경영하는 전당포 75개 점(店), 은행 42개 점, 골동품점 13개 점이라는 것이 보인다.

당시의 관료는 뇌물로 생활하는 거나 같았다고 한다. 경관(京官, 중앙관료)보다 지방관의 수입이 더 좋았다고 한다. 그다지 수입이 없었던 경관도 일단 지방으로 나가게 되면 큰 돈이 굴러 들어왔다. 지현(知縣, 현은 우리나라의 군〈郡〉정도)을 3년만 하면, 3대가 편안히 먹고살 수 있다고 말할 정도였다. 그랬기 때문에 가난한 경관에게도 얼마든지 돈을 빌려 주었다고 한다. 화신의 가산 목록 중 은행 42개 점(店)이라는 것은 '은장(銀莊)'이라 불리는 금융업자를 말한다. 그런 가게의 자본주는 관료인 경우가 많았다.

당나라 이후 늘 그랬지만, 역시 풍요로운 곳은 강남 지방으로 문화 수준도 북쪽에 비해 훨씬 더 높았다. 양주는 염상(鹽商)의 도시, 소주는 견직물의 도시였다. 항주도 직물이 발달했으며 특히 수많은 문인, 화가를 배출했다.

청나라 시절의 과거는 성(省)의 향시(鄕試)에 합격하면 '거인(擧人)'이라 불렸는데, 3년에 한 번 있는 회시(會試)에 응시할 자격이 주어졌다. 해에 따라서 다르지만, 2만 명 정도의 거인이 회시에 응했으며, 급제하여 '진사'가 되는 것은 2, 3백명이니 상당히 좁은 문이었다. 수석 급제자는 일갑(一甲) 1명으로 '장원(壯元)'이라 불렸다. 차석은 '방안(榜眼)', 제3석은 '탐화(探花)'라는 별칭을 가지고 있었다. 회시에 급제한 뒤에 전시(殿試)라 하여 황제가 지켜보는 자리에서 다시 한 번 시험을 보았는데, 이는 단지 순위를 정하기 위한 것일 뿐 낙제하는 일은 없었다. 3년에 한 번이지만, '은과(恩科)'라 하여 은혜를 베푸는 의미에서의 임시 회시도 종종 치러져서, 청나라에서는 112번의 회시가 실시되었다. 따라서 112명의 장원이 나왔는데, 성(省)별로 보면 강소성 49명, 절강성 20명이니, 이 두 성에서 절반을 훨씬 넘게 차지하고 있다. 양주, 소주, 항주를 포함하고 있는 이 두 성에서 수재가 얼마나 많이 배출되었는지를 알 수 있을 것이다. 이 두 성 이외에 두 자리 숫자의 장원을 배출한 성은 없다. 수재가 나온다는 것은 공부하기에 환경이 좋고 경제적으로도 풍요로웠기 때문일 것이다.

과거뿐만 아니었다. 청나라 시절의 뛰어난 문학자, 예술가들은 대부분 이 두 성 출신이었다. 회화에 있어서는 소주를 중심으로 하는 오파(吳派)와 항주를 중심으로 하는 절파(浙派)가 화단을 양분하고 있었다. 절파는 기교적이고 장식성을 중히 여긴 데 비해서, 오파는 기운(氣韻)을 가장 중히 여겼다고 한다. 물론 아주 분명한 경향의 차이가 있었던 것은 아니다.

부호가 많았던 양주에는 서화 수집가도 많았는데, 화집(畵集) 같은 것이 없던 시절이어서, 화가는 수장하고 있는 사람에게 명화를 보여 달라고 하여 화기(畵技)를 연마하곤 했다. 따라서 양주에는 수많은 예술가들이 모였는데, 그중에서도 뛰어난 8명이 '양주팔괴(楊州八怪)'라 불린다. 일반적으로 김농(金農), 정섭(鄭燮), 이선(李鱓), 황신(黃愼), 나빙(羅聘), 이방응(李方膺), 왕사신(汪士愼), 고상(高翔) 여덟 명을 말하지만, 고봉한(高鳳翰), 민정(閔貞), 화암(華嵒) 등이 더해져 헤아리는 데 약간의 차이가 있으니, 특별히 8이라는 숫자에 구애받을 필요는 없을 것이다. '괴(怪)'라 불렸을 정도이니 모두 개성적인 그림을 그렸으며, 결코 직업화가가 아니었다. '괴'는 개성적이라고 할 수 있지만, 이것은 역시 퇴폐와 이웃하고 있는, 위험한 경향이기도 하다.

문학에서는 심덕잠(沈德潛, 1673~1769)이 당시(唐詩)로의 복귀를 주창하면서 시의 생명은 격조에 있다고 주장했다. 그것은 그때의 시단이 섬세한 감정을 담는 송시(宋詩)에 편중되어 있어, 그것에 대한 반발이었던 것이다. 이 심덕잠의 격조설(格調說)에 대해서 원매(袁枚, 1716~1797)는 인간의 성정을 표현하는 것이 시이며, 그것을 속박하는 격률(格律) 같은 것은 배제해야 한다고 주장했다. 이것을 성령설(性靈說)이라고 한다. 격조설과 성령설은 건륭의 문단을 양분하는 경향이기도 했다.

번성한 시절이기는 했지만, 화신이 국가 세입의 절반을 갉아먹는 등의 일도 있어서 토대는 이미 기울어 가고 있었다. 건륭 말년에는 인구가 3억이었다고 한다. 국내에 대란이 없었으며, 외정에서도 압승이 계속되었으니 틀림없이 살기 좋은 시절이기는 했다. 그랬기 때문에 인구가 늘어났을 것이다. 워낙 넓은 중국이라 때로는 지방적인 대기근에 대한 기록도 있다. 양주팔괴 중 한 사람인 정섭은 기근에 빠진 모습을 〈도황행(逃荒行)〉이라는 장시로 읊었다.

외정에서는 압승이 계속되었다고 말했으나, 사실 십전 가운데서 대만의 난 평정만은 결코 압승이라고 말할 수 없는 것이었다. 이는 대만의 토호(土豪)인 임상문(林爽文)이 일으킨 난인데, 비밀결사인 천지회(天地會)의 반정부 운동이었다. 비밀결사는 자신들의 기록을 남기지 않는다. 따라서 우리가 지금 참고로 할 수 있는 것은 정부에 잡힌 비밀결사원의 공술 등이 주요한 자료가 된다. 체포된 사람들은 조직의 비밀을 지키기 위해 거짓 공술을 하는 법이니, 천지회에 관한 한 자료는 그다지 믿을 만한 것이 되지 못할 듯하다. 그러나 그것이 강렬한 민족주의를 기초로 한 반청 조직으로 자신들을 '홍문(洪門)'이라고 불렀던 것만은 틀림없을 것이다. 대만은 정성공 일족이 마지막까지 반청운동을 계속했던 지역으로, 정 가가 투항한 후에도 저항조직은 남아 있었다.

천지회는 삼합회(三合會), 또는 삼점회(三點會) 등으로 불렸으며, 가로회(哥老會)도 그 일파라 일컬어졌다. 태평천국에서 신해혁명(辛亥革命)에 이르기까지 이 조직은 역사의 곳곳에서 모습을 드러내게 된다. 그중에서 가장 먼저 일어난 봉기가 바로 이 대만의 임상문의 난이다.

조직적인 반청운동의 개시라는 점에서도 중요하지만, 이 임상문의 난을 진압하러 온 절민(浙閩) 총독 상청(常靑)이 이끄는 주방만주병(駐防滿洲兵) 8천은 전혀 도움이 되지 않았으며, 결국은 채대기(柴大紀)가 이끄는 한족 녹기영(綠旗營)의 군대에 의해 간신히 평정되었다는 사실이 더욱 큰 의미를 가지고 있다. 오랫동안 정부로부터 우대를 받아 거기에 익숙해져 있던 만주족 군대가 타락해 버려 군대로서의 기능조차 수행할 수 없게 되었다는 사실이 임상문의 난에서 증명된 것이다. 청 왕조를 지켜야 할 만주팔기가 기능을 못하게 되고, 한족 군대밖에 싸울 수 없게 되었다는 것은 이미 말기 증상이라고 해도 좋을 것이다. 이 난은 건륭 51년(1786)에 시작되어 건륭 53년 정월에 비로소 평정되었다. 그러나 평정에 가장 커다란 공을 세운 한족 총병 채대기는 만주족 관료의 참언으로 사형에 처해졌다. 청나라 체제 내에서도 민족적인 모순이 노골적으로 드러나기 시작했다.

왕조의 근간인 만주족도 건륭제 시절이 되자 문화적으로 완전히 한화(漢化)되어 버렸다. '만주어문을 배우라'는 상유가 종종 있었는데, 이는 만주족이 이미 한어를 일상어로 삼아, 민족의 언어인 만주어를 잊었다는 사실을 의미한다. 지배민족이 피지배민족에게 자신들의 언어를 강제적으로 쓰게 하는 예는 있지만, 이것은 반대였다. 건륭제 자신이 평생 4만 2천여 수의 한시를 지었으니, 만주어문을 배우라는 상유를 내린 본인이 한어로 생각하고 감정을 표현하고 정신생활을 영위했다는 사실을 말해 준다. '만주족 중에서 관의(寬衣)를 입는 자가 있으나 좋지 않은 행동이다'라는 상유도 있었다. 품이 넓은 의복, 나쁘게 말해서 헐렁헐렁한 옷을 한족의 사대부들이 즐겨 입었다. 그것은 노동을 하지 않아도 먹고 살수 있다는 사실의 증거품이기도 했다. 그러나 수렵을 기본적인 생활로 삼고 있던 만주족은 움직이기 편한 옷을 입었다. 소매가 긴 것이 아니라 소맷자락이 없는 옷이었다. 우리나라에서 중국옷이라 부르고 있는 여성의 옷을 중국에서는 '기포(旗袍, 치파오. 기인(旗人), 즉 만주족의 옷)'라고 부른다. 그것처럼 몸에 꼭 달라붙으며, 또한 바로 말에 탈 수 있도록 양쪽이 상당히 크게 터져 있다. 한족 여성은 움직이기 편해서인지 만주족의 만주족 옷을 즐겨 입었지만, 만주족 남성은 한족 사대부의 옷을 동경하여 관의을 입는 자가 많았다.

만주족은 자신들의 민족 특질을 잃어가고 있었다. 무력으로 중국을 제압한 상무의 민족이었는데, 그런 만주팔기의 군대가 전쟁에 도움이 되지 않는다는 사실이 대만 임상문의 난을 통해서 널리 알려지게 되었다.

동쪽으로 몰려오는 서구 열강

그와 같은 시기에 서방에서 점차로 강한 바람이 불어오기 시작했다. 나이 든 황제를 비롯해서 청나라의 수뇌부는 그 바람이 얼마나 강한지를 깨닫지 못했다.

영국의 동인도회사는 창립된 지 200년이 다 되어 가고, 산업혁명도 이미 시작되고 있었다. 그리고 차를 마시는 습관이 보급되어 찻잎 수요가 늘어났다. 당시 찻잎은 중국에서만 생산되었다. 이전까지 동인도회사가 동쪽에서 사들인 물건은 향료가 주요했으며, 견직물과 도자기가 그 뒤를 이었지만, 찻잎의 수입이 급격하게 늘어났다. 오랫동안 자급자족 체제에 있었던 중국에서는 외국 무역을 거의 필요로 하지 않았다. 영국은 대량으로 찻잎을 사기는 했지만, 중국에 팔 물건이 없었다. 한때는 모직물에 힘을 쏟아 보았지만, 중국인에게 '모(毛)'는 야만인들이 입는 것이라는 선입관이 있었던 탓인지 수요가 조금도 늘지 않았다. 영국의 대중국 무역은 언제나 수입초과였다. 은으로 결제를 했기 때문에 해마다 영국에서 대량의 은이 중국으로 흘러들었다. 동인도회사는 결국에는 영국 정부의 고민거리였다.

중국에 팔 새로운 상품을 개발하지 않으면 안 되었다. 그런 가운데 아무래도 물건이 될 만한 상품을 찾아냈다. 그것은 바로 양귀비 열매에서 얻는 아편이었다. 사실 아편은 결코 새로운 상품이 아니고 의약품으로 오래전부터 조금씩 수입하고 있었다. 명나라 만력 17년(1589)의 관세표에 아편의 수입세는 10근(斤)에 은 2전(3.73그램)이라고 기록되어 있다. 관세표에 기재되어 있으니 틀림없이 수입되고 있었다. 청나라 때에는 말라리아 등의 풍토병이 자주 유행한 대만에서 아편을 진통제로 쓰는 예가 늘었다. 그것이 어느 사이엔가 의약품이 아니라 기호성(嗜好性) 마약으로 쓰였다.

청나라 정부도 그 해독을 깨달아, 옹정 7년(1729)에 아편 판매인에게 1개월간 목에 칼(枷)을 씌우고, 군역 복무 그리고 아편 흡입소를 운영하는 자에게는 장(杖) 100과 3천 리의 유죄(流罪)형을 정했다.

1780년(건륭 45), 동인도회사는 영국 정부로부터 아편 전매권을 획득했다. 이는 아편을 본격적으로 팔아 중국과의 무역에서 과도한 수입초과를 방지하겠다는 결심을 이야기해 준다.

무역국가인 영국이 무역량을 늘리려 한 것은 당연한 일일 것이다. 거기에는 적지 않은 장애가 있었다. 첫 번째로 정부 간 협정이 전혀 없었다는 점이다. 천하국가로서 청 왕조는 아직 대등한 통상을 인정하고 있지 않았다. 어디까지나 조공에 준하여 생각하고 있었다.

당시 일본이 대외무역을 나가사키에 한정한 것처럼 청 왕조도 광주만을 무역 창구로 열어 놓고 있었다. 그것도 영국 등 각 외국에게는 만족스럽지 못한 개방 형태였다. 나가사키의 데시마(出島, 1636년 포르투갈 상인이 나가사키에 만든 인공섬-옮긴이)처럼 광주는 '이관(夷館)'에서만 외국인의 거주를 허용했으며, 그것도 월동은 금지되어 있었다. 유럽에서 오는 상선은 대개는 5, 6월의 남서풍을 타고 광주에 도착하고, 10월 무렵의 북서풍을 타고 귀항했다. 월동을 금한 것은 거래가 끝나면 바로 돌아가라는 뜻이었다. 잔류하여 업무를 정리하거나 시장조사를 하는 일도 허용되지 않았다. 물론 그럴 필요가 있을 때는 포르투갈 사람들이 거주권을 가지고 있던 마카오를 이용할 수 있었다. 나가사키의 데시마(出島)와 마찬가지로 외국 부인은 광주의 이관에 들어가는 것도 허용되지 않았다. 이관에서 밖으로 나올 수 있는 것은 월 3회(8일, 18일, 28일)에 한정되어 있었으며, 화지해당사(花地海幢寺)까지만 허용이 되었다. 단 그것도 한 번에 10명을 넘을 수 없었다.

정부 간 협정이 없으니 결제 때문에 문제가 생겨도 호소할 곳이 없었다. 세율을 교섭하려 해도 상대를 해 주지 않았다. 예를 들어서 영국 배에서 쏜 축포가 잘못해서 중국인을 죽인 사건이 일어나 청나라 관헌이 포수를 체포했는데, 그 석방을 요구하려 해도 경로가 없었다.

월해관(粤海館, 광동 세관)은 호부에 속한 기관인데, 외국인과는 일체 직접 접촉하지 못하게 되어 있었다. 중국인 중에서 외국무역에 관여할 수 있는 것은 호부의 특허를 받은 조직 '행(行)'이었으며, 그 조직원을 행상(行商)이라고 불렀다. 시대에 따라서 숫자가 달라지기도 했지만, 13점(店)이었던 시기가 있어 언제부턴가 13행이라고 부르게 되었다. 이관이 있는 일대를 13행가(行街)라고 불렀는데, 그 지명은 지금도 남아 있다. 외국 상인이 접촉할 수 있는 것은 민간인인 행상뿐이었다. 중요한 문제가 있으면 행이 호부에 말을 해 주었다. 호부의 일선기관인 월해관은 그 문제에 대한 정부의 의향을 외국인에게 직접 전달할 것이 아니라 행에게 전달했다. 그리고 행이 외국상인에게 말을 전했다. 번거로운 절차였지만, 국교나 통상 따위가 존재하지 않는 천하 국가의 관념에서 보자면, 그것은 당연한 일이었다.

러시아와 국경 협정을 맺고 통상을 인정한 강희제 시대보다도 후퇴해 있었다. 청 왕조 수뇌부의 생각 속에서 그것은 준가르의 난폭자가 러시아와 손을 잡지 못하도록 하기 위한 수단에 지나지 않았다. 지금은 각 외국과의 사이에 그런 책략을 써야 할 문제가 없으니, 국시를 바꿀 필요는 없다고 생각한 것이다.

중국과의 무역에 가장 적극적이었던 영국은 건륭제의 80세를 축하한다는 명목으로 북경에 사절단을 파견하기로 했다. 축하 사절이라면 상관없을 것이라며 북경도 사절을 받아들이는 데 동의했다. 실제로 영국의 사절이 북경에 도착한 것은 1793년(건륭 58)이었으니, 건륭제는 83세였다.

영국의 조지 3세가 파견한 이 사절단의 단장은 조지 매카트니(George Macartney)였다. 이 여행에 대한 기록으로는 매카트니의 『중국방문사절일기(中國訪問使節日記)』라는 책이 있다. 일행은 북경에 도착했으나, 건륭제가 열하의 피서산장에 있어서 매카트니는 그곳까지 갔다. 이 사절단에 대해서 청 왕조는 어디까지나 조공사(朝貢使)로밖에는 보지 않았다.

청 왕조 당국은 매카트니에 대해서 황제를 만나면, 삼궤구고두(三跪九叩頭)의 예를 행하라고 요구했다. 영국 국왕의 사절인 매카트니는 그것을 거부했다. 무릎을 꿇고 손에 입맞춤하는 것이 영국의 예법이라고 주장하여 양자의 의견이 맞지 않았다. 결국 계단을 올라가 무릎을 꿇고 친서를 바치는 것에 그쳤다.

매카트니는 영국 측의 요구를 제출했으나, 그것은 무엇 하나 받아들여지지 않았다. 러시아처럼 북경에 상관(商館)을 상설한다든지, 주재원을 둔다든지, 또는 주산(舟山)과 천진(天津)에 상선을 정박한다든지, 그리고 세금, 거주지, 포교 등 모두가 거부되었다. 나이 든 황제는 중국의 습관을 이해하지 못하는 사절의 무지를 가엾게 여겼을 것이다.

황제를 만난다는 목적만은 달성했지만, 나머지는 전혀 성과가 없었다. 거기에는 호부를 통한 포르투갈 상인의 방해도 있었지만, 설령 그게 없었다 할지라도 영국의 요구는 받아들여지지 않았을 것이다. 건륭제가 조지 3세에게 준 칙유(勅諭)는 '아아, 너 국왕……'으로 시작되는데, 이는 조공국의 왕에게 주는 문서의 형식이다. 청 왕조는 광주에서의 제한이 많은 무역도 조공의 일종으로 보고,

원인(遠人)에게 은혜를 더해 사이(四夷)를 무육(撫育)한다.

고 일방적으로 은혜를 베푸는 것이라 생각하고 있었다. 이는 실제로 조지 3세에게 준 칙유에 있는 말이다.

천조(天朝)는 물산풍영(物産豊盈)하여, 없는 것이 없고, 원래 외이(外夷)의 화물을 빌어 유무(有無)를 통하지 않는다.

라는 말도 보인다. 천조라는 것은 말할 나위도 없이 청 왕조를 말한다. 유무를 서로 통하는 것이 무역인데, 우리나라에는 없는 것이 없다고 하니 비집고 들어갈 틈도 없다.

매카트니는 1794년 9월에 영국으로 돌아갔다. 건륭제가 퇴위한 것은 그로부터 2년 뒤였고, 가경이라고 연호가 바뀌었다.

가경 원년(1796)에 관세표가 개정되었는데, '아편'이라는 상품이 표에서 삭제되었다. 의약품이라 할지라도 아편인 이상, 모두 수입을 금지하겠다는 조치와 같았다.

태상황제가 죽은 것은 가경 4년(1799)인데, 이해에는 국내에서의 양귀비 재배를 금지했다. 금수(禁輸)에 이어 이와 같은 법률이 만들어진 이유는 아편이 드디어 정치문제로 등장했기 때문일 것이다. 양귀비 재배금지는 그것을 주장한 상주문에 응한 조치인데 그 글에는,

외이(外夷)의 진흙과 중국의 화은(貨銀)을 바꾸는 것은 참으로 안타까운 일이다. 또한 틀림없이 국내의 인민은 이리저리 유랑하며 사방에 걸식하고, 시간을 허비하고 생업을 잃을 것이다.

라는 구절이 있다. 이것으로 아편 문제에 두 가지 면이 있음을 알 수 있을 것이다. 외이가 가져오는 진흙과 같은 아편 때문에 중국의 재산인 은이 유출된다는 경제 문제 이외에, 아편의 해독이 인간을 퇴폐시킨다는 사회 문제적 측면도 있다. 실제로 이 두 개의 측면은 서로 연결되어 있어 따로 떼어낼 수가 없다.

어째서 이 시기에 아편이 중국에 퍼졌는가 하는 문제에 대해서는 여러 가지 설이 있다. 이른바 3대의 봄의 태평으로 인구가 눈에 띄게 증가했지만, 그에 비해서 생산은 늘지 않았다. 농업국이니 생산이 늘지 않는다는 것은 경작지가 늘지 않았다는 것으로, 이는 어떻게 해볼 수 없는 일이다. 생활이 어려운 것은 어쩔 수 없는 일로, 현세의 괴로움에서 일시적으로나마 도피하고 싶다는 바람이 아편으로 어느 정도 충족되었기 때문이라고 보는 설이 있다. 또한 아편을 하면 가늘고 길게 살아갈 수 있으리라 믿어졌던 부분도 있었던 모양이다. 이 아편복용 장수설은 아마도 영국의 교묘한 상품 선전에 의해 유포되었던 것 같다.

은 유출 문제는 '누은(漏銀)'이라 불렸다. 이전까지는 찻잎의 수출로 밖에서 은이 유입되었지만, 아편 대금 결제 때문에 반대로 은이 유출되었다. 그것은 국내에 은이 적어져 수요공급의 경제원칙에 따라 은의 가치가 올라가는 결과를 가져다준다. 은본위제도인 청에서 이는 실로 중대한 문제였다.

예를 들어서 세금은 원칙적으로 은을 본위로 한다. 그러나 실제로는 은전(銀錢)으로 납세한다. 세금은 똑같지만 은의 가치가 올라가면, 실질적으로는 증세와 같아진다. 증세로 인해 사람들의 생활이 힘들어지는 것은 말할 나위도 없다.

은 1냥에 은전 800문(文)에서 900문(文)이었던 것이 점점 올라서 1천 문(文)이 되었고, 아편전쟁 직전인 도광 18년(1838)에는 1천 600문이 되었다. 800문이었던 세금이 두 배가 된 셈이다. 생활고는 사회에 불안을 가져온다. 종교 형태를 띤 모반이 각지에서 일어났다. 백련교(白蓮教)라 불리는 일종의 미륵신앙 집단이 자주 반란을 일으켰다. 미륵은 말법(末法)의 세상에 하생(下生)하여 중생을 구제한다고 알려져 있다. 사람들은 자신들이 살아 있는 시대를 말법의 세상이라고 느낀 것이다. 건륭의 봄을 만날 복이 없었다고 한탄한 공자진의 시 중에 〈박탁요(餺飥謠)〉가 있다.

아버지 때는 1청전(靑錢)이면,
박탁은 달처럼 둥글었다.
요즘 아이들은 2청전이라도
박탁은 크기가 동전과 같다.

박탁이란 밀가루로 만들어 구운 빵과 같은 것이라고 한다. 옛날 아버지들 세대에는 동전 1문전으로 달처럼 크고 둥근 것을 샀지만, 지금 아이들은 2문전을 내도 동전 크기 정도의 것밖에 사지 못한다는 의미다. 이 시는 도광 2년(1822)에 지어졌는데, 물가 상승은 사람들의 생활을 압박하고 있었다. 그 원인의 커다란 부분이 아편에 의한 '누은'에 있다는 점을 식자라면 누구나 알고 있었다.

영국의 무역 공세는 더욱 적극적으로 변해 갔다. 가경 21년(1816), 20여 년 만에 애머스트(William Pitt Amerst)가 북경에 파견되었다. 그러나 삼궤구고두의 예를 거부했으므로, 가경제는 그를 만나려 하지 않았다. 애머스트는 덧없이 돌아갔지만, 영국의 동방무역에 대한 열기는 더욱 뜨거워졌다. 이는 아편의 거래량이 늘어난다는 의미였다.

누은은 더욱 심각해져 갈 뿐이었다. 언젠가는 정면으로 다루지 않으면 안 될 문제로, 아편은 사람들 머리 위를 짓누르고 있었다. 사실 물가 상승보다도 아편에 의한 인간의 무기력화, 퇴폐가 문제는 더욱 심각했다. 사람들이 활기에 넘쳐 있을 때는 물가가 조금 올라도 그것을 뛰어넘을 수 있는 에너지를 기대할 수 있다. 그러나 지금을 '말법의 세계'라고 보고 그것을 극복하겠다는 기력을 갖지 못한다면, 그야말로 쇠세(衰世)가 되어 버린다.

바로 얼마 전까지 '3대의 봄'을 구가하고 있었다는 사실이 마치 꿈처럼 느껴진다.

백련교의 난은 가경제가 즉위한 해에 일어나 섬서, 호북, 사천 등이 소란스러워졌다. 백련교의 일파 중 천리교(天理敎)라는 반체제 집단은 궁정의 환관에게까지 영향력을 행사하여, 그들의 인도로 자금성으로까지 공격해 들어갔다. 약 100명 정도에 지나지 않았지만, 그래도 이틀에 걸쳐 자금성 안에서 저항했다. 이는 '금문(禁門)의 변(變)'이라 불리는, 가경 18년(1813)에 일어난 사건이었다. 외조(外朝)와 내정(內廷) 사이에 있는 융종문(隆宗門)의 편액에 그때 꽂힌 쇠 화살촉이 아직도 남아 있다.

세상 바로잡기 운동에 열광한 신도들은 대담무쌍하게도 자금성을 노리기까지 했다. 더 이상 봄바람은 불지 않았다. 해는 서쪽으로 기울어 사람들은 겨울을 피부로 느끼기 시작했다.

연표

서기	왕조연호	사항
1392	명 홍무 25년	황태자 주표(朱標) 죽고, 주윤문(朱允炆)을 황태손으로 삼음. 이성계(李成桂)가 자립하여 고려 왕조 멸망.
1393	명 홍무 26년	양국공(涼國公) 남옥(藍玉), 모반을 이유로 처형됨(남옥의 옥). 이성계(조선 태조), 국호를 조선(朝鮮)이라 함.
1394	명 홍무 27년	홍무제, 부우덕(傅友德)·왕필(王弼)을 죽임.
1395	명 홍무 28년	풍승(馮勝)을 죽임. 문신·코베기·거세 등의 형을 금지. 티무르와 토크타미시의 결전에서 티무르가 대승을 거둠.
1396	명 홍무 29년	왕박(王朴)을 죽임.
1397	명 홍무 30년	『대명률(大明律)』 개정, 공포. 구양륜(歐陽倫) 죽음.
1398	명 홍무 31년	홍무제 죽고, 주윤현(朱允炫), 혜제 건문제(惠帝 建文帝) 즉위. 제태(齊泰)·황자징(黃子澄)이 승진하여 국정을 담당(제후의 약체화를 꾀함). 주왕(周王) 주수(朱繡), 서인(庶人)으로 떨어짐. 조국공(曹國公, 이문충(李文忠)), 주왕을 체포. 티무르, 인도 원정에 나섬.
1399	명 건문(建文) 원년	상왕(湘王) 주백(朱栢) 분신자살. 민왕(岷王) 주편(朱楩), 장주(漳州)로 유배. 연왕(燕王) 주체(朱棣), 군대를 일으켜서 정난군(靖難軍)을 칭함(정난(靖難)의 변). 건문제, 경병문(耿炳文)을 대장군으로 임명하여, 정난군을 치게 함.
1402	명 건문 4년(홍무 35년)	남경군(南京軍), 연왕 군(燕王軍)에게 연패함. 연왕 군, 국도 남경을 점령. 건문제 도망가고, 연왕, 성조 영락제(成祖 永樂帝) 즉위. 제태·황자징·방효유(方孝儒) 등을 처형.
1403	명 영락(永樂) 원년	북평부(北平府)를 북경(北京)으로 개칭. 티무르의 손자 무함마드 술탄 죽음.
1404	명 영락 2년	티무르, 동정(東征)을 위해 사마르칸트 출발.
1405	명 영락 3년	티무르 죽음. 정화(鄭和), 제1차 항해 출발. 보르네오 국왕 마나야나(麻那惹那) 입조.
1406	명 영락 4년	주능(朱能)을 정이장군(征夷將軍)으로 삼아 안남(安南)

		에 원정군을 보냄.
1407	명 영락 5년	안남(安南)을 교지포정사(交趾布政使)로 삼음. 정화, 제1차 항해에서 돌아와 제2차 항해 출발. 『영락대전(永樂大典)』 완성.
1409	명 영락 7년	다시 안남으로 출병. 정화, 제2차 항해에서 돌아와 제3차 항해 출발.
1410	명 영락 8년	영락제, 몽골로 제1차 친정.
1411	명 영락 9년	말라카 국왕 배리미소라(拜里迷蘇喇) 등 입조.
1413	명 영락 11년	귀주(貴州)에 포정사를 둠. 정화, 제4차 항해 출발.
1414	명 영락 12년	양부(楊溥)·양사기(楊士奇) 투옥. 영락제, 몽골로 제2차 친정.
1415	명 영락 13년	한왕(漢王) 주고후(朱高煦, 영락제의 차남), 청주(靑州)로 부임하지 않아, 일시 유폐(幽閉)됨. 정화, 제4차 항해(본대)에서 귀국.
1416	명 영락 14년	한왕, 낙안주(樂安州)에 봉해짐. 정화, 제5차 항해 출발.
1420	명 영락 18년	당새아(唐賽兒), 불모(佛母)를 칭하며 난을 일으킴. 북경에 동창(東廠)을 설치. 북경 천도를 선포.
1421	명 영락 19년	정화, 제6차 항해 출발. 북경으로 도읍을 옮김.
1422	명 영락 20년	명 성조(成祖), 이해부터 이듬해인 21년(제4차), 22년(제5차) 몽골을 친정.
1424	명 영락 22년	영락제 죽고, 태자 주고치(朱高熾), 인종 홍희제(仁宗 洪熙帝) 즉위.
1425	명 홍희(洪熙) 원년	홍희제 죽고, 태자 주첨기(朱瞻基), 선종 선덕제(宣宗 宣德帝) 즉위.
1426	명 선덕(宣德) 원년	선덕제, 내서당(內書堂)을 설치. 한왕(漢王) 주고후(朱高煦), 낙안(樂安)에서 반란을 일으킴. 선덕제의 공격에 한왕 항복하고, 유폐되어 죽음.
1427	명 선덕 2년	왕통(王通), 여리(黎利)와 화친하고 안남에서 철군. 교지포정사 관리 귀국.
1428	명 선덕 3년	선덕제, 우량하이 부족을 공격.

1431	명 선덕 6년	정화, 제7차 항해 출발.
1434	명 선덕 9년	정화 죽음.
1435	명 선덕 10년	선덕제 죽고, 태자 주기진(朱祁鎭), 영종 정통제(英宗 正統帝) 즉위. 환관 왕진(王振), 사례감(司禮監)이 되어, 이때부터 환관의 전횡 시작.
1436	명 정통(正統) 원년	금화은(金花銀) 시작.
1440	명 정통 5년	양영(楊榮) 죽음.
1442	명 정통 7년	태창은고(太倉銀庫)를 둠. 장(張) 태황태후 죽음.
1444	명 정통 9년	양사기 죽음.
1446	명 정통 11년	양부 죽음.
1447	명 정통 12년	광산 노동자 종유(宗留), 관부의 박해에 저항하여 군대를 일으켜서, 대왕(大王)을 칭함.
1448	명 정통 13년	강서(江西)의 등무칠(鄧茂七), 복건에서 농민반란을 일으켜 잔평왕(剗平王)을 칭함. 오이라트의 사절단 입조.
1449	명 정통 14년	등무칠 패해 죽음. 섭종류(葉宗留), 절강·강서·복건을 공격하여 오강(吳剛)을 죽임. 진감호(陳鑑胡), 섭종류를 죽임. 광동의 요족(瑤族), 귀주의 묘족(苗族), 반란을 일으킴. 오이라트의 에센군, 명 국경을 공격. 정통제 친정하여 토목(土木)의 요새에서 사로잡힘(토목보의 변). 성왕(郕王) 주기옥(朱祁鈺, 영종의 동생), 경종 경태제(景宗 景泰帝) 즉위. 영종을 상황(上皇)으로 삼음. '처주(處州)의 적(賊)' 장기(張驥)에게 항복. 광동의 황소양(黃蕭養), 난을 일으킴. 에센, 북경을 공격.
1450	명 경태(景泰) 원년	왕진(王振) 일당을 숙청. 영종, 오이라트에서 송환됨.
1451	명 경태 2년	에센, 칸의 자리에 올라 대원천성대가한(大元天聖大可汗)을 칭함.
1452	명 경태 3년	경태제, 주견심(朱見深, 영종의 아들)을 폐하고, 주견제(朱見濟, 자신의 아들)를 황태자로 삼음.
1454	명 경태 5년	에센, 부하에게 죽음.
1457	명 경태 8년·천순(天順) 원년	탈문(奪門)의 변의 쿠데타로 상황, 영종 천순제(英宗 天順帝) 복위하고, 우겸(于謙)을 죽임. 경태제 병사(病死).

1461	명 천순 5년	환관 조길상(曹吉祥)·조흠(曹欽), 반란을 일으켜 죽음.
1464	명 천순 8년	영종 죽고, 주견심, 헌종 성화제(憲宗 成化帝) 즉위.
1465	명 성화(成化) 원년	유통(劉通)·석룡(石龍)이 군대를 일으킴(형양(荊襄)의 난).
1466	명 성화 2년	유통·석룡 잡혀 죽음.
1470	명 성화 6년	이호자(李胡子, 유통의 부하) 군대를 일으킴.
1472	명 성화 8년	왕양명(王陽明) 태어남.
1474	명 성화 10년	청수영(淸水營)에서 화마지(花馬池)까지 변장(邊牆)이 완성됨.
1487	명 성화 23년	성화제 죽고, 주우탱(朱祐樘), 효종 홍치제(孝宗 弘治帝) 즉위.
1488	명 홍치 원년	타타르부, 명에 사절을 보냄.
1493	명 홍치 6년	다얀 칸(소왕자(小王子)) 영하(寧夏)를 공격하고, 조새(趙璽)를 죽임.
1497	명 홍치 10년	다얀 칸, 조하천(潮河川)·대동(大同)을 공격. 유신(劉鎭) 전사.
1498	명 홍치 11년	왕월(王越), 하란산(賀蘭山)의 다얀 칸 군을 공격.
1502	명 홍치 15년	『대명회전(大明會典)』 완성.
1505	명 홍치 18년	홍치제 죽고, 주후조(朱厚照), 무종 정덕제(武宗 正德帝) 즉위.
1506	명 정덕(正德) 원년	왕양명, 귀주(貴州)의 용장역승(龍場驛丞)으로 좌천됨.
1507	명 정덕 2년	유근(劉瑾), 사례감의 장관이 됨.
1510	명 정덕 5년	유근을 죽임. 유육(劉六)·유칠(劉七)의 난 일어남.
1512	명 정덕 7년	유육·유칠의 반란군, 낭산(狼山)에서 섬멸됨.
1519	명 정덕 14년	영왕(寧王) 주신호(朱宸濠)의 난이 일어나, 남감(南贛) 순무 왕양명이 평정. 정덕제 남순(南巡).
1520	명 정덕 15년	영왕 주신호를 죽임.
1521	명 정덕 16년	정덕제 죽고, 주후총(朱厚熜), 세종 가정제(世宗 嘉靖帝) 즉위. 대례의(大禮議) 사건 일어남.
1522	명 가정(嘉靖) 원년	남기·절강·강서·호광·사천에 가뭄이 듦.
1523	명 가정 2년	요동에 기근 생김.

1524	명 가정 3년	회(淮)·양(揚)에 기근 생김. 대동(大同)에서 병란 일어나, 순무도어사 장문금(張文錦) 죽음.
1525	명 가정 4년	요동에서 재해 일어남.
1526	명 가정 5년	경사(京師)·호광에 기근 생김.
1527	명 가정 6년	광서의 전주(田州)에서 민란 일어나 왕양명이 평정.
1528	명 가정 7년	단등협(斷藤峽)의 요족(瑤族)의 난을 왕양명이 평정. 왕양명 죽음(가정 8년 정월).
1533	명 가정 12년	대동에서 병란이 일어나, 총병 이근(李瑾) 죽음.
1535	명 가정 14년	교역장을 전백현(電白縣)에서 호경(壕鏡, 마카오)로 옮김.
1542	명 가정 21년	알탄 칸, 사절을 대동(大同)에 파견했으나, 받아들여지지 않자 산서 각지를 공격.
1547	명 가정 26년	알탄 칸, 입공(入貢)을 요청. 왜구, 영파(寧派)·대주(臺州)에 침입.
1550	명 가정 29년	알탄 칸, 북경성을 포위(경술(庚戌)의 변).
1551	명 가정 30년	대동, 선부(宣府)에서 마시(馬市)를 재개.
1555	명 가정 34년	양계성(楊繼盛)을 사형(死刑)시킴. 왜구, 남경을 침입.
1557	명 가정 36년	호종헌(胡宗憲), 왜구의 수령 왕직(王直)을 투항시킴. 이후 왜구 쇠함. 포르투갈, 마카오의 거주권 획득.
1559	명 가정 38년	왕직을 처형.
1562	명 가정 41년	엄숭(嚴嵩)은 파면, 그 아들 엄세번(嚴世蕃)은 투옥됨.
1563	명 가정 42년	유대유(兪大猷)·척계광(戚繼光), 복건에서 왜구를 무찌름. 호종헌 자살.
1566	명 가정 45년	해서(海瑞), 상소하여 투옥됨(후에 출옥하여 대리승(大理丞)으로 승진). 가정제 죽고, 주재후(朱載垕), 목종 융경제(穆宗 隆慶帝) 즉위.
1568	명 융경(隆慶) 2년	요왕(遼王) 주헌절(朱憲㸅)을 폐하고 서민으로 떨어뜨림.
1570	명 융경 4년	알탄 칸의 손자 바간 나기, 명에 투항. 알탄 칸, 봉공(封貢)을 청해 허락받음.
1571	명 융경 5년	알탄 칸을 순의왕(順義王)에 봉함. 마시, 재개됨. 이성

		량(李成梁)을 영원백(寧遠伯)에 봉함.
1572	명 융경 6년	융경제 죽고, 주익균(朱翊鈞), 신종 만력제(神宗 萬曆帝) 즉위. 수보(首輔)인 장거정(張居正), 『제감도설(帝鑑圖說)』을 바침.
1578	명 만력(萬曆) 6년	『본초강목(本草綱目)』 완성.
1580	명 만력 8년	장거정, 전묘(田畝)의 측량을 시작.
1582	명 만력 10년	알탄 칸 죽음. 장거정 죽음. 이성량, 화공책(火攻策)으로 아타이를 죽임.
1583	명 만력 11년	누르하치, 군대를 일으킴.
1587	명 만력 15년	척계광 죽음.
1589	명 만력 17년	누르하치, 건주(建州) 5부를 점령.
1591	명 만력 19년	누르하치, 압록강로(鴨綠江路)를 장악. 이성량, 해임됨.
1592	명 만력 20년	도요토미 히데요시(豊臣秀吉), 조선 침입. 영하(寧夏)의 보하이, 달단(韃靼)과 손을 잡고 난을 일으킴.
1593	명 만력 21년	이해의 대계(大計)에서 내각과 청의파(淸議派)가 대립. 누르하치, 해서(海西) 9부 연합군을 격퇴.
1597	명 만력 25년	도요토미 히데요시, 제2차 조선 침입.
1599	명 만력 27년	해서 하다부(海西哈達部), 누르하치를 공격했으나 패하여 투항. 하다부, 기근에 시달림.
1601	명 만력 29년	마테오 리치, 북경을 방문하여 만력제를 알현. 소주에서 직용(織傭)의 변 일어남. 주상락(朱常洛), 황태자가 됨.
1607	명 만력 35년	누르하치, 해서 후이파부(輝發部)를 멸함.
1613	명 만력 41년	누르하치, 우라부(烏拉部)를 멸함.
1615	명 만력 43년	황태자 주상락 암살미수 사건 일어남(정격(梃擊) 사건). 누르하치, 팔기제(八旗制)를 정함.
1616	명 만력 44년 후금 천명(天命) 원년	누르하치, 독립을 선언하고, 태조(太祖)로 즉위하여, 국호를 대금(大金, 후금(後金))이라 하고, 국도를 흥경(興京)에 둠.
1618	명 만력 46년 후금 천명 3년	누르하치, '칠대한(七大恨)'을 개전 이유로 명 토벌을 위한 군대를 일으킴. 누르하치, 무순(撫順)을 점령.

1619	명 만력 47년 후금 천명 4년	사르허(薩爾滸) 전투에서 명군이 패함. 예허부(葉赫部) 평정됨. 양호(楊鎬, 요동 경략(經略)) 체포 투옥되고, 웅정필(熊廷弼)이 대신함.
1620	명 만력 48년·태창(泰昌) 원년 후금 천명 5년	만력제 죽고, 주상락, 광종 태창제(光宗 泰昌帝) 즉위. 광종 재위 1개월 만에 급사(홍환(紅丸) 사건). 광종의 총비 이선시(李選寺)가 소년 황제를 건청궁에 숨김(이궁(移宮) 사건). 광종의 장남 주유교(朱由校), 희종 천계제(熹宗 天啓帝) 즉위. 몽골의 각 부(部)에 기근 발생. 웅정필(熊廷弼)이 사직하고, 후임에 원응태(袁應泰)가 취임.
1621	명 천계(天啓) 원년 후금 천명 6년	누르하치, 심양(瀋陽)·요양(遼陽)을 점령. 원응태, 자살. 누르하치, 국도를 흥경에서 요양으로 옮김.
1623	명 천계 3년	위충현(魏忠賢), 동창의 장관이 됨.
1624	명 천계 4년	양련(楊漣), 위충현의 24가지 대죄를 탄핵.
1625	명 천계 5년 후금 천명 10년	동림당(東林黨), 정계에서 일소됨. 누르하치, 요양에서 심양으로 국도를 옮기고 성경(盛京)이라 칭함. 위충현을 탄핵한 양련 등 육군자(六君子), 참살됨. 전국의 서원이 파괴됨.
1626	명 천계 6년 후금 천명 11년	『삼조요전(三朝要典)』 완성. 고반룡(顧攀龍)·주순창(周順昌)·주기원(周起元)·이응창(李應昌)·주종건(周宗建)·목창기(繆昌期)·황존소(黃尊素)(후의 칠군자) 등이 체포되어, 참살됨(고반룡은 자살). 서호(西湖) 호반에 위충현의 생사(生祠)를 건립. 누르하치 죽고, 황태극(皇太極, 홍타이지), 태종(太宗) 즉위. 주답(朱耷, 팔대산인(八大山人)) 태어남.
1627	명 천계 7년 후금(청) 천총(天聰) 원년	홍타이지, 조선에 침입. 천계제 죽고, 동생 주유검(朱由檢), 사종 숭정제(思宗 崇禎帝) 즉위. 위충현 체포되어, 자살. 이해부터 각지에서 농민 반란이 일어남.
1630	명 숭정(崇禎) 3년 후금 천총 4년	손승종(孫承宗), 준화(遵化)·영평(永平)·천안(遷安)·난주(灤州)를 수복. 원숭환(袁崇煥), 책형에 처해짐.
1631	명 숭정 4년	이자성(李自成), 농민반란군에 가담. 만주에서 처음으

	후금 천총 5년	로 홍이대포(紅夷大砲)가 주조됨.
1632	명 숭정 5년	조문조(曹文詔), 평량(平涼)·경양(慶陽)에서 반란군을 무찌름. 주율건(朱聿鍵), 당왕(唐王)이 됨.
1635	명 숭정 8년	홍승주(洪承疇) 반란군에 대공격을 가함. 농민 반란군 13가(家)의 형양대회(滎陽大會)를 열고 결집. 반란군, 조문조를 죽임.
1636	명 숭정 9년 후금 천총 10년 청 숭덕(崇德) 원년	홍타이지(태종), 국호를 대금에서 대청(大淸)으로 바꿈. 고영상(高迎祥, 틈왕(闖王)) 패해 죽음. 당왕 주율건, 봉양(鳳陽)의 옥에 유폐됨. 홍타이지, 조선을 친정하여, 한양을 점령.
1637	청 숭덕 2년	조선, 청을 종주국으로 삼음.
1638	명 숭정 11년 청 숭덕 3년	청의 태종, 명을 친정하여 명의 덕왕(德王) 주유추(朱由樞)를 포로로 잡고, 손승종(孫承宗)·노상승(盧象昇) 등은 전사. 청군의 요토(岳託, 태종의 둘째 형) 죽음.
1641	명 숭정 14년 청 숭덕 6년	이자성, 낙양을 점령하고, 복왕 주상순(朱常洵)을 죽임. 장헌충(張獻忠), 양양을 점령하고, 양왕(襄王) 주익명(朱翊銘)을 죽임. 이자성, 남양(南陽)을 점령하고, 당왕 주율막(朱聿鏌)을 죽임. 주율건, 출옥하여 당왕에 복귀.
1642	명 숭정 15년 청 숭덕 7년	송산(松山) 전투에서 청이 대승하여, 홍승주는 포로가 되어 청에 항복. 이자성, 개봉(開封)을 점령. 청, 한군팔기(漢軍八旗)를 창설. 이자성, 여녕(汝寧)을 점령하고, 숭왕(崇王) 주유궤(朱由樻)를 포로로 삼고, 명의 여녕 총병 호대위(虎大威)를 전사시키고, 양문악(楊文岳)을 죽임.
1643	명 숭정 16년 청 숭덕 8년	이자성, 승천(承天)을 점령. 양양을 양경(襄京)으로 개명하고, 궁전을 지음. 장헌충, 한양(漢陽)·무창(武昌)을 점령하고, 초왕(楚王) 주화규(朱華奎)를 죽이고, 대서왕(大西王)을 칭함. 청의 태종 죽고, 후린(福臨), 세조 순치제(世祖 順治帝) 즉위.
1644	명 숭정 17년	이자성, 서안(西安)에서 신순왕(新順王) 즉위. 국호를

	청 순치(順治) 원년	대순(大順)이라 하고, 영창(永昌)이라 건원(建元). 이자성의 동정군, 거용관(居庸關)에서 북경으로 들어가고, 숭정제 자살(명 왕조 멸망). 오삼계(吳三桂), 청에 항복. 청군, 산해관(山海關)에서 북경으로 들어가 이자성을 내쫓음. 명의 복왕(福王) 주유숭(朱由崧), 남경에서 홍광제(弘光帝) 즉위. 장헌충(張獻忠), 사천(四川)으로 들어가 대서국왕(大西國王)을 칭하고, 대순(大順)이라 건원.
1645	청 순치 2년 명 홍광(弘光) 원년·융무(隆武) 원년	청군, 남경을 점령하고 복왕을 무호(蕪湖)에서 사로잡음. 치발령(薙髮令)을 내림. 황도주(黃道周)·정지룡(鄭芝龍) 등이 명의 당왕(唐王)을 옹립하여 복주(福州)에서 융무제(隆武帝) 즉위. 명의 노왕(魯王) 주이해(朱以海), 소흥(紹興)에서 감국(監國)을 칭함. 이자성, 청군에 쫓겨 자살. 이자성의 측근 우금성(牛金星)과 그의 아들, 청에 투항.
1646	청 순치 3년 명 융무 2년·영력(永曆) 원년·소무(紹武) 원년	당왕(융무제), 연평(延平)까지 공격. 청의 정남대장군 포로(博洛), 소흥에서 노왕(魯王) 집단을 무찌름. 당왕, 청군에게 사로잡혀 처형됨. 정지룡(鄭芝龍), 청에 항복. 계왕(桂王) 주유랑(朱由榔), 조경(肇慶)에서 영력제(永曆帝) 즉위하고, 영력이라 건원. 노왕, 하문(厦門)에서 남오(南澳) 방면으로 도망감. 당왕 주율월(朱聿鐭), 광주로 도망가서 소무제(紹武帝) 즉위. 청군, 광주로 돌입하여, 점령. 소무제, 자살. 정성공(鄭成功), 남오(南澳)에서 군대를 일으킴.
1649	명 영력 3년	명의 황종희(黃宗羲), 나가사키(長崎)로 가서 원병을 청함.
1650	청 순치 7년 명 영력 4년	정성공, 금문(金門)·하문 점거. 섭정왕 도르곤 죽음.
1651	청 순치 8년	순치제, 친정을 시작.
1658	명 영력 12년	정성공, 연평군왕(延平郡王)에 봉해져 북벌군을 파병.
1659	청 순치 16년	계왕(桂王, 영력제), 미얀마로 도망감. 정성공, 남경 공략

	명 영력 13년	에 실패. 청군, 중경(重慶)을 점령하고 사천을 거의 평정.
1661	청 순치 18년	순치제 죽고, 아들인 현엽(玄燁), 성조 강희제(聖祖 康熙帝) 즉위. 정성공, 대만을 공격하여, 네덜란드인을 내쫓음. 청, 정지룡을 영고탑(寧古塔)에서 죽임. 오삼계, 미얀마를 공격하여, 미얀마, 계왕(영력제)을 인도.
	명 영력 15년	
1662	청 강희(康熙) 원년	오삼계, 계왕(영력제)을 곤명(昆明)으로 연행해, 죽임. 정성공, 대만에서 죽음. 노왕 주이해, 금문에서 죽음.
1667	청 강희 6년	강희제, 친정. 색니(索尼, 소닌) 죽음.
1673	청 강희 12년	평서왕(平西王) 오삼계·정남왕(靖南王) 경정충(耿精忠)의 철번(撤藩) 희망을 승인. 오삼계, 운남(雲南)에서 군대를 일으켜서, 주왕(周王)을 칭함. 이때부터 삼번(三藩)의 난 일어남.
1674	청 강희 13년	오삼계 군, 장강·사천에서 호남으로 나가 원주(沅州)·상덕(常德)·악주(岳州)·형양(衡陽) 등을 점령. 경정충(耿精忠), 오삼계와 호응. 대만의 정경(鄭經)도 호응하여, 장주(漳州)를 점령.
1676	청 강희 15년	광동의 상지신(尚之信), 그의 아버지 상가희(尚可喜)를 유폐하고 오삼계와 호응. 경정충, 청에 항복. 상지신, 청에 귀순을 청.
1678	청 강희 17년	오삼계, 정천부〔定天府, 형주(衡州)〕에서 즉위, 국호를 주(周), 연호를 소무(昭武)라 함. 대만의 정경, 해징성(海澄城)을 공격하고, 천주성(泉州城)을 포위. 오삼계 죽고, 손자인 오세번(吳世璠)이 옹립되어 홍화(洪化)로 개원.
1679	청 강희 18년	청군, 악주·장사(長沙)·상덕(常德)·형주를 점령. 오세번, 귀주로 도망감.
1680	강희 19년	상지신, 북경에서 처형됨.
1681	청 강희 20년	정경, 대만에서 죽고, 정극상(鄭克塽)이 연평왕을 이음. 오세번, 청의 대군에 포위되어 자살. 삼번의 난이 평정됨.

1682	청 강희 21년	정남왕 경정충을 죽임.
1683	청 강희 22년	청의 시랑(施琅), 대만에 들어가서, 정극상이 항복하여, 북경으로 보내지고 대만 평정됨. 여유량(呂留良) 죽음.
1689	청 강희 28년	러시아와 네르친스크 조약을 체결.
1690	청 강희 29년	준가르부, 갈단 칸의 침입군을 격퇴.
1696	청 강희 35년	강희제, 준가르부를 친정.
1697	청 강희 36년	준가르부의 갈단 칸 자살.
1712	청 강희 51년	이해 이후, 증가한 정수(丁數)를 '자생인정(滋生人丁)'으로 가부(加賦)하지 않음을 인정.
1716	청 강희 55년	『강희자전(康熙字典)』 완성.
1717	청 강희 56년	준가르부, 티베트를 침입하여, 점령.
1720	청 강희 59년	청군, 티베트를 공략하여, 준가르 세력을 내쫓음.
1721	청 강희 60년	대만의 주일관(朱一貫), 군대를 일으키지만 실패.
1722	청 강희 61년	강희제 죽고, 아들인 윤진(胤禛), 세종 옹정제(世宗 雍正帝) 즉위.
1723	청 옹정(雍正) 원년	각 성의 기독교 선교사를 추방.
1724	청 옹정 2년	청해(靑海)를 평정. 세종, 『붕우론(朋友論)』을 반포.
1725	청 옹정 3년	『고금도서집성(古今圖書集成)』 완성.
1728	청 옹정 6년	러시아와 캬흐타 조약을 체결. 롱고도(隆科多) 죽음.
1731	청 옹정 9년	내정에 군기방(軍機房, 후의 군기처(軍機處)을 둠.
1735	청 옹정 13년	옹정제 죽고, 아들인 홍력(弘曆), 고종 건륭제(高宗 乾隆帝) 즉위. 『명사(明史)』 완성. 증정(曾靜)을 처형.
1740	청 건륭(乾隆) 5년	호남에서 묘족(苗族)의 난 일어남. 『대청일통지(大淸一統志)』 완성.
1747	청 건륭 12년	대금천토사(大金川土司)의 난 일어남.
1755	청 건륭 20년	제1차 준가르 원정. 아무르사나, 칸의 자리에 오름. 아무르사나, 반청의 병을 일으킴. 호중조(胡中藻), 사형됨(문자옥(文字獄)).
1758	청 건륭 23년	제2차 준가르 원정. 아무르사나 죽고, 준가르 평정됨.
1759	청 건륭 24년	천산 남로(天山南路)를 평정(천산 남북로의 지배를 달성).

1766	청 건륭 31년	미얀마를 공격. 『대청회전(大淸會典)』 완성.
1769	청 건륭 34년	미얀마와 강화하고, 철군.
1771	청 건륭 36년	금천(金川)의 난 일어남.
1773	청 건륭 38년	도르곤(多爾袞)의 명예가 회복됨.
1780	청 건륭 45년	『사고전서회요(四庫全書會要)』 완성.
1781	청 건륭 46년	감숙성에서 이슬람 교도의 난이 일어나나 평정됨.
1782	청 건륭 47년	『사고전서(四庫全書)』 완성.
1786	청 건륭 51년	천지회(天地會)의 임상문(林爽文), 대만에서 반란을 일으킴.
1788	청 건륭 53년	안남 국왕인 여유기(黎維祁), 청에 원조를 청함. 청, 베트남에 파병.
1789	청 건륭 54년	청군, 베트남의 완문혜(阮文惠) 군에게 대패. 완문혜와 강화. 완문혜를 안남 국왕에 봉함.
1792	청 건륭 57년	완문혜 죽고, 아들인 완광계(阮光纘) 즉위. 청군, 네팔을 정복. 건륭제, 『십전무공기(十全武功記)』를 저술. 공자진(龔自珍) 태어남.
1793	청 건륭 58년	영국 사절 매카트니, 북경에 도착.
1795	청 건륭 60년	귀주·호남의 묘족, 반란을 일으킴(이듬해 평정).
1796	청 가경(嘉慶) 원년	건륭제 퇴위하고 태상황제(太上皇帝)가 됨. 태자 옹염(顒琰), 인종 가경제(仁宗 嘉慶帝) 즉위. 백련교(白蓮敎)의 섭걸인(聶傑人) 등, 호북에서 반란을 일으켜 각지에 만연.
1798	청 가경 3년	백련교의 지도자 다수 죽으나, 반란은 쇠하지 않음.
1799	청 가경 4년	건륭제 죽음. 가경제, 화신(和珅)의 죄 20개를 들어 자살을 명령.
1802	청 가경 7년	완복영(阮福映), 완광찬(阮光纘)을 죽임. 백련교의 난, 거의 진압됨.
1803	청 가경 8년	이장경(李長庚), 정해(定海)에서 해도(海盜) 채견(蔡牽)을 무찌름.
1804	청 가경 9년	채견, 온주(溫州) 해상에서 청군을 무찌름.
1805	청 가경 10년	서양인의 각서(刻書, 성서 출판), 서양인과의 교제를 금

		지. 백련교의 난 진정으로 토벌군을 해산. 『사고전서총목(四庫全書總目)』의 작자 기윤(紀昀) 죽음.
1807	청 가경 12년	유구국(琉球國) 중산왕(中山王) 상온(尚溫) 죽고, 손자인 상호(尚灝)가 뒤를 이음. 이장경, 채견 선단에게 흑수양(黑水洋)에서 사살됨.
1808	청 가경 13년	영국병선, 마카오의 포대를 점거한 뒤에 퇴각.
1809	청 가경 14년	채견, 정해(定海)의 어산(漁山) 외양(外洋)에서 정부군과 혈전을 벌이다가, 자침(自沈).
1810	청 가경 15년	광동의 해적 장보(張保), 항복.
1811	청 가경 16년	서양인의 내지 거주, 기독교의 전도를 금지.
1813	청 가경 18년	아편의 사적 판매를 금지. 천리교도(天理敎徒), 병란을 일으켜 자금성 난입(금문(金門)의 변) 이후 사로잡혀 처형됨. 영국의 동인도회사, 인도 무역 독점권을 잃음.
1814	청 가경 19년	하남·안휘에서 염군(捻軍) 일어남.
1815	청 가경 20년	아편의 수입을 엄금.
1816	청 가경 21년	영국 사절 애머스트, 북경에 도착.
1820	청 가경 25년	가경제 죽고, 아들 민녕(旻寧), 선종 도광제(宣宗 道光帝) 즉위.
1821	청 도광(道光) 원년	영국 군함 토페스 호(號)의 승무원, 영정도(伶仃島)에서 난투 사건을 일으킴.
1823	청 도광 3년	양귀비 재배와 아편 제조를 금지.
1826	청 도광 6년	카슈가르의 회교도, 지한기르에 호응.
1827	청 도광 7년	지한기르, 청군에게 사로잡혀 처형됨.
1831	청 도광 11년	외이방범장정(外夷防範章程) 공포.
1834	청 도광 14년	영국 동인도회사, 대청 무역 독점권을 잃음. 영국의 사절 네이피어, 광동에 도착.
1836	청 도광 16년	허내제(許乃濟), 아편의 이금론(弛禁論)을 상주.
1838	청 도광 18년	황작자(黃爵滋), 아편의 엄금론을 상주. 임칙서(林則徐), 흠차대신(欽差大臣)에 광동에 부임.
1839	청 도광 19년	임칙서, 아편 금지에 대한 유첩(諭貼) 2통을 발송. 영국 상인의 아편 2만 상자를 몰수.

진순신 이야기 중국사 6

펴낸날	초판 1쇄 2011년 7월 29일
	초판 4쇄 2019년 11월 27일

지은이	진순신
옮긴이	박현석
펴낸이	심만수
펴낸곳	(주)살림출판사
출판등록	1989년 11월 1일 제9-210호

주소	경기도 파주시 광인사길 30
전화	031-955-1350 팩스 031-624-1356
홈페이지	http://www.sallimbooks.com
이메일	book@sallimbooks.com

ISBN	978-89-522-1614-4 04910
	978-89-522-1616-8 (세트)

※ 값은 뒤표지에 있습니다.
※ 잘못 만들어진 책은 구입하신 서점에서 바꾸어 드립니다.